实用投融资分析师
Applied Investment & Finance Analyst

考试复习及培训参考教材

估值建模 |第3版|
Valuation Modeling

诚迅金融培训　主编

中国金融出版社

责任编辑：李　融
责任校对：潘　洁
责任印制：程　颖

图书在版编目（CIP）数据

估值建模/诚迅金融培训主编 . —3 版 . —北京：中国金融出版社，2023.6
ISBN 978 － 7 － 5220 － 2002 － 0

Ⅰ.①估…　Ⅱ.①诚…　Ⅲ.①资本市场—评估—系统建模　Ⅳ.①F830.9

中国国家版本馆 CIP 数据核字（2023）第 080527 号

估值建模（第 3 版）
GUZHI JIANMO（DI SAN BAN）
出版
发行　　中国金融出版社

社址　　北京市丰台区益泽路 2 号
市场开发部　（010）66024766，63805472，63439533（传真）
网 上 书 店　www. cfph. cn
　　　　　　（010）66024766，63372837（传真）
读者服务部　（010）66070833，62568380
邮编　100071
经销　　新华书店
印刷　　河北松源印刷有限公司
尺寸　　210 毫米×285 毫米
印张　　27
字数　　550 千
版次　　2011 年 6 月第 1 版　2018 年 8 月第 2 版　2023 年 6 月第 3 版
印次　　2023 年 6 月第 1 次印刷
定价　　175.00 元
ISBN 978 － 7 － 5220 － 2002 － 0
如出现印装错误本社负责调换　联系电话（010）63263947

实用投融资分析师（AIFA）考试顾问 （按姓氏拼音排序）

高　坚	曾任国家开发银行副行长
何小锋	北京大学经济学院
江先周	曾任建信基金董事长、建行亚洲董事长
刘乐飞	CPE 源峰
吴卫军	德勤中国
徐　刚	明晟东诚私募基金
张后奇	华夏东方养老资产管理公司
朱武祥	清华大学经济管理学院
竺　亚	曾任平安证券副总经理

实用投融资分析师（AIFA）考试指导专家 （按姓氏拼音排序）

陈　劲	艾客咨询	田　娜	嘉实国际证券
陈兴珠	一创投行	佟　珂	君合律师事务所
陈卓思	平安银行	王拓轩	德勤中国
崔　蓉	曾任职华夏基金	王　欣	洪泰基金
丁全胜	国泰君安	王　钊	Hi-Finance
郭金香	CPE 源峰	吴天琪	摩根大通
郭　明	慧达管理咨询	肖　南	曾任中金公司、高盛 HRD
韩歆毅	蚂蚁金服	谢　方	鼎晖投资
江　涛	诚迅金融培训	谢国斌	大道金服
梁刚强	诚迅金融培训	熊　云	高华证券
梁晓莉	CM Capital，曾任职摩根士丹利	许国庆	诚迅金融培训，曾任职摩根大通
林安霁	喜马拉雅资本	徐寒飞	兴银理财
林小驰	中信证券	杨冀川	三亚国际资产交易中心
刘　佳	瑞士再保险，曾任高盛 HRD	杨　青	中国银行
刘祖繁	中国银行（香港）	杨松涛	诚迅金融培训
罗　奕	太平洋科创基金	尹　奇	CPE 源峰
吕晓飞	贝克麦坚时律师事务所	张　雷	资深投资专家
马正阳	诺贝尔科技	张　松	清松资本
毛曙光	粤港澳大湾区产业投资母基金	赵　竞	曾任职摩根大通
聂　磊	CPE 源峰	赵　溱	煜德投资
孙永红	曾任职高盛、摩根大通		

目录

第 1 章　价值的基本概念

第 2 章　绝对估值法

第 3 章　相对估值法及其他估值方法

企业可持续发展的前景与挑战

《论语》有言："子钓而不纲，弋不射宿"，意思是不用大网打鱼、不射夜宿之鸟。打鱼如用大网，所获虽多，但会影响鱼类繁衍；如射杀归巢之鸟，会断绝栖息繁殖。先人们早就认识到了保护生态环境的重要性，对自然要取之以时、取之有度。在经济发展和企业经营中，统筹发展与生态环保是重要命题，企业家需考虑长期可持续发展策略，合理利用自然资源。

可持续发展涉及经济社会运行的多个方面。个人通过不断提高工作技能及积累经验，克服懒惰和身体过度消耗的拖累，追求更高技能与经验的岗位，获得更高职位和收入；企业通过提高产品与服务质量的长效机制，在公司治理、社会责任与环境保护的改善体系中，赢得市场和社会的信任，保持与客户的长久合作，获得更多的利润；国家通过坚持可持续发展理念促进经济增长、自然环境、社会环境的协同发展，实现更强的经济实力，让人民获得更幸福的生活。

可持续发展理念的普及和投资者对可持续发展的要求，必然引发企业价值评估方式方法的变革。当前，市场中已出现了越来越多对企业价值评估中如何纳入可持续发展元素的讨论。诚迅金融培训主编的《估值建模》第 3 版增加了可持续发展内容，诸如对 ESG 用建模进行估值分析及在国际并购尽调中的应用的探讨（详见新增的第 9 章及第 10 章），都颇有特色。本文也就企业的可持续发展的相关问题谈些浅见。

企业负面作为的根源所在

过去相当长的时间内，全球范围内很多企业以单纯的收入及利润增长为主要目标，在一段时间内实现了营业收入的高速增长和所在地区的经济繁荣。但有些企业的粗放式生产造成了水资源或空气的严重污染，破坏了自然环境，影响了当地人民的生产生活。

企业若疏于关注可持续发展这一重要课题，短期内或因"节约成本"取得较快发展，但长期来看，以牺牲可持续发展为代价，片面追求经济效益，会造成环境污染、生态破坏等一系列负面影响，阻碍经济社会的长期均衡发展。企业的天性是逐利，少数企业一味追求自身发展造成了不可逆的环境污染，或以次充好侵犯消费者权益甚至身体健康，或利用内幕交易破坏市场公平。有鉴于此，进入21世纪以来，许多国家纷纷出台各类法律法规及监管条例，使得在相关方面有负面作为的企业很难长期发展下去，甚至会遭到政府或监管机构的问责或处罚。

综上所述，企业在制订发展规划时，应在"可持续发展"方面制订具体目标，并从思想上深刻认识到可持续发展的必要性。企业只有时时刻刻想着可持续发展的潜在红利及不可持续发展可能带来的风险，才能更充分地理解其内涵，践行其精神。

客观标准与主观意愿

可持续发展政策的落地实施，要兼顾客观标准（外部约束）和主观意愿两个方面。既要有具体的标准、措施、法律法规和处罚措施，也要求企业具备主观意愿，将可持续发展的理念植根于经营管理者的观念中，形成统一、深入的共同理念。

本文是为诚迅金融培训主编的并持续长销十余年的第3版《估值建模》（2011年首版）一书作序。我想分别从客观标准和主观意愿两个方面，梳理一下对可持续发展的理解，希望有助于读者理解相关问题。

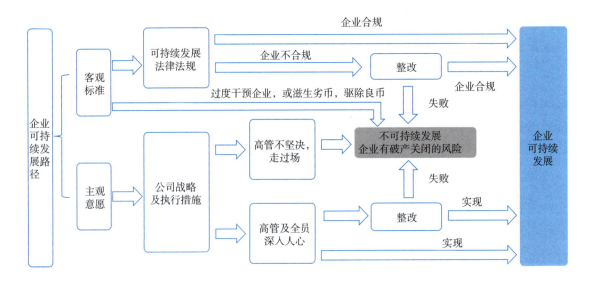

企业可持续发展路径模型

《黄帝内经》说："是故圣人不治已病治未病，不治已乱治未乱，此之谓也。夫病已成而后药之，乱已成而后治之，譬犹渴而穿井，斗而铸锥，不亦晚乎。"意思是说：优秀的领导者不会等疾病发生再去治疗，而是在疾病发生前防治"未病"，即在发生之前提前布局防范。如果生病后再去治疗，大乱发生后再去补救，那就如同缺水时再开始挖井，战乱发生时临时制造武器，这都太迟了。

结合上面的模型图和古训，回想多年前的三聚氰胺"毒奶粉"事件、蓝田业绩造假事件，从客观环境来看，当时的市场环境和不成熟的行业监管标准没能约束企业的不良经营行为，导致严重社会问题，必须予以纠正。

近年来，虽然市场监管规章制度逐渐规范严格，但令人担忧的是，加强合规经营的可持续发展主观意愿还不够深入人心，有些企业把可持续发展、ESG 规范仅仅当作口号，束之高阁，不落地，更不想执行，以避免增加短期成本。由此看来，政府必须制定更加规范及细化的监管措施，切实约束企业，使其贯彻规范经营的主观意愿，并逐渐升华到更加专业化的公司治理机制和运营模式。

高质量发展：路遥知马力

值得期待的是，政府已开始大力提倡经济高质量发展，这对企业的发展规划、生产经营行为、治理结构，以及对市场资源的配置机制及供需关系都提出了更加严格的约束条件。"发展是硬道理"的历史使命已部分完成，"经济高质量发展"及"可持续发展"是新的经济运行的均衡目标，也是我国当前长期坚持"可持续发展"的重点发力方向。

在经济高质量发展的大背景下，相关法律法规及监管标准也须因地制宜地优化完善，更好地支持企业走可持续发展的正道。因此，政府制定相关客观标准既应秉持法治观念，也应有市场意识，还应不断自我修正，让"看得见的手"与"看不见的手"协同发力，综合生产要素及约束条件，最大化社会总福利。

近年来，全球倡导了几十年的 ESG 实践（Environmental, Social, Governance，即环境、社会、公司治理）涵盖了上述可持续发展的关键要素，且实质纳入更广泛、更具体的领域。

秉持 ESG 实践的可持续发展企业如食品制造企业，越来越被消费者所关注，消费者会关注企业是否重视环保、是否有高标准的食品安全生产流程而作出选择；乘客会选择更加善待空乘人员的航空公司来保障自身的安全和优质的服务体验；制造业企业会在环保和生产流程合规的企业中选择上游供应商，以保障原材料的质量；上游企业也会用类似标准选择下游客户，以避免违规的下游客户生产企业遭到监管处罚时，影响自身的声誉以及其他下游企业的采购。

这些对企业产品和对是否合规经营企业的分析筛选原则，也在全球从事股权投资、证券投资和债务融资的机构中得以倡导，许多机构已经将 ESG 因素、低碳转型及绿色金融评估标准纳入评估分析体系，针对可持续发展的企业设置长久的投资期及持有期，或者提供较低成本的绿色融资。在这方面，我和我的同事殷索亚在 2022 年 5 月《北大金融评论》第 11 期的封面文章《从门口的野蛮人到绿衣骑士》中有较详细的实例论述。此外，本书这次新增的两篇有关 ESG 的文章，贝克麦坚时律师事务所专家撰写的《从并购尽职调查角度探讨 ESG 对企业估值的影响作用》，以及诚迅金融培训撰写的《ESG 因素对财务预测与估值模型的影响》，都可供金融投资机构参考。

企业家的挑战

敏锐的企业家们在前文描述的大环境中已经感受到生存的危机、变革的迫切性和巨大的挑战。

过去一段时期的许多行业中，很多企业家是销售专家，很多企业的快速成长靠的是企业家的销售能力。随着对增长质量要求的提高，企业家需要在可持续发展的主观意愿和发展能力上与时俱进。在国家提倡可持续发展的前提下，企业要想高质量发展，需要适应越来越严格规范的市场监管趋势，也需要在越来越激烈且规范的市场竞争环境中，提高生存与发展能力。在经济高质量发展的新形势下，企业家的能力将在以下几个方面遇到挑战与考验。

第一，提升战略思维意识，不断拓宽视野。欲穷千里目，更上一层楼，研读古今中外的商业案例，以史为鉴，他山之石，可以攻玉。

第二，树立长期发展目标，持续投入夯实基础，比如投入研发而非仅靠买入技术，培养人才而非仅从市场上挖人，种瓜得瓜，种豆得豆。理性规划可持续发展的长期目标，避免落入乌托邦式的商业理想，以及热情远超认知能力和经营管理软肋的陷阱。

第三，对发展和扩张要有理性分析。往日赖以快速成长的激进扩张和多元化跨界发展的经营方式，可以使企业做大，但在新形势下很难使企业做强。以前资金链紧绷的高负债经营，可以有很多再融资渠道，但在新形势下，企业将随时面临资金链断裂甚至破产的高风险。

第四，对企业内、外部专家及员工的创新理念和不同意见，需要有兼容并包的心胸、独立思考和理性判断的能力。独断专行或者追风逐潮的风格，会限制企业的发展。专业的公司治理结构及科学的评估机制，才能让企业做出更加明智的决策，持续蓬勃发展。

第五，对趋严的法律法规及市场监管要有敬畏之心，战战兢兢，如履薄冰。一家独大及垄断通吃的主观意愿，正面临着严酷的挑战，近年来国际国内市场上的反垄断处罚案例屡见不鲜。

知易行难，中国的企业家们在高质量发展的感召下，能不慎乎？

可持续发展与估值建模

诚迅金融培训主编的《估值建模》一书，长期以来是金融投资机构从业人员的必读书目，此次第3版增加了可持续发展的相关内容，提出了企业价值评估领域的更深度思考，足见主编机构诚迅金融培训与时俱进的视野和洞察力。

诚迅于1998年在北京成立，这个25岁的公司，是中国金融市场上历史较长的金融培训机构之一。创始人许国庆先生，哈佛MBA，曾在华尔街投行工作多年，其创办诚迅的目的之一，是弥补我国金融投资行业"定性分析有余，定量分析不足"的短板，以期对企业价值的评估能够更加客观。估值建模及其提高班并购估值建模及辅助课程财务报表分析，是诚迅的常年经典品牌面授课程。诚迅已为中国很多专业的证券公司、PE、公募基金、大型银行、大型央企国企、上市公司等数百家机构，以及清北复交等著名高校，提供了数百期估值建模培训，我现任职及曾任职的几家机构，也常年多次聘请诚迅提供这一精专的估值建模培训和估值建模科目的招聘测评考试服务。

说起来估值建模培训与我曾任职的机构颇有些渊源。记得是在2000年，我所任职的中银国际聘请诚迅在清北复交招收的二十多位投行员工，被送到纽约的高盛总部参加培训，其中高盛多年的御用培训机构艾姆特公司（AMT Training）主讲的估值建模很实用，很受欢迎。在此之后，诚迅于2002年和2003年邀请艾姆特公司来中国举办了四次培训。2005年，诚迅将估值建模培训进行本土化再造，现已举办约700期。

正如前文所述，中国的金融市场已进入高质量发展的阶段，是需要比拼可持续发展能力的关键时期，有熟练的实操技能的人才培养及对实干人才的客观筛选成为瓶颈。近年来，诚迅的估值建模培训及相关的测评考试，已成为越来越多金融投资机构人力资源赋能的有效工具。期望诚迅与这些机构用户在可持续发展的轨道上，一同为金融投资行业的高质量发展夯实基础，培养和选拔更多实干的优秀人才，为我国实体经济的可持续发展，提供更高质量、更高效率的服务。

方风雷
2023年2月

　　方风雷先生是厚朴投资创始人暨董事长，高华证券董事长。2004 年至 2022 年分别担任高盛高华董事长及非执行董事长，2000 年至 2004 年分别担任中银国际总裁及工商银行所属的工商东亚总裁，1993 年作为发起人参与筹备和摩根士丹利合资的中金公司，并担任公司副总至 1999 年，此前曾在对外经贸部及其下属机构工作多年。2001 年在哈佛商学院进修高级管理课程，1982 年本科毕业于中山大学，主修中国文学和经济学。

掌握国际资本市场通行的投资语言

与诚迅结识源于我对财务建模能力的重视。早在负责中国人寿的投资业务时，我就要求公司投资人员积极参加诚迅举办的"估值建模"培训。在 CPE 源峰，我也要求全体员工参加"估值建模"培训和"估值建模"考试。在我看来，财务建模是投资人员的基本功及核心能力，其重要性主要体现在以下三个方面：

首先，财务模型是投资分析的重要工具。投资分析需要科学的量化分析，财务建模能帮助投资分析人员建立一个逻辑严密、动态可调的分析体系，将复杂的问题如抽丝剥茧般层层分解，逐步甄别公司成长的主要驱动因素，最终为投资决策提供科学依据。

其次，投资也是财务建模的过程。无论是证券投资还是股权投资，原则上都要进行包括业务、财务、法律和税务等方面的尽职调查。尽职调查越深入、越全面，对目标公司亮点和风险的认识就越深刻。投资人员利用尽职调查结果不断修正和完善财务模型，提升财务模型的可信度和投资决策的精确度。

最后，财务建模是国际资本市场通行的"投资语言"，是华尔街专业投资人员的必备基本功。中国资本市场国际化程度不断提升，对我国投资人员的专业化、国际化要求也日益提高，这也要求投资人员熟练掌握财务建模这一通行的"投资语言"。

国际化专业人才需要国际化培训和考试体系。我欣喜地看到，诚迅在建立国际化培训和考试体系方面进行了有益探索。早在 2002 年，诚迅就将华尔街估值建模培训引入中国并进行了本土化再造，开发了华尔街估值建模培训中国版。多年来，诚迅已成功举办了数百期培训，培训人次达数千人，成为中国投资专业人才的"黄埔军校"，有力地推动了我国投资专业人员的专业化、国际化进程。

2010 年，诚迅推出了实用投融资分析师（AIFA）考试，为我国资本市场从业人员提供了一个学习、掌握国际通行"投资语言"的良机。该考试体系强调动手操作能力，实用性强。它采用"培训 + 考试"模式，旨在有效提升从业人员实际动手建立财务模型和分析实际案例的能力。我相信，该考试体系将为我国投资界培养出更多优秀的国际化人才，AIFA 有望成为中国版的特许金融分析师（CFA）。

　　本书作为实用投融资分析师考试体系核心课程之一"估值建模"的参考教材，备受 CPE 源峰业务人员推崇。我希望正在从事或立志从事投资工作的人员积极参加诚迅的培训和考试，提升专业技能，丰富职业生涯。

刘乐飞
2011 年 3 月于北京

> 　　刘乐飞先生现任 CPE 源峰董事长兼 CEO。历任中国人寿首席投资执行官、投资管理部总经理，中国银河证券投资管理总部总经理，首创证券执行董事。

1. 《估值建模》的由来

诚迅金融培训于 2002 年及 2003 年四次将常年为高盛和摩根士丹利提供估值建模培训的艾姆特公司（AMT Training）请到中国，为中金公司、中信证券等京沪深券商，以及基金公司和央企上市公司等机构，进行每期 5~7 天的估值建模培训。诚迅于 2005 年推出本土化再造的两天班估值建模培训，并在上百期培训讲课及讲义基础上，于 2010 年推出了"实用投融资分析师（AIFA）"考试体系之一的"估值建模"科目考试，编写了便于考生备考的《估值建模》教材装订版。参加考试的许多考生对本教材给予了较高评价，市场上对本教材的需求越来越迫切。为此，我们将装订本教材进行了修订，于 2011 年由中国金融出版社出版。本书出版后很受投融资领域从业人员欢迎，2018 年再版发行，2011 年至 2022 年每年印刷一次，即前后两版共 12 次印刷，本次为第 3 版。

2. 本书的主要内容及第 3 版新增部分

《估值建模》是实用投融资分析师考试"估值建模"科目（分为"估值基础知识"及"估值建模操作"两部分）的备考及培训教材，阐述了估值建模的理论知识及实际应用。

第 1 章至第 3 章主要介绍价值的基本概念及估值方法。第 1 章"价值的基本概念"介绍了一系列价值概念的区别与联系、企业价值及其在估值中常用的价值等式。第 2 章、第 3 章主要介绍"绝对估值法"和"相对估值法及其他估值方法"，讲述了多种常用估值方法的原理及其优缺点、步骤与应用注意事项。

第 4 章至第 7 章逐步向读者展现了如何通过 Excel 模型对一家公司进行财务预测及价值评估。按照实际工作的顺序，分为"建模前期准备""财务预测模型""估值模型"及"建模后续工作"四章，既有对建模过程详细的文字讲解，又配以大量的 Excel 界面截图，以帮助读者掌握建模的操作要点，学会构建财务预测与估值模型。

本次第 3 版的第 8 章"行业估值"，保留了前两版的"金融行业估值"和"房地产行业估值"，新增了"TMT 行业估值"和"医疗行业估值"，其中两篇由有华尔街投行工作经验的专业人士撰写。以后我们将陆续新增重要行业的估值专题，欢迎更多专业机构/专业人士赐稿，以使读者了解掌握估值建模在某些重要的或有特点的行业中的实际应用。

本次第 3 版新增了第 9 章"相关领域估值方法",添加了"PE 投资""项目评估""ESG 因素对财务预测与估值模型的影响"三篇文章,其中"项目评估"由经验丰富的专业人士撰写。以后我们将陆续新增其他相关领域的估值方法专题文章,欢迎更多专业机构/专业人士赐稿,以使读者了解掌握多个领域的估值方法,触类旁通,融会贯通。

本次第 3 版还新增了第 10 章"估值案例与实践",添加了"案例分析:滴灌通创新融资方式的估值方法"(滴灌通撰写)、"从并购尽职调查角度探讨 ESG 对企业估值的影响作用"(贝克麦坚时律师事务所撰写)、"资产评估中估值定价方法运用实践"(天健兴业评估公司及雄安智评云联合撰写),以后我们将陆续新增相关估值案例文章,欢迎更多专业机构赐稿,以便拓宽读者视野。

本次第 3 版的"附录"部分,除原有的"中英文财经词汇对照表"及"参考文献",还新增了"估值建模公式及财务分析常用比率""Excel 快捷键使用指南:Windows & Mac"及"Excel & WPS 快捷键使用对照表",以及对估值建模考试与培训的介绍。

业内专家、学者关于金融、资本、价值投资、商业模式、竞争优势等相关领域的著作及译著对我们撰写本书具有很大的启发和指导作用(详见参考文献部分)。如北京大学经济学院金融系何小锋教授等著的《资产相对论:重组金融学》中提到,他在北大经济系大四期间在经济学顶级刊物《经济研究》(1981.4)发表《劳务价值论初探》,引起全国轰动,经济学界泰斗孙冶方等专门召集会议当面批驳他的观点。但此后文中的学术观点被证实值得提倡,何小锋在当时得到北大经济系多位老师的保护,之后在经济系深造并留系任教。在当今易浮躁、易随波逐流的金融行业,陈岱孙、厉以宁等老一辈经济学教授严谨治学、独立思考、勇于创新、兼容并包精神所熏陶出的新一代"先生"精神弥足珍贵,值得我们好好学习并继续传承下去。

3. 鸣谢致敬本书的编写者及帮助指导者

2010 年至 2011 年间,诚迅金融培训的全职估值建模培训老师赵溱先生和杨松涛先生担任主编,带领现在或曾在诚迅工作的江涛、梁刚强、樊晶菁、费伟杰、崔小刚、陈文苑、许国庆(9 位同事除一人之后在北大读硕,其余都是本科毕业于清华或北大,有的毕业后同校读硕读博),在上百期讲课、讲义和装订本教材的基础上,编写了本书,并创建编写了配套的"估值基础知识"考试和"估值建模操作"考试题库,为之后题库的多次更新打下了扎实基础。此外,本书编写中还得到了多家中外金融投资机构专业人士的大力支持,谢方(鼎晖投资)、陈兴珠(一创摩根)、罗奕(曾任职中金公司及淡马锡)、梁晓莉(曾任职摩根士丹利及花旗集团)、罗莹(曾任职高盛、施罗德资管)、林小驰(中信证券)、尹奇(CPE 源峰)、苗乐(CPE 源峰)、郭金香(CPE 源峰)、蒋荀(国泰君安)、李星幻(光大金控资管)、胡琼(曾任职普华永道)、董功文(金辉集团)、沙湜(曾任职花旗集团)等专家对教材中有关知识的专业性和准确性,以及这一考试在实际业务中的应用适合度等方面提出了许多宝贵意见，在此谨表衷心谢意！

2022 年，诚迅的估值建模全职培训老师梁刚强先生、杨松涛先生和江涛先生在第 3 版更新中，对本书进行了较大修改（杨松涛及许国庆统稿），邀请的外部机构专家及诚迅团队，撰写了新增的八篇文章，虽在每篇文章之后标出了作者与修改反馈者姓名及机构并鸣谢致敬，这里再一次向各位专家的赐稿和修改反馈建议表示衷心的感谢！在本次第 3 版更新修改中，还得到了厚朴投资刚健华先生、财新传媒张继伟先生及金谷信托雷滔博士的指导帮助，特此致以衷心谢意！

还要特别提出感谢的是，本书第一版承蒙 CPE 源峰董事长刘乐飞先生作序，为 CPE 这十余年来至今使用估值建模培训及估值建模招聘测评考试，奠定了注重扎实的基础知识与熟练的实操技能相结合的基调，无形中成为业内的专业标杆。这次第 3 版荣幸地得到中国的国际投行泰斗及 PE 元老方风雷先生赐序，分享自参与创办中金公司、担任高盛高华董事长及创办厚朴投资以来的市场实践感悟，在此谨向方老致以崇高敬意和衷心感谢！

这里要专门介绍的是，当年为了确保能有足够的机构派人在中国参加华尔街的估值建模培训，确保我的预判不会过于乐观，虽然经高盛公司的孙永红先生（我在哈佛商学院的同学）介绍引荐，但艾姆特（AMT Training 的三个字母代表当时三个合伙人姓氏首字母）的三个合伙人还是坚持在纽约和香港分别"面试"了我三次，最后见到年长我二十岁的 T 先生（Mr. Norman Toy）时，我们在哈佛商学院的共同学习经历、理念和我立志协助中国资本市场走向专业的情怀，加上我的家庭成员都有教师工作经历的背景，终于打动了 T 学长，从而打开艾姆特派人四次来华培训的开关。这里，我们要向艾姆特三位大师致敬，向四次来华讲课的阿拉斯戴尔大师行谢师礼！谢方先生在本书的《华尔街的笨方法》一文中，具体讲述了这一华尔街培训的来历和在中国的演绎。

更要提出感谢的是，鼎晖投资的谢方先生（交大本硕）于二十多年前在诚迅工作时，与他当年在中银国际的老同事陈兴珠先生（北大本硕）、时任职中金公司的罗奕先生（清华本硕，曾在诚迅实习），作为华尔街培训师四次来华培训的辅导员前辈，共同研发了多个中国的估值建模案例，并对这一华尔街培训进行本土化再造，成为开发出适合中国国情的估值建模课程的第一代培训师，之后他们不遗余力地为诚迅传帮带了第二代培训师，并不断帮助提高培训质量，提升培训效果。在本书第 3 版出版之际，我谨代表受益于估值建模培训的上万名金融投资机构、上市公司的学员，以及清北复交等校 10 多年来参训的在校生，向三位前辈培训师致敬致谢！

4. 与本书配套的其他教材

为使读者更好地理解"估值基础知识"考试及建模中所需的财务报表分析的相关内容，诚迅金融培训杨松涛先生及中信证券林小驰博士两位主编，带领诚迅编写组，配套编写了《财务报表分析》（共 3 册），由中国金融出版社出版发行。对于会计、财务与税务知识了解较少的读者，可先参阅诚迅配套编写的《会计、财务分析及税务》一文（读者可登录 AIFA 测评官网 www. aifaedu. com "备考"栏目下载）。

对于 Excel 运用较少、操作不熟练的读者，诚迅编写组配套编写的《Excel 财务建模手册》（中国金融出版社出版发行），可以帮助读者较快掌握 Excel 的有关操作方法。对于已掌握 Excel 基本操作方法，但想进一步追求规范建模的读者，可参加诚迅二十多年来已主讲了数百期的估值建模培训，进行深造。

由于编写组成员能力有限，教材中难免存在错误与不足，欢迎大家批评指正，编写组将不胜感激，可发送电子邮件至 peixun@ chainshine. com。欢迎大家关注"诚迅金融培训"公众号及官网 www. chainshine. com，以及"AIFA 测评"公众号及官网 www. aifaedu. com，指导监督诚迅的服务质量，帮助诚迅不断提高为市场服务的专业水平。谢谢大家！

许国庆
2023 年 2 月

许国庆先生 1998 年创办诚迅金融培训，任董事长，二十多年来，将华尔街普遍使用的估值建模培训及国际商业银行常年使用的现金流测算与分析培训引进中国，现已举办数百期；组织开发的实用投融资分析师（www. aifaedu. com）估值建模考试，成为许多金融投资机构招聘测评及技能考核的有效工具。许先生 1993 年至 1997 年在雷曼兄弟公司纽约总部及香港分公司工作 4 年，任副总裁，1986 年至 1991 年在摩根大通北京代表处工作 5 年，任北京代表。

许先生 1991 年至 1993 年在哈佛商学院就读，获 MBA 学位；1986 年本科毕业于北京大学经济学院国际经济专业。

1

第1章 | 价值的 基本概念

本章从对价值理解的不同角度出发，通过介绍价格、市场价值、账面价值、持续经营价值、清算价值、非控股权价值与控股权价值等一系列价值相关概念的区别与联系，帮助读者厘清这些常见但又容易混淆的概念；然后重点介绍了企业价值，包括企业价值的含义、企业价值和股权价值的关系等式以及在估值中使用价值等式的注意事项。理解企业价值的含义和掌握价值等式是学习本章的关键，也是接下来学习估值理论和方法以及估值建模的基础。

1.1 关于价值的一些概念

1.1.1 价值与价格

在日常生活中，我们常常会感慨某件物品买贵了，或者买便宜了。实际上，我们不自觉地就在比较价值（Value）与价格（Price）的概念。

价值是事物的内在属性，是从长期来看合理的、内在的价值；而价格则是在某次交易当中被交易双方认可的价值的外在表现形式。当某样物品的价格高于价值时，我们就会感到它很贵，"物非所值"；相反，当某样物品的价格低于价值时，我们就会感到它很便宜，"物超所值"。那么，价值和价格的关系到底如何呢？

1. 价格不能完全代表价值

价格有时等于价值，但更多情况下，价格是偏离价值的。

首先，受供需的影响，价格总是在变动的。同一公司同样的资产在不同时间、不同地点会有不同的标价，而且其成交价格也会经常变动。

其次，交易双方往往存在着信息不对称，双方对于资产价值的预期也会有很大差距，而价格的形成只是市场中报价最高的买方和承受价最低的卖方之间互相认可的过程，所以他们所达成的价格不一定是资产的内在价值。比如上市公司的股价未必代表其价值，因为大部分持有公司股份的股东并没有参与日常交易，股票交易有时也不活跃，因此在股票市场形成的价格也只是少部分新、老股东认可的价值。

最后，某些资产可能尚未形成一个完善的交易市场，如果该资产未被出售，就得不到其在活跃市场交易的价格，但我们不能说该资产没有价值。就如非上市公司或者公司的某个部门，由于没有在市场上出售，其价格也就不易获得。

正是由于上面这些原因，获取一个公司的价格相对容易，但评估其价值却很难。

 价格是价值的外在反映，但受到多种因素的影响，并不一定完全等于价值。本书中估值建模的重点在于评估公司股权的内含价值。内含价值可以作为定价的重要参考，但不必然等于交易价格。

2. 价格是价值的重要参考

尽管价格并不总是等于资产内在的价值，但通常不会长期相对于其价值有较大的偏离。因此，在估算价值时，价格往往被作为重要的依据。对于那些存在活跃交易市场的资产，我们常常用观测到的市场价格来估算其价值。比如，对于股权的价值，我们经常使用股票价格乘以股数得到的价值作为参考。不仅如此，当某项资产没有活跃的交易市场和可观测的价格时，我们可以在活跃市场中寻找可比资产，以该可比资产的价格作为参考来评估目标资产的价值。

在以价格为依据估算价值时，应注意：

（1）该价格应是在活跃的交易市场中形成的；

（2）应选择一个合理的价格作为依据，有时可能需要使用一段时间内的平均价格而不是某一时点的价格。

1.1.2　市场价值与账面价值

在衡量价值的时候有两个常用概念：**市场价值**（Market Value）和**账面价值**（Book Value）。

市场价值是指在公平的交易中，熟悉情况的双方自愿进行资产交换或债务清偿的金额。账面价值通俗点说就是记在账上的数值，也就是资产、负债和所有者权益在会计计量时的价值。

大家也许会问：那究竟该用哪个价值来衡量呢？如果资产没有交易，是不是就得不到它的市场价值了？既然账面价值那么方便获得，能不能使用账面价值呢？

其实，账面价值与市场价值是从不同的角度看价值。我们知道会计报表是以历史成交价格为基础的。比如，2X12 年[①]某公司用 1 亿元的价格购入了某厂房，该价格客观地反映了该厂房当时的价值，会计师就将它按 1 亿元记入了账簿。但到 2X21 年，该厂房已大幅增值，如果我们继续用账面价值（由于折旧摊销，账面价值不仅不增加，反而会下降）作为其价值，就会造成严重的低估。

在很多时候，账面价值与市场价值在数额上有很大差异。

【例】我们在某公司上年年末的资产负债表中看到，股东权益的账面价值为 28.9 亿元。而该公司股票在这一天的收盘价为 20.79 元/股，已发行总股数为 5.65 亿股。以此时的股价计算，该公司的股权市场价值约为 117 亿元，是其账面价值的 4 倍多。通过这个例子可以看到，账面价值和市场价值的差距可能非常大。

账面价值反映的是公司历史运营的情况，财务报表上的每一个数字都是公司过去成长的写照。但在资本市场上，从投资的角度出发，投资者关注的是某项交易在未来所能带来的回报或者某家公司未来能带来的价值。因为历史已经是过去时，历史成本已经是沉没成本，无论历史成本高低与否、公司经营状况如何，公司管理者已无法改变，只能依靠更明智的决策和更合理的运营方式使公司在未来取得更好的经营业绩，所以能给投资者带来回报的是未来的收益。因此，投资决策者不应该仅通过公司的账面价值就作出决策，而需要重新科学地估计其市场价值，只有在其他方法无法获得恰当的市场价值时才将账面价值作为质量不高的替代品。

1.1.3　持续经营价值与清算价值

持续经营价值（Going-concern Value）和**清算价值**（Liquidation Value）都是市场价值的概念，区别在于公司目前的经营状态，是持续经营，还是准备停业清算。基于这种分类方法，公司能够给所有者提供价值的方式有两种：一种是由持续经营所产生的未来现金流量的现值，称为持续经营价值；另一种是当期停止经营、将经营资产出售对应的价值，称为清算价值。

在这两种情况下，需要采用不同的评估方法，评估结果自然也有着明显的区别。我们必须明确想要评估的公司是一个持续经营的公司还是一个准备清算的公司，评估的价值是

---

① 因模型中年份也采用这种方式，因此本书在不需要强调具体真实年份时，均采用类似 2X12 的形式表示年份。

其持续经营价值还是其清算价值。当然在大多数情况下，需要评估的是公司的持续经营价值。

公司持续经营的基本条件，是其持续经营价值超过清算价值。一般来说，当未来现金流的现值大于清算价值时，投资人会选择持续经营。如果现金流量下降，或者资本成本提高，使得未来现金流量现值低于清算价值，那么理性投资人就会选择清算。当然，控制公司的人也有可能拒绝清算，使公司得以持续经营，但这就摧毁了股东本来可以通过清算得到的价值。一个公司的公平市场价值，应当是持续经营价值与清算价值中较高的一个，如图1–1所示。

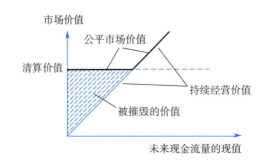

图1–1 持续经营价值与清算价值

1.1.4 非控股股权价值与控股股权价值

股权价值（Equity Value）是指公司股东所拥有的价值，衡量的也是市场价值。买入公司的少部分股权和买入公司的控股权，是完全不同的概念。买入公司的少部分股权，可能是因为认可公司现有的管理和经营战略，认为能够为自己带来收益。在这个过程中，买入者只是一个旁观者，不具有对公司的控制权，不能对公司的经营产生实质的影响。而买入公司的控股权，投资者就有了改变公司生产经营方式的权力，可以通过自己的行为来改变公司的价值，也就是说投资者不仅取得了未来现金流量的索取权，而且同时获得了掌控公司经营的权力。

正是由于非控股权和控股权的这些差异，通常可以认为同一公司的股票是在两个独立的市场上交易的。一个是非控股股权市场，它交易的是少部分股权代表的未来现金流量对应的价值；另一个是控股股权市场，它交易的是公司控股权代表的未来现金流量对应的价值。在两个不同市场里交易的，实际上是不同的资产。

我们能够看到的，在股票市场上交易的只是少部分股票，大多数股票并没有参加交易。真正掌握控股权的股东，是很少参加日常交易的。所以我们能够在市场上看到的股价，通常只是少部分股票的交易价格，它们衡量的只是部分非控股股权的价值。当进行收购交易时，我们就可以明显地看出非控股股权与控股股权的价值差异。一旦交易对象是控股权，成交的价格相对于非控股股权交易往往有明显的溢价。在评估公司的股权价值时，必须明确评估的对象是非控股股权价值还是控股股权价值。

【例】在 2018 年安踏体育（02020. HK）联合私募股权投资基金收购 Amer Sports 的交易中，按每股 40 欧元的价格以现金方式收购 Amer Sports 的全部股份。安踏体育发布收购意向公告前，Amer Sports 的股价为 28.79 欧元/股，收购价格相对于此价格的溢价率为 38.9%。

1.1.5 融资前价值与融资后价值

公司进行大规模股权融资时，通常需要估计公司的股权价值及新股东的股权占比。此时需要区分清楚什么是融资前（pre-money）的价值，什么是融资后（post-money）的价值。两种价值的区别在于是否考虑了融资对于价值的影响。

【例】某高科技公司准备从一家投资公司获取一笔 2 000 万元的股权融资，已知该高科技公司的股权估值为 1 亿元，投资公司此前没有持股该公司。请计算股权融资后，该投资公司在该高科技公司的持股比例。

此时需确定，高科技公司当前 1 亿元的股权估值是融资前还是融资后的。

如果是融资前，则股权融资后该公司的股权价值为：$1 + 0.2 = 1.2$（亿元），则投资公司投后持股比例为：$0.2/1.2 \approx 16.7\%$。

如果是融资后，则股权融资后该公司的股权价值为 1 亿元，投资公司投后持股比例为：$0.2/1 = 20\%$。

投资银行在筹备公司的 IPO 或者私募股权基金准备入股一家公司时，都需要考虑公司融资后的股权状况，以分析出股权变化以后，各家股权投资者的持股情况。

1.2 企业价值

企业价值（Enterprise Value，EV，有时也被称为 Firm Value 或 Aggregate Value），是指公司所有出资人（包括股东、债权人）共同拥有的公司业务运营所产生的价值，既包括前面提到的股权价值，也包括债权的价值。

在企业价值和股权价值之间，存在一个价值等式，这与资产负债表中的会计等式"**资产 = 负债 + 所有者权益**"形式很相近，但内涵不同。会计等式是账面值的概念，更强调该科目的历史成本；而价值等式是市场价值的概念，着眼于业务未来创造价值的能力及价值在不同出资人之间的分配。

我们需要很好地理解和掌握这个价值等式，因为本书后面的很多章节，比如无杠杆自由现金流折现模型等，都是在理解价值等式的基础上进行的。

1.2.1 价值等式的简单形式

简单的价值等式可以写为

企业价值 = 净债务 + 股权价值

其中，净债务是指债务与现金的差额，即

净债务 = 债务 - 现金

所以简单的价值等式也可以写为

企业价值 + 现金 = 股权价值 + 债务

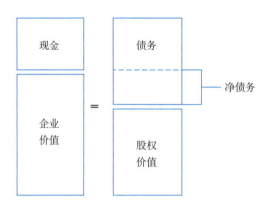

图 1 - 2　价值等式简单形式

这个价值等式中的所有科目都是基于市场价值而言的。注意这里的"债务"与资产负债表中的"负债"不同，这里的债务只包括具有付息义务的融资性负债（属于资本来源的一种），如短期借款、长期借款、应付债券等，这些负债都要求借款人按照一定的时限、方式还款并支付利息。与业务密切相关的经营性负债，如应付账款、预收款项、合同负债等，则不包括在债务中。

经营性负债是企业业务持续运营的重要组成部分。在价值等式中，经营性负债与经营性资产共同构成经营性业务，业务持续运营的价值对应的是企业价值。

> ℹ️ 价值等式中的所有项目都应以市场价值衡量。价值等式中的"债务"只包括融资性负债。

这里的"现金"是指没有投入到公司运营中的多余的现金及其等价物，即从货币资金总额中扣除用于维持日常经营所需要的现金后剩下的余额。在一般情况下，对多余现金的处理往往采用比较简单的形式：用所有账上的货币资金代替。这样做的原因：一是通常不容易从资产负债表中获取多余现金的具体金额；二是虽然可以通过了解公司日常运行的规律估计出公司每天参与运营的现金数量，并以此计算出多余现金，但是这种估计往往带有很强的主观性；三是在我国，很多公司习惯于将长期闲置不用的资金存在银行，对于这些公司，多余现金基本上等于所有的现金；四是相比于企业价值，所需现金往往很少，因此对多余现金进行近似的处理不会对企业价值或股权价值的估计造成较大影响。

在了解债务和现金的含义后，通过一个例子来进一步理解企业价值和股权价值的关系。

【例】 假设某公司的企业价值（EV）为 15 亿元，另外其账上还有 1 亿元的现金，该公司融资性负债的市场价值为 6 亿元，经营性负债的市场价值为 4 亿元。请计算该公司的净债务和股权价值。

该公司的净债务 = 融资性负债的市场价值 − 现金 = 6 − 1 = 5（亿元）

该公司的股权价值 = 企业价值（EV）− 净债务 = 15 − 5 = 10（亿元）

需要注意的是，在价值等式的简单形式中，我们没有对公司的资产及业务进行分类，其实这是一个不太严谨的定义。与主营业务不相关的资产（常称为非核心资产）在估值时需要区别对待。同时，有的公司除了债权人和股东外，还有其他资本投入者，也会参与整个价值的分配。

因此，简单形式的价值等式隐含的假设是公司所有的非现金资产都是主营业务相关的核心资产，没有非核心资产，并且仅有债务和股权两种资本。

价值等式的左边反映价值的产生，价值等式的右边描述价值在不同资本之间的分配。下面，我们对价值等式作进一步探讨。

1.2.2 价值等式的一般形式

从上面的讨论可以看出，简单形式的价值等式对于拥有非核心资产的公司就不适用了。在实际的价值评估中，许多公司都拥有非核心资产，因此需要对企业价值进行更为严格的定义：**"企业价值是指公司拥有的核心资产运营所产生的价值。"**

核心资产对应的是主营业务（通常是经营性业务），主营业务的价值即体现为企业价值；非核心资产对应的是非主营业务，比如公司持有的与主业无关的交易性金融资产或者长期股权投资，其价值一般不应包含在企业价值中。

> i 企业价值仅指公司核心资产运营所创造的价值，而不包括非核心资产的价值。

　　但核心资产与非核心资产的划分并不是绝对的，必须依据具体公司的情况具体分析。对于制造业公司而言，如果购买了房地产，不将其用于生产经营而仅作为投资，则该房地产就属于非核心资产；对于房地产公司而言，其购买的房地产可划分为核心资产。同样地，对于非金融机构而言，在股票市场买卖其他公司的股票，这些交易性的金融资产就属于该公司的非核心资产；但对于金融机构而言，尤其是保险公司对其资产进行投资管理时，在股票市场买入的其他公司的股票或者债券可能是其最主要的核心资产。

　　区分公司的核心资产与非核心资产，主要基于以下原因：其一，公司核心资产的运营（主营业务）是相对稳定的，其收入具有可预测性；而非核心资产（比如交易性金融资产）的规模相对不稳定，能够给公司带来的收益也有很强的不确定性，很难预测。其二，站在投资者的角度看，投资者要投资一个公司，是因为他们认为该公司在其主营业务方面有经验，做得专业、做得好，能够带来较好的回报。如果公司拿投资者的钱去投资交易性金融资产，那么投资者还不如直接把钱交给专业的投资机构打理，比如购买基金等。因此，我们看一个公司，看中的是该公司主营业务未来发展能够带来多少回报，即企业价值。而非核心资产往往不是我们评估的主要目标，其对应的价值不应包含在企业价值中。

　　关于股权价值，在实际公司中，我们看到很多上市公司的合并财务报表中都有少数股东权益这一项。当母公司控制子公司（纳入合并范围），但非100%持股时，子公司净资产中不属于母公司股东享有的部分在母公司的合并资产负债表中即列为"少数股东权益"（简称少数股权）。对于有少数股东权益的公司，我们想评估的股权价值通常只是属于母公司股东的股权价值。所以股权价值可以分为：股权价值＝少数股权价值＋归属于母公司股东的股权价值。在本书中，如无特殊说明，股权价值是指归属于母公司股东的股权价值。

　　所以，在价值评估中，价值的一般等式为

企业价值＋非核心资产价值＋现金＝债务＋少数股权价值＋归属于母公司股东的股权价值

图1－3　价值等式一般形式

在实际的价值评估中，会经常使用这个价值等式在企业价值和股权价值之间进行转换。比如我们想评估某未上市公司的股权价值，那么我们可以先使用某些估值方法（下两章将要讲到的绝对估值法和相对估值法）评估出该公司的企业价值，然后利用上面的价值等式"从左到右"推出该公司的股权价值。而对于上市公司，我们既可以"从左到右"计算出公司归属于母公司股东的股权价值，进而算出内含股价，判断该公司的股票是否低估或高估，也可以"从右到左"由公司的股权价值（公司的股票价格×已发行普通股股数）推出公司的企业价值，进而计算企业价值相关的估值倍数指标。

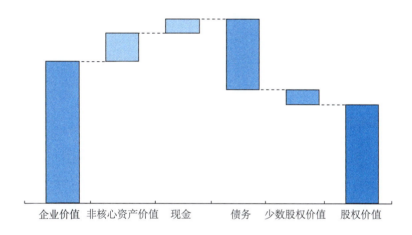

图1-4 企业价值与股权价值

【例】在2018年安踏体育（02020.HK）联合私募股权投资基金收购Amer Sports的交易中，中介机构由Amer Sports的企业价值调整出其股权价值：Amer Sports的企业价值为53.9亿欧元，加上现金及非核心资产价值2.5亿欧元，再减去债务10.0亿欧元，可知Amer Sports的股权价值为46.4亿欧元。即

Amer Sports的股权价值=企业价值+现金及非核心资产价值-债务=53.9+2.5-10.0=46.4（亿欧元）。

除了一般的融资方式外，某些公司可能会发行其他的资本工具，比如永续债、优先股、可转换债券、认股权证等。这些资本工具的持有人也要参与分享企业价值，在"从左到右"计算归属于母公司股东的股权价值时，不要忘记减去右边其他的资本工具的价值。

此时，企业价值与股权价值的价值等式为

企业价值+非核心资产价值+现金=债务+其他资本工具价值

+少数股权价值+归属于母公司股东的股权价值

1.2.3 使用价值等式时需注意的事项

1. 价值等式中的所有项目均应为其对应的市场价值

如果某些科目没有对应的市场价值，可以运用相应的估值方法对其估值。比如 A 公司有一笔与主营业务无关的长期股权投资，被投资的 B 公司是非上市公司，股权没有公开市场价格。那么我们首先需要对 B 公司的股权进行估值，然后乘以 A 公司拥有的 B 公司的股份比例以得出 A 公司长期股权投资的市场价值。

对于债务而言，我们往往可以用债务的账面价值代替市场价值。这样做的主要原因是，正常运营的公司，其债务的账面价值一般与其市场价值差别不大。

2. 牢记价值等式中的债务仅指融资性负债，不包括经营性负债

这里的融资性负债有两个主要来源：一个是公司从银行等金融机构取得的、尚未偿还的贷款；另一个是公司所发行的债券，如短期融资券、中期票据、企业债、公司债等。这两类债务都有一个特点，就是债权人将资金投入到公司的目的是获得利息收入和本金偿还。所以，带有付息义务是融资性负债的重要标志之一。而那些产生于采购、生产、销售过程的应付款、预收款等经营性负债，由于其债权人获得该债权的目的主要不是获得利息收入，而是进行其自身的产品销售或消费，所以通常不带有付息义务。当然，是否带有付息义务并不是绝对的判断标准，因为有时经营活动中的应付款项也可能由于时间较长或金额较大而需要支付利息，所以最终的判断标准还是其将资金投入到公司的目的。

3. 对多元化业务公司进行价值评估时的处理

实践中，某些大公司往往会经营多元化业务。对这类公司估值时，可以先分别对不同业务模块单独进行估值，然后将所有业务的价值加总（这种方法又称为 Sum Of The Parts，SOTP）。如果认为多元化经营可能存在公司治理不善或低效投资的情况，导致呈现多元化折价，那么还需要在总价值的基础上打个折扣。

从另一个角度思考，比如一家既生产铜又生产铝的公司，生产铜和铝的工艺技术并不一样。我们投资该公司的股票，还不如构造这样一个投资组合：投资一家做得很好的专门生产铜的公司和一家做得很好的专门生产铝的公司的股票。换句话说，投资者不需要公司代他们进行分散投资。这个例子很好地印证了资本市场中的一句话：公司的业务越单一，市场给予的溢价水平就越高。

当然，在当前新经济蓬勃发展的时代，某些头部平台类公司基于可复用的中后台先进技术及可支配的众多流量资源涉足多类业务时，可能形成明显的平台效应，这时也存在平台多元化溢价的可能性。

4. 企业价值和股权价值对应的指标

由于价值评估的方法不同，在评估中有些方法直接得出的是股权价值，而有些评估方法直接得出的是企业价值。此时，我们必须注意评估方法应遵循一致性原则。

比如，与息税折旧摊销前利润（Earnings Before Interest，Taxes，Depreciation and Amortization，EBITDA）、息税前利润（Earnings Before Interest and Taxes，EBIT）对应的是企业价值。因为 EBIT 和 EBITDA 均未扣除利息费用，是所有出资人所共同拥有的。

而净利润由于已经扣除了支付给债权人的利息和给政府的税收，只归股权投资者所有，所以净利润对应的价值为股权价值。

除此之外，息前税后利润（Earnings Before Interest After Taxes，EBIAT）、无杠杆自由现金流以及一些运营指标（比如零售行业的销售面积、能源行业的储量、电商等平台的活跃用户数等）对应的是企业价值，而净资产、红利、股权自由现金流对应的则是股权价值。

CHAPTER

2
第2章

绝对
估值法

在上一章中我们介绍了企业价值与股权价值的概念及价值等式，接下来我们将继续介绍如何估算这些价值。对于持续经营的公司，常用的估值方法主要包括绝对估值法和相对估值法两大类，本章介绍绝对估值法，下一章介绍相对估值法及其他估值法。

绝对估值法的主要方法有无杠杆自由现金流折现模型和红利折现模型。除此之外，本章还向大家介绍股权自由现金流折现模型、净资产价值法、经济增加值折现法和调整现值法。

本章 2.1 节为绝对估值法概述，主要介绍绝对估值法的基本原理，2.2 节至 2.7 节分别介绍上述绝对估值方法，2.8 节为绝对估值法的扩展与总结，主要介绍绝对估值法在实际应用中的处理以及绝对估值法的优缺点。

为了帮助读者更快速地理解和掌握绝对估值法，本章 2.2 节至 2.7 节介绍常见估值方法的时候，假设公司专注于主营业务，没有非核心资产及与之相关的损益，这样在应用第 1 章所介绍的价值等式推导股权价值或企业价值时，就可以简化等式，不用考虑非核心资产的影响。但是在实际中，公司往往会有一些与主营业务无关的资产（非核心资产），本章 2.8 节将会介绍运用绝对估值法时如何处理这些问题。

2.1　　　　　　　　　　　　　　　　　　　　　　　　　绝对估值法概述

2.1.1　绝对估值法的基本原理

绝对估值法的应用非常广泛，可以用来计算企业价值、股权价值、资产价值等。绝对估值法的理论基础在于：它假设价值来源于未来流入的现金流，将这一笔笔的现金流分别以一定比率折现到估值时点，再进行加总就得到了相应价值。如果这些现金流是属于所有出资人的，折现加总得到的就是企业价值；如果这些现金流只是属于股权出资人的，折现加总得到的就是股权价值。

这里需要注意两点：第一，这个现金流入只能是未来的，不管这家公司在历史上产生过多少利润或现金流，都与这家公司现在的价值没有直接关系；第二，既然是未来的现金流入，所以这个现金流入是不确定的，是包含了不确定性或风险的。此外，未来确定的1元现金流的价值和现在确定的1元现金流的价值也是不一样的。所以需要用一个折现率来综合反映这种风险成本和时间成本。

 将估值时点之后的未来现金流以合适的折现率进行折现，加总得到相应的价值，是绝对估值法的基本原理。

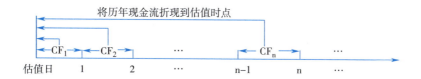

图2-1 绝对估值法原理

绝对估值法原理下，价值的计算公式为

$$V = \sum_{t=1}^{\infty} \frac{CF_t}{(1+r_t)^t}$$

其中，V为总价值；t为时期；CF_t为第t期的现金流（假设期末产生）；r_t为能够反映当期现金流不确定性的折现率。

在实际应用中通常简化成用一个折现率代表所有时期的折现率。如果在可预见的未来，该现金流的风险水平不会出现巨大变化，那么这种简化就是合理的。所以，上式可以简化为

$$V = \sum_{t=1}^{\infty} \frac{CF_t}{(1+r)^t}$$

其中，V为总价值；t为时期；CF_t为第t期的现金流；r为未来所有时期的平均折现率。

2.1.2 绝对估值法的一般形式

在使用折现现金流法对公司进行价值评估时（无论是企业价值或是股权价值），一般都要预测所分析公司未来几年的财务状况，从而尽量估算出每一年的现金流，但是预测的

时间越长，对于其假设的把握性就越低。所以，在实际使用时都会设定一个预测期，在预测期内详细地预测公司各方面的财务状况。对于在预测期之后公司运行产生的价值，也就是终值，可以采用不同的方法进行估算。

两阶段模型是绝对估值法中较为常见的类型，它把时间分成两个阶段。第一阶段称为详细预测期，此期间通过对公司收入与成本、资产与负债等项目的详细预测，得出每一时间段的现金流。第二阶段称为终值期，这段期间的现金流体现在详细预测期最后一年的价值称为终值（Terminal Value，TV）。

图 2 - 2　详细预测期与终值期

于是，在两阶段模型中，价值的计算公式为

$$V = \sum_{t=1}^{n} \frac{CF_t}{(1 + r)^t} + \frac{TV}{(1 + r)^n}$$

其中，V 为总价值；CF_t 为第 t 期的现金流；r 为未来所有现金流的平均折现率；n 为预测期数；TV 为终值。

上述公式只是一个通用的示例，在实际预测中，预测期期数可以不是整数，终值折现年份也可能不等于预测期期数。我们在后面会进一步介绍。

从上面的分析不难看出，在使用绝对估值法时，有四个要素需要提前确定：（1）预测期期数；（2）预测期内每期的现金流；（3）终值；（4）折现率。一旦确定了这四个要素，就可以通过计算，将预测期内每期的现金流和终值用相应的折现率折现，加总之后便得到对应的价值。

【例】假设某公司的未来现金流和终值如下表所示，现金流在每年年末产生，其适用的折现率为 9.3%。

时间（年）	1	2	3	4	5	6	7	8	9	10
现金流（百万元）	180	200	224	264	317	391	425	445	460	472
终值（百万元）										6 274

这里，预测期为 10 年，第 10 年底的终值为 6 274 百万元，可以使用两阶段模型计算该公司的价值：

$$V = \sum_{t=1}^{10} \frac{CF_t}{(1 + 9.3\%)^t} + \frac{TV}{(1 + 9.3\%)^{10}} = 1\,968.3 + 2\,578.4 = 4\,546.7(百万元)$$

对于终值的估计，通常来说有两种方法：一种是 Gordon 永续增长模型；另一种是退出倍数法。下面对这两种终值估计方法进行介绍。

1. Gordon 永续增长模型

Gordon 永续增长模型的原理是：假设公司在终值期，现金流以一个稳定的增长率（Perpetual Growth Rate）永续增长，将终值期所有现金流折现到详细预测期最后一年并加总，即可得到在详细预测期最后一年计算的终值价值（TV）。

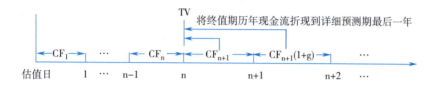

图 2 - 3　Gordon 永续增长模型原理

假设预测期共有 n 期，预测期最后一期现金流为 CF_n，终值期第一期的现金流为 CF_{n+1}，永续增长率为 g，折现率为 r，则有

$$TV = \frac{CF_{n+1}}{1+r} + \frac{CF_{n+1} \times (1+g)}{(1+r)^2} + \frac{CF_{n+1} \times (1+g)^2}{(1+r)^3} + \cdots$$

一般情况下，永续增长率 g 小于折现率 r，此时上面的求和序列就无限趋近于一个确定的有限值。通过等比数列求和公式可以计算出终值

$$TV = \frac{CF_{n+1}}{r-g}$$

此时，

$$V = \sum_{t=1}^{n} \frac{CF_t}{(1+r)^t} + \frac{CF_{n+1}}{(r-g) \times (1+r)^n}$$

有时候，为了简化模型，通常会假设从预测期最后一期到终值期第一期现金流也满足 g 的增长率，则有

$$CF_{n+1} = CF_n \times (1+g)$$

此时，

$$TV = \frac{CF_n \times (1+g)}{r-g}$$

$$V = \sum_{t=1}^{n} \frac{CF_t}{(1+r)^t} + \frac{CF_n \times (1+g)}{(r-g) \times (1+r)^n}$$

2. 退出倍数法

退出倍数法的原理是：假设在详细预测期最后一期的期末将公司按合理估值出售，出

售时的价格即为终值。常用详细预测期最后一期的某一业绩指标的倍数来估算终值，即

$$TV = 详细预测期最后一期的某一指标 \times 该指标倍数$$

用退出倍数法估算终值实际上使用的是相对估值法，在运用时的主要工作就是估计一个合适的倍数。

如果是用红利折现或者股权自由现金流折现，终值对应的是股权价值口径，则可用市盈率、市净率等倍数估算终值。

如果是用无杠杆自由现金流折现，终值对应的应该是企业价值口径，通常是将最后一年的 EBIT 或 EBITDA 乘以适当的倍数，估算其终值。

$$V = \sum_{t=1}^{n} \frac{CF_t}{(1+r)^t} + \frac{指标_n \times 该指标对应的退出倍数}{(1+r)^n}$$

需要注意的是，选定的倍数应能恰当反映公司售出时点之后的增长潜力。在终值期，公司的增长率很可能低于详细预测期，因此退出倍数很可能比当前倍数低。

2.1.3 使用绝对估值法的步骤

使用绝对估值法计算股权价值时，一般包括六个步骤：

第一步，选择适用的绝对估值法。在实际应用中，由于参数选取的主观性等原因，不同的方法可能会得到不同的估值结果。并且不同类型的公司适用不同的估值法（不同估值法的适用性我们会在后面讨论）。因此，首先要选择合适的估值方法。

第二步，确定预测期期限，并计算预测期内的现金流。不同的估值模型使用的现金流不同，比如红利折现模型使用的现金流是红利，股权自由现金流折现模型使用的现金流是股权自由现金流，而无杠杆自由现金流折现模型使用的是无杠杆自由现金流。

第三步，确定折现率。折现率的选择取决于使用的现金流的种类，二者要相匹配，这是使用折现现金流法最重要的一个原则。比如对红利和股权自由现金流折现使用的折现率为股权资本成本，而对无杠杆自由现金流折现使用的折现率为加权平均资本成本（Weighted Average Cost of Capital，WACC）。

第四步，计算预测期后的价值，也就是终值。

第五步，对预测期现金流及终值进行折现，加总得到估值（反映未来现金流的现值和）。

第六步，若折现现金流对应的不是股权价值，需要调整至股权价值。比如无杠杆自由现金流折现模型中现金流折现得到的是企业价值，需利用价值等式推出股权价值。

接下来的六节将详细介绍常用的六种绝对估值法。

2.2 红利折现模型

2.2.1 模型的一般形式

投资者购买股票，通常预期获得两种现金流：一种是持有股票期间的现金分红，另一种是持有期期末卖出股票时的预期价格。二者的现值之和决定了目前该股票的市场价值。

所以，红利折现模型（Discounted Dividend Model，DDM）的一般形式为

$$P_0 = \sum_{t=1}^{n} \frac{DPS_t}{(1+r)^t} + \frac{P_n}{(1+r)^n}$$

其中，P_0 为股票当前的价值；DPS_t 为第 t 期的每股现金红利；n 为详细预测期期数；r 为与红利相匹配的折现率，即股权要求回报率；P_n 为持有期期末卖出股票时的预期价格。

持有期期末卖出股票的预期价格，也就是股票在预测期期末的价值 P_n。对于 P_n 的处理，如2.1节所述，主要有 Gordon 永续增长模型和退出倍数法两种方法。

2.2.2 终值的估算

1. Gordon 永续增长模型

Gordon 永续增长模型的假设是：终值期公司的净利润按照稳定的增长率（g）永续增长，而公司的分红政策即红利分配比率（Payout Ratio，PR，也称分红比率，即红利/净利润，表示当年分配的红利占净利润的比例）和利润留存比率（Retention Ratio，RR，留存比率＝1－红利分配比率）也将保持稳定，那么红利在终值期也将按照稳定的增长率 g 永续增长，这个模型也叫"稳定红利增长模型"。

终值期第一期的每股红利为 DPS_{n+1}，此时，

$$P_n = \frac{DPS_{n+1}}{r-g}$$

$$P_0 = \sum_{t=1}^{n} \frac{DPS_t}{(1+r)^t} + \frac{DPS_{n+1}}{(r-g) \times (1+r)^n}$$

【例】假设某公司未来10年每股发放的现金红利如下表所示，第10年后每年发放的红

利以 2.5% 的增长率永续增长，股权要求回报率为 9.5%。该公司的分红发生在每年年末，请使用红利折现模型计算目前该公司股票的价值。

时间（年）	1	2	3	4	5	6	7	8	9	10
每股发放红利（元）	0.23	0.29	0.35	0.40	0.45	0.49	0.52	0.55	0.57	0.59

使用 Gordon 永续增长模型估算该公司股票在第 10 年年末价值：

$$P_{10} = \frac{DPS_{11}}{r - g} = \frac{DPS_{10} \times (1 + g)}{r - g} = \frac{0.59 \times (1 + 2.5\%)}{9.5\% - 2.5\%} = 8.64(元 / 股)$$

目前该公司股票的价值为

$$P_0 = \sum_{t=1}^{10} \frac{DPS_t}{(1 + 9.5\%)^t} + \frac{8.64}{(1 + 9.5\%)^{10}} = 2.60 + 3.49 = 6.09(元 / 股)$$

2. 退出倍数法

在退出倍数法下，需要对详细预测期期末的相关倍数进行预测。以 P/E 倍数（市盈率，表示每股价值和每股收益的比例，即 Price Per Share/Earnings Per Share）为例，假设在详细预测期最后一年该股票的市盈率为 PE_n，预测期最后一年的每股收益为 EPS_n，那么

$$P_n = EPS_n \times PE_n$$

$$P_0 = \sum_{t=1}^{n} \frac{DPS_t}{(1 + r)^t} + \frac{EPS_n \times PE_n}{(1 + r)^n}$$

需要注意的是，市盈率倍数是指股权价值相对于净利润的倍数，所以不能用详细预测期最后一年的红利与 P/E 倍数相乘得到终值。

【例】假设某公司未来 10 年每股发放的现金红利如下表所示。预测在第 10 年该公司股票的市盈率（P/E）倍数为 14，每股收益为 0.76 元，股权要求回报率为 9.5%。该公司的分红发生在每年年末，请使用红利折现模型计算目前该公司股票的价值。

时间（年）	1	2	3	4	5	6	7	8	9	10
每股发放红利（元）	0.23	0.29	0.35	0.40	0.45	0.49	0.52	0.55	0.57	0.59

使用市盈率倍数法估算该公司股票在第 10 年年末的价值：

$$P_{10} = EPS_{10} \times PE_{10} = 0.76 \times 14 = 10.64(元 / 股)$$

目前该公司股票的价值为

$$P_0 = \sum_{t=1}^{10} \frac{DPS_t}{(1 + 9.5\%)^t} + \frac{10.64}{(1 + 9.5\%)^{10}} = 2.60 + 4.29 = 6.89(元 / 股)$$

2.2.3 红利的估算

1. 固定红利支付率

一些成熟的大型公司采用较稳定的红利政策，如果公司在较长时期内按照净利润（或者当期可分配净利润）等盈余的固定比率向股东派发红利，就属于固定红利支付率的红利支付方式。在这一红利政策下，各年红利支付的金额随公司经营业绩的好坏而上下波动，盈余多的年份红利高，盈余少的年份红利少，股东每年获得的红利与公司经营业绩息息相关。

假设在一定期限内，公司每期向股东支付的现金红利占其净利润的比例（即分红比率）为 PR，第 t 期每股收益为 EPS_t，则第 t 期的每股红利 $DPS_t = EPS_t \times PR$。

2. 最大红利支付

对有的行业来说，估值时假设采用最大红利支付的红利政策，即除去维持正常经营所需资金及监管要求下的资本积累外，余下的利润全部分配给股东。

以银行为例，银行必须首先满足巴塞尔协议和所在国的监管要求，达到资本充足率的要求。根据资本充足率的要求，决定资本中权益资本的数量。这部分权益资本尽可能地用内部盈余来满足。如果盈余满足了资本充足率的要求后还有剩余，则剩余部分即为满足监管要求的最大可能支付的红利。

最大红利支付是估值者给估值公司安排的一个红利分配假设，这种假设可以排除一些公司没有固定的红利政策的干扰，以及将过多没有投入到运营中的资本留存在公司内部而对估值的干扰。最大红利支付其实类似于股权自由现金流，即考虑资本留存后的可分配给股东的现金流。

红利＝净利润－用于充实资本或新投资的支出

【例】某银行的 2X20 年年底的总风险加权资产为 1 000 亿元人民币，根据资本充足率的要求，该银行总资本不得低于 115 亿元人民币。若该银行 2X19 年年底的总资本为 112 亿元人民币，则 2X20 年该公司需要增加 3 亿元人民币补充资本金。若该银行 2X20 年实现净利润 10 亿元人民币，其中 3 亿元用于补足资本金，则剩下的 7 亿元人民币为可以向股东分配的最大红利。

2.2.4 模型中关键参数的估算

1. 永续增长率

红利折现模型一般应用于有稳定股利政策（如分红比例稳定）的公司。对这些公司估值时，较多使用稳定红利增长模型。所以，如何估计红利发放的永续增长率（g），是我们需要解决的问题。下面介绍一种常用的计算方法。

在本章开始，假设公司只专注于主营业务，没有非核心资产，那么股东收益的增长就完全来源于其核心资产运营带来的收益。这部分收益除了发放红利外，剩下的都用于主营业务的再投资，如增加固定资产、经营性营运资金投资等。假设原业务在不增加资本投入的情况下利润不变，新增加的资本投入产生新的利润，同时假设公司没有新的外部股权融资且股份总数不发生变化，那么下一年净利润与本年净利润之间就会有如下关系：

下一年净利润 = 本年净利润 + （本年净利润 − 现金红利发放）

× 权益的投资回报率

或者

$$EPS_1 = EPS_0 + (EPS_0 - DPS_0) \times ROE_1$$

其中，EPS_0 为本年的每股收益；EPS_1 为下一年的每股收益；DPS_0 为本年的每股红利；ROE_1 为下一年权益的投资回报率。

如果本年和下一年公司从净利润中发放现金红利的比例分别为 PR_0 和 PR_1，且 $PR_0 = PR_1$，则有

$$PR_0 = \frac{DPS_0}{EPS_0}$$

上式可以改为

$$DPS_1 = DPS_0 + DPS_0 \times (1 - PR_0) \times ROE_1$$

又有

$$\frac{DPS_1}{DPS_0} = 1 + g$$

可以推出

$$g = (1 - PR_0) \times ROE_1$$

假设公司进入稳定增长期后，每年从净利润中发放现金红利的比例保持不变（为 PR），权益的投资回报率也保持不变（为 ROE），则可以推出

$$g = (1 - PR) \times ROE$$

从以上讨论不难看出，用上述公式计算永续增长率隐含着比较多的假设，它适合用来对红利政策稳定、权益投资回报率也比较稳定的公司进行估值。但即使被分析公司不能满足这些条件，也可以用这种方法估算合理永续增长率的大致范围。

【例】 假设某公司 10 年后进入稳定增长期，之后其现金分红比例将保持 60% 不变，权益的投资回报率也保持 9% 不变。请计算该公司进入稳定增长期后红利发放的永续增长率。

该公司 10 年后红利发放的永续增长率为

$$g = (1 - PR) \times ROE = (1 - 60\%) \times 9\% = 3.6\%$$

2. 与红利相匹配的折现率

在红利折现模型中，现金流是向股东发放的现金红利，按照绝对估值法中折现率与现金流相匹配的原则，使用的折现率（r）应该是投资者在股票投资过程中所要求的投资回报率。投资者要求的回报率是指反映预期未来现金流风险的报酬率，也称为投资者愿意进行投资所必须赚取的最低报酬率，即必要报酬率。

在进行折现时，对于投资者所要求的投资回报率有很多种提法，如折现率、贴现率、必要报酬率、期望报酬率、资本成本等，但它们的意义、内涵是相同的，只是看的角度不同而已。对股东来说，投资股票所要求的投资回报率就是计算该股票价值时的折现率，即权益的必要报酬率；对公司（股票发行者）而言，这就是权益筹资所必须付出的成本，即权益的资本成本。

在计算投资者投资股票的必要报酬率时，我们常参考资本资产定价模型（Capital Asset Pricing Model，CAPM）。CAPM 的基本假设包括：

（1）证券市场是有效的，即信息完全对称。

（2）存在无风险证券，投资者可以自由地按无风险利率借入或贷出资本。

（3）投资风险可以用方差或标准差表示，投资风险分为系统风险和非系统风险，系统风险主要由经济形势、政治形势的变化引起，不可分散，其影响程度可用 β 系数表示；非系统风险由经营风险和财务风险组成，可以通过投资组合进行分散。

（4）所有的投资者都是理性地作出投资决策。

（5）每种证券的收益率均服从正态分布。

（6）交易成本可以忽略不计。

（7）每项资产都是无限可分的。

资本资产定价模型主要表示单个证券或投资组合的收益率与系统风险报酬率之间的关系，即单个证券或投资组合的收益率分为两部分，无风险利率和与系统风险相关的报酬率。当投资者承担更高的风险时，需要获得更多的预期收益来补偿。在这些假设下，CAPM 模型可表示为

股票的预期收益率 = 无风险利率 + 市场风险溢价
× 能够反映公司系统风险状况的调整系数

即

$$r = r_f + \beta \times (r_m - r_f)$$

其中，r 为股票的预期收益率；r_f 为无风险利率；r_m 为市场中资产组合的预期收益率；（r_m − r_f）为市场风险溢价；β 为该股票的贝塔系数，表示与市场相比该股票的风险程度。

【例】假设市场无风险利率为 4%，整个股票市场的收益率为 11%，某公司股票的 β 值为 1.2。使用 CAPM 理论估算该公司股票的预期收益率。

根据 CAPM 理论，该公司股票的预期收益率为

$$r = 4\% + 1.2 \times (11\% - 4\%) = 12.4\%$$

所以，该公司股票的预期收益率为 12.4%。

预期收益率是指投资者进行投资预期所能赚得的报酬率。在完善或者理想的资本市场中，所有价格都为公允价值。在这种情况下，人人都期望赚得与其所承担风险相应的报酬率，投资者的预期收益率就等于投资者的必要报酬率。

估计股票预期收益率所涉及的参数包括无风险利率、市场收益率（市场风险溢价）和 β 值。

（1）无风险利率

无风险利率（r_f）是指将资金投资于一项没有任何风险的投资对象所能得到的收益率。这是一种理想的无风险投资回报，在现实中并不存在这种毫无风险的情况。

实务中，通常选取适当期限的国债利率作为无风险利率。因为政府一般具有最高的信用等级，即便财政收入不足以偿还债务，政府也可以通过发行新的货币来偿还。所以在价值评估中，经常使用 10 年期国债或更长期限国债的收益率作为无风险利率。

（2）市场收益率（市场风险溢价）

对于市场收益率（r_m），一般使用证券市场指数的历史回报率作为市场收益率。对于我国 A 股市场等新兴市场，由于发展时间尚短，难以确定市场长期的平均回报率，尤其是我国 A 股市场受政策影响巨大，使得市场大起大落。这种情况下若以证券市场历史收益率作为市场收益率，则其大小取决于历史时段的选取。

以上证指数为例，1990 年年底到 2020 年年底，上证指数的复合年均收益率为 11.6%；1992 年年底到 2020 年年底，上证指数的复合年均收益率为 5.4%；2000 年年底到 2020 年年底，上证指数的复合年均收益率为 2.5%；2005 年年底到 2020 年年底的 15 年间，上证指数的复合年均收益率为 7.5%。

因此，一个替代的方法是用成熟市场的长期平均市场风险溢价加上新兴市场溢价（一般为 2% ~ 5%）来估计新兴市场的市场风险溢价。比如，如果计算得到成熟资本市场的长

期平均的市场风险溢价为 5%，新兴市场溢价取 3%，则可以估算得到新兴市场的市场风险溢价为 8%。

（3）贝塔（β）值

β 值表明该证券所含的系统风险大小，它反映个别资产收益率的变化与证券市场上所有资产的平均收益率变化的关联程度。

如果 β = 0.8，就表明该资产的系统风险相当于总系统风险的 80%。换句话说，如果市场资产组合的预期收益率上升 10%，则该资产的预期收益率上升 8%；反之，若市场资产组合的预期收益率下降 10%，则该资产的预期收益率下降 8%。由于 β 值的确定需要大量的数据支持，因此适合有活跃市场的资产，如上市公司股票，才能直接计算出其 β 值。

β 值不仅受到公司经营风险的影响，同时还受到财务风险（财务杠杆）因素的影响，因为较高的财务杠杆会使股权投资者的风险加大，而这一风险和公司的经营无关，仅来自于资本结构。我们把包含了财务杠杆信息的 β 值称为含杠杆的 β 值（Levered β，又称 Equity β），把不含财务杠杆信息的 β 值称为不含杠杆的 β 值（Unlevered β，又称 Asset β）。通常我们直接从数据库找到的是含杠杆的 β 值，通过以下公式，可以在含杠杆的 β 值和不含杠杆的 β 值之间进行相互调整。

$$\beta_U = \frac{\beta_L}{1 + \dfrac{D}{E} \times (1 - MTR)} \quad （去杠杆化，Deleverage）$$

$$\beta_L = \beta_U \times \left[1 + \frac{D}{E} \times (1 - MTR) \right] \quad （再杠杆化，Releverage）$$

其中，β_L 表示含杠杆的 β 值，β_U 表示不含杠杆的 β 值，D 表示债务市值，E 表示股权市值，MTR 表示边际税率。

我们一般在数据库中可以找到上市公司含杠杆的 β 值，如果要估计非上市公司的 β 值，则可以以其同行业上市公司的 β 值作为参考。由于含杠杆的 β 值受到公司财务杠杆的影响，财务杠杆带来的风险在可比公司之间一般是不可比的，所以不能直接以可比公司含杠杆 β 值的平均值或中位数作为目标公司的参考值，而需要经过一个去杠杆化和再杠杆化的过程，一般步骤如下：

（1）从数据库中找到可比公司含杠杆的 β 值；

（2）利用可比公司自身杠杆水平，通过去杠杆化公式，对可比公司含杠杆的 β 值进行去杠杆化；

（3）计算可比公司不含杠杆的 β 值的平均值或中位数，作为目标公司不含杠杆的 β 值的参考值；

（4）将步骤（3）中得到的不含杠杆的 β 值代入目标公司的杠杆水平中进行再杠杆化，得到目标公司含杠杆的 β 值。

> ℹ 以可比公司的 β 值估算目标公司的 β 值时，应调整不同公司之间财务杠杆水平不同对 β 值的影响。

【例】某分析员以 A、B、C、D 四家上市公司作为可比公司，估算目标公司含杠杆的 β 值。他搜集到的数据如下表所示：

公司名称	β_L	税率（%）	股价（元/股）	股数（百万股）	债务（百万元）	D/E（%）
A	0.8299	25	8.11	2 816	4 245	
B	1.2073	25	19.70	7 838	20 595	
C	0.8248	25	11.87	645	2 366	
D	0.9753	25	10.04	6 759	27 489	
目标公司		25				20.0

首先需要对可比公司的 β_L 进行去杠杆化，以 A 公司为例，去杠杆公式为

$$\beta_U = \frac{\beta_L}{1 + \dfrac{D}{E} \times (1 - MTR)} = \frac{0.8299}{1 + \dfrac{4\ 245}{8.11 \times 2\ 816} \times (1 - 25\%)} \approx 0.728$$

类似地，可以计算得到 B、C、D 公司不含杠杆的 β 值分别为 1.0975，0.6696 和 0.7480，平均值为 0.8109。

以 0.8109 作为目标公司不含杠杆的 β 值的参考值，对其进行再杠杆化，计算过程如下：

$$\beta_L = \beta_U \times \left[1 + \frac{D}{E} \times (1 - MTR) \right] = 0.8109 \times \left[1 + 20\% \times (1 - 25\%) \right] \approx 0.9325$$

实际应用中，还可以在 CAPM 模型的基础上增加特定风险溢价调整因子，来体现被评估企业自身特定因素导致的非系统性风险的报酬率。

2.3　股权自由现金流折现模型

红利折现模型要求公司的分红政策相对稳定，但在实际情况下，大部分公司的红利发放政策都不稳定，很多公司甚至从不发放红利，把资本全部留在公司。在这种情况下，用红利折现模型估算出来的详细预测期现金流偏低，而终值偏高，使得估值结果受终值的个别参数影响过大。为了避免这种情况，本节用股权自由现金流折现模型折现，估算股权的价值。

2.3.1 模型的一般形式

股权自由现金流（Free Cash Flow of Equity，FCFE）是可以自由分配给股权所有者的最大化的现金流。FCFE 一般的计算公式为

$$\text{FCFE} = \text{净利润} + \text{折旧} + \text{摊销} - \text{经营性营运资金的增加} - \text{资本性支出}$$
$$+ \text{长期经营性负债的增加} - \text{其他长期经营性资产的增加}$$
$$+ \text{新增付息债务} - \text{债务本金的偿还}$$

对于股权自由现金流，我们可以从三个层面进行理解，一是"现金流"，二是"自由"，三是"股权"。

（1）**现金流**：折旧、摊销这类非现金性的支出只在会计账面上体现，在实际运营中，并未发生实际的现金流出，因此在计算 FCFE 时，应将此类支出从净利润加回。

（2）**自由**：只有扣除了公司持续经营所需要的资金以后，剩下的才是可以"自由"分配的现金流。所以在计算股权自由现金流时，还需要扣除经营性营运资金（Operating Working Capital，OWC，具体介绍见 5.4.5 部分）的变化，以及资本性支出（通常指购建固定资产和无形资产等核心资产支付的现金）。若公司有长期经营性负债或其他长期经营性资产（主要指资本性支出以外，与企业价值相关的其他的长期经营性资产），也应进行调整。

（3）**股权**：由于是分配给股权所有者的现金流，所以应该是考虑了对债权人支付之后的现金流。净利润是扣除了利息和所得税后的利润，由于已经支付了债权人应分享的利息，所以净利润是属于股东的收益。加上新增付息债务，减去债务本金偿还则是因为这些变化会影响股权出资人在经营过程中的可支配现金。

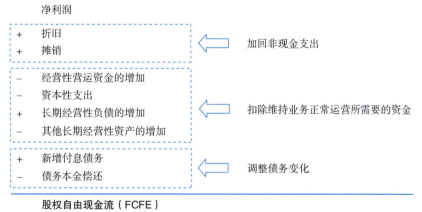

图 2-4　股权自由现金流调整原理

需要注意的是，如果上述公式中所有项目使用的都是合并报表的数据，则用其折现对应的股权价值包括少数股东权益的价值，计算归属于母公司股东的权益价值时需要扣除少数股东权益的价值。

【例】已知某公司的部分财务数据如下表所示，计算该公司 2X20 年的股权自由现金流。

单位：百万元

	2X19 年	2X20 年
营业收入		4 000
税金及附加		90
营业成本（不含折旧、摊销）		2 000
销售费用（不含折旧、摊销）		250
管理及研发费用（不含折旧、摊销）		350
折旧		500
摊销		200
息税前利润（EBIT）		610
净利息费用		30
税前利润		580
所得税		145
净利润		435
资本性支出		600
经营性营运资金（OWC）	500	550
长期经营性负债	100	150
其他长期经营性资产	60	80
新增付息债务		600
债务本金的偿还		100

2X20 年该公司的股权自由现金流为

FCFE = 净利润 + 折旧 + 摊销 - 经营性营运资金的增加 - 资本性支出
+ 长期经营性负债的增加 - 其他长期经营性资产的增加
+ 新增付息债务 - 债务本金的偿还
= 435 + 500 + 200 - （550 - 500） - 600
+ （150 - 100） - （80 - 60） + 600 - 100
= 1 015 （百万元）

股权自由现金流折现模型就是对股权自由现金流进行折现以评估股权的价值。模型认为，股东在未来年份能拿到多少钱（可自由分配条件下得到的现金流），则股权就值多少钱，即股权价值等于未来年份股东预期收益的现值和。此时，相当于我们为公司在未来每年向股东分配的现金流作出如下假定：公司在保持正常经营的情况下，向股东分配可以分配的最大现金，这很可能不等于公司实际支付给股东的现金红利。

将未来的股权自由现金流分为详细预测期现金流和终值期现金流，可以得到股权自由现金流折现模型的一般形式：

$$股权价值 = \sum_{t=1}^{n} \frac{FCFE_t}{(1+r)^t} + \frac{TV}{(1+r)^n}$$

其中，$FCFE_t$ 为第 t 年的股权自由现金流；n 为详细预测期的期数；r 为权益的要求回报率，和红利折现模型中的 r 相同，可以用 CAPM 方法估算；TV 为股权自由现金流的终值。

对于股权自由现金流的终值，同样可以采用 Gordon 永续增长模型和退出倍数法进行估算。

2.3.2 终值的估算

1. Gordon 永续增长模型

在该假设下，公司的股权自由现金流按照稳定的增长率（g）永续增长。此时，

$$TV = \frac{FCFE_{n+1}}{r-g}$$

股权价值为

$$\sum_{t=1}^{n} \frac{FCFE_t}{(1+r)^t} + \frac{FCFE_{n+1}}{(r-g) \times (1+r)^n}$$

【例】假设某公司未来 10 年的 FCFE 如下表所示，第 10 年后 FCFE 以 2.5% 的增长率永续增长，权益的要求回报率为 10%。假设现金流在每年年底一次性发生，请用股权自由现金流折现模型计算目前该公司的股权价值。

时间（年）	1	2	3	4	5	6	7	8	9	10
FCFE（百万元）	62	68	75	82	87	92	96	99	102	105

使用 Gordon 永续增长模型估算公司在第 10 年股权自由现金流的终值：

$$TV = \frac{FCFE_{11}}{r-g} = \frac{FCFE_{10} \times (1+g)}{r-g} = \frac{105 \times (1+2.5\%)}{10\% - 2.5\%} = 1\ 435（百万元）$$

目前该公司的股权价值为

$$\sum_{t=1}^{10} \frac{FCFE_t}{(1+10\%)^t} + \frac{1\ 435}{(1+10\%)^{10}} = 510.1 + 553.3 = 1\ 063.4（百万元）$$

2. 退出倍数法

在计算股权自由现金流的终值时，也可以对详细预测期最后一年相关倍数（如市盈率、市净率等）进行预测，计算股权自由现金流的终值。以市盈率 P/E 为例，假设详细预测期最后一年该公司的市盈率为 PE_n，预测期最后一年（第 n 年）的净利润为 NI_n，则有

$$TV = NI_n \times PE_n$$

股权价值为

$$\sum_{t=1}^{n} \frac{FCFE_t}{(1 + r)^t} + \frac{NI_n \times PE_n}{(1 + r)^n}$$

需要注意的是，P/E 是指净利润的倍数，不能以详细预测期最后一年的 FCFE 与 P/E 相乘得到终值。

【例】假设某公司未来 10 年的 FCFE 如下表所示，预测在第 10 年该公司的市盈率 PE_{10} 为 15，净利润 NI_{10} 为 1.1 亿元，权益的要求回报率为 10%。假设现金流在每年年底一次性产生，请使用股权自由现金流折现模型计算目前该公司的股权价值。

时间（年）	1	2	3	4	5	6	7	8	9	10
FCFE（百万元）	62	68	75	82	87	92	96	99	102	105

使用退出倍数法估算公司在第 10 年股权自由现金流的终值：

$$TV = NI_{10} \times PE_{10} = 110 \times 15 = 1\,650（百万元）$$

目前该公司的股权价值为

$$\sum_{t=1}^{10} \frac{FCFE_t}{(1 + 10\%)^t} + \frac{1\,650}{(1 + 10\%)^{10}} = 510.1 + 636.1 = 1\,146.2（百万元）$$

2.3.3 股权自由现金流折现模型与红利折现模型的比较

从理论上来讲，就同一公司而言，无论是使用红利折现模型还是股权自由现金流折现模型，计算出来的股权价值应该是一样的。然而，在实际操作中，这两种方法估算出来的股权价值可能不同。

这两种方法使用的折现率（权益的必要报酬率或权益的资本成本）是一样的，但如果每年发放的现金红利和 FCFE 不相等，则估算出来的股权价值也是不同的。

通常来说，公司实际支付的现金红利小于 FCFE，可能的原因包括：

（1）保持稳定性

公司通常愿意保持稳定的红利发放，原因有两点：其一，减少红利的发放通常会被投资

者视为是公司经营业绩下降的信号，从而影响股价；其二，即使公司的盈利能力提升，公司一般也不会轻易提高红利的发放比例，因为不确定这样高的盈利能够持续多久。这样一来，公司能够自由分配给股东的现金流 FCFE 与实际支付的红利之间就会存在一定的差异。

（2）未来的投资需求

如果管理层预期公司在未来的一段时间内会发生重大的投资行为，则会倾向于保持一定的多余现金以备投资。否则，在不进行重大投资的年份把现金尽可能地分配，然后再在投资时通过债务融资或股权融资，会大大提高融资成本（比如发行成本等）。

（3）税收影响

由于股东收到分红时需缴税，而暂时留存在公司中可以推迟缴税。此外，不同国家和地区对红利和资本收益的税率也有不同规定，所以有时少分红可能带来实际税额的节省。

（4）管理层的利己行为

对于公司的管理层来说，他们更可能从留存的现金流中获益，而不是发放红利给股东。一方面，现金的留存可能带来公司未来的发展，从而实现管理层的目标。另一方面，当公司发展处于低谷时，管理层也需要备用资金，以帮助公司渡过难关，保持其管理地位。

2.4 无杠杆自由现金流折现模型

红利折现模型和股权自由现金流折现模型分别是对红利和股权自由现金流折现从而估算出股权价值，无杠杆自由现金流折现模型则是对无杠杆自由现金流（Unlevered Free Cash Flow，UFCF）折现以评估企业价值。使用无杠杆自由现金流折现模型得到企业价值后，我们可以通过第 1 章介绍的价值等式推出股权价值。

通常，我们所说的折现现金流法（Discounted Cash Flow，DCF），主要包括股权自由现金流折现法和无杠杆自由现金流折现法。

2.4.1 模型的一般形式

无杠杆自由现金流（UFCF），又称公司自由现金流（Free Cash Flow of Firm，FCFF），是指公司在保持正常运营的情况下，可以向所有出资人（包括债权和股权出资人）进行自由分配的现金流。

一般情况下，无杠杆自由现金流的计算公式为

$$UFCF = 息税前利润（EBIT）- 调整的所得税 + 折旧 + 摊销$$
$$- 经营性营运资金的增加 - 资本性支出 + 长期经营性负债的增加$$
$$- 其他长期经营性资产的增加$$

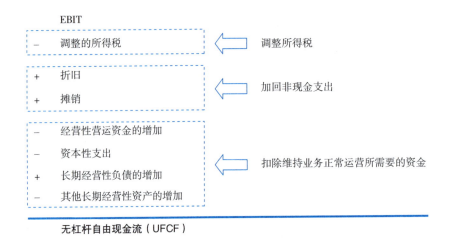

图 2-5　无杠杆自由现金流调整原理

类似于股权自由现金流，我们同样可以从三个层面来分析无杠杆自由现金流："现金流""自由"和"无杠杆"。

（1）**现金流**：折旧、摊销这类非现金的支出只在会计账面上体现，在实际运营中，并未发生实际的现金流出，因此在计算 UFCF 时，应将此类支出加回。

（2）**自由**：只有扣除了公司持续经营所需要的现金以后，剩下的才是可以"自由"分配的现金流。所以在计算 UFCF 时，还需要扣除经营性营运资金的变化，以及资本性支出。若公司有其他长期经营性资产或长期经营性负债，也应进行调整。

（3）**无杠杆**：是指不考虑公司的财务杠杆对于现金流的影响。从 EBIT 开始调整无杠杆自由现金流，正是因为 EBIT 没有扣除支付给债权人的财务费用，是债权人和股东可以共同分配的利润指标。

EBIT 是扣除所得税前的利润，所以需要进一步扣除 EBIT 对应的所得税。EBIT 扣除对应的所得税后，得到的利润指标称为息前税后利润（EBIAT）或扣除调整税后的净经营利润（Net Operating Profit Less Adjusted Taxes，NOPLAT）。

需要注意的是，由于无杠杆自由现金流不考虑资本结构的影响，在剔除了利息税盾的作用后，这里的所得税并不是利润表中的所得税。

在计算调整的所得税时，有两种计算方法：第一种是直接用 EBIT 乘以对应的当期有效税率，即不考虑公司的资本结构，对 EBIT 直接征税；第二种是在利润表中当期所得税的基础上进行调整，加回财务费用的税盾，再扣掉非经常损益对应的所得税。

从 **EBIT** 调整到 **EBIAT** 时，扣除的所得税并不等于利润表中的所得税，而是在假设没有财务杠杆下，公司核心业务利润在当期应缴纳的所得税。

【例】已知某公司的部分财务数据如下表所示，请计算该公司 2X20 年的无杠杆自由现金流。

单位：百万元

	2X19 年	2X20 年
营业收入		4 000
税金及附加		40
营业成本（不含折旧、摊销）		2 000
销售费用（不含折旧、摊销）		210
管理及研发费用（不含折旧、摊销）		350
折旧		500
摊销		200
息税前利润（EBIT）		700
净利息费用		100
税前利润		600
所得税		150
净利润		450
资本性支出		600
经营性营运资金（OWC）	500	550
长期经营性负债	100	150
其他长期经营性资产	60	80
所得税税率		25%

2X20 年该公司的无杠杆自由现金流为

$$\text{UFCF} = \text{EBIT} - (\text{EBIT} \times T) + 折旧 + 摊销 - 经营性营运资金增加 - 资本性支出$$
$$+ 长期经营性负债的增加 - 其他长期经营性资产的增加$$
$$= 700 - (700 \times 25\%) + 500 + 200 - (550 - 500)$$
$$- 600 + (150 - 100) - (80 - 60)$$
$$= 605 （百万元）$$

无杠杆自由现金流折现模型就是对无杠杆自由现金流折现，以估算企业价值（EV）。此时，相当于对公司在未来每年向所有出资人（通常包括债权人和股东）分配的现金流作出如下假定：公司在保持正常经营下，向所有出资人分配可以发放的最大现金，这很可能不等于公司每年实际向股东分配的现金流（如发放红利、股权再融资）和向债权人分配的现金流（如支付利息费用、新发债务以及债务本金的偿还）之和。所以将公司每年的无杠杆自由现金流进行折现，就可以得到所有出资人在未来年份能够得到的现金流现值和，即企业价值。

同样将无杠杆自由现金流分为预测期现金流和终值期现金流，可以得到无杠杆自由现金流折现模型的一般形式：

$$企业价值（EV） = \sum_{t=1}^{n} \frac{UFCF_t}{(1 + WACC)^t} + \frac{TV}{(1 + WACC)^n}$$

其中，$UFCF_t$ 为第 t 年的无杠杆自由现金流；n 为详细预测期期数；WACC 为加权平均资本成本，即无杠杆自由现金流对应的折现率；TV 为无杠杆自由现金流的终值。

2.4.2 终值的估算

对于无杠杆自由现金流的终值同样可以采用 Gordon 永续增长模型和退出倍数法进行预测。

1. Gordon 永续增长模型

如果终值期无杠杆自由现金流按照稳定的增长率（g）永续增长，此时，

$$TV = \frac{UFCF_{n+1}}{WACC - g}$$

$$EV = \sum_{t=1}^{n} \frac{UFCF_t}{(1 + WACC)^t} + \frac{UFCF_{n+1}}{(WACC - g) \times (1 + WACC)^n}$$

【例】假设某公司未来 10 年的无杠杆自由现金流如下表所示，第 10 年后 UFCF 以 2.4% 的增长率永续增长，加权平均资本成本（WACC）为 9.6%。假设现金流在每年年末一次性发生，请使用无杠杆自由现金流折现模型计算目前该公司的企业价值（EV）。

时间（年）	1	2	3	4	5	6	7	8	9	10
UFCF（百万元）	67	73	80	88	93	97	102	106	109	111

使用 Gordon 永续增长模型估算公司在第 10 年无杠杆自由现金流的终值：

$$TV = \frac{UFCF_{11}}{WACC - g} = \frac{UFCF_{10} \times (1 + g)}{WACC - g} = \frac{111 \times (1 + 2.4\%)}{9.6\% - 2.4\%} = 1\,578.7（百万元）$$

目前该公司的企业价值为

$$EV = \sum_{t=1}^{10} \frac{UFCF_t}{(1+9.6\%)^t} + \frac{1\,578.7}{(1+9.6\%)^{10}} = 555.2 + 631.2 = 1\,186.4(\text{百万元})$$

2. 退出倍数法

也可以对详细预测期最后一年的相关倍数进行预测，计算无杠杆自由现金流的终值。以 EV/EBITDA 倍数为例，假设 M 为详细预测期最后一年该公司 EV/EBITDA 的退出倍数，$EBITDA_n$ 为预测期最后一年公司的息税折旧摊销前利润，则有

$$TV = EBITDA_n \times M$$

$$EV = \sum_{t=1}^{n} \frac{UFCF_t}{(1+WACC)^t} + \frac{EBITDA_n \times M}{(1+WACC)^n}$$

【例】 假设某公司未来10年的无杠杆自由现金流如下表所示，预测该公司在第10年的 EV/EBITDA 倍数为8，EBITDA 为2.12亿元，加权平均资本成本（WACC）为9.6%。假设现金流在每年年末一次性发生，请使用无杠杆自由现金流折现模型计算目前该公司的企业价值（EV）。

时间（年）	1	2	3	4	5	6	7	8	9	10
UFCF（百万元）	67	73	80	88	93	97	102	106	109	111

使用退出倍数法估算公司在第10年无杠杆自由现金流的终值：

$$TV = EBITDA_{10} \times M = 212 \times 8 = 1\,696(\text{百万元})$$

目前该公司的企业价值为

$$EV = \sum_{t=1}^{10} \frac{UFCF_t}{(1+9.6\%)^t} + \frac{1\,696}{(1+9.6\%)^{10}} = 555.2 + 678.1 = 1\,233.3(\text{百万元})$$

2.4.3 加权平均资本成本的估算

1. 加权平均资本成本的计算公式

债权人和股东将资金投入某一公司，都期望能获得相应的回报率。加权平均资本成本（WACC）就是公司各种融资来源的资本成本的加权平均值。其计算公式为

$$WACC = \sum_{i=1}^{n} k_i w_i$$

其中，k_i 为第 i 种投资资本的（税后）成本；w_i 为第 i 种投资资本占全部资本的权重。

另外，值得注意的是，在计算 WACC 时，每种投资资本的权重要以市场价值为基础，而不应该使用账面价值，除非该资本的市场价值和账面价值很接近时，才可以用账面价值

代替市场价值。其原因有两个：一是账面价值记录的是投资资本的历史成本，并不能代表每种投资资本的现时价值；二是每种投资资本的权重应与资本成本的性质相一致。资本成本反映的是每种投资资本在现时市场状况下所面临的风险水平，是公司在现时的市场条件下进行融资的实际成本。

一般地，在只有股权和债务筹资方式的情况下，加权平均资本成本的公式可以写为

$$WACC = \frac{D}{D + E} \times k_d \times (1 - t) + \frac{E}{D + E} \times k_e$$

其中，D 为付息债务的市场价值；E 为股权的市场价值；k_d 为税前债务成本；t 为所得税税率；k_e 为股权资本成本。

【例】某公司的资本的市场价值共 10 000 万元，其中短期债务的市场价值为 2 000 万元，应付长期债券的市场价值为 1 000 万元，股东权益的市场价值为 7 000 万元；其成本（债务为税后成本）分别为 6.7%、9.17%、11%。

则该公司的加权平均资本成本为

$$WACC = 6.7\% \times \frac{2\ 000}{10\ 000} + 9.17\% \times \frac{1\ 000}{10\ 000} + 11\% \times \frac{7\ 000}{10\ 000} = 9.96\%$$

2. 债务成本的估算

在计算 WACC 时需要用到债务成本和权益成本，这里介绍债务成本的估算。

公司的债务融资主要有银行借款和发行债券两种方式。当公司从银行取得借款时，其向银行支付的利息就是用它的借款额乘以银行确定的利率，因此，银行给公司规定的利率就是公司从银行借款的债务成本。当公司发行债券进行融资时，投资者要求的投资回报率由债券的到期收益率来反映，所以债券的成本为它的到期收益率。

债券定价的公式为

$$P = \sum_{t=1}^{n} \frac{I}{(1 + r)^t} + \frac{B}{(1 + r)^n}$$

其中，P 为债券的市场价格；I 为债券每年的利息收入；B 为债券的面值；r 为债券的到期收益率，即债券的资本成本 k_d（税前）。

【例】假设某公司发行的债券单位面值为 100 元，发行价格为 90 元，期限为 3 年，票面年利率 5%，每年付息一次，到期一次还本。则该债务的税前成本满足：

$$90 = \frac{100 \times 5\%}{1 + k_d} + \frac{100 \times 5\%}{(1 + k_d)^2} + \frac{100 \times 5\%}{(1 + k_d)^3} + \frac{100}{(1 + k_d)^3}$$

解得：$k_d = 8.95\%$。

值得注意的是，当债券平价发行，也就是按面值发行时，债券的资本成本等于其票面

利率。

在估算债务成本时，要区分清历史的债务成本和当前的债务成本。作为投资决策和企业价值评估依据的债务成本，只能是当前进行债务融资的成本。至于历史的债务成本，主要用于过去业绩的分析，与现行的债务成本是无关的。

债务成本主要受以下两个因素的影响：当前的市场利率水平和公司的信用等级。如果当前的市场利率水平较低，公司的信用等级较高（违约风险较低），那么公司进行债务融资的当前成本就比较低。另外，考虑到债务利息的税盾作用，税后的债务成本还受相关税收政策的影响。所得税税率越高，相应的税后债务成本就越低。

3. 股权成本的估算

在前面红利折现模型中已介绍过，这里不再赘述。

4. 资本权重的估算

在计算一个公司的 WACC 时，会遇到两个棘手的问题：一是每期的无杠杆自由现金流对应的 WACC 可能不相同，因为每期公司的资本结构也可能不一样，相应地也会导致当期的 β 值不同，另外不同时期的债务成本也可能不同；二是 WACC 计算公式中的债务和权益必须使用市场价值，而我们估值的目的就是估算出该公司在估值时点权益的市场价值，会产生环状问题（即计算 WACC 需要使用股权的市场价值，而使用 DCF 计算股权市场价值的过程中需要使用 WACC）。

在实际应用此模型时，通常使用如下方式来解决这两个问题：

（1）对不同时期的现金流使用同一个 WACC

对于绝大多数公司来说，不会在短期内大幅改变其资本结构，可以以用某一个长期平均的资本结构计算出来的 WACC 对所有期间的现金流进行折现，以简化计算。

（2）使用目标资本结构

上面所说的长期平均的资本结构即为目标资本结构。在具体实践中，需要综合考虑以下三种方法来制定公司的目标资本结构。

- 尽量估算以现实市场价值为基础的公司资本结构。
- 参照可比公司的资本结构（将评估公司的资本结构与类似公司进行比较，有助于了解对资本结构的现行估计是否存在异常。可比公司之间资本结构并不完全相同，需要了解其不同的原因）。
- 了解管理层的筹资计划及其对目标资本结构的影响。

（3）对 WACC 进行敏感性分析

WACC 是影响估值的关键因素，偏高（或偏低）会导致企业价值的低估（或高估）。

为了避免单一结果导致偏差，可计算 WACC 在某一区间内对应企业价值（或者相应的股权价值）的范围。

关于 WACC 计算参数的取值方法也可以参考《资产评估专家指引第 12 号——收益法评估企业价值中折现率的测算》中给出的指引，详细内容可参见 6.1.2 部分。

 计算用于折现所有期间的无杠杆自由现金流的 WACC 时，通常以目标资本结构为计算基础，并分析估值最终结果对 WACC 的敏感程度。

2.4.4 无杠杆自由现金流折现模型与股权自由现金流折现模型的比较

从理论上来讲，就同一公司而言，如果所有参数选择适当，无论是使用无杠杆自由现金流折现模型还是股权自由现金流折现模型，计算出来的股权价值应该是一样的，但实际中更多使用无杠杆自由现金流折现模型。一般来说，无杠杆自由现金流折现模型和股权自由现金流折现模型相比，有如下优点：

其一，无杠杆自由现金流折现模型更有利于分析企业价值的核心驱动因素。无杠杆自由现金流折现模型认为企业价值（EV）完全是由公司的经营状况来决定，使用该方法不仅可以得到企业价值的评估结果，还可以通过对影响价值核心因素的分析深入了解公司的价值来源。

其二，无杠杆自由现金流折现模型较少地受公司目前资本结构的影响，从而使评价结果之间更具有可比性。

其三，股权自由现金流折现模型受到债务偿还及新增计划的影响，可操控性较大。

2.5 净资产价值法

净资产价值法（Net Asset Value，NAV）是国际上较为通用的对房地产、石油、采矿等行业的估值方法。它假设被评估公司当前的资源储备（对于房地产公司来说，这种储备就是其现有的所有土地、在建项目等；对于石油和采矿公司来说，就是其所有现有资源储量，如油气储量、金属、非金属矿产储量等）在未来都能够顺利开发为产成品并销售，以这些资源储备所能够带来的净现金流的现值和作为对企业价值的估计，然后扣除净债务（净债务＝债务－现金）从而得到公司的净资产价值。

这里提到的净资产价值，和财务报表中股东权益的账面价值是不一样的。前者的角度是假设开发现有资源的前提下股东权益的市场价值，后者的角度是账面价值。

2.5.1 NAV 的计算方法

NAV 估值的一般步骤是：

（1）确定公司现有所有资源储备。对于石油公司，纳入计算范围的资源的界定非常重要。原油储量按经济、技术可开采的可能性由高到低分探明储量（Proved Reserve）、可能储量（Probable Reserve）等多个等级，计算时需要明确是计算探明储量的 NAV，还是计算探明储量及可能储量的 NAV。

（2）对这些资源储备的未来开发进度、产品销售价格、后续费用等进行财务预测，从而得到这些资源在未来能为公司带来的现金流。现金流的计算方法与无杠杆自由现金流的计算方法相同。

（3）确定公司的加权平均资本成本并用其对现金流进行折现，得到现金流的现值，加总得到企业价值。

（4）由于 NAV 衡量的是公司净资产价值（股权价值），所以利用价值等式，将企业价值调整为公司的 NAV，即 NAV（股权价值）＝企业价值＋现金＋非核心资产价值－债务－少数股东权益价值。如不考虑非核心资产和少数股权等其他权益，则 NAV ＝企业价值－净债务。

（5）最后将公司的 NAV 除以已发行的普通股股数，得到每股 NAV。

用公式表示的 NAV 计算公式为

$$NAV = \sum_{m=1}^{M} \sum_{n=1}^{\infty} \frac{CF_{n,m}}{(1+r)^n} - 净债务$$

$$每股\ NAV = NAV/已发行普通股股数$$

其中，m 代表项目或资源编号，M 代表所有现有项目数或资源量，n 代表年份，$CF_{n,m}$ 代表第 m 个项目或第 m 块资源于第 n 年产生的现金流，r 代表现金流对应的折现率。

2.5.2 NAV 计算中的终值处理方法

对于资源储备剩余开发时间不是很长的公司，如房地产开发销售公司，可以把预测期覆盖所有现有项目的预计开发期，终值采用公司清算价值的口径。公司在现有资源储量开发完以后即停止经营，以剩余经营性资产的清算价值减去经营性负债，得到公司清算价值。

【例】某分析员于 2X20 年年底分析某房地产公司下属某待开发项目。该项目于 2X20 年年底的净债务为 2.1 亿元，预计该项目于 2X21 年动工，2X24 年全部建成，2X21—2X24

年该项目每年的无杠杆自由现金流分别为 -1.68 亿元、2.51 亿元、3.03 亿元和 1.47 亿元，假设现金流每年均匀产生。项目完工后该项目公司资产的预计清算价值及未偿还负债如下：现金 4.11 亿元，存货 0.52 亿元，固定资产 0.17 亿元，银行借款 1.25 亿元，应付账款 0.11 亿元，应付职工薪酬 0.09 亿元，应交税费 0.27 亿元。假设折现率为 10%。请计算该项目于 2X20 年年底的 NAV。

$$2X24\ 年年底经营性资产清算价值 = 存货 + 固定资产$$
$$= 0.52 + 0.17$$
$$= 0.69\ （亿元）$$

$$2X24\ 年年底经营性负债 = 应付账款 + 应付职工薪酬 + 应交税费$$
$$= 0.11 + 0.09 + 0.27$$
$$= 0.47\ （亿元）$$

2X24 年年底公司清算价值 = 2X24 年年底经营性资产清算价值 $-$ 2X24 年年底经营性负债 $= 0.69 - 0.47 = 0.22$（亿元）

$$2X24\ 年底公司清算价值的现值 = 0.22/（1+10\%）^4$$
$$\approx 0.15\ （亿元）$$

$$预测期现金流现值和 = -1.68/（1+10\%）^{0.5} + 2.51/（1+10\%）^{1.5}$$
$$+ 3.03/（1+10\%）^{2.5} + 1.47/（1+10\%）^{3.5}$$
$$\approx 4.01\ （亿元）$$

2X20 年年底 NAV = 预测期现金流现值和 + 2X24 年年底公司清算价值的现值 $-$ 2X20 年年底净债务 $= 4.01 + 0.15 - 2.1 = 2.06$（亿元）

对于石油、矿产等资源行业，其资源可开采期较长，如果在模型的详细预测期内资源还没有开采完，我们把剩余未开采部分叫做剩余储量（Remainder），这部分资源的价值也应当体现到 NAV 中，这就是终值。由于这部分资源并不是可以永续开采的，因此终值的计算不宜像无杠杆自由现金流折现模型那样采用永续增长法。实践中，可以用其储量乘以单位储量的价值（即 EV/储量）得到这部分终值，再将终值折现并加入 NAV。

【例】某分析员对某石油开采公司进行估值，估计详细预测期结束时其剩余可开采储量约为 47 百万桶，每桶价值为 400 元人民币，则其终值 = 剩余可开采储量 × 单位储量价值 $= 47 \times 400 = 18\ 800$（百万元人民币）。

2.5.3　净资产价值法与无杠杆自由现金流折现模型的比较

NAV 估值应用的是 DCF 估值的原理，它与无杠杆自由现金流折现模型十分类似，不同之处在于：

（1）NAV 仅考虑现有资源在未来开发的价值，不考虑公司未来有可能新增加的资源。比如，NAV 估值既不预测房地产公司未来可能新增加的土地及其所需的投资及开发成本，也不预测新增土地在未来销售所获得的收入。从这个角度讲，对于可以持续获得新的资源的公司，NAV 仅考虑了企业价值中的一部分，相对其真实价值有所低估。而对于某一房地产项目公司或某一处矿山估值，NAV 则非常合适。

（2）NAV 假设已有资源都能够顺利开发为产成品，不考虑开发失败的风险。比如，对于房地产公司，不考虑由于资金紧张而出现烂尾楼或直接将土地转让给其他开发商的风险。对于石油公司，不考虑已探明的储量可能因为漏油等操作原因而损失的风险。从这个角度讲，NAV 估值相对其真实价值有所高估。

对房地产、石油、采矿等行业的公司采用净资产价值法而非无杠杆自由现金流折现模型进行估值的原因在于，土地、石油等稀缺性资源作为这些行业的公司最重要的原材料，其未来的获取带有巨大的不确定性，在无杠杆自由现金流折现模型中对获取新增资源所做的假设往往不易令人信服，而采用 NAV 法可以将对当前确定性资源的价值与未来不确定性资源的价值分开来，便于分析。

2.6 经济增加值折现法

2.6.1 经济增加值的概念

经济增加值（Economic Value Added，EVA），是指公司运用投入资本所创造的高于资本成本的价值。它等于投入资本回报率（Return on Invested Capital，ROIC）与资本成本之差乘以投入资本（Invested Capital，IC）。即

$$EVA = IC \times (ROIC - WACC)$$

其中，投入资本是指公司在核心经营活动（主要是固定资产、无形资产以及经营性营运资金）上已投资的累计数额。它包括股权人及债权人的投资，也就是用股东权益加上债务（严格地讲，在此基础上还需要扣除非核心资产和多余现金）。投入资本回报率等于调整税后净经营利润（NOPLAT）与投入资本的比值。即

$$ROIC = NOPLAT/IC$$

所以，EVA 也可以写为

$$EVA = NOPLAT - IC \times WACC$$

调整税后净经营利润（NOPLAT）是指扣除与核心经营活动有关的所得税后公司核心经营活动产生的利润。若 EBIT 仅包括核心经营活动产生的利润，则有

$$NOPLAT = EBIT \times (1 - Tax\ Rate) = EBIAT$$

【例】假设某公司上一年年初的投入资本为 20 000 万元，核心经营活动产生的息税前利润为 3 200 万元，所得税税率为 25%，该公司的 WACC 为 9.6%。请计算该公司上年的经济增加值（EVA）。

该公司上年的经济增加值为

$$EVA = NOPLAT - IC \times WACC = 3\ 200 \times (1 - 25\%) - 20\ 000 \times 9.6\% = 480(万元)$$

2.6.2　经济增加值折现法的一般形式

经济增加值折现法评估企业价值的原理：企业价值等于估值时点投入资本的账面值加上未来所有经济增加值的折现现值，折现率使用加权平均资本成本。

由于单期经济增加值代表当期创造的价值增值（超过资本成本的部分）。因此在计算企业价值时，需要在各期经济增加值现值和的基础上加上初始投入资本。

经济增加值折现法的一般形式为

$$EV = IC_0 + \sum_{t=1}^{n} \frac{EVA_t}{(1 + WACC)^t} + \frac{TV}{(1 + WACC)^n}$$

其中，EV 表示企业价值；IC_0 表示估值时点投入资本的账面值；EVA_t 表示预测期第 t 期的经济增加值；n 表示详细预测期期数；WACC 表示加权平均资本成本；TV 表示经济增加值的终值。

在本书中，我们假定公司当年的经济增加值完全来自于期初的投入资本，则上式中：

$$EVA_t = NOPLAT_t - IC_{t-1} \times WACC$$

在计算 EVA 的终值 TV 时，也可以采用 Gordon 永续增长模型和退出倍数法。

2.6.3　终值的估算

1. Gordon 永续增长模型

假设在终值期，公司的 EVA 以增长率（g）保持稳定增长，投入资本回报率（ROIC）保持不变。则

$$TV = \frac{EVA_{n+1}}{WACC - g}$$

因为，$EVA_{t+1} = NOPLAT_{t+1} - IC_t \times WACC$，$IC_t = NOPLAT_{t+1}/ROIC$

所以，$EVA_{t+1} = NOPLAT_{t+1} - (NOPLAT_{t+1}/ROIC) \times WACC = NOPLAT_{t+1} \times (1 - WACC/ROIC)$

$$TV = \frac{NOPLAT_{n+1} \times (ROIC - WACC)}{(WACC - g) \times ROIC}$$

$$EV = IC_0 + \sum_{t=1}^{n} \frac{EVA_t}{(1 + WACC)^t} + \frac{NOPLAT_{n+1} \times (ROIC - WACC)}{(WACC - g) \times ROIC \times (1 + WACC)^n}$$

其中，$NOPLAT_{n+1}$ 表示终值期第一年的调整税后净经营利润；ROIC 表示终值期稳定的投入资本回报率。

【例】某公司未来10年的 NOPLAT 和投入资本（当年年末）如下表所示，第10年后 EVA 以2%的增长率永续增长，加权平均资本成本（WACC）为9.6%。请使用 EVA 折现法计算目前该公司的企业价值（EV）。

时间（年）	0	1	2	3	4	5	6	7	8	9	10
NOPLAT（百万元）		33	36	38	40	42	43	44	45	46	47
IC（百万元）	220	238	254	269	272	284	294	302	310	316	

使用 Gordon 永续增长模型估算公司在第10年末 EVA 的终值：

$$TV = \frac{EVA_{11}}{WACC - g} = \frac{EVA_{10} \times (1 + g)}{WACC - g} = \frac{(NOPLAT_{10} - IC_9 \times WACC) \times (1 + g)}{WACC - g}$$

$$= \frac{(47 - 316 \times 9.6\%) \times (1 + 2\%)}{9.6\% - 2\%} = 223.6（百万元）$$

该公司目前的企业价值为

$$EV = IC_0 + \sum_{t=1}^{10} \frac{EVA_t}{(1 + WACC)^t} + \frac{TV}{(1 + WACC)^{10}}$$

$$= 220 + \sum_{t=1}^{10} \frac{NOPLAT_t - IC_{t-1} \times 9.6\%}{(1 + 9.6\%)^t} + \frac{223.6}{(1 + 9.6\%)^{10}}$$

$$= 220 + 90.9 + 89.4$$

$$= 400.3（百万元）$$

所以，使用 EVA 折现法计算的该公司目前的企业价值约为4亿元。

2. 退出倍数法

退出倍数法下，

$$TV = EV_n - IC_n$$

其中，IC_n 为详细预测期最后一年年末的投入资本；EV_n 为详细预测期最后一年年末的企业价值，以 EV/EBITDA 倍数为例，假设预测期最后一年该公司 EV/EBITDA 退出倍数为 M，预测期最后一年的息税折旧摊销前利润为 $EBITDA_n$，则有

$$EV_n = EBITDA_n \times M$$

$$EV = IC_0 + \sum_{t=1}^{n} \frac{EVA_t}{(1 + WACC)^t} + \frac{EBITDA_n \times M - IC_n}{(1 + WACC)^n}$$

【例】某公司未来 10 年的 NOPLAT 和投入资本（当年年末）如下表所示。该公司适用的加权平均资本成本（WACC）为 9.6%。预测第 10 年该公司的 EBITDA 为 7 200 万元，对应的 EV/EBITDA 退出倍数为 7.5，请使用 EVA 折现法计算目前该公司的企业价值（EV）。

时间（年）	0	1	2	3	4	5	6	7	8	9	10
NOPLAT（百万元）		33	36	38	40	42	43	44	45	46	47
IC（百万元）	220	238	254	269	272	284	294	302	310	316	320

使用退出倍数法估算公司在第 10 年末 EVA 的终值：

$$TV = EBITDA_{10} \times M - IC_{10} = 72 \times 7.5 - 320 = 220（百万元）$$

该公司目前的企业价值为

$$EV = IC_0 + \sum_{t=1}^{10} \frac{NOPLAT_t - IC_{t-1} \times WACC}{(1 + WACC)^t} + \frac{TV}{(1 + WACC)^{10}}$$

$$= 220 + 90.9 + 88.0$$

$$= 398.8（百万元）$$

所以，使用 EVA 折现法计算的该公司目前的企业价值约为 3.99 亿元。

2.6.4　经济增加值折现法与无杠杆自由现金流折现模型的比较

与无杠杆自由现金流折现模型一样，EVA 折现法评估的也是企业价值，而且理论上讲两种方法应得到相同的结果。简单来说，因为 $UFCF_t = NOPLAT_t + IC_{t-1} - IC_t$。所以，EVA 折现法可以看成是将 UFCF 中的经济增加值 EVA 与投入资本的自身价值分开计算的估值方法。关于 EVA 折现法和 UFCF 折现模型在 WACC 不变的假设下可得到一致结果的详细证明可见麦肯锡的《价值评估》。

EVA 折现法的一个优势在于，EVA 可以直观地衡量公司每年的经营状况，是公司内部管理的关键绩效评价指标之一。

2.7　调整现值法

在使用无杠杆自由现金流折现模型或 EVA 折现法计算企业价值时，人们往往使用一个

WACC（常数）对所有的现金流折现。使用一个 WACC，是假定公司一直把它的债务权益比率固定在某个目标数值上。

但是对于某些公司，债务权益比率可能并不稳定。因此使用一个 WACC 估算企业价值也就不太合理。所以，本节介绍另一种估值方法：调整现值法（Adjusted Present Value，APV）。

2.7.1 调整现值法的原理与计算方法

调整现值法的原理是把企业价值分成两个部分：一部分是把公司的所有资本全部当作权益资本计算出来的企业价值；另一部分是由债务融资带来的利息费用的税盾价值。

企业价值 = 假设公司全股权经营时的企业价值 + 利息费用的税盾价值

可以看到，调整现值法将利息费用的税盾价值单独拆出来计算，而不是像前面提到的无杠杆自由现金流折现模型那样包含在无杠杆自由现金流中。

使用 APV 方法计算企业价值的一般形式为

$$EV = \sum_{t=1}^{\infty} \left[\frac{UFCF_t}{(1+k_u)^t} + \frac{ITS_t}{(1+k_{txa})^t} \right]$$

其中，$UFCF_t$ 是公司第 t 年的无杠杆自由现金流；ITS_t 是公司第 t 年的利息税盾；k_u 是无债务的权益成本；k_{txa} 是利息税盾对应的成本。

如果债务占企业价值的比例为常数（债务随业务的增长而增长），那么税盾的价值将随企业价值同比例变化，则有

$$k_u = k_{txa}$$

那么可以推出（具体推导过程可参考麦肯锡的《价值评估》）：

$$k_u = \frac{E}{E+D} k_e + \frac{D}{E+D} k_d$$

这里的 k_u 和我们在无杠杆自由现金流折现模型里面使用的 WACC 很像，区别是在债务成本的使用中，并没有乘以（1 - 税率），是一个税前的 WACC。

所以，使用 APV 计算企业价值（EV）时一般常用的公式是

$$EV = \sum_{t=1}^{n} \frac{UFCF_t + ITS_t}{(1+k_u)^t} + \frac{TV}{(1+k_u)^n}$$

其中，无杠杆自由现金流和利息的税盾合起来又称为资本现金流（Capital Cash Flow，CCF）。

TV 为资本现金流的终值。关于终值 TV 的计算也可以用 Gordon 永续增长模型和退出倍数法，具体方法和计算这里就不再赘述了。

2.7.2 调整现值法和无杠杆自由现金流折现模型的比较

在理论上,调整现值法与无杠杆自由现金流折现模型得到的结果应是相同的。因为简单来说,调整现值法可以看成是将无杠杆自由现金流折现模型中利息的税盾单独拿出来计算的方法,详细证明可参考麦肯锡的《价值评估》。调整现值法相对于无杠杆自由现金流折现模型的优势在于可以更方便地分析资本结构在未来发生改变对于价值的影响,同时也更易于分析产生价值的关键驱动因素。但是调整现值法由于应用起来更复杂(需要估算公司未来资本结构的变化及利息的税盾),并且对于公司的资本结构是否影响公司的价值在理论上还存在争议,所以其实际应用不如无杠杆自由现金流折现模型广泛。

2.8 绝对估值法的扩展与总结

前面七节主要介绍了绝对估值法的基本原理和六种常见的绝对估值方法。在本节,我们将主要讨论一下在实际工作中,应用绝对估值法时可能遇到的一些问题:第一,确定详细预测期时应注意的问题;第二,区分公司的核心资产和非核心资产;第三,介绍三阶段估值模型;第四,退出倍数法和 Gordon 永续增长模型的选择。

2.8.1 详细预测期的选择

1. 详细预测期应长短适中

详细预测期的时间长短选取应以适中为原则。

(1)如果详细预测期太短,则总价值中终值占比将会很大,这时模型估值结果将很大程度上取决于终值,而终值是以十分简单的假设估算的结果,这将会使折现模型的结果比较容易受到质疑。通常来说,终值占总价值的比例最好不要超过 60%。如果终值占比过大,需要仔细、反复思考公司是否具有长期稳定经营的能力。

(2)详细预测期也不是越长越好,因为期限越长,预测的可靠程度就越低。随着时间的延长,由于假设的可靠性下降,延长详细预测期已达不到提升模型准确程度的目的,相反,会使模型增加不必要的计算。

一般来说,详细预测期的结束以该公司进入稳定经营状态为基准。稳定经营状态是指公司的资产、收入的增长都保持相对稳定，在可预见的未来不会出现大的变动。此时，公司已没有可以获得远高于行业平均或社会平均回报率的投资项目，其业绩增长也趋于稳定、平缓。

2. 周期性行业的详细预测期选择

对于周期性很明显的行业来说，我们可能看不到一个长期稳定的状态，但这并不影响我们作财务预测。在选择详细预测期时，应当至少包括一个完整的商业周期，让该周期的每个阶段都反映在详细预测期内，这样不至于误选了高速增长期或者回落期从而导致财务预测的失真。对周期性行业公司进行预测时，周期性可体现在假设的设定上。

此外，在周期性行业财务预测模型中计算终值时，还需作周期平均处理，得到稳态现金流或周期内平均利润率下的利润，以避免终值期第一年的现金流或退出倍数对应的利润受周期性影响，使终值过大或过小。

2.8.2 区分核心资产和非核心资产

本章初始介绍估值方法时，假设公司专注于核心业务的经营，没有非核心资产及其相关的损益。而在实际公司中，很多公司往往会有一些非核心的资产，比如金融资产和长期股权投资。

这些资产的特征和估值思路可能与核心业务差异较大。非核心资产可能不产生持续稳定的现金流，或者非核心资产的风险特征与核心业务有很大不同，所以不适合采用与核心资产相同的估值方法或者估值参数。

因此，在实际中运用绝对估值方法对公司估值时，应该区分核心资产以及非核心资产，使用价值等式的一般形式：**"企业价值 + 非核心资产价值 + 现金 = 债务 + 少数股权价值 + 股权价值"**（详细介绍见第 1 章），在股权价值和企业价值之间进行转换。

下面我们以最常用的无杠杆自由现金流折现模型为例，介绍如何评估企业价值以及股权价值。首先需要明白两点：

第一，企业价值是指公司拥有的核心资产运营所产生的价值，即主营业务对应的价值；非核心资产对应的非主营业务没有体现在企业价值里面，而是单独估算，体现为非核心资产价值。

第二，无杠杆自由现金流折现模型评估的是企业价值。所以，无杠杆自由现金流（UFCF）必须是公司核心资产运营产生的现金流，非核心资产对应的现金流不包含在内。在 2.4 节给出了一般情况下无杠杆自由现金流的计算公式：

$$UFCF = 息税前利润（EBIT）- 调整的所得税（EBIT × 所得税税率）+ 折旧$$
$$+ 摊销 - 经营性营运资金的增加 - 资本性支出 + 长期经营性负债的增加$$
$$- 其他长期经营性资产的增加$$

其实，这里的息税前利润和我们会计中的 EBIT 并不一样，会计中的 EBIT 是指公司利息、税收扣除前的总利润，包括投资收益、公允价值变动损益等非经营性或非经常性损益。但是 UFCF 计算公式中聚焦在核心业务，因此这里 EBIT 仅指息税前的核心业务的经营利润。以这个 EBIT 为基础扣所得税，再加回非现金科目的调整，扣除维持公司正常运行所需的经营性营运资金变化及资本性支出等，得到的就是无杠杆自由现金流。

以加权平均资本成本 WACC 为折现率，对 UFCF 折现所得的现值和即为企业价值（核心资产运营产生的价值）。

对非核心资产、少数股权等的估值，我们可以视其重要程度进行详细或简单估计，通常使用市净率、市盈率倍数等相对估值法（第 3 章将详细介绍）进行估值。然后再估计债务的市场价值，最后通过价值等式推出普通股的股权价值。

2.8.3　三阶段估值模型

前面介绍各种绝对估值法的公式时，都考虑的是两阶段模型。有时候，也可以考虑三阶段模型，即把时间分成三个阶段：

第一阶段和两阶段模型中的第一阶段相同，为详细预测期，需要详细预测公司的财务状况；

第二阶段主要对影响自由现金流的几个关键因素（如收入增长率、EBIT 利润率、所得税税率、投入资本回报率等）逐期做假设，从而估计这段时间产生的现金流的价值；

第三阶段和两阶段模型中的第二阶段相同，为终值期，利用简化的方式估计其价值。

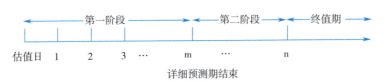

图 2 - 6　三阶段估值模型

在三阶段模型中，价值的计算公式为

$$V = \sum_{t=1}^{m} \frac{CF_t}{(1+r_1)^t} + \sum_{t=m+1}^{n} \frac{CF_t}{(1+r_1)^m \times (1+r_2)^{t-m}} + \frac{TV}{(1+r_1)^m \times (1+r_2)^{n-m}}$$

其中，V 表示总价值；CF_t 表示第 t 期的现金流；r_1 为详细预测期的折现率，r_2 为第二阶段的折现率，二者可以相同也可以不同；m 为详细预测期期数；n 为详细预测期和第二阶段的期数之和；TV 为终值。

【例】假设某公司未来 5 年的无杠杆自由现金流如下表所示。第 1 ~ 5 年为高速增长的第一阶段，适用的折现率为11.0%；第6~10年为第二阶段，增长率为10%；第10年以后为终值期，终值为5 534百万元。第6年及其后适用的折现率为9.0%。假设该公司每年的现金流在当年年底一次性产生，请计算该公司当前的企业价值。

时间（年）	1	2	3	4	5
现金流（百万元）	100	140	190	250	300

第6~10年无杠杆自由现金流的计算方法为

$$CF_t = CF_{t-1} \times (1 + 10\%)$$

则公司未来1~10年的无杠杆自由现金流如下表所示：

时间（年）	1	2	3	4	5	6	7	8	9	10
现金流（百万元）	100	140	190	250	300	330	363	399	439	483
终值（百万元）										5 534

我们可以使用三阶段模型计算该公司当前的企业价值为

$$EV = \sum_{t=1}^{5} \frac{CF_t}{(1 + 11\%)^t} + \sum_{t=6}^{10} \frac{CF_t}{(1 + 11\%)^5 \times (1 + 9\%)^{t-5}} + \frac{TV}{(1 + 11\%)^5 \times (1 + 9\%)^{10-5}}$$
$$= 685.4 + 914.7 + 2\,134.5 = 3\,734.6（百万元）$$

相对两阶段模型来说，三阶段模型的特点是在详细预测期和终值期之间加入了一个第二阶段作为过渡。这样可以在一定程度上解决很多时候两阶段模型终值占比过大而其计算的假设又过于简单的问题。

三阶段模型可以说是建立在两阶段模型上的一个变形。这一模型更适用于具有下列特征的公司：公司所在行业未来市场空间较大，公司当前收入和盈利以很高的速度增长，高速增长预期将保持一段时间，但随着公司的规模变得越来越大，市场逐渐成熟或饱和，公司预期增长率开始下降，最后逐渐到达稳定增长阶段。

三阶段模型中第二阶段现金流的估算方式，其实就是关注对现金流影响最大的几个要素，行业分析、业务分析及财务分析最终就是需要把握对这几个要素的影响程度。

2.8.4 Gordon 永续增长模型与退出倍数法的选择

在前面几节中，对于每一种估值方法，我们都介绍了两种终值的计算方法。在实际的价值评估中，我们应该如何选用，同时要注意哪些原则呢？

首先，要注意使用的前提。在使用 Gordon 永续增长模型计算终值时，前提条件是公司已经进入稳定增长阶段，而使用退出倍数法则可以不受这一条件的约束。使用退出倍数法计算终值更为简便，但未来 EBITDA 倍数或其他倍数却并不容易估计。

其次，要结合行业特点。有些行业更适用 Gordon 永续增长模型计算终值，这些行业通常比较稳定，业务可不断延续，如零售、公用事业等行业。有些行业按照其特点并不适合采用 Gordon 永续增长模型，这些行业的业务通常不能永远持续经营下去，其经营到达一定年限后会终止，如只有有限资源开采权的矿产、有收费年限的高速公路等，这些行业更适合采用退出倍数法或净资产价值法中介绍的终值计算方法来计算终值。

最后，两种方法通常会互相校验。无论是采用 Gordon 永续增长模型，还是采用退出倍数法，都是对详细预测期以后价值的估计。在实践运用中，通常通过一种方法来计算终值，而用另一种方法验证假设的合理性。

例如，在采用 Gordon 永续增长模型估算终值时计算给出的永续增长率假设下隐含的 EV/EBITDA 倍数是多少，或者在使用退出倍数法估算终值时计算在给出的退出倍数假设下对应的永续增长率是多少，以验证假设是否合理。

【例】某分析员对 A 公司进行估值，详细预测期为 2X21—2X25 年。每一年的无杠杆自由现金流（UFCF）和 EBITDA 如下表所示，假设每一年的现金流均发生在当年年底。

单位：百万元

时间（年）	2X21	2X22	2X23	2X24	2X25
UFCF	120	130	135	150	170
EBITDA	245	285	320	365	420

在计算终值时，该分析员采用了 EV/EBITDA 倍数法，假设该公司 2X25 年年底的 EV/EBITDA 倍数为 5，公司适用的 WACC 为 10%。请帮该分析员计算该退出倍数所隐含的 2X25 年后无杠杆自由现金流的长期增长率，并与行业正常的长期增长率水平 1.6% 作比较，判断该假设是否合理。

退出倍数法下，终值 = $\text{EBITDA}_{2X25} \times \text{EV/EBITDA}$ 倍数 = $420 \times 5 = 2\,100$（百万元）

Gordon 永续增长模型下，终值为

$$\frac{\text{UFCF}_{2X26}}{\text{WACC} - g} = \frac{\text{UFCF}_{2X25} \times (1 + g)}{\text{WACC} - g} = \frac{170 \times (1 + g)}{10\% - g}$$

解等式：

$$\frac{170 \times (1 + g)}{10\% - g} = 2\,100$$

可得到，$g \approx 1.76\%$

5 倍的 EV/EBITDA 退出倍数对应的 2X25 年后无杠杆自由现金流的长期增长率为 1.76%，较接近于行业正常水平。可以初步判断，5 倍 EV/EBITDA 退出倍数的假设比较合理。

2.8.5 绝对估值法总结

绝对估值法作为一种重要的估值方法，具有其特点。下面我们系统地总结一下绝对估值法的优点和不足。

总的来说，绝对估值法的优点包括以下几个方面：

- 使用的是反映未来经营状况的现金流，而不是反映历史经营状况的历史会计记录，避免会计失真。

- 通过深入理解公司财务报表、制定假设，我们可以全面透视公司的财务数据和理解公司（或行业）的经营模式，帮助发现企业价值的核心驱动因素，从而为公司生产经营决策提供依据，有助于发现提升企业价值的方法。

- 可以体现公司未来发展战略对价值的影响。既可以对假设作情景分析（情景分析将在第5章介绍）来分析不同情景下公司财务状况和价值变化，也可以对影响企业价值的关键因素（如折现率和长期增长率或退出倍数）作敏感性分析，计算合理的估值区间。

- 绝对估值法评估的是内含价值，所以评估结果受市场短期变化和非经济因素的影响较小。

绝对估值法也有一些不足，具体包括：

- 绝对估值法通常要详细预测公司未来一定阶段的经营业绩，操作比较复杂。

- 财务预测过程中通常需要较多主观假设，不同建模者对于同一指标的假设可能相差较大，导致不同建模者得出的估值结果可能相差悬殊。

- 估值结果对终值很敏感。预测期不够长的话，终值可能占全部价值的60%以上，当公司在预测期有较大资本性支出、经营还没有进入稳定状态时尤其突出。这使得估值结果很大程度上受预测期结束后的现金流影响，从而使得终值计算的假设成为决定企业价值的关键，存在很大的不确定性。

- 很难准确地测定折现率。对于 DDM 和 FCFE 估值模型，折现率由无风险利率、市场风险溢价和 β 系数决定，除了无风险利率可用长期国债利率近似代替外，估算市场风险溢价和 β 系数都需要大量的数据，而且难以准确得出。在使用 UFCF 估值模型和 EVA 估值模型时，折现率是加权平均资本成本（WACC）。WACC 受到资本结构、无风险利率、风险溢价以及 β 值的影响，这些因素的变化为准确计算 WACC 带来了困难。而且在计算 WACC 中的各种资本的权重时，使用的是各种资本的市场价值，会遇到棘手的循环问题。

- 绝对估值法评估的是内含价值，不能及时反映资本市场的变化，对短期交易价格的指导性相对较弱。

相对估值法及
其他估值方法

本章主要包括两部分内容：相对估值法和其他估值方法。首先，本章对几种常用相对估值法进行了说明和对比分析，其中重点介绍了股权价值倍数法中的 P/E 倍数法以及企业价值倍数法中的 EV/EBIT 倍数法，并简要介绍其他估值倍数法。其次，还介绍了一些其他的估值方法——账面价值法、清算价值法和重置成本法。最后，对于如何在如此众多的估值方法中选取合适的方法进行估值，本章介绍了一些常用原则。

3.1　　　　　　　　　　　　　　　　　　　相对估值法概述

在第 2 章中我们提到，绝对估值法需要预测未来的现金流，在预测过程中往往需要较多的主观假设，而且绝对估值法比较复杂，工作量较大。在本章，我们将为大家介绍相对估值法，相对估值法的特点是用其他可比对象的估值作为目标公司定价的依据，相对于绝对估值法来说易于理解，上手容易。需要注意的是，虽然上手容易，但过程中仍然需要作大量的思考和判断。

最常见的两种相对估值法是可比公司法和先例交易法。可比公司法将目标公司和活跃市场中可获得市场价值的可比公司进行比较；先例交易法通常用于并购交易中对被收购方的估值，将目标公司和过往可比交易中的被收购方公司作比较。

这里主要介绍可比公司法（Comparable Company Method）。可比公司法，顾名思义，就是找到与估值对象（目标公司）类似的一组可比公司，然后用这些可比公司的估值水平对目标公司进行估值。那么可比公司怎么找？找到以后又怎么比呢？

平时买东西时，我们常常会"货比三家"，将两样或多样商品放在一起进行比较，用来判断商品价格的合理范围。这些商品的属性、用途应当相同或相似。比如，我们会比较两台功能基本相同的电冰箱的价格，但不会去比较一台电冰箱和一台洗衣机的价格，因为这两者不可比，强行去比较也没有什么实际意义。同理，在资本市场上，我们选择的可比资产也应当与目标资产在最大程度上有相同属性。

可比公司法就是以可比公司在市场上的当前估值水平为基础，来评估目标公司的价值，这里的目标公司价值可以是股权价值也可以是企业价值。在使用可比公司法进行估值时，一般分四步：

第一步，选取可比公司。可比公司是指与目标公司所处的行业、公司的主营业务或主导产品、公司规模、盈利能力、资本结构、市场环境以及风险度等方面相同或相近的公司。在实际估值中，我们在选取可比公司时，一般会先根据一定条件初步挑选可比公司，然后将初步挑选的可比公司分为最可比公司类和次可比公司类两类。使用时，我们往往主要考虑最可比公司类，尽管有时候最可比公司可能只有 2～3 家。

比如，我们在对"中信银行"（601998. SH）作可比估值时，可以按如下步骤挑选可比公司：

（1）初步挑选可比公司——选取我国市场目前所有的上市银行。

（2）根据上市银行的组织结构，进一步对上市银行进行筛选。我国上市银行分为国有大型银行、全国性股份制银行和区域性银行。其中，中信银行属于全国性股份制银行，同属全国性股份制银行的还有平安银行（000001. SZ）、招商银行（600036. SH）、浦发银行（600000. SH）、兴业银行（601166. SH）、民生银行（600016. SH）、光大银行（601818. SH）、华夏银行（600015. SH）和浙商银行（601916. SH）等。

（3）选取全国性股份制银行中与中信银行业务特点、盈利能力（ROE 等）接近的银行，作为最可比公司。

第二步，计算可比公司的估值指标。这些估值指标通常为倍数形式，又称估值倍数。分子通常为某类价值，分母通常为某财务指标或业务指标。

常用的估值倍数主要包括市盈率（Price/Earnings，P/E）倍数、市净率（Price/Book Value，P/B）倍数、EV/EBITDA 倍数等，如果目标公司和可比公司属于某一特殊行业，还可使用符合该行业特点的估值指标，比如资源行业常计算 EV/储量指标。

第三步，计算适用于目标公司的可比指标。通常，我们选取可比公司的估值范围作为目标公司估值水平的参考。比如我们选取可比公司的可比指标的平均值或者中位数作为目标公司的指标参考值。

在计算可比公司可比指标的平均值或中位数时，一般需要剔除其中的异常值，包括负值（比如利润为负造成市盈率为负）、非正常大值和非正常小值。异常值一般是由异常因素或偶然事件造成的，不具有长期可持续性或可比性。使用异常值会造成目标公司的价值评估失真，所以需剔除异常值。

需要注意的是，我们可以根据目标公司与可比公司之间的特点进行比较分析，对选取的平均值或中位数进行相应调整。比如目标公司实力雄厚、技术领先，未来发展前景更好，是行业内的龙头公司，具有较强的持续竞争优势，则可以在计算得到的平均值或中位数的基础上，相应给予一定的溢价。

　　第四步，计算目标公司的企业价值或者股权价值。 用第三步计算得到的可比指标倍数乘以目标公司相应的财务指标或业务指标，从而计算出目标公司的企业价值（EV）或者股权价值。

　　可比公司法看起来是一种简单易用的估值方法，实则不然。首先，可比公司的选择并不容易。世界上没有两片完全相同的树叶，更何况有着复杂组织结构、运营机制的公司？每个公司都有自身的独特性，没有两家公司是完全相同的。因此在实际估值时，我们应尽可能寻找与目标公司共同点多的可比公司，按照可比程度将这些公司分为最可比公司、次可比公司等类别，重点参考最可比公司。其次，要获得一个合理、可信的估值倍数也很困难。估值倍数可能会受到会计处理差异、一次性事件和其他因素的影响而被扭曲，这时就需要根据各个可比公司的情况对其财务数据进行正常化调整。如果这些调整不完全或不具有一致性，那么计算出来的倍数就会被扭曲。

　　根据可比指标的不同，我们把可比公司法分为两类：一类基于股票价格或股权价值，称为股权价值倍数法，如市盈率倍数和市净率倍数等；另一类基于企业价值，称为企业价值倍数法，如 EV/EBIT 倍数、EV/EBITDA 倍数、EV/某经营指标倍数等。

3.2　　　　　　　　　　　　　　　　　　　　　　　　　　　　　股权价值倍数法

　　常用的股权价值倍数法有市盈率（P/E）倍数法、市净率（P/B）倍数法和市销率（P/S）倍数法，下面将分别讲述其原理和方法。

3.2.1　市盈率倍数法

1. 市盈率倍数法概述

　　市盈率倍数法是目前企业估值最常用的可比公司法之一，它反映了一家公司的股票市值相对于其净利润（这里的净利润为归属于母公司股东的净利润，下同）的倍数。

　　市盈率（P/E）倍数的计算公式为

$$市盈率倍数 = 每股市价 \div 每股收益$$

或

市盈率倍数 = 股权市值 ÷ 净利润

需要注意的是，若使用上市公司年报中披露的基本每股收益，上述两个公式计算出的市盈率通常并不一致。

【例】某公司 2X20 年年报中显示，净利润为 2.5 亿元，基本每股收益为 1.3 元，该公司当前的股权市值为 52.0 亿元，股价为 26.4 元/股。试计算该公司的市盈率倍数。

$$市盈率倍数 = 股价 ÷ 基本每股收益 = 26.4 ÷ 1.3 = 20.3$$
$$市盈率倍数 = 股权市值 ÷ 净利润 = 52.0 ÷ 2.5 = 20.8$$

可以看到，用两种方法计算出的市盈率结果有微小差异。为什么会出现这样的差异呢？公司年报中公布的基本每股收益是用净利润除以全年发行在外普通股加权平均数，而公司的股权市值是在估值时点的时点数，即当前的值，所以"股权市值 ÷ 净利润"相当于"每股市价 ÷ 以当前股数计算的每股收益"，如果计算每股收益的全年发行在外普通股加权平均数和当前已发行普通股股数不同，则计算出的结果就会不一致。

发行在外普通股加权平均数可以按如下公式计算：

发行在外普通股加权平均数 = 期初发行在外普通股股数 + 当期新发行普通股股数
× 已发行时间 ÷ 报告期时间 − 当期回购普通股股数
× 已回购时间 ÷ 报告期时间

使用"股权价值 ÷ 净利润"计算出的市盈率通常更能代表当前该公司股票的投资价值。因此，在使用股价和每股收益计算市盈率时，每股收益的计算应该用净利润除以估值时点对应的已发行普通股股数。这时，市盈率的两个计算公式才会得到相同的结果。

市盈率倍数法认为股权价值与净利润最为相关。市盈率倍数的倒数可用于衡量股票的收益率。我们做如下假设：投资者无限期持有股票，每年的每股收益均为 EPS，投资者投资股票的要求回报率为 R_e。那么股票的价值应为

$$P = EPS/R_e$$

即

$$R_e = EPS/P = 1/市盈率倍数$$

【例】某公司股票的每股收益为 0.6 元/股，股价为 12 元/股，那么市盈率倍数为 12 ÷ 0.6 = 20（倍）。假设该公司未来每年的盈利保持当前水平，并且以每股收益代表投资该股票的收益，则永久持有该公司股票的收益率为 5%，等于该公司市盈率的倒数。

在使用市盈率倍数法估值时，一般先选择一组可比公司，计算这一组公司市盈率的平均值或中位数，以该市盈率作为目标公司估值的市盈率倍数（有时可根据目标公司与可比公司之间的差别对该市盈率进行调整），然后使用下述公式：

$$股权价值 = 净利润 × 市盈率倍数$$

或

$$每股价值 = 每股收益 × 市盈率倍数$$

【例】 某分析员采用市盈率倍数法估计目标公司 2X20 年年末的每股价值，他筛选出一些与目标公司业务相似、规模相近的上市公司，这些公司的相关数据如下表所示：

	股价（元/股）	普通股股数（百万股）	净利润（百万元）
上市公司一	12.73	500	−152
上市公司二	32.52	230	332
上市公司三	19.88	159	152
上市公司四	7.65	632	202
上市公司五	15.86	192	20
目标公司		523	650

取可比公司市盈率倍数的平均值作为目标公司的市盈率倍数的参考，考虑到目标公司的质量优于可比公司，所以对计算出的可比公司市盈率的平均值给予 10% 的溢价。请计算目标公司 2X20 年年末的每股价值。

计算得到 5 家上市公司的市盈率倍数分别为：−41.9，22.5，20.8，23.9，152.3。

其中，−41.9 为负值，152.3 为非正常大值（原因是当年产生一次性损失，导致利润不正常），在计算可比公司市盈率倍数平均值时应该剔除。所以可比公司市盈率倍数的平均值为

$$(22.5 + 20.8 + 23.9)/3 = 22.4$$

目标公司的每股价值 = 可比公司市盈率倍数平均值 ×（1 + 溢价率）

$$× 目标公司的净利润 / 目标公司的普通股股数$$

$$= 22.4 ×（1 + 10\%）× 650/523 ≈ 30.62（元 / 股）$$

通常，成长性越好、风险越低的公司市盈率越高；反之，成长越缓慢、风险越高的公司市盈率越低。如果一家公司的股票交易价格对应的市盈率高于行业或市场平均水平，一般说明该公司成长性好，市场比较看好。但过高的市盈率倍数也可能说明该公司的股票被高估，存在泡沫。而过低的市盈率倍数，也可能是股票被低估，因而存在投资价值。

2. 使用市盈率倍数法时需注意的问题

（1）使用哪一时期的盈利数据

根据市盈率倍数的计算公式，市盈率主要受每股股价和每股收益的影响。关于股价，投资机构通常都采用最新的股价数据。而对于每股收益，基于不同的考虑则可能采用不同时期的盈利数据。通常我们会面临三种选择：

- 最近一个完整会计年度的历史数据；
- 最近 12 个月（Latest Twelve Months，LTM，或者 Trailing Twelve Months，TTM）的数据；
- 预测年度的盈利数据。

需要指出的是，在使用可比方法时，要保证可比公司指标的计算与目标公司是相同的。无论选择用哪一时期的盈利，可比公司与目标公司的盈利都应对应同一时期，也就是说，如果可比公司计算指标是采用历史年度的每股收益，那么推算目标公司每股价值时也应采用历史年度的每股收益。

使用历史数据的好处在于盈利数据和股价都是已知的，很客观。但质疑使用历史数据的观点认为，股票价格是股票未来价值的体现。从这个角度出发，使用预测年度的盈利数据更为合理。这种观点不无道理。同时，若使用历史数据计算市盈率，我们应尽可能使用最新公开的信息，通常会使用最近 12 个月的数据，具体方法如下例。

【例】某分析员准备用市盈率倍数法估算某公司的股权价值。在估值时点，该公司当年的第一季度报告刚刚发布，为了使用最新财务数据，该分析员准备对净利润进行调整，计算该公司最近 12 个月的净利润。该公司正常化调整后的净利润相关数据如下：

单位：万元

	上年一季度	上年全年	当年一季度
净利润	1 125	4 687	1 335

计算最近 12 个月净利润的方法是：用上年全年的净利润扣除上年第一季度的净利润，再加上本年第一季度的净利润，相当于从去年 4 月至今年 3 月这 12 个月对应的净利润。

$$最近 12 个月净利润 = 4\ 687 - 1\ 125 + 1\ 335 = 4\ 897（万元）$$

显然，使用三种数据的难易程度并不相同：使用上年的历史数据最为简单，一般直接可得；使用最近 12 个月的数据则需要作时期调整；使用预测年度的盈利数据可能还要进行财务预测。实际估值时，我们多采用预测的盈利数据进行估值，该数据我们一般可以参考市场上分析师们的盈利预测的平均值（也称为一致预期）得到。

（2）净利润的正常化

我们对公司进行可比分析时，应比较公司的可持续经营业务，但公司会计上的净利润会受到非经常性损益的影响，可能不能真实反映公司的持续盈利能力。因此，需要对公司净利润中的这些因素以及相应产生的税收影响进行调整。

> ℹ 在使用市盈率倍数法时首先需要对公司的净利润进行正常化调整。在调整非经常性损益时，还需要同时调整其对应的所得税或税盾。

一些典型的需要调整的项目包括：

- 公司资产重组获得的收益或亏损中不属于经常性的部分。
- 一次性的较大的资产减值损失。
- 处置固定资产获得的收益。

关于非经常性损益具体项目的调整可以参考证监会发布的《公开发行证券的公司信息披露解释性公告第 1 号——非经常性损益（2008）》。实际应用中，各家公司需要调整的项目可能不一致，需认真分析、区别对待。

【例】某公司去年的税前利润为 1 亿元，其中扣除了一次性重组费用 0.3 亿元。该公司适用的所得税税率为 25%，则没有调整前，公司所得税为 $1 \times 25\% = 0.25$（亿元），净利润为 0.75 亿元。但重组费用属于一次性发生的费用，不能完全反映公司的持续经营能力，因此需要进行调整，将重组费用加回税前利润中。

调整后，公司的税前利润为 $1 + 0.3 = 1.3$（亿元）。相应地，我们还应调整重组费用的税收影响，相应的所得税调整额为 $0.3 \times 25\% = 0.075$（亿元），这样调整后的公司所得税为 $0.25 + 0.075 = 0.325$（亿元），则调整后的净利润为 $1.3 - 0.325 = 0.975$（亿元）。

一般情况下，我们所选的可比公司都是上市公司。在对上市公司合并的利润表进行正常化调整时，需要注意的是，有些需要调整的项目可能发生在控股子公司，如果控股子公司适用的所得税税率和母公司的所得税税率不一致，那么正常化调整就会比较复杂。

【例】某上市公司去年合并的利润表中，利润总额、所得税费用、净利润、少数股东损益、归属于母公司股东的净利润分别为 3 500 万元、700 万元、2 800 万元、500 万元和 2 300 万元。在合并利润表中，有一项固定资产处置带来的收益为 400 万元，这发生在某控股子公司，母公司持有该子公司的比例为 60%。该子公司适用的所得税税率为 15%，母公司适用的所得税税率为 25%。固定资产处置带来的收益需要调整，其引起的各科目调整如下表所示。

单位：万元

项目	调整前	调整	调整后
固定资产处置收益	400	−400	0
利润总额	3 500	−400	3 100
所得税费用	700	−60	640
净利润	2 800		2 460
少数股东损益	500	−136	364
归属于母公司股东的净利润	2 300		2 096

由于固定资产处置收益是发生在控股子公司的，由调整这笔收益引起的所得税费用的调整应使用该子公司适用的所得税税率，故所得税费用的调整为

$$-400 \times 15\% = -60 \text{（万元）}$$

对应地，少数股东损益的调整为

$$(1 - 60\%) \times [-400 - (-60)] = -136 \text{（万元）}$$

（3）市盈率倍数法的应用与局限

市盈率倍数法在估值实践中应用比较广泛。其原因在于：首先，市盈率是一个将股票价格与公司盈利状况联系在一起的一种直观的统计比率；其次，对大多数股票来说，市盈率倍数易于计算且参数很容易得到，这使得股票之间的比较变得十分方便；最后，它能反映公司的一些其他特征，比如成长性及风险性。

但市盈率倍数法也有一些局限性，在使用时需要加以注意：

- 市盈率倍数法有被误用的可能性。可比公司的定义在本质上是主观的，同行业公司并不完全可比，因为同行业的公司可能在业务组合、风险程度和增长潜力方面存在很大的差异。
- 当公司的净利润或预期净利润为负值时，无法使用该方法。
- 市盈率忽略了公司利润的现金流质量，无法体现现金流差异对公司价值的影响。
- 净利润受公司折旧、摊销等会计处理的影响较大。比如对于固定资产中的房屋及建筑物，不同公司可能采用不同的折旧年限，折旧的计提会影响当年的净利润，从而导致不合理的结论。
- 市盈率方法使用短期净利润作为参数，无法直接比较不同长期增长前景的公司。
- 未经正常化调整的市盈率没有区分经营性资产创造的盈利和非经营性资产创造的盈利，降低了公司之间的可比性。
- 市盈率方法无法反映公司运用财务杠杆的水平，当可比公司与目标公司的资本结构存在较大差异时可能导致错误的结论。

表面上市盈率仅由股价和每股收益决定。事实上，市盈率最终还是受折现现金流模型中决定公司价值的基本财务因素——预期增长率、回报率、现金流和风险的影响。由于不同公司的基本因素可能不同，它们的市盈率也会有所不同。纯粹依赖市盈率对公司进行直接比较而忽视公司间基本因素的差异会导致错误的结论。同时，因为基本因素的差异，不同行业和公司的市盈率各不相同——低风险、高增长率常对应较高的市盈率。在对不同公司间的市盈率进行比较时，一定要考虑不同公司的风险、增长率等方面的差异。

3.2.2 市净率倍数法

1. 市净率倍数法概述

市净率倍数反映了一家公司的股票市值对其净资产（此处净资产指归母普通股的净资产，不包含少数股东权益、优先股等）的倍数。在需要更多关注净资产的时候，通常会使用市净率倍数法。市净率倍数也常用于衡量一家公司的经营成长性及对股东投入的运用能力，通常来说，高投资回报率、高成长型的公司，市净率倍数较高，成熟稳定的公司，市净率倍数较低。

市净率（P/B）倍数的计算公式为

$$市净率倍数 = 每股市价 \div 每股净资产$$

或

$$市净率倍数 = 股权市值 \div 净资产$$

【例】某公司的股票收盘价为 6.25 元/股，公司股票总股数为 2 亿股，其资产和负债的账面价值分别为 8 亿元和 3.5 亿元，账面净资产为 8 − 3.5 = 4.5（亿元），每股净资产为 4.5 ÷ 2 = 2.25（元/股），则其市净率 = 6.25 ÷ 2.25 = 2.78。

在计算公司股权融资后的市净率时，需要考虑该笔融资对公司净资产的影响。

【例】某公司拟进行 IPO，在公开市场发行 5 000 万股股票，发行价格初定为 12.5 元/股。股票发行前，该公司的普通股股数为 2.5 亿股，净资产为 13.5 亿元。试以 IPO 发行价计算该公司 IPO 前、后的市净率倍数。

IPO 后，按 IPO 发行价计算的公司股权市值 = 普通股股数 × 股价 =（2.5 + 0.5）× 12.5 = 37.5（亿元）

公司净资产 = 发行前净资产 + 发行融资额 = 13.5 + 0.5 × 12.5 = 19.75（亿元）

该公司 IPO 前以 IPO 发行价计算的市净率 = 发行前股权市值/发行前净资产 = 12.5 × 2.5/13.5 = 2.31

该公司 IPO 后以 IPO 发行价计算的市净率 = 发行后股权市值/发行后净资产 = 37.5/19.75 = 1.90

使用市净率倍数法估值的步骤与市盈率倍数法类似。我们先选择一组可比公司，计算其平均市净率倍数（或中位数），为了反映目标公司与可比公司在基本因素方面的差异，我们可能需要对计算出的平均值（或中位数）进行调整，以此作为目标公司的市净率倍数，然后使用下述公式计算股权价值或每股价值：

$$股权价值 = 净资产 \times 市净率倍数$$

或

$$每股价值 = 每股净资产 \times 市净率倍数$$

2. 使用市净率倍数法时需注意的问题

（1）净资产的正常化

在使用市净率指标时，有时还需要对公司的账面净资产做一些调整。

举例来说，如果公司在股权收购过程中采用了权益结合法或收购子公司的少数股东权益，则收购成本超出被收购方净资产份额的部分会直接抵减收购方合并报表的净资产，而不是确认为商誉。这样一来，收购方合并报表的账面净资产就可能发生大幅下滑，使得市净率指标失去可比性。例如在港交所上市的国美电器（00493. HK，2017 年 5 月改名为国美零售）2006 年收购其子公司国美电器有限公司少数股权的交易，收购成本超过被收购方净资产份额的部分，会直接抵减收购方合并报表中的净资产，而不是确认为商誉，导致收购后国美电器合并报表中的账面净资产值大幅下降了 16.33 亿元人民币。2005 年底的账面净资产值为 18.71 亿元人民币，2006 年 6 月末的账面净资产值仅为 3.4 亿元人民币。这使其市净率指标失去可比性。

另外，如果某公司最近刚进行过资产重估，那么它与最近没有进行资产重估的公司之间的净资产值就不具有可比性，即使这些公司在业务、规模、盈利能力、资本结构等方面非常相似。

（2）市净率倍数法的应用

市净率倍数反映了股权的市场价值和账面价值之间的比率关系。市场价值和账面价值之间的关系常常吸引着投资者的注意力。资产的市场价值反映了资产的盈利能力和预期未来现金流的成长性和风险，而账面价值反映的是它的初始成本。因此，市场价值通常会与账面价值有显著差异。

账面价值往往被看做是市场价值的一个底线，虽然这个底线更准确地讲应该是清算价值。在市场持续上涨或经济基本面较好时，投资者对公司的盈利能力比较乐观，因而更关注市盈率；而市场持续下跌或经济基本面较差时，投资者对公司的盈利能力没有信心，往往转而关注相对稳定、有把握的净资产，所以更愿意使用市净率。

对于银行来说，市净率具有更深刻的意义和更普遍的应用。由于银行业特殊的公共性质和出于审慎的考虑，银行业往往面临相比其他行业更加严格的监管，这使得银行资产规模的扩张严格地受制于其资本的充足水平。银行的资本规模决定了其存贷款业务的规模，存贷款业务的规模决定了利息净收入，而利息净收入是目前我国商业银行营业收入的主要构成，因此银行的盈利和净资产规模密切相关。所以，对于银行来说，其股权价值和净资产之间有着比一般行业更加紧密的联系，市净率法是银行业估值中最常用的方法之一。

（3） 市净率与净资产收益率（ROE）的关系

使用市净率倍数法时，需注意市净率倍数与 ROE 的关系。从理论上说，净资产相同的两个公司，ROE 较高的公司能够带来较多回报，价值也应该较高，即对应的市净率倍数较高。实证经验也表明 ROE 与市净率倍数之间存在着较强的正相关性。

所以，在使用市净率倍数法时，一种做法是选用与目标公司的 ROE 接近的公司作为可比公司，取这些可比公司市净率倍数的平均值或中位数作为目标公司的参考值；另一种做法是用可比公司的市净率倍数对 ROE 进行回归，然后将目标公司的 ROE 放入回归结果中推算出目标公司适用的市净率倍数。

（4） 市净率倍数法的局限

市净率倍数法也存在一些局限性：

- 市净率倍数法以公司目前积累的净资产为基础，是一种"往回看"的估值方法。对大部分行业来说，公司积累的净资产并不能代表未来为股东带来回报的能力。
- 可比公司的选择带有主观性，使用同行业的公司作为可比公司并不能完全解决这一问题，因为即使是同行业的公司在经营组合、风险和增长速度上也存在很大差异，而且其中带有主观偏见的可能性很大。
- 不同公司的账面净资产会受不同的会计政策或会计估计的影响，造成公司之间的可比性降低。
- 账面净资产无法反映公司运用财务杠杆的水平，当可比公司与目标公司的资本结构存在较大差异时可能导致错误的结论。

3.2.3　市销率倍数法

1. 市销率倍数法概述

市销率倍数反映了一家公司的股票市值对其营业收入（或销售收入）的倍数。对于处于早期阶段的公司，净利润经常为负数，不适用市盈率倍数估值，会更多使用市销率倍数指标。

市销率（P/S）倍数的计算公式为

市销率倍数 = 每股市价 ÷ 每股营业收入

或

市销率倍数 = 股权市值 ÷ 营业收入

【例】某公司 2X20 年年报显示，当年的营业收入为 30.0 亿元。若该公司当前的股权市值为 54.0 亿元，试计算该公司的市销率倍数。

市销率倍数 = 股权市值 ÷ 营业收入 = 54.0 ÷ 30.0 = 1.8

使用市销率倍数法估值的步骤与市盈率倍数法类似。我们先选择一组可比公司，计算其市销率倍数的平均数（或中位数），为了反映目标公司与可比公司在基本因素方面的差异，我们可能需要对计算出的平均数（或中位数）进行调整，以此作为目标公司的市销率倍数，然后使用下述公式计算股权价值或每股价值：

股权价值 = 营业收入 × 市销率倍数

或

每股价值 = 每股营业收入 × 市销率倍数

2. 使用市销率倍数法估值时需注意的问题

（1）注意资本结构的差异

严格来讲，市销率倍数指标本身从配比原则来讲存在"瑕疵"，市销率的分子是股权价值，而分母营业收入对应的是企业价值，分子分母并不完全匹配。

因此，使用市销率倍数指标时，首先应尽量保证可比公司和目标公司的资本结构差异不大，减少由于资本结构差异导致的倍数差异。比如，若公司没有债务，此时公司的股权价值与企业价值相差不大，资本结构对市销率倍数的影响较少。

什么样的公司很少或没有债务？一类是处于早期阶段的公司，净利润为负，公司较难获得债务融资；另一类是轻资产公司，没有足额的固定资产作抵押，也较难获得很多的债务融资。这两类公司的股权价值与企业价值相差不大，在利润为负或者不大的时候，可以考虑用市销率倍数估值。

若目标公司和可比公司的资本结构存在较大差异，建议参考下一节介绍的基于企业价值的估值倍数，比如 EV/收入，EV/EBITDA，EV/EBIT 等。

（2）注意净利润率的差异

市销率计算简单，但收入毕竟不是最终创造的价值。同样的收入，未必具有同样的价值创造的能力，所以可能对应着不同的市销率倍数。因此在估值倍数的分析上，需要多考虑公司之间是否存在差异导致估值倍数的不可比。

对于市销率倍数来说，其和市盈率倍数之间的联系在于净利润率。市销率倍数（P/S）等于市盈率倍数（P/E）乘以净利润率。

市销率倍数 = 市盈率倍数 × 净利润率

也就是说，如果两家公司市盈率倍数基本可比，则净利润率高的公司应该享受更高的市销率。因此，使用市销率倍数进行可比估值时，还需要尽量保证可比公司和目标公司的净利润率没有大的差异。这里的净利润率建议考虑未来长期水平，以避免短期特殊数值的影响。

很多因素会导致净利润率有差异，比如收入口径的差异。如果目标公司和可比公司的收入确认口径不一致，目标公司采用总额法，而可比公司采用净额法，会导致目标公司和可比公司的净利润率存在较大差异，进而降低目标公司和可比公司之间的可比性。又比如目标公司由于管理能力强，技术实力高，在行业中处于领先地位，能够获得高于同行的净利润率。这些都需要纳入考虑范围，而不是简单计算可比公司的市销率倍数均值作为目标公司的市销率倍数。

【例】下表列出阿里巴巴（BABA. N）和京东（JD. O）的市销率倍数及净利润率。

	2020 年市销率倍数范围	2020 年净利润率
阿里巴巴	6. 99x ~ 11. 93x	21.0%
京东	0. 63x ~ 1. 74x	6.6%

数据来源：Choice 金融终端；数据口径：市销率为市值/历史财务年度营业收入。

通过对比可以看到，阿里巴巴的市销率倍数远大于京东市销率倍数，两者存在较大的差异。但同时阿里巴巴净利润率也远超京东的净利润率，在一定程度上解释了两者市销率倍数的差异。究其本质，是因为两家公司在商业模式和收入口径上存在差异。

（3）注意未来收入增速的差异

未来收入的增速也是影响市销率倍数的关键因素。在其他因素都相同的情况下，收入增长越快的公司，未来会创造更多收入，进而创造更多的利润和现金流。因此可以给予收入增速更快公司更高的市销率倍数。

由以上的分析可以看到虽然市销率使用方便，易于理解，但在使用时仍然要注意目标公司和可比公司之间的差异会对市销率倍数的可比性带来影响。

3.3　　　　　　　　　　　　　　　　　　　　　企业价值倍数法

企业价值倍数法和前面介绍的股权价值倍数法类似，不同的是企业价值倍数法关注的是企业价值（EV），通常采用"企业价值（EV）/某种指标"的指标形式。

企业价值可以根据以下公式得出：

$$EV = 某种指标 × 估值倍数（EV/ 某种指标）$$

常用的与企业价值对应的指标通常与业务相关，较少受资本结构的影响，比如 EBIT、EBITDA 等财务指标或与行业经营特征相关的经营类指标等。

3.3.1　企业价值/息税前利润倍数

1. 方法概述

息税前利润（EBIT）是在扣除债权人的回报（也就是利息费用）之前的利润，所有出资人对于该利润都享有分配权，所以该利润对应的价值是企业价值。

使用企业价值/息税前利润（EV/EBIT）指标时，企业价值可以由以下公式得出：

$$EV = EBIT \times (EV/EBIT \text{ 倍数})$$

在用这一指标进行估值时，其步骤如下：

（1）计算行业可比公司的 EV/EBIT 倍数

在行业中选取业务、规模、投入资本回报率（ROIC）等方面可比的上市公司，根据其股价计算它们的股权价值，然后根据企业价值等式进行调整，加上债务及少数股权价值，扣除现金及非核心资产得到企业价值（EV），并除以可比公司的息税前利润（EBIT）得到可比公司的 EV/EBIT 倍数。在调整可比公司企业价值时需要注意：

- 价值等式中的项目都需用市场价值。
- 在计算可比公司的 EV 时，如果某可比公司在多地上市，比如既有 A 股，又有 H 股，那么其股权价值有两种计算方式：一种是以目标公司所在市场的该可比公司股价乘以所有的普通股股数，另一种是以可比公司各个市场的股价分别乘以该市场的普通股股数然后加总。若两地股价差异较大，由于估值更多考虑目标公司所在市场情况，因此采用第一种方法更为合适。

（2）计算目标公司的 EV，反推目标公司的每股价值

根据可比公司的 EV/EBIT 倍数，选择平均值或中位数作为目标公司的 EV/EBIT 倍数，乘以目标公司的 EBIT 得到目标公司的企业价值，再加上现金及非核心资产，扣除债务及少数股权价值得到股权价值，从而计算出目标公司的每股价值。

【例】 A、B、C、D 公司为目标公司的可比公司。以可比公司 EV/EBIT 倍数的平均值作为目标公司的 EV/EBIT 倍数，请根据下面的信息，运用 EV/EBIT 倍数法估算目标公司的每股价值。

单位：万元

	股价 （元/股）	普通股股数 （万股）	股权价值	现金及非 核心资产	债务	EV	EBIT	EV/ EBIT
A 公司	11.60	7 235		3 019	26 166		9 487	
B 公司	7.66	7 838		2 575	27 678		10 319	
C 公司	4.47	7 700		5 953	22 037		6 855	
D 公司	6.74	17 512		10 897	60 504		22 966	
目标公司		2 737		4 780	24 155		8 036	

第一步，计算可比公司的 EV/EBIT 倍数。根据 A、B、C、D 公司的股价和普通股股数可以计算出它们的股权价值分别约为 83 926 万元、60 039 万元、34 419 万元和 118 031 万

元，然后加上债务的价值并扣除现金及非核心资产价值得到其各自 EV 分别为 107 073 万元、85 142 万元、50 503 万元和 167 638 万元，从而计算出它们的 EV/EBIT 倍数分别约为 11.3、8.3、7.4 和 7.3。

单位：万元

	股价 （元/股）	普通股股数 （万股）	股权价值	现金及非 核心资产	债务	EV	EBIT	EV/ EBIT
A 公司	11.60	7 235	83 926	3 019	26 166	107 073	9 487	11.3
B 公司	7.66	7 838	60 039	2 575	27 678	85 142	10 319	8.3
C 公司	4.47	7 700	34 419	5 953	22 037	50 503	6 855	7.4
D 公司	6.74	17 512	118 031	10 897	60 504	167 638	22 966	7.3
平均值								
目标公司		2 737		4 780	24 155		8 036	

第二步，计算可比公司 EV/EBIT 倍数的平均值，求出目标公司的 EV，反推公司的每股价值。

可比公司 EV/EBIT 的平均值 =（11.3 + 8.3 + 7.4 + 7.3）÷ 4 ≈ 8.6

以可比公司的平均 EV/EBIT 倍数作为目标公司的 EV/EBIT，可以得到

目标公司 EV = 目标公司 EBIT ×（EV/EBIT 倍数）

= 8 036 × 8.6 ≈ 69 110（万元）

目标公司股权价值 = EV + 现金及非核心资产 − 债务

= 69 110 + 4 780 − 24 155 = 49 735（万元）

目标公司每股价值 = 股权价值 ÷ 普通股股数

= 49 735 ÷ 2 737 ≈ 18.17（元/股）

单位：万元

	股价 （元/股）	普通股股数 （万股）	股权价值	现金及非 核心资产	债务	EV	EBIT	EV/ EBIT
A 公司	11.60	7 235	83 926	3 019	26 166	107 073	9 487	11.3
B 公司	7.66	7 838	60 039	2 575	27 678	85 142	10 319	8.3
C 公司	4.47	7 700	34 419	5 953	22 037	50 503	6 855	7.4
D 公司	6.74	17 512	118 031	10 897	60 504	167 638	22 966	7.3
平均值								8.6
目标公司	18.17	2 737	49 735	4 780	24 155	69 110	8 036	8.6

2. EV/EBIT 倍数法与市盈率倍数法的比较

市盈率指标使用净利润作为估值基础，净利润包含了太多的信息，比如会受到公司资本结构（财务杠杆水平）的影响，而使用 EV/EBIT 指标可以剔除这种影响。例如，两家公司从事相同的业务，经营、管理的能力也差不多，资本结构也大致相同，在用一家公司作为可比公司估计另一家公司的价值时，我们可以给它们相同的市盈率倍数。但如果这两家公司中一家很少借债，另一家有较高的财务杠杆，此时再使用相同的市盈率倍数对这两家公司进行可比估值就可能会产生较大误差。在这种情况下，使用 EV/EBIT 倍数对它们进行可比估值可能会更适合一些。

3.3.2 企业价值/息税折旧摊销前利润倍数

1. 方法概述

息税折旧摊销前利润（EBITDA）同样也是在扣除利息费用之前的利润，所以它对应的也是企业价值。

使用企业价值/息税折旧摊销前利润（EV/EBITDA）指标时，企业价值可以根据以下公式得出

$$EV = EBITDA \times (EV/EBITDA\ 倍数)$$

2. EV/EBITDA 倍数法与 EV/EBIT 倍数法的比较

相比于 EV/EBIT 倍数法，EV/EBITDA 倍数法更适用于重资产型行业，原因包括：

（1）EBITDA 指标剔除了公司间由于会计政策和会计估计不同而导致的折旧、摊销水平不同的影响。例如，中国铁建（601186.SH）、中国中铁（601390.SH）这两家公司业务和资产的性质十分相似，但折旧估计不同。粗略估计，若中国中铁按中国铁建的折旧政策计提折旧，2009 年将多计提 10 亿元左右折旧，约占当期实际折旧的 30%，占当期净利润的 13% 左右。

（2）EBITDA 指标剔除了不同发展阶段导致的折旧、摊销水平不同的影响。例如我国东北的很多老钢厂，固定资产的使用年限已经超出了折旧年限，但仍在继续使用，公司每年的折旧数额就会较小；而新建的钢厂折旧则会很大。假设两家钢铁公司的经营管理都类似，则老钢厂的折旧少，EBIT 高，如果使用 EV/EBIT 倍数法，并给予相同的 EV/EBIT 倍数，则会得出老钢厂价值更高的结论。很显然这个结论并不合适，使用 EV/EBITDA 倍数法则可以避免此种情形。

3. EV/EBITDA 倍数法在使用时应注意的问题

公司的资本密集程度、持续的资产投资需求、资本成本、所得税税率、未来的增长性，都会对 EV/EBITDA 产生影响。通常来说，资本越密集，未来扩张时资产投资需求越高；资本成本越高、所得税税率越高以及未来增长性越低的公司，EV/EBITDA 越低。在使用 EV/EBITDA 倍数法估值时，需考虑可比公司与目标公司以上因素的可比性。

3.3.3 企业价值/某经营指标倍数

企业价值倍数还有很多其他形式，常用的指标有企业价值/营业收入，其使用方法与企业价值/息税前利润、企业价值/息税折旧摊销前利润等指标是一样的。

此外，很多行业都有一些适用于自己行业的经营指标，这些经营指标很大程度上决定了本行业公司的价值。

【例】对于发电行业而言，行业内普遍使用装机容量作为企业价值估算标准，假设行业普遍认可的企业价值标准是 4 500 元/千瓦，那么一个装机容量为 10 万千瓦的电厂，使用上述价值估算标准估计它的企业价值应该在 4.5 亿元左右。

 经营指标是由公司所有出资人共同贡献和共同享有的，应与企业价值对应，而非股权价值。

运用这些带有行业特征的指标，可以很清楚地看到该行业中公司价值最重要的驱动因素是什么。不过，同时我们也应注意不同公司在其他方面的差异，有时这些差异恰恰体现了该公司的核心竞争力，所以不能机械地运用。

需要注意的是，当使用企业价值/某经营指标倍数时，不同公司是可以有不同数值的。可以结合绝对估值法思考，同样的当期经营指标，有可能对应着不同的增长率，不同的创造利润的能力，不同的创造自由现金流的能力，这些都会导致不同的企业价值。因此会对应着不同的企业价值/某经营指标倍数。

所以如前面提到的，一种方式是尽量选择可比性强的企业，这样大家的估值倍数较接近，或者对得到的倍数根据公司之间的差异进行调整。

3.4 一些特殊的可比指标

3.4.1 A/H 指标

除了上面介绍的一般性可比指标外，在特殊环境下还可以选用一些特殊的指标。例如对于同时在香港市场和内地 A 股市场上市的公司，可以观测 A/H 指标（A 股价格/H 股价格）。

具体做法是先寻找一组同时在香港市场和内地 A 股市场上市的可比公司，根据它们的 A 股价格和 H 股价格计算 A/H 指标，取其平均值或中位数，再根据目标公司与可比公司的差异进行调整，以此作为估值时使用的 A/H 指标，然后使用下列公式：

A 股价值 = H 股的价格 × A/H 指标

【例】X 公司已在 H 股上市，现拟在 A 股上市。A、B、C、D、E 五个公司为 X 公司的可比公司且均在 A 股和 H 股两地上市，其相关信息如下表所示（H 股价格均折算为人民币单位）。

公司	H 股价格（折算后：元/股）	A 股价格（元/股）	A/H 指标
A	4.91	7.81	1.591
B	7.82	13.88	1.775
C	10.55	17.61	1.669
D	15.26	28.80	1.887
E	32.58	39.15	1.202
平均值			1.625
中位数			1.669

已知 X 公司在 H 股的股价折算成人民币的价格为 8.47 元/股，使用可比公司平均的 A/H 指标为标准，则估计 X 公司的 A 股股价为 8.47 × 1.625 ≈ 13.76（元/股）。

3.4.2 PEG 倍数法

市盈率指标无法直接反映公司收益的增长前景对价值的影响，对于高成长性公司或者可比公司的增长水平与目标公司差异很大时，使用可比公司的市盈率就不太合适，而完全主观地给出市盈率倍数又缺少依据。

基本上所有价值/指标倍数都会有这个问题，下面以市盈率为例介绍解决思路。为了克服市盈率指标的这一缺陷，体现不同公司成长性的不同对估值的影响，可以采用 PEG（Price/Earnings/Growth Rate）倍数法。

$$\textbf{PEG = 股权价值 ÷ 净利润 ÷ 盈利增长率}$$
$$\textbf{= 每股市价 ÷ 每股收益 ÷ 盈利增长率}$$
$$\textbf{= 市盈率 ÷ 盈利增长率}$$

其中，盈利增长率是去除百分号的增长率（增长率数值的 100 倍），通常采用未来 3 ~ 5 年预期的年复合增长率，这样可以在一定程度上避免收益的短期波动对价值的影响。使用 PEG 指标计算股权价值的公式为

$$\textbf{股权价值 = 净利润 × PEG × 盈利增长率}$$

或

$$\textbf{每股价值 = 每股收益 × PEG × 盈利增长率}$$

【例】某上市公司当年的净利润为 8.3 亿元，预期未来三年净利润的复合增长率为 25%，根据可比公司计算得到的平均 PEG 为 1.2，以该 PEG 指标为基础，可得到该公司的股权价值为 8.3 × 1.2 × 25 = 249（亿元）。

当然 PEG 并没有解决市盈率仅关注利润，不关注利润的现金质量问题，因此往往还需要结合其他指标进行分析。

3.5 相对估值法总结

3.5.1 可比公司的选择

使用可比公司法进行估值时，首先需要面对的问题是选择哪些可比公司。

可比公司与目标公司应该在行业、主营业务或主导产品、公司规模、盈利能力、资本结构、公司治理、市场环境以及风险度等方面具有相同或相似的特征。选取可比公司并不容易，不过我们仍可以通过一些渠道获取关于可比公司的信息，这些渠道主要包括：

- 财经资讯终端。如万得资讯（Wind）、东方财富（Choice）、彭博资讯（Bloomberg）、汤森路透公司（Thomson Reuters）、FactSet 等。
- 投行、研究所、投资机构、评估机构等的研究报告。在上市公司研究报告里，我们不仅可以看到他们选择了哪些可比公司，还可以看到使用可比公司法的过程以及估

值的结果。

- 公司公告。招股说明书及年报中也可能涉及可比公司的信息，特别是一些与本公司在业务、产品等方面有着竞争关系的公司信息。

3.5.2 可比指标的选择

在运用可比公司法进行估值的时候，常常面临的一个问题就是选取什么样的可比指标。

（1）不同的行业有一些具有本行业特色的估值倍数。不同行业常用的可比指标如表 3 – 1 所示。

表 3 – 1 　　　　　　　　　　　不同行业常用可比指标

行业	可比指标
SaaS 类公司	EV/ARR（EV/年度经常性收入）
水泥、钢铁等重资产制造业	EV/EBITDA、EV/产能
电力行业	EV/EBITDA、EV/装机容量
石油、天然气等资源开采业	EV/EBITDA、EV/储量
连锁经营的零售业	EV/营业面积、EV/门店数量
互联网行业	EV/用户数、EV/GMV
房地产业	MV/NAV（市值/净资产价值）
银行业	P/B
保险业	MV/Embedded Value（市值/内含价值）

（2）还要考虑公司不同发展阶段的影响。我们将净利润、EBIT、EBITDA、收入等指标按照在利润表顺序进行排列，一般来说，成熟的行业或公司，优先选用靠下的指标（净利润等），初创期的行业或公司，选用靠上的指标（收入等）。这是因为越成熟的公司，下面的指标通常越稳定而且更具有参考意义；而处于高速发展期或初创期的公司，其靠下的指标具有很大波动性，甚至目前是负值，不适合用，不得已只能选用靠上的指标来进行大致的可比估值。

（3）在使用不同估值倍数时，对于有稳定利润的公司，市盈率往往是更适合的指标。当利润不稳定或者利润暂时为负时，可以看更稳定、更可比的其他倍数。但需要注意当估值倍数的分母不是净利润时，比如收入或净资产，需要考虑可比公司未来稳定的净利润率、ROE 等指标是否和目标公司差不多。否则两者之间的 P/S、P/B 未必可比，需要调整后比较。

3.5.3　可比指标参考值的选取

选择可比指标后，我们就可以把各个可比公司的可比指标计算出来，从而得到这些指标的最小值、中间值、平均值以及最大值。那么我们该选择哪个值作为目标公司的参考值呢？

这就需要考虑目标公司和所选的可比公司在持续竞争力、盈利能力及未来发展潜力等方面的差异。通常情况下：

（1）如果目标公司在这些方面处于所选可比公司的平均水平，那么选用可比公司的可比指标的平均值或中位数比较合理。

（2）如果目标公司在这些方面显著优于大部分所选可比公司的水平，那么合理的做法是在可比公司的可比指标的平均值或中位数的基础上给予一定的溢价。

（3）如果目标公司在这些方面显著低于大部分所选可比公司的水平，那么合理的做法是在可比公司的可比指标的平均值或中位数的基础上给予一定的折价。

另外，我们对目标公司进行估值时，给出的结果通常是一个价值区间。所以，更常用的方法是选择可比公司的可比指标的最小值和最大值来算出价值区间的下限和上限。也可以考虑目标公司与可比公司在持续竞争力、盈利能力以及未来发展潜力等方面的差异，来缩小价值区间的范围。

比如，若目标公司在这些方面显著优于大部分所选可比公司的水平，那么可以选择可比公司的可比指标的平均值或中位数作为目标公司估值的下限，选择可比公司的可比指标的最大值作为目标公司估值的上限。或者参照评估公司常用的指标评分法，选取影响价值的关键指标，比如财务指标或业务指标，然后进行计算或者打分，最终调整出相对权重对目标公司的估值倍数进行调整。

此外，还需要考虑的是，如果目标公司是非上市公司，那么通常的做法是在所选可比指标的基础上再给予一定的非流动性折扣。

3.5.4　相对估值法的优点和局限性

与绝对估值法相比，相对估值法具有以下优点：

- 上手容易，易于理解。
- 主观因素较少，能够相对客观地反映市场情况。
- 可以及时反映出资本市场中投资者对公司看法的变化。例如，如果投资者对新能源行业股票持乐观态度，那么该行业公司股票的市盈率将较高，以反映市场的这种乐观情绪。通常情况下，相对估值法可以为即将上市公司首次公开发行和已上市公司增发的价格确定提供良好的参考。

同时，相对估值法也有如下局限性：

- 分析结果的可靠性受可比公司质量的影响，很多时候很难找到业务模式、规模、盈利能力、未来成长空间等都相似的可比公司。

- 选择可比公司主观性可能较强，可以根据目的挑选出一些"适合"的公司，剔除一些"不适合"的公司，使得结果有倾向性。

- 某些可比公司的市场估值可能并非公允，因为二级市场的股票价格受到太多因素的影响。比如，某一行业处于风口时，行业内的某些龙头股票会被爆炒，存在较大估值泡沫。再比如，某些公司的股票会受到并购、资产重组等事项的影响，股价短期被急剧拉升，估值虚高。可比公司估值的不合理会影响目标公司估值的合理性。

- 其实相对估值的计算量并不小。比如，在倍数计算时，为了增加估值指标的可比性，需对目标公司和每一家可比公司的指标进行正常化调整。

3.6 其他估值法

除了绝对估值法和相对估值法外，在特殊情形下，我们还可以使用一些其他的估值方法。

3.6.1 账面价值法

账面价值法是指用资产负债表中公司的净资产账面价值作为股权价值的估计方法，它体现的是公司的所有者在历史上所投入的资本和历史上经营成果的累积，是从过去的角度进行的价值评估。因此这种方法是一种"往回看"的方法，忽略了价值的根本来源，并且对于绝大部分优秀的公司来说，采用账面价值评估股权价值往往会造成严重的低估。但是账面价值法操作简单、易于理解，因此在我国资本市场发展的早期阶段具有较为广泛的应用。如在集团内部的资产重组或国有企业的改制重组时，就经常使用账面价值法。随着我国资本市场的不断发展和价值理念的逐步深化，这种方法已经越来越少地被使用。

3.6.2 清算价值法

清算价值法是指将公司立即进行清算所能得到的回收价值，通常用于非持续经营企业的估值。和账面价值法的不同之处在于，它考虑了部分资产在现时的市场环境中出售时能得到的价值不等于账面价值的情况。一般来说，交易越不活跃的资产，越不易变现，其出售价格就越低。比如具有特殊用途的机械设备，由于不存在活跃的转让市场，很难变现，所以其出售价格经常远低于账面价值。对于公司常见的资产——存货和应收账款，在进行公司清算时其出售价格也往往在账面值的基础上打一个不小的折扣。但是，对于一些交易活跃的资产，其出售价格可能高于其账面值。比如，优良地段的房产，由于自身升值原因且易于找到买家，其出售价格往往会远高于账面价值。需要注意的是，在用清算价值法估值时，需要考虑出售资产、偿还债务的清算费用。

清算价值法适用于濒临破产或因其他原因无法继续经营的公司的估值，同时它也可以作为股权价值的一个底线，如果股权价值低于该价值，则理论上可以通过收购该公司并立即对其进行清算，从而实现套利。

3.6.3　重置成本法

重置成本法是指在当前的市场环境下，用重新建造一个相同规模和经营水平的公司所需要投入的成本来对目标公司进行估值的方法。由于长期经营的公司除了拥有可以短期内重置的资产外，通常还拥有一些无法短期复制的价值，比如公司品牌、公司文化、经营管理效率、与上下游公司的良好商业关系以及客户忠诚度等，所以这种方法通常可以作为企业价值底线的参考，如果一个公司的价值低于重置成本，那么行业中的其他竞争者或潜在进入者在进行投资时，就可以考虑用收购该公司替代自己重新建厂。

适用于重置成本法的公司一般价值主要体现在可复制的有形资产（例如生产线）上。相反地，如果公司的价值更多来自于表外资产（如人力资源、渠道资源等），就不适合采用重置成本法。

3.7　　　　　　　　　　　　　　　　　　　　　　　　　　　估值方法选择

在上一章和本章，我们相继介绍了绝对估值法、相对估值法以及其他估值法。估值方法框架图如图 3-1 所示。

面对如此多的估值方法，在做价值评估时该如何选择使用呢？我们在之前介绍这些估值方法时，已分别讨论了它们各自的适用性或优缺点。除此之外，还需要把握以下几条较为通用的原则。

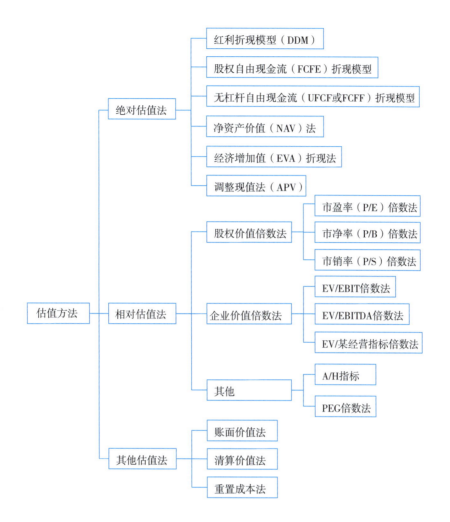

图3-1 估值方法框架图

原则一：视具体目的而定

若想快速地估计目标公司的价值，往往采用相对估值法，选择合适的可比指标（财务指标或适合该公司所在行业的经营指标）对其进行价值评估。

若想挖掘价值的真正来源，理解关键驱动因素对价值的影响，绝对估值法可以提供更合适的分析框架。

若我们对市场价格所隐含的平均估值水平较为认可，在此基础上判断目标公司是否便宜，或以中短期交易为目的，较适宜采用相对估值法。

若我们想独立于市场波动，长期持有目标公司股票，较适宜采用绝对估值法。

若我们考虑停止目标公司的运营，或者完全改变其经营管理，较适宜采用账面价值法、清算价值法或重置成本法。

原则二：视具体行业而定

对于大部分收入驱动型行业而言，绝对估值法中的 UFCF 折现模型，相对估值法中的市盈率倍数法、EV／EBITDA 倍数法是比较适用和常用的。

但是对于某些行业而言，也会使用一些适合行业特点的估值方法。比如对于资源型行业（如房地产、矿产开采等），绝对估值法中经常使用 NAV 方法，相对估值法中会使用 EV／储量倍数法；对于资本监管严格的行业（如银行等），绝对估值法中的 DDM 模型使用较多，相对估值法中更关注市净率倍数。在本书"第 8 章　估值专题"中，我们探讨了对 TMT 行业、医药生物行业、房地产行业和金融机构等的估值，供读者参考。

原则三：视信息掌握程度而定

当我们掌握的目标公司的经营和财务数据较少时，较难作出合理的绝对估值，相对估值法可能是更好的选择。在相对估值法中，EV／某经营指标倍数法和 PEG 倍数法有时也会受到数据的限制而难以使用。

原则四：多种方法结合使用，互相校验

不同估值方法是从不同的角度对公司价值的评价，都有其优点和不足。因此，使用时可以不局限于一种估值方法，可以将多种估值方法结合起来综合分析公司的价值。当不同方法的结果出现较大差异时，更重要的是思考产生差异的主要原因，这样可以帮助我们找到影响价值的关键因素。

建模前期
准备

前三章介绍了估值的基本原理和常用方法，接下来就需要将这些原理和方法运用到估值建模之中。在具体建模之前，我们需要先了解一下什么是建模，以及建模前有哪些准备工作。本章主要介绍以下几个方面的内容：

- 建模前需要思考的问题。建模前需要考虑整个财务预测模型是为谁服务等一系列问题，这样才能选取合适的预测思路及估值方法。
- 对历史数据的整理。对历史数据的整理是一项非常重要的工作，从这些分析整理中，我们在很大程度上可以了解公司的经营模式，为假设数据提供依据。
- 获取假设数据的基本方法。除了上述从分析历史数据中找出假设的方法外，还可以从公司和行业特点、宏观经济形势等方面获取假设的依据。

建模前准备将为整个财务预测模型打下根基，是决定一个财务预测模型是否可用的关键。

4.1 建模前的思考

4.1.1 建模内容、原因及工具

1. 什么是建模

本书中的建模主要指财务建模，即建立财务模型。所谓财务模型，一般是指将公司的各种信息按照价值创造的主线进行分类、整理和链接，并在此基础上完成对公司财务状况的分析、预测及价值评估等功能。一般的财务模型包含历史分析、财务预测和价值评估三个方面。

图 4 - 1 建模过程

（1）历史分析

历史分析是对公司历史经营绩效进行全面分析。通过横向和纵向的比较，了解公司各种收入、费用、资产、负债等会计要素的组成状况，以及随时间变化的规律及趋势，从而推断影响公司历史绩效的各类因素及其影响方式和影响程度等，并为后续预测提供依据。

（2）财务预测

在历史分析的基础上，综合考虑公司的发展规划、特定战略、外部环境变化等因素，对公司未来的绩效水平作出假设（包括公司未来的收入增长、成本费用结构、资本性支出等），并最终完成对公司利润表、资产负债表以及现金流量表的预测。

（3）价值评估

根据财务预测的结果，估算公司的各类估值参数，选择适当的估值方法对公司的价值进行评估，同时可以分析重要参数变化对估值结果的影响。

2. 为什么要建模

估值的目的是寻找公司（或资产、股权）的合理价值，为投资决策提供依据。在价值评估过程中，需要对影响价值的各种经营要素进行分析和量化。然而，现代公司的商业模式日趋复杂，影响价值的因素以及各因素之间的关系并非一目了然，估值难度越来越大。此时，财务模型为我们提供了很好的解决方法。财务模型的优势主要体现为以下几点：

（1）实现定量分析

这种定量并非仅指最后得到的价格数值，更重要的是指整个分析过程的定量化，整个估值工作也因此能更清晰和更深入。再配合定性分析，就可以从多角度对公司进行更立体的理解。

（2）实现系统化分析

举例来说，当一个制造业公司新上一条生产线时，它的影响是多方面的：该公司的固定资产会增加，未来的折旧也会相应增加；随着生产的进行，产量增加，收入会增加，相应的营业成本、销售费用和管理费用也会随之增加；同时，如果该公司建设这条生产线时进行了外部融资，那么其资本结构和财务费用也会发生变化；这一系列财务数据的变化会使得公司的利润率、资产负债率、资产收益率等财务指标也随之发生变化，可谓"牵一发而动全身"。如果不建立财务模型，恐怕很难周全考虑这些变化。建立财务模型，则可以将所有影响因素和指标变化都放在一个统一的体系内进行系统化分析，其结果也更有意义。

（3）提供严谨的分析框架

财务模型是一种非常好的理解公司的工具和方法。尽管估值的结果可能会因不同建模者对参数的选择、判断而有所不同，但是估值的流程框架基本上是一样的。它不仅反映了公司的财务状况，还从业务模式、公司战略和行业发展状况等角度揭示出影响企业价值的各种关键因素。

模型中包含的对业务模式、公司战略的思考，体现的财务数据的勾稽关系，可以有效帮助模型使用者进行更深入的讨论，这也是建模的核心意义所在。

3. 为什么使用 Excel 进行建模

财务建模主要通过 Excel 软件进行。很多华尔街顶级投资银行、国际著名的投资机构也都使用 Excel 进行财务建模。这主要得益于 Excel 软件的强大功能及可操作性：

（1）Excel 提供了大量的计算函数和辅助分析工具，能很好地满足财务建模的需要；

（2）Excel 具有形象直观的操作界面，且提供了大量快捷键，能提高建模效率；

（3）Excel 与其他软件有很好的兼容性，无论是从外部导入数据还是输出计算结果都很方便；

（4）使用 Excel 建模能方便展示模型结果、重要假设和关键结果，便于建模者和其他人员进行交流与沟通，这个过程通常称为"对模型"；

（5）Excel 多年来不断完善和更新，提供了包括数据导入、数据清洗、数据分析、数据展示等一整套适用于数据分析及处理的方案，且易于学习和掌握。

因此，要想成为一名优秀的建模者，必须熟练使用 Excel。关于建模中常用的 Excel 技巧，可参阅本教材配套的《Excel 财务建模手册》（诚迅金融培训公司编写）。

需要指出的是，财务模型远不是 Excel 文件里那些枯燥、冰冷的公式或数字，隐藏在这些公式和数字背后的经济意义和估值思想才是关键。因此对建模人员来说，除了要熟练掌握 Excel 技巧、具备扎实的会计和财务知识、熟练掌握和理解各种估值方法之外，最重要的是准确把握公司乃至整个行业的商业模式。全面理解公司的运营模式、价值驱动因素，才能构建出一个合理、有效的财务模型。模型最后的质量就是建模者在上述几方面的综合能力的反映。

4.1.2 建模前问自己的问题

在开始动手建模之前，有一些准备工作需要完成，比如明确建模的目的、了解建模的对象等。如果这些工作没有完成就匆忙开始建模，结果往往是做了很长时间以后才发现从一开始模型就不能满足建模的需求，之前绝大多数工作都是在浪费时间。所以，要构建一个合适的模型，在动手打开 Excel 之前，通常需要问自己以下几个问题：

1. 建模目的是什么

给一个公司建模，可能有多种目的，建模者需要想清楚自己建模的目的是什么。保荐人为一家准备首次公开发行上市的公司建模时，其主要目的是为公司进行定价并向投资者推荐公司。保荐人可以深入公司进行访谈并与公司长期紧密接触，可以详细了解公司的经营数据，并且其推荐对象主要是关注公司真实价值的投资者。这种情况下模型需要较为详细，并且也有足够的公司数据支持，需要采用多种估值方法相结合的方式，从而给出公司的价值区间。同时，保荐机构还应当估计融资规模以及募集资金投入经营后对公司的影响。

而对于二级市场投资者来说，需要判断投资该公司的股票是否可以获得好的回报或者达到资产配置的目的。其依据主要来自公开信息及公司调研，用于构建模型的数据支持不如保荐人充分，因此其模型的复杂程度也相应降低。二级市场投资者更多地根据可比估值法对目标公司作出基本估值判断，但一些价值投资者由于投资周期较长可能更看重自由现金流折现所对应的内在价值。

在非公开市场，公司的财务顾问也可以深入公司获取足够的数据支持，其构建的财务模型用于向投资机构推荐公司，同时也为公司的发展战略提供建议。财务顾问所做的模型也应当详细展示公司的经营特点，挖掘影响该公司价值的关键因素，为融资确定合理的交易价格。

作为公司的财务投资者，其目的主要是通过购买公司的部分股权并在一定期限后退出以获取财务上的回报。因此财务投资者主要关注投资时的股权价格、退出的时间和方式、退出时的股权价格以及测算投资回报率或回报倍数。财务投资者在刚接触公司时通常会构建一个较为简单的模型从而迅速对公司的价值作出初步判断，进入后续阶段会做十分详细的模型以期尽可能准确地判断公司的价值。进入尽职调查阶段后，财务投资者会根据具体模型的需求对公司进行调研，然后补充并修正模型。

不同的建模目的决定所需数据的详细程度、估值的具体方法和模型的复杂程度，建模者所处的不同地位决定可获得数据的详细程度。因此，明确建模目的是建模工作的第一步。

2. 建模对象是谁

很多时候，我们要分析的公司有一些控股的子公司，这时我们就要决定是以母公司为建模对象，还是以母公司加上其子公司所组成的集团为建模对象。如果是前者，我们还要进一步考虑是否需要对其重要的控股子公司单独建模，以及如何计算其子公司的价值。

对于建模者来说，将多个行业的业务合在一起预测往往是不现实的，即使是很有经验的建模人员，面对一个跨多个行业的合并报表时，也很难分析其好坏或作出准确的价值评估。所以如果子公司和母公司不在同一个行业，业务也没有明显的关系，同时又能拿到子公司比较详细的材料，那么最好的处理方式就是对母公司和子公司分开建模。

如果母公司和子公司有明显的上下游关系及业务往来，可以从业务上把两者看成一个整体，或者母公司只是一个形式上的控股公司，具体业务都分散在众多业务类似的子公司时，把整个集团作为建模的对象就更为可行。

比如房地产开发公司万科 A （000002. SZ），其房地产开发业务主要分散于在各城市设立或投资的子公司，这些子公司业务很相似，建模时把整个集团作为建模对象更合适。

 若母公司与子公司同质性很高，则可以以合并后的集团为主体建模，否则对母公司和子公司分开建模更为合适。

3. 目标公司的业务模式是什么

想了解一家公司是怎样赚钱的，我们就需要知道该公司靠什么业务取得收入，收入来源于哪些客户等信息，实际上也就是需要了解该公司的业务模式。只有了解业务模式，我们才能决定建模的顺序和思路、搭建模型架构以及给出假设。建模者应当找出决定公司成长速度的关键因素，并在模型中把它们影响收入、现金流的路径体现出来。简单来说，这个过程就是建模者把公司的经营过程从头到尾从财务和价值的角度模拟一遍。

举例来说，同样是房地产开发公司，住宅开发模式和物业酒店管理模式的公司在收入预测的结构上就不同。住宅开发的业务模式是投资买地→开发建设→销售→回款，而持有物业的业务模式为投资买地→开发建设→出租→每年收租金，这使得两种不同业务类型公司的现金流具有明显不同的特点。

 动手建模前需要分析企业的业务模式和盈利模式，对不同模式的企业使用适合的模型框架。

4. 未来的基本假设如何

根据现有的信息，在未来几年公司有没有重大的扩张、重组计划？其所处的宏观经济情况可能发生什么变化？其经营的外部行业环境会不会有很大的变化？其商业模式会不会因此而发生改变？公司管理层是否会发生变动以及是否会因此影响到公司的经营效率？这些信息都起着至关重要的作用。有逻辑且合理的假设能提升模型的质量和效果。

5. 名义模型还是实际模型

在给出基本假设数据之前，还需要确定我们所做的模型是名义模型还是实际模型，也就是说我们所给出的未来年份假设数据是否包含了通胀率。由于产品销售价格、原材料购买价格以及购买固定资产等的价格都会受到通胀的影响，在构建名义模型时应当在给出假设数据时考虑通胀率。类似地，对于长期增长率来说，如果我们预计公司的实际增长率为 1.2%，未来的通货膨胀率为 2%，则给出的名义增长率假设应该为 3.2%。由于折现率体现了投资人对于投入资本的要求回报率，也应当将通胀率反映到名义模型的折现率中。

6. 如何选择估值时点和预测期起点

建模者应当根据实际情况选择合理的估值时点和预测期起点，并相应确定所选择的会计期间，这会影响到建模者所选择的财务数据以及现金流折现值。

如果建模的时点不是在年初，则除了已经披露的上一年的年度财务报表外，可能还会获取本年第一季度的财务数据甚至中期、第三季度数据。此时，是将年初作为预测期起点，还是将最新的财报期末作为预测期起点？历史数据选择的期间长度是多少？还需要根据建模目的确定模型预测期的长度是多少。

在估值时，建模者需要确定估值时点如何选择。通常，将估值时点选择为预测期起点会比较方便。而在 IPO 或者并购交易中，需要根据项目的时间安排来确定估值时点，例如在预测期起点的 1~2 个月之后。证券公司研究员在推荐股票时，有时会给出 3~6 个月后的目标价，这样估值时点就是在预测期起点的 3~6 个月之后。

4.2	历史数据的来源及整理

了解一家公司首先要了解它的历史。我们可以通过多种途径来获得历史数据，如上市公司的公告（年报、招股说明书、债券募集说明书等）、机构的研究报告、专业数据库、行业协会和国家统计局发布的行业及宏观经济统计、实地调研目标公司及个人平时积累等。未加整理的历史数据是杂乱无序的，难以应用，只有对历史数据加以整理才能保证我们高效、准确地构建模型。

4.2.1　历史数据来源

1. 公司公告

这里主要指的是上市公司的定期报告和不定期的公告，因为上市公司有很严格的信息披露要求，A 股上市公司每年都会发布当年的第一季度报告、半年度报告、第三季度报告以及年度报告。如果公司出现任何可能对自身有重大影响的事件，也会及时地发布不定期公告。这些年报、半年报、季报以及不定期公告中包含了很多我们建模时所需的原始数据和信息。对于需要披露合并财务报表的公司，还会分别列出母公司财务报表和合并财务报表。

从公司年报的财务报告部分，我们可以获得公司每年的财务报表数据。三张主要的财务报表（资产负债表、利润表和现金流量表）会给出基本的财务数据，若想了解有些科目的具体内容，我们还需要去查看相应的财务报表附注。在财务报表中会注明该科目是否有附注以及附注所在的位置。

 我们不仅要看财务报表，也要看财务报表附注。

表 4-1 为长江电力（600900.SH）2020 年度利润表的一部分。

表 4-1		合并利润表	
2020 年 1—12 月		单位：元	币种：人民币元
项目	附注七	2020 年度	2019 年度
一、营业总收入		57 783 367 039.83	49 874 086 874.95
其中：营业收入	61	57 783 367 039.83	49 874 086 874.95
二、营业总成本		28 776 077 425.53	25 959 547 802.90
其中：营业成本	61	21 149 454 266.44	18 697 294 123.93
税金及附加	62	1 192 929 347.63	1 168 814 152.25
销售费用	63	115 417 318.42	27 792 136.69
管理费用	64	1 292 798 651.45	813 629 745.43
研发费用	65	39 568 009.51	41 066 919.32
财务费用	66	4 985 909 832.08	5 210 950 725.28
其中：利息费用		5 166 955 172.60	5 200 957 545.39
利息收入		100 213 191.69	71 556 891.30
加：其他收益	67	5 886 834.66	2 606 789.45
投资收益	68	4 052 756 076.57	3 074 753 621.99

续表

项目	附注七	2020 年度	2019 年度
其中：对联营企业和合营企业的投资收益		3 182 977 402.41	2 077 234 391.59
公允价值变动收益	70	– 172 887 058.21	– 26 947 041.04
信用减值损失（损失以"–"填列）	71	– 1 492 867.05	3 342 701.66
资产减值损失（损失以"–"填列）	72	– 17 737 932.85	– 35 595 283.18
资产处置收益	73	22 038 670.15	26 792.08
三、营业利润		32 895 853 337.57	26 932 726 653.01
加：营业外收入	74	50 968 275.16	29 219 094.32
减：营业外支出	75	491 280 818.61	334 933 992.54
四、利润总额		32 455 540 794.12	26 627 011 754.79

资料来源：长江电力 2020 年年报，第 66 页。

在表 4 – 1 中，我们看到 2020 年和 2019 年的财务数据。在财务报表中通常会对比列出当期和上一期的财务数据，这为我们作分析提供了方便。

此外，表中的"附注七"一栏标出了对应科目在财务报表附注中的位置。如"减：营业外支出"部分，我们注意到注释一栏写了 75，这说明我们可以到财务报表附注中注释 75 的位置查看该科目的细节（见表 4 – 2）。从注释中我们了解到，2020 年和 2019 年该科目中绝大部分为库区维护支出和对外捐赠。其中，对外捐赠全部被视为当期非经常性损益，而库区维护支出则都被划分为经常性损益。

表 4 – 2　　　　　　　　　　　　　　财务报表附注

75. 营业外支出

单位：元　　　币种：人民币元

项目	本年发生额	上年发生额	计入当期非经常性损益的金额
非流动资产处置损失合计	222 224.19	227.8	222 224.19
其中：固定资产处置损失	222 224.19	227.8	222 224.19
对外捐赠	200 675 000.00	50 374 313.04	200 675 000.00
滞纳金	5 351.74	323 785.10	5 351.74
中华鲟研究经费	2 250 000.00	2 250 000.00	
库区维护支出	288 114 849.00	281 985 666.60	
其他支出	13 393.68		13 393.68
合计	491 280 818.61	334 933 992.54	200 915 969.61

资料来源：长江电力 2020 年年报，第 158 页。

财务报表附注对财务建模起着重要作用：

- 在对重要科目进行预测时，通常需要根据财务报表附注的详细注释，对该重要科目进行相应拆分；
- 在进行正常化调整时，通常需要根据财务报表附注才能确定某个科目是否与主营业务相关，而不能单靠科目名称进行判断。

公司发生重大事件时，会及时在其不定期的公告中给出相应的描述以及具体的相关数据。比如公司发生重大资产重组事件时，则会发布相应的资产重组公告，公告中会给出资产重组的方案以及重组后的资产状况，这些都可以作为建模的原始数据。

比如长江电力2016年4月发布《发行股份及支付现金购买资产并募集配套资金暨关联交易之募集配套资金非公开发行股票发行情况报告书》，披露了该公司拟以向三峡集团、川能投、云能投发行股份并支付现金的方式，收购其持有的川云公司合计100%的股权的详细信息。

再比如2021年12月长江电力又发布了《长江电力发行股份、发行可转换公司债券及支付现金购买资产并募集配套资金暨关联交易预案》，披露了该公司拟以发行股份、发行可转换公司债券（如有）及支付现金的方式购买三峡集团、三峡投资、云能投、川能投合计持有的云川公司100%股权的相关信息。这些披露的相关数据都可以作为建模假设数据的参考。

另外，证监会还会要求某些行业每月披露经营简报。比如，根据《深圳证券交易所行业信息披露指引第9号——上市公司从事快递服务业务》的规定，上市的物流公司如顺丰控股（002352.SZ）、申通快递（002468.SZ）等每个月需要披露快递业务主要经营数据，如快递完成业务量、单票收入、快递收入等。这些都可以作为建模假设数据的参考。

如果公司在多地上市，由于披露要求不同，不同地区的公告会有所差别，所以需要阅读各个版本的公告，找寻适合建模目的的信息。在使用不同版本的公告时，需要注意当中所需遵循的会计制度的区别。

在给公司构建财务模型时，最基本的历史数据往往来源于上面提到的这些公告。无论是历史的基本财务数据，还是细分的收入成本构成、资产负债表科目的明细，都可以在定期报告中获得，所以需要仔细阅读这些文件。这里我们再举几个实际公告的例子，从这些公告披露内容中可以找到在财务模型中可以参考的信息。

【例】下表是长江电力（600900.SH）2020年年报财务报表附注中关于税金及附加的明细，这对于我们分析税金及附加的构成提供了数据。这里可以看到对于长江电力来说，税金及附加主要是由城市维护建设税、教育费附加、地方教育费附加和水资源税等构成。

62. 税金及附加

单位：元　　币种：人民币元

项目	本期发生额	上期发生额
城市维护建设税	402 110 929.38	385 293 181.68
教育费附加	198 000 927.33	189 554 871.64
地方教育费附加	115 211 267.29	109 646 033.52
房产税	59 897 056.19	76 976 325.35
印花税	23 463 766.45	22 231 151.61
水资源税	327 624 063.65	321 695 182.65
土地使用税	62 901 394.67	62 987 255.80
秘鲁公司税金	3 375 891.74	
其他	344 050.93	430 150.00
合计	1 192 929 347.63	1 168 814 152.25

资料来源：长江电力 2020 年年报，第 153 页。

而且，公司也会给出主要税种的税率情况：

主要税种及税率

税种	计税依据	税率
增值税	电力销售收入、商品销售收入、动产租赁收入	13%、3%
增值税	不动产租赁收入	9%
增值税	应税服务收入、应税劳务收入	3%、6%、9%
增值税	金融商品转让收入	6%
城市维护建设税	应交流转税额	7%、5%
教育费附加	应交流转税额	3%
地方教育费附加	应交流转税额（注1）	2%、1.5%
所得税	应纳税所得额（注2）	15%、16.5%、25%、29.5%
房产税	房产原值的70%或75%、租金收入	1.2%、12%
水资源税	实际发电量、实际取水量	0.008 元/千瓦时、0.09 元/立方米、0.1 元/立方米
秘鲁 IGV 税	电力销售收入、商品销售收入等	18%

资料来源：长江电力 2020 年年报，第 103 页。

【例】下表是长江电力（600900.SH）2020年年报中关于固定资产处理的会计政策和会计估计说明，这对于我们分析历史折旧，对未来作出预测都提供了有用的信息。这里可以看到长江电力采用的是平均年限法计提折旧，并给出了各类固定资产的折旧估计。

五、重要会计政策及会计估计

　　23. 固定资产

　　（1）确认条件

　　本公司除已提足折旧仍继续使用的固定资产和单独计价入账的土地外，对所有固定资产计提折旧。本公司对挡水建筑物、房屋及建筑物、机器设备、运输设备、办公设备计提折旧时采用平均年限法，并根据用途分别计入相关资产的成本或当期费用。

　　（2）折旧方法

　　本公司分类的折旧年限、预计净残值率、折旧率如下：

类别	折旧年限（年）	预计残值率（%）	年折旧率（%）
挡水建筑物	40～60	—	1.67～2.50
房屋及建筑物	8～50	0～3	1.94～12.50
机器设备	5～32	0～3	3.03～20.00
运输设备	3～10	0～3	9.70～33.33
电子及其他设备	3～12	0～3	8.08～33.33

　　本公司于每年年度终了，对固定资产的预计使用寿命、预计净残值和折旧方法进行复核，如发生改变，则作为会计估计变更处理。

资料来源：长江电力2020年年报，第91页。

2. 研究报告

　　市场上有些证券公司以及咨询公司有自己的研究部门，它们也会发布一些关于行业和公司的研究报告。有些第三方也会搜集、整理和发布一些行业和公司的研究报告。这些研究报告中通常会有经过归纳和整理的相应的行业数据或者公司信息，使我们可以比较系统地获得整个行业的数据。

　　在使用这些研究报告的时候，应当同时对比多份研究报告。不同研究报告同一科目的数据有时候会不一样，这可能是由于统计口径不一致或其他原因所造成的。在这些研究报告中都会注明数据的来源，如果需要使用其中的数据，最好不要直接从研究报告中引用，而应当根据数据来源到最原始的数据出处查找核实，从而保证数据来源的真实性和可靠性。此外，我们使用的很多假设也可以参考各种研究报告，可以借鉴几家市场上被认同的机构的报告，然后取其平均值或选择其中更有说服力的数据作为假设的标准。

　　建议建模者多参考市场普遍认同的机构及个人编写的研究报告，而不要随便找一份研究报告就拿来引用。

> ⓘ 不同研究报告的统计口径不一致，建模者在阅读和借鉴研究报告时应尽量找到原始数据的出处。

3. 专业数据库

　　专业数据库也是提供原始数据的一个重要来源，数据库不仅包含上市公司的财务数据，还包含行业、宏观的统计数据以及新闻报道等。常用的数据库有 Choice 金融终端、万得资讯（Wind）、彭博资讯（Bloomberg）、Capital IQ 和汤森路透（Thomson Reuters）等。图 4－2 为用 Choice 金融终端查看公司概况的界面。

图 4－2　Choice 金融终端界面——公司概况

（资料来源：Choice 金融终端）

4. 行业统计及宏观经济统计

　　许多行业协会或者行业监管机构会拥有相应的行业数据。通常行业协会都有自己的网站，定期发布行业内的新闻、统计数据等，国家政府部门也会定期发布宏观经济统计数据。

例如，国家统计局每季度会发布 GDP 增长率，每个月会发布 CPI 统计数据。这些都可以成为原始数据的来源。

在使用这些统计数据时，要注意不同机构的统计口径可能不一致，导致数据会有一定出入。建模者在建模时应当尽量使用同一口径下的数据，并可以用不同口径的数据进行分析校验。

5. 公司内部调研

在对公司建立模型的时候，应当对目标公司进行实地调研或者电话访谈。特别是涉及公司的某些重要的具体数据和公司未来的重要规划时，必须与公司沟通以获取第一手的资料。

作为建模者，还需要和公司保持较好的联系，从而及时了解公司发生的变化，更新自己的模型。

6. 公司相关方调研

通过对公司的各个相关方调研也可以获得建模所需的数据，这些相关方包括公司的供应商、监管部门、竞争对手以及下游客户等。一方面，这些外部相关方可以提供公司自身无法完全了解的产业链的整体信息；另一方面，也可以对公司内部提供的数据进行验证。此外，还可以专门聘请、访谈该行业的资深专家以获取相关历史数据及对未来假设的看法。

7. 个人和机构积累

有经验的建模者对于某个或者某些行业都有较为深入的认识，通过此前的工作已经归纳总结了这个行业或者某些行业的基本情况和规律。这时，建模者可以建立自己的行业、公司数据库，掌握行业、公司某些指标和数据的大概范围和变化规律。很多大型投资银行、商业银行内部也会建立自己的数据库，以保证数据的专业性和可靠性。

4.2.2 历史数据整理

公司历史的财务报表数据通常可以从年报中摘录，也可以从 Wind 等金融数据库中直接导入。

在得到公司的原始财务数据之后，一般不会直接拿来使用，还需要对原始财务历史数据进行重构调整。

重构调整的目的在于，在财务报表中区分公司的主营业务（对应第 1 章提到的价值等式中的企业价值）和投资性业务（对应价值等式中的非核心资产的价值）。因为主营业务

图4-3 Wind界面——导出财务数据

（资料来源：Wind）

和投资性业务的可预测性以及看价值的角度存在差异。也就是说，重构调整是基于对企业业务的理解，调整财务数据在模型中的呈现，以便更好地体现公司的特点。

主营业务通常有多年的经营历史，可预测性较好，可以通过预测这部分业务对应的收入、成本费用、利润，以及对应的资产、负债，来预测未来的自由现金流，折现计算对应的企业价值。而投资性业务，比如公司用多余的现金购买的金融工具（债券、股票、基金等）以及与主业无关的长期股权投资等，未来的损益及现金流较难预测，通常看的是估值时点处置时的变现价值。

因此，为了方便对不同业务的财务预测和后续的估值，在进行财务预测之前，需要对原始的利润表和资产负债表进行重构调整。

对于利润表，需要区分主营业务对应的持续性损益、投资业务对应的投资性损益以及其他损益。其中，主营业务对应的持续性损益是需要重点预测的项目。

对于资产负债表，需要区分主营业务对应的经营性资产和经营性负债，以及投资性业务对应的资产和负债。其中，主营业务对应经营性资产和负债，比如经营性营运资金（OWC）以及长期经营性资产（比如固定资产、在建工程、无形资产、长期待摊费用等）是需要重点预测的项目，也对应着企业价值。

财务报表重构的过程，可以理解为是将原有资产负债表中的资产、负债，利润表中的收入、成本费用和利润重新分类和组合的过程。

在重构调整的过程中，通常使用的方法包括：

（1）重新归类。在利润表和资产负债表，区分不同业务对应的损益以及资产和负债。

（2）科目合并。将数额较小的、驱动因素相同的科目合并。

（3）科目拆分。对重要的科目进行详细拆分，细分数据通常需要查看财务报表附注或者通过调研得到。

> ℹ️ 科目的拆分并不是越细越好，应根据自己所能找到的数据的详细程度和拆分的必要性而定。
>
> 建模时，还可以将性质相近、驱动因素相同、或对估值结果影响较小的科目进行合并来减少科目，突出重点。

为什么没有涉及历史年份现金流量表的整理。是因为在本书的预测流程中，完成了利润表和资产负债表的预测后，现金流量表是可以基于财务报表之间的勾稽关系加上一些假设倒推出来。

下面我们通过一个例子来具体说明重构方法。表4-3和表4-4分别是长江电力2018—2020年的资产负债表和利润表数据。

表4-3 　　　　　　　　　　　　　　　资产负债表 　　　　　　　　　　　　单位：元

	2018 年 12 月 31 日	2019 年 12 月 31 日	2020 年 12 月 31 日
流动资产			
货币资金	5 336 881 040.54	7 323 452 880.02	9 231 213 791.79
交易性金融资产			
衍生金融资产			
应收票据	3 669 800.00	2 560 000.00	17 673 000.00
应收账款	2 626 073 799.80	2 944 436 813.72	3 650 048 602.74
预付款项	10 236 070.68	14 453 284.98	48 859 512.50
其他应收款合计	79 980 202.10	68 071 011.56	497 300 115.36
其中：应收利息			
应收股利	53 218 435.00	50 045 000.00	45 473 100.00
其他应收款	26 761 767.10	18 026 011.56	451 827 015.36
存货	219 192 463.11	222 400 775.52	282 060 444.83
一年内到期的非流动资产			
其他流动资产	1 208 912 001.01	459 771 956.64	948 456 661.57
流动资产合计	**9 484 945 377.24**	**11 035 146 722.44**	**14 675 612 128.79**
非流动资产			

续表

	2018 年 12 月 31 日	2019 年 12 月 31 日	2020 年 12 月 31 日
发放委托贷款及垫款			
债权投资		1 148 277 903. 43	1 139 169 084. 08
其他债权投资	18 123 005 437. 90		
持有至到期投资			
长期应收款			
长期股权投资	21 487 030 925. 49	40 258 231 503. 89	50 424 131 310. 62
其他权益工具投资		4 432 380 427. 04	3 609 195 163. 56
其他非流动金融资产		5 812 035 941. 91	4 713 666 463. 26
投资性房地产	28 645 291. 37	27 552 840. 37	125 275 104. 17
固定资产	237 911 888 113. 03	226 291 965 212. 17	231 119 863 354. 48
在建工程	6 691 666 262. 44	6 880 639 435. 66	2 993 468 500. 20
生产性生物资产			
油气资产			
使用权资产			
无形资产	181 080 566. 35	191 462 744. 50	20 614 325 419. 64
开发支出			
商誉			1 010 349 814. 92
长期待摊费用	1 401 259. 24	1 742 787. 89	1 205 923. 35
递延所得税资产	343 651 385. 13	369 173 036. 54	385 247 857. 13
其他非流动资产	1 243 674 027. 34	34 272 485. 05	15 586 434. 83
非流动资产合计	**286 012 043 268. 29**	**285 447 734 318. 45**	**316 151 484 430. 24**
资产总计	**295 496 988 645. 53**	**296 482 881 040. 89**	**330 827 096 559. 03**
流动负债			
短期借款	12 700 000 000. 00	21 308 000 000. 00	24 057 628 342. 50
交易性金融负债	492 164 591. 91	768 403 141. 10	640 897 029. 23
衍生金融负债			
应付票据	63 458 633. 10	18 701 549. 83	26 658 209. 68
应付账款	82 595 603. 64	86 819 605. 55	867 671 236. 16
预收款项	9 789 564. 53	9 164 940. 98	33 980 139. 67
合同负债			48 910. 52
应付职工薪酬	104 036 148. 53	120 539 909. 11	219 231 174. 29

续表

	2018 年 12 月 31 日	2019 年 12 月 31 日	2020 年 12 月 31 日
应交税费	2 244 216 343.78	2 106 242 913.91	4 235 444 499.44
其他应付款合计	19 336 945 056.05	21 042 264 353.26	16 960 189 786.68
其中：应付利息	685 700 683.53	897 073 966.87	1 091 987 201.14
应付股利			36 473 316.08
其他应付款	18 651 244 372.52	20 145 190 386.39	15 831 729 269.46
一年内到期的非流动负债	15 297 687 123.29	2 499 762 842.57	23 924 325 034.79
其他流动负债	6 496 298 972.17	7 998 650 574.74	7 500 533 260.58
流动负债合计	**56 827 192 037.00**	**55 958 549 831.05**	**78 466 607 623.54**
非流动负债			
长期借款	26 000 000 000.00	24 600 000 000.00	14 447 141 791.44
应付债券	34 265 894 787.06	43 794 792 492.21	37 527 057 075.03
租赁负债			
长期应付款	34 632 945 436.94	21 232 945 436.94	20 080 756 020.71
预计负债			16 245 669.92
递延收益	6 229 112.34	5 833 758.06	7 276 220.13
递延所得税负债	1 080 174 205.16	874 792 997.65	1 960 405 682.52
其他非流动负债			
非流动负债合计	**95 985 243 541.50**	**90 508 364 684.86**	**74 038 882 459.75**
负债合计	**152 812 435 578.50**	**146 466 914 515.91**	**152 505 490 083.29**
股东权益			
实收资本（或股本）	22 000 000 000.00	22 000 000 000.00	22 741 859 230.00
其他权益工具			
资本公积	44 295 503 166.39	44 364 313 786.27	56 928 124 174.94
减：库存股			
其他综合收益	3 187 914 292.67	2 352 431 567.60	313 556 807.71
专项储备			
盈余公积	24 319 522 433.93	24 319 522 433.93	24 319 522 433.93
未分配利润	48 400 469 257.13	56 473 906 836.25	67 815 084 345.02
归属于母公司股东权益合计	**142 203 409 150.12**	**149 510 174 624.05**	**172 118 146 991.60**
少数股东权益	481 143 916.91	505 791 900.93	6 203 459 484.14
股东权益合计	**142 684 553 067.03**	**150 015 966 524.98**	**178 321 606 475.74**
负债和股东权益总计	**295 496 988 645.53**	**296 482 881 040.89**	**330 827 096 559.03**

表 4 - 4 利润表 单位：元

	2018 年度	2019 年度	2020 年度
一、营业收入	51 213 965 746. 52	49 874 086 874. 95	57 783 367 039. 83
其中：营业收入	51 213 965 746. 52	49 874 086 874. 95	57 783 367 039. 83
二、营业总成本	27 015 770 358. 65	25 959 547 802. 90	28 776 077 425. 53
其中：营业成本	19 005 155 553. 67	18 697 294 123. 93	21 149 454 266. 44
税金及附加	1 288 501 782. 23	1 168 814 152. 25	1 192 929 347. 63
销售费用	25 031 690. 50	27 792 136. 69	115 417 318. 42
管理费用	800 645 932. 82	813 629 745. 43	1 292 798 651. 45
研发费用	42 489 564. 24	41 066 919. 32	39 568 009. 51
财务费用	5 853 945 835. 19	5 210 950 725. 28	4 985 909 832. 08
其中：利息费用	5 922 238 642. 38	5 200 957 545. 39	5 166 955 172. 60
利息收入	75 978 656. 86	71 556 891. 30	100 213 191. 69
加：其他收益	718 125 034. 37	2 606 789. 45	5 886 834. 66
投资收益	2 707 047 532. 57	3 074 753 621. 99	4 052 756 076. 57
其中：对联营企业和合营企业的投资收益	1 448 835 963. 60	2 077 234 391. 59	3 182 977 402. 41
公允价值变动收益	36 493 396. 71	- 26 947 041. 04	- 172 887 058. 21
信用减值损失（损失以 " - " 填列）	0. 00	3 342 701. 66	- 1 492 867. 05
资产减值损失（损失以 " - " 填列）	- 274 851 752. 85	- 35 595 283. 18	- 17 737 932. 85
资产处置收益	7 060 530. 24	26 792. 08	22 038 670. 15
三、营业利润	27 392 070 128. 91	26 932 726 653. 01	32 895 853 337. 57
加：营业外收入	11 862 727. 24	29 219 094. 32	50 968 275. 16
减：营业外支出	396 826 704. 51	334 933 992. 54	491 280 818. 61
四、利润总额	27 007 106 151. 64	26 627 011 754. 79	32 455 540 794. 12
减：所得税费用	4 363 554 880. 40	5 059 564 654. 60	5 949 278 995. 30
五、净利润	22 643 551 271. 24	21 567 447 100. 19	26 506 261 798. 82
归属于母公司股东的净利润	22 610 936 420. 39	21 543 493 635. 57	26 297 890 222. 70
少数股东损益	32 614 850. 85	23 953 464. 62	208 371 576. 12

下面，我们分别对长江电力的资产负债表和利润表进行重构调整。考虑到长江电力的主要业务是水力发电，因此与水力发电密切相关的项目归为核心业务的项目。

1. 资产负债表重构调整

对长江电力资产负债表的重构调整主要包括以下几个方面：

（1）清洗：删除每年数据均为 0 的科目

长江电力资产负债表中，很多科目是没有数据的，首先可以删除这类科目，简化财务报表。

比如该公司资产负债表中的"交易性金融资产""衍生金融资产""一年内到期的非流动资产""持有至到期投资""长期应收款""生产性生物资产""油气资产""使用权资产""开发支出""衍生金融负债""租赁负债"等科目，2018—2020 年的数据均为 0，可以删除这类科目。

如果其中某些科目在未来预测期可能有数值，或者从制作财务预测模型通用模板角度考虑，则可以保留这些科目。

（2）分类：区分主业对应的资产、负债和投资性的资产、负债

投资性资产一般包括金融工具、与主业无关的长期股权投资以及非地产公司的投资性房地产。

根据《企业会计准则第 22 号——金融工具确认和计量》（2017 年修订），金融资产划分为三类：以公允价值计量且其变动计入当期损益的金融资产（FVTPL）、以公允价值计量且其变动计入其他综合收益的金融资产（FVTOCI）和以摊余成本计量的金融资产（AMC）。这三类金融资产对应资产负债表的科目较多，包括交易性金融资产、债权投资、其他债权投资、其他权益工具投资以及其他非流动金融资产等。另外，金融资产还可能在其他流动资产和一年内到期的非流动资产中进行核算。比如 2018—2020 年长江电力的"其他流动资产"项目中，几乎都是国债逆回购，属于金融资产。

对于长期股权投资和非地产公司的投资性房地产，单独分析和估值更方便。因此，可将其视为投资性资产，放在企业价值之外单独估值。

主营业务对应的资产负债主要包括经营性流动资产、经营性流动负债以及长期生产性资产。

- 典型的经营性流动资产包括应收票据、应收账款、合同资产、预付款项、存货等；
- 典型的经营性流动负债包括应付票据、应付账款、预收款项、合同负债、应付职工薪酬、应交税费等；
- 典型的长期生产性资产包括在建工程、固定资产、开发支出、无形资产、长期待摊费用、生产性生物资产、油气资产、使用权资产、商誉等。

还有一些其他类的科目，包括的内容可能较杂，需要视具体情况而定，数值小的话可以灵活处理。

（3）简化：合并一些性质相近或数值较小的科目

比如应收票据和应收账款，驱动因素一般都是公司的营业收入，只是收取的方式有所不同，且通常都会按各自占营业收入的一定比例来预测。既然分析逻辑和预测逻辑一样，可以将两个科目合并起来一起分析和预测。类似常合并的科目还有应付票据和应付账款，或者预收款项和合同负债。

权益当中有时没有必要像会计记账一样区分哪部分属于股本，哪部分属于资本公积。我们最终需要评估的整体权益的市场价值，因此为了简化也可以做合并。比如可以将股本和资本公积合并为股本及资本公积，将盈余公积和未分配利润合并为留存收益。

对于一些数值较小，对财务和估值结果几乎都没有影响的项目，也可以进行合并，简化预测。

在长江电力案例中，简化处理，把短期借款、应付利息、一年内到期的非流动负债、其他流动负债合并成短期债务；把长期借款、应付债券和长期应付款合并成长期债务。

简化合并没有确定性的规定，有一定主观性，需要结合建模目的，金额的重要性进行抉择。

（4）增加辅助项：负债方增加了"循环贷款"科目

"循环贷款"又称融资缺口，反映预测时若公司本身现金相对于所需现金不足时，假设可以临时从外部获取的债务，用来满足临时性现金需求。循环贷款是财务预测模型中负债方增加的一个配平项（历史年份无此项目，属于新增项目）。除此之外，资产方也会设定一个配平项，即账上的货币资金。

在负债方增加配平项"循环贷款"并不是必需的步骤，只有资产方的一个配平项也可以完成资产负债表的配平。在负债方也增加一个配平项循环贷款的好处在于，可以提高模型的灵活性，无论怎么修改预测期的假设，能都自动保证资产负债表的货币资金始终是一个正数（钱不够的话可以通过循环贷款自动补足）。这样可以符合我们通常的习惯。在下一章我们会对配平项作进一步介绍。

由于历史年份没有循环贷款这个科目，因此我们假设历史年份该科目数值为0。

长江电力重构调整后的历史三年资产负债表数据如表4-5所示。

表 4–5　　　　　　　调整后的公司历史三年的资产负债表

			2018年	2019年	2020年
长江电力					
资产负债表 Balance Sheet					
（特殊说明除外，单位为百万元人民币）			2018年	2019年	2020年
资产					
货币资金			5,337	7,323	9,231
金融资产（流动）			1,065	492	897
应收票据及应收账款			2,630	2,947	3,668
预付款项			10	14	49
存货			219	222	282
其他经营性流动资产			224	35	548
流动资产合计			9,485	11,035	14,676
金融资产（非流动）			18,123	11,393	9,462
长期股权投资			21,487	40,258	50,424
投资性房地产			29	28	125
在建工程			6,692	6,881	2,993
固定资产			237,912	226,292	231,120
无形资产			181	191	20,614
长期待摊费用			1	2	1
商誉			0	0	1,010
递延所得税资产			344	369	385
其他非流动资产			1,244	34	16
非流动资产合计			286,012	285,448	316,151
资产总计			295,497	296,483	330,827
负债和权益					
循环贷款			0	0	0
短期债务			35,180	32,703	56,574
交易性金融负债			492	768	641
应付票据及应付账款			146	106	894
预收款项及合同负债			10	9	34
应付职工薪酬			104	121	219
应交税费			2,244	2,106	4,235
其他经营性流动负债			18,651	20,145	15,868
流动负债合计			56,827	55,959	78,467
长期债务			94,899	89,628	72,055
递延所得税负债			1,080	875	1,960
其他非流动负债			6	6	24
非流动负债合计			95,985	90,508	74,039
负债合计			152,812	146,467	152,505
股本及资本公积			66,296	66,364	79,670
留存收益			75,908	83,146	92,448
归属于母公司所有者权益合计			142,203	149,510	172,118
少数股东权益			481	506	6,203
所有者权益合计			142,685	150,016	178,322
负债和所有者权益总计			295,497	296,483	330,827
平衡检验			OK	OK	OK

2. 利润表重构调整

对长江电力利润表的重构调整主要包括以下几个方面：

（1）分类：区分不同性质的损益

区分主营业务对应的持续性损益、投资业务对应的投资性损益以及其他损益。一般而言，营业收入、营业成本、税金及附加、销售费用、管理费用、研发费用和其他收益视为主业对应的持续损益项目；投资收益和公允价值变动收益是投资业务对应的投资性损益；除财务费用外，剩余的信用减值损失、资产减值损失、资产处置收益、营业外收入和营业外支出为其他损益，需要视具体情况调整。

若其他损益中有一些金额较大且持续的与主业相关的项目，可以将其调整到主业对应的持续性损益。比如2018—2020年长江电力的"营业外支出"项目中，每年都有接近3亿元的库区维护支出，持续且和发电业务相关，可以将其调整到主业对应的持续性损益。

（2）重构：计算主业对应的持续性利润及 EBITDA

计算经营性持续 EBIT（也可称为经营利润）替换原始报表中的营业利润，将投资业务对应的投资性损益以及其他损益放在 EBIT 下方。

对于投资业务对应的投资性损益和其他损益，视具体情况可以进行一些合并，简化预测。

主业对应的 EBITDA，通常也是需要重点关注的利润指标。需要在主业对应的 EBIT 基础上，再加回折旧和摊销，得到主业对应的 EBITDA。当期的折旧和摊销数据可以在现金流量表补充资料里面找到。

对于重资产行业，折旧或摊销金额较大，且其预测的驱动因素和可变的成本费用可能不太一致，需要单独预测。在利润表中，营业成本、销售费用、管理费用和研发费用中都可能会包含折旧和摊销。若折旧和摊销可以从这些成本费用中单独拆出，通常会计算不含折旧摊销的营业成本、销售费用、管理费用和研发费用。

（3）简化：如果不需要保留原始报表中所有科目，可以对不重要的项目合并简化

在长江电力案例中，用"其他损益净额"对一些不重要的项目进行了合并，包括信用减值损失、资产减值损失、资产处置收益、营业外收入和营业外支出（剔除库区维护支出）等。

长江电力重构调整后的历史三年利润表数据如表4-6所示。

建模者应当根据公司特点进行有针对性的历史数据整理，遵循重要性原则，将时间和精力集中在公司的核心业务和对估值有重要影响的参数上。通常可以保留报表重构的底稿，便于后续查看和校验。

表 4-6   调整后的公司历史三年的利润表

A	B	C	D	E	F
1	**长江电力**				
2	**利润表 Income statement**				
3	（特殊说明除外，单位为百万元人民币）		**2018**年	**2019**年	**2020**年
4					
5	营业收入		51,214	49,874	57,783
6	营业成本（不含折旧摊销）		6,938	6,728	9,663
7	税金及附加		1,289	1,169	1,193
8	销售费用（不含折旧摊销）		25	28	115
9	管理费用（不含折旧摊销）		647	726	1,143
10	研发费用（不含折旧摊销）		40	39	38
11	其他收益		718	3	6
12	库区维护支出		285	282	288
13	**息税折旧摊销前利润（EBITDA）**		42,708	40,906	45,349
14					
15	折旧		12,210	12,039	11,603
16	摊销		13	21	34
17	**经营利润（EBIT）**		30,485	28,846	33,711
18					
19	财务费用		5,854	5,211	4,986
20	投资收益		2,707	3,075	4,053
21	公允价值变动收益		36	-27	-173
22	其他损益净额		-368	-56	-149
23	**利润总额**		27,007	26,627	32,456
24					
25	所得税费用		4,364	5,060	5,949
26	**净利润**		22,644	21,567	26,506
27					
28	少数股东损益		33	24	208
29	**归属于母公司股东的净利润**		22,611	21,544	26,298

4.2.3 历史数据分析

1. 历史数据分析的用途

分析历史财务报告至少能给财务预测带来三方面的好处：提供准确的历史数据、指导财务模型的结构和指导预测未来的假设。

（1）提供准确的历史数据

由于我国会计制度和准则正在不断修改和完善，商业环境尚在不断改善，建模者经常会发现某些公司（尤其是非上市公司）的历史报表有很多不够准确、不易使用或不够真实的数据。为保证数据的准确性，我们要对财务报表进行正常化调整，对那些不够准确、不易使用或不够真实的数据予以调整。另外，还要根据建模的需要对相关数据进行合并或简化等。如果遇到公司重组、公司管理层或公司经营环境发生重大变化等会导致前后不同会计期间财务报表不具有可比性的情况，则需要编制"**模拟财务报表**"（Pro forma financial statement），即根据本公司的结构、会计政策、经营方式和经营环境，将原公司上一年度的财务会计记录进行分离，形成与实际财务状况相比较的独立会计报表。

> ⓘ 在进行历史数据分析时，首先需要对历史报表进行重构，必要时还应编制模拟财务报表。

（2）指导财务模型的结构

通过对历史数据的整理和分析，建模者可以厘清哪些因素是对企业价值有重大影响、需要详细预测的。例如收入拆分（Revenue Breakdown），通过分析历史营业收入构成了解公司的收入结构，确定收入增长的驱动因素，从而厘清预测思路，设计合理的模型结构。

（3）指导预测未来的假设

历史数据是未来预测数据的一个重要依据。如果行业环境变化不大，管理层稳定、正常持续经营的公司很可能在未来将延续目前的发展趋势。可以将过往几年数据计算的一些指标（如增长率、毛利率、周转率等）作为预测假设的基础。

2. 历史数据分析的方法

对公司财务数据常用的分析方法包括水平分析、垂直分析和比率分析等。

水平分析（Horizontal Analysis），是把公司当期财务状况与前期或历史某一时期的财务状况作对比，并对其变动进行分析，即把报表中不同时期的同项数据进行对比，找出变化趋势和变化异常的数据。计算增长率属于水平分析，比如通过分析收入增长率、利润增长率等指标，判断公司发展的速度及稳定性。

在使用水平分析法时，还需特别关注相关科目的可比性。尤其是当会计政策或会计估计发生变化时，不同时期财务报表的某些科目可能不再具有可比性，如果不经过处理就比较，比较结果就会失去意义。

垂直分析（Vertical Analysis）又叫共同比分析，是对同一年的财务状况进行分析，用财务报表中各项目的数据，与总体或是某一重要指标相比较，得出该项目在总体中的比例及重要性。如将利润表中所有项目均除以收入，得到各项成本、费用、利润占收入的比例。

我们通常把垂直分析与水平分析结合起来使用，分析各项目比重的变化趋势，以了解公司财务结构的变动情况，进而了解财务状况。

财务报表中的大量数据可以组成许多有意义的财务比率，由此可以进行**比率分析**（Ratio Analysis），这些比率和公司经营管理的各个方面相关。

根据这些财务比率所反映的内容，通常把这些比率分为四类：盈利能力指标、资产管理指标、短期偿债能力指标和长期偿债能力指标。为方便理解和记忆，我们把这四大类财务比率简化为三大类，每一类各分为两小类。

表4-7列出了一些常用的财务比率。关于这些财务比率的概念、计算公式及理解，可以参考有关的财务报表分析书籍，或诚迅金融培训网站提供的补充材料——《会计、财务分析及税务》。

表4-7 常见财务比率

盈利能力指标	销售回报指标	毛利率
		息税前利润率
		营业利润率
		税前利润率
		净利润率
	投资回报指标	总资产收益率
		净资产收益率
		投入资本回报率
资产管理指标	短期指标	应收款项周转率
		应收款项周转天数
		存货周转率
		存货周转天数
		应付款项周转率
		应付款项周转天数
		现金转换周期
	长期指标	固定资产周转率
		总资产周转率
偿债能力指标	短期指标	流动比率
		速动比率
		现金比率
	长期指标	资产负债率
		产权比率
		利息覆盖倍数

在使用上面的三种分析方法（水平分析、垂直分析、比率分析）时，都需要将得到的变动量或是比率与一些参考值进行比较，也就是采用比较分析（Comparative Analysis）。我们可以将计算得到的指标与计划数额、前期指标、历史最高最低水平、竞争对手指标以及行业平均指标相比较，从而了解公司与自身历史、竞争对手以及整个行业的差距。这是财务分析中最常用的方法，也是其他分析方法的基础。如果只是计算而不结合业务进行比较，那么这些指标的意义是不大的。

4.3 假设数据来源

4.3.1 公司历史数据

之前在历史数据的来源及整理中，我们看到经过整理分析后，历史数据可以反映公司过去发展的趋势。正如前面提到的，历史数据可以指导预测未来的假设。稳定经营的公司通常可以保持过去的变化趋势，尤其对于成熟稳定的行业来说，公司的毛利率、周转率等很可能稳定保持在一定的水平。在预测时，通常会基于历史数据分析和对公司未来发展的判断给出相应的假设。在第 5 章"财务预测模型"中，基本模型的一些假设就主要是采取这种方式得到的。

【例】假设我们需要在 2022 年初预测阳光电源（300274. SZ）2022 年的税金及附加，根据对历史数据的分析，我们得到下表：

（除百分比外单位为百万元人民币）

	2019 年	2020 年	2021 年
营业收入	13 003.3	19 285.6	24 136.6
税金及附加	46.5	62.9	82.5
税金及附加/营业收入	0.36%	0.33%	0.34%

数据来源：阳光电源 2020 年、2021 年年报，诚迅金融培训公司整理。

从上表中看到，2019—2021 年阳光电源的税金及附加占营业收入的比重非常稳定，在 0.34% 左右。如果假设 2022 年阳光电源的业务结构以及相关主要税种的税率保持不变，那么可以认为 2022 年阳光电源的税金及附加占营业收入的比例也可能在 0.34% 左右。即在预测 2022 年的税金及附加时，相应的占当期营业收入比例的假设数据可以考虑为 0.34%。这里就是运用历史数据在财务预测模型中推测未来的假设。

4.3.2 公司发展规划

在生产经营活动中,公司在不同的发展阶段会制订相应的发展规划来实现其发展壮大的目标,比如追加投资、更新设备、改造技术或者扩大生产经营规模等,而这些发展规划可以作为假设数据的重要来源之一。尤其是当这些发展规划已经有了相应的具体计划时,更是进行预测的依据。

比如在对宁德时代(300750.SZ)构建财务预测与估值模型时,需要结合公司公布的动力电池的产能扩张计划,以及市场的需求情况给出公司未来3~5年相关的动力电池的资本性支出。有了动力电池的产能、产量,可以结合市场需求状况来预测销量,进而预测动力电池的收入。

4.3.3 行业特点及发展规律

不同行业有不同的运行和发展的规律,同一行业处于不同发展阶段也会有不同的特点。我们通常根据历史上这个行业的发展情况来研究和总结这些规律,从而为预测提供依据。

例如,房地产行业的周期性较强,并且与宏观经济的相关性较高,在对房地产行业进行预测时,我们可以根据以往房地产与宏观经济指标之间的相关关系,结合房地产行业的周期性,给出未来房屋需求和销售情况的假设数据。

又例如,水电站需要投入大量的资金进行大坝和机组的建设,而当稳定运营之后,除了设备维护之外,通常不需要有太多的持续固定资产投入,此时的资本性支出较少。同时,稳定运营后的现金流状况一般也很好。在假设时,可以考虑这些因素,根据所建模公司的发展阶段对资本性支出进行假设。

此外,我们还要分析国家对行业的监管和政策,这也会影响到行业的发展,从而影响到模型的假设。例如纺织类公司可能会享受一些出口退税政策,一些重点行业的项目上马都需要国家或地方政府审批,银行业的资本充足性需满足监管要求等。另外,随着国家节能减排力度的不断加大,在进行投资或构建财务模型时还需要考虑 ESG 等因素的影响。

了解行业的特点对进行财务预测有很重要的作用,在下一章我们就会看到,不同行业的公司在使用拆分法进行收入预测时,拆分的方式需反映具体行业和公司的特点。

4.3.4 宏观经济预测

由于大多数行业均受到宏观经济环境的影响,在预测公司未来经营状况时,我们通常要对未来的宏观经济运行情况进行假设。宏观经济环境既包括经济周期波动这种纯粹的经济因素，也包括政府经济政策及特定的财政金融行为等混合因素。我们通常使用一些指标来反映宏观经济，基本的宏观经济指标有：GDP 增长率、货币发行量、利率、通货膨胀率、汇率、进出口额和失业率等。宏观经济因素对企业价值的影响主要体现在以下三个方面：

首先，宏观经济状况会影响各行业的市场状况，从而影响到公司的收入。如果宏观经济运行良好，则居民和下游公司的收入水平和购买力提高，市场需求就会更为旺盛，我们就会预期公司的销售收入增长较快。反之，如果宏观经济恶化，失业率上升，居民消费能力就会下降，我们就会预期公司销售收入增长较慢甚至负增长。如果我们能够根据历史数据或研究成果把握宏观经济指标（如 GDP）与公司销售收入增长率之间的关系，就能更好地描述宏观经济对该公司的影响。

其次，宏观经济状况会影响到公司的成本，从而影响公司的经营和投融资决策。例如，当央行宣布提高利率时，市场中的流动性就会下降，公司借贷资金的成本就会提高，此时公司在经营和投融资决策上也会作出相应的调整，我们在估值中使用的相关假设（如折现率）就会变化。

最后，宏观经济政策的变动对某些行业会带来较大的影响。比如，我国的房地产行业受宏观调控的影响较大。如果国家采取紧缩的货币政策，缩减贷款资金规模，则房地产开发商将面临较大的资金压力，可能被迫降价销售房屋或者寻找其他的融资渠道，这就要求我们在预测房地产开发公司的财务数据时，要关注国家宏观经济政策的变化。

鉴于宏观经济形势对公司的价值有着深刻的影响，因此，在宏观经济形势不明朗、未来经济状况可能出现多种情形时，我们需要对可能出现的不同宏观经济状况进行预测，这就要用到本书后面介绍的情景分析方法，对不同的宏观经济情形进行不同假设情景的预测分析。

本章所介绍的建模前期准备工作看似简单，却对一个模型是否做好起着至关重要的作用。能否在纷繁的历史数据中去伪存真，能否深刻理解公司的商业模式、准确把握行业的未来发展前景并给出合理的预测，更能体现建模者的建模水平。

财务预测模型

本章将重点讲解如何构建财务预测模型。对于一个从空白 Excel 文件开始建模的建模者来说，都会面对以下问题：

- 目的地是哪里？即一个构建好的财务预测模型应该是什么样子？
- 如何到达目的地？即如何构建这样的财务预测模型，其步骤是什么？
- 建模时遇到的一些具体问题如何处理？

为回答前两个问题，我们将使用一个**基本模型**作为实例，该模型以某制造业公司为背景。为了帮助读者更快、更集中地理解建模过程，我们暂不考虑一些在做具体公司建模工作时可能遇到的繁杂的细节问题，而将讲解重点集中于构建财务模型的一般性步骤。

基本模型的简化处理和假设包括：

- 该公司的管理层将主要精力集中于核心业务，未来不准备对其非核心资产追加或收回投资。
- 该公司不准备对其控股、但并非 100% 控股的子公司追加或收回投资。
- 该公司在历史上和预测期均不产生递延所得税资产和递延所得税负债，因此利润表中的所得税费用仅包括当期所得税费用。
- 该公司历史上没有非同一控制下的企业合并，在预测的未来也不会进行这样的兼并收购，所以没有商誉。

该**基本模型**将贯穿本章和下一章的始末。

> 为了更好地演示和讲解财务预测的一般方法，我们以某制造业公司为背景，构建了一个财务预测与估值基本模型，文中称为基本模型。本章以基本模型为例，讲解如何进行一般的财务预测，下一章仍以基本模型为例，讲解如何在财务预测基础上进行估值。基本模型可以在诚迅公司的网站（www.chainshine.com）上下载（空白版和参考答案版），读者可自行下载并演练。

上一章曾经提到，财务预测模型不仅应反映公司的财务状况，还应体现公司具体的业务模式和发展规划等状况。没有两家公司在业务模式和发展规划上是完全一致的，从这个意义上来说，基本模型暂不考虑的一些具体细节又是至关重要的，因为目标公司的本质就体现在这些细节中。因此，我们在围绕基本模型介绍建模步骤时，会针对在实际建模中可能遇到的具体问题进行进一步的讨论，这可以帮助回答上面的第三个问题。

在实际建模时，也应遵循上面的思路，即先快速搭建起一个简单模型，然后再结合目标公司具体因素对简单模型进行扩展和丰富。最初的简单模型只是一个框架，它相当于本章的基本模型，而完成的最终模型则都可以看做是基本模型的扩展。根据建模的需要和可获得的信息，模型最终的复杂程度会有所不同。

5.1　财务预测模型的结构

财务预测模型中有表间结构和表内结构两种主要结构。

表间结构是指模型由哪些工作表构成及这些工作表之间的联系；表内结构是指每一张工作表主要由哪些模块构成及各模块的基本框架。表间结构和表内结构结合在一起，形成了模型的总体结构。

5.1.1　表间结构

我们通常看到的财务预测模型可能各式各样，有用于快速分析的简单模型，也有详细预测的复杂模型，但一般都至少包括以下内容：

- 三张核心财务报表，包括利润表（Income Statement，IS）、资产负债表（Balance Sheet，BS）和现金流量表（Cash Flow Statement，CFS）
- 辅助表，基本模型中为中间计算表（Calculations，Cals）
- 分析表（Analysis）

利润表、资产负债表和现金流量表涵盖了公司最重要的财务信息，是公司业务运营及财务安排的结果体现。无论上市公司或非上市公司，这三张财务报表都是了解该公司财务状况和经营成果等的重要资料。通常预测公司未来的财务状况，首先就要预测这三张报表。

辅助表是为预测核心财务报表服务的辅助性表格，又称辅助模块。对于财务报表中的一些科目，由于需要较详细的预测，所需信息和步骤较多，所以通常会把这些科目的预测放在辅助表中进行。

一些复杂的模型可能有很多张辅助表，但辅助表并不是越多越好，其数量取决于建模的需要、目标公司业务模式的复杂程度以及建模者所掌握数据信息的详细程度等。例如投行为拟上市公司 IPO 所构建的模型，由于可以获取该公司大量的经营数据和财务信息，同时需要通过模型理解公司的业务及发展，因此模型通常会比较复杂，可以有几十张甚至更多的辅助表。又比如搭建多业态企业的业务模型时，会根据企业的不同业态模式分别搭建不同的辅助表格。

在基本模型中，辅助表虽然只有一张表，但实际上分成不同的模块，对于业务复杂的公司，可以每个模块单独成表。常见的模块包括：固定资产、无形资产、经营性营运资金、非核心资产、债务和权益。

可以把这六个模块分成两组：一组是业务：固定资产、无形资产、经营性营运资金、非核心资产；另一组是资本：债务和权益。

辅助表（辅助模块）和核心财务报表之间的关系如图 5 - 1 所示。

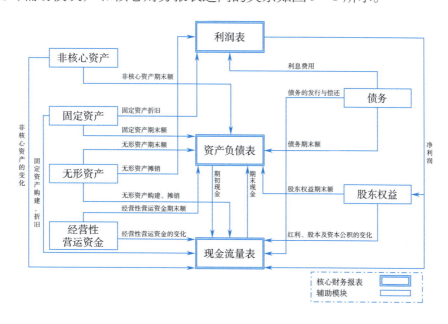

图 5 - 1 核心财务报表与辅助模块的关系

如图 5 - 1 所示，利润表、资产负债表和现金流量表的预测为模型主线（中间纵向）。以资产负债表为例，其表中各模块的预测在辅助表中进行。建模者既可以把每一个模块做成一张辅助表，也可以把全部或部分模块放在同一张辅助表中，这取决于模型的需要。

由于辅助模块和核心财务报表之间的勾稽关系比较复杂，在后面的相关预测模型中我们会分步完成。

建模技巧提示：使用辅助表

对于利润表、资产负债表和现金流量表来说，如果其中某些科目的预测较为复杂，我们建议将其预测过程放在辅助表中进行，这样做的好处是模型中三张核心财务报表会显得整洁，在模型扩展时也更方便。

分析表主要用于计算目标公司的各种重要财务和运营指标。基于历史报表计算的指标不仅可以反映公司历史期间的财务和运营状况，还可以为预测提供假设依据。基于预测报表计算的指标不仅可以体现分析预测的结果，还能印证财务预测的合理性。

本章的基本模型包含上述核心内容。由于建模工作是在 Excel 中完成的，我们来看看基本模型工作表的构成。

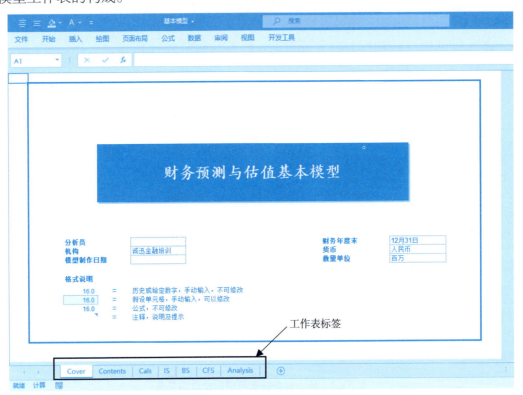

图 5 – 2　基本模型——Excel 工作表

图 5 – 2 显示了一个 Excel 界面，这个 Excel 文件就是基本模型。在图的左下角，我们用黑色方框围住的部分，就是基本模型的工作表标签。

可以看到，基本模型共有 7 张工作表。其中，IS、BS 和 CFS 分别为利润表、资产负债表和现金流量表，Cals 为辅助表（此处称为中间计算表），Analysis 为分析表。这 5 张工作表是基本模型的核心部分，模型的所有计算都在这 5 张工作表中完成。另外的 Cover 和

Contents 两张工作表分别为封面页和目录页，这两张表通常需要在模型主体部分完成之后才能确定，因此这两张工作表将在第 7 章介绍。

5.1.2 表内结构

我们用基本模型来说明财务预测模型的表内结构，以利润表为例。

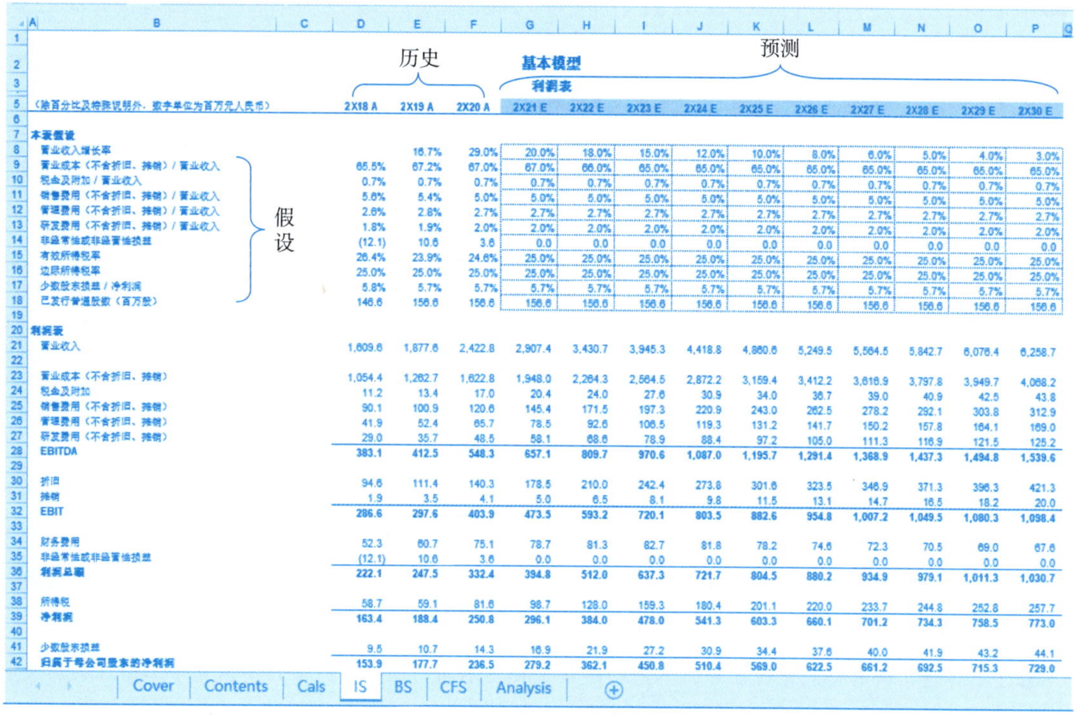

行	B	D	E	F	G	H	I	J	K	L	M	N	O	P
2					基本模型									
3					利润表									
5	（除百分比及特殊说明外，数字单位为百万元人民币）	2X18 A	2X19 A	2X20 A	2X21 E	2X22 E	2X23 E	2X24 E	2X25 E	2X26 E	2X27 E	2X28 E	2X29 E	2X30 E
7	本表假设													
8	营业收入增长率		16.7%	29.0%	20.0%	18.0%	15.0%	12.0%	10.0%	8.0%	6.0%	5.0%	4.0%	3.0%
9	营业成本（不含折旧、摊销）/ 营业收入	65.5%	67.2%	67.0%	67.0%	66.0%	65.0%	65.0%	65.0%	65.0%	65.0%	65.0%	65.0%	65.0%
10	税金及附加 / 营业收入	0.7%	0.7%	0.7%	0.7%	0.7%	0.7%	0.7%	0.7%	0.7%	0.7%	0.7%	0.7%	0.7%
11	销售费用（不含折旧、摊销）/ 营业收入	5.6%	5.4%	5.0%	5.0%	5.0%	5.0%	5.0%	5.0%	5.0%	5.0%	5.0%	5.0%	5.0%
12	管理费用（不含折旧、摊销）/ 营业收入	2.6%	2.8%	2.7%	2.7%	2.7%	2.7%	2.7%	2.7%	2.7%	2.7%	2.7%	2.7%	2.7%
13	研发费用（不含折旧、摊销）/ 营业收入	1.8%	1.9%	2.0%	2.0%	2.0%	2.0%	2.0%	2.0%	2.0%	2.0%	2.0%	2.0%	2.0%
14	非经常性或非经营性损益	(12.1)	10.6	3.6	0.0	0.0	0.0	0.0	0.0	0.0	0.0	0.0	0.0	0.0
15	有效所得税率	26.4%	23.9%	24.6%	25.0%	25.0%	25.0%	25.0%	25.0%	25.0%	25.0%	25.0%	25.0%	25.0%
16	边际所得税率	25.0%	25.0%	25.0%	25.0%	25.0%	25.0%	25.0%	25.0%	25.0%	25.0%	25.0%	25.0%	25.0%
17	少数股东损益 / 净利润	5.8%	5.7%	5.7%	5.7%	5.7%	5.7%	5.7%	5.7%	5.7%	5.7%	5.7%	5.7%	5.7%
18	已发行普通股数（百万股）	146.6	156.6	156.6	156.6	156.6	156.6	156.6	156.6	156.6	156.6	156.6	156.6	156.6
20	利润表													
21	营业收入	1,609.6	1,877.6	2,422.8	2,907.4	3,430.7	3,945.3	4,418.8	4,860.6	5,249.5	5,564.5	5,842.7	6,076.4	6,258.7
23	营业成本（不含折旧、摊销）	1,054.4	1,262.7	1,622.8	1,948.0	2,264.3	2,564.5	2,872.2	3,159.4	3,412.2	3,616.9	3,797.8	3,949.7	4,068.2
24	税金及附加	11.2	13.4	17.0	20.4	24.0	27.6	30.9	34.0	36.7	39.0	40.9	42.5	43.8
25	销售费用（不含折旧、摊销）	90.1	100.9	120.6	145.4	171.5	197.3	220.9	243.0	262.5	278.2	292.1	303.8	312.9
26	管理费用（不含折旧、摊销）	41.9	52.4	65.7	78.5	92.6	106.5	119.3	131.2	141.7	150.2	157.8	164.1	169.0
27	研发费用（不含折旧、摊销）	29.0	35.7	48.5	58.1	68.6	78.9	88.4	97.2	105.0	111.3	116.9	121.5	125.2
28	EBITDA	383.1	412.5	548.3	657.1	809.7	970.6	1,087.0	1,195.7	1,291.4	1,368.9	1,437.3	1,494.8	1,539.6
30	折旧	94.6	111.4	140.3	178.5	210.0	242.4	273.8	301.6	323.5	346.9	371.3	396.3	421.3
31	摊销	1.9	3.5	4.1	5.0	6.5	8.1	9.8	11.5	13.1	14.7	16.5	18.2	20.0
32	EBIT	286.6	297.6	403.9	473.5	593.2	720.1	803.5	882.6	954.8	1,007.2	1,049.5	1,080.3	1,098.4
34	财务费用	52.3	60.7	75.1	78.7	81.3	82.7	81.8	78.2	74.6	72.3	70.5	69.0	67.6
35	非经常性或非经营性损益	(12.1)	10.6	3.6	0.0	0.0	0.0	0.0	0.0	0.0	0.0	0.0	0.0	0.0
36	利润总额	222.1	247.5	332.4	394.8	512.0	637.3	721.7	804.5	880.2	934.9	979.1	1,011.3	1,030.7
38	所得税	58.7	59.1	81.6	98.7	128.0	159.3	180.4	201.1	220.0	233.7	244.8	252.8	257.7
39	净利润	163.4	188.4	250.8	296.1	384.0	478.0	541.3	603.3	660.1	701.2	734.3	758.5	773.0
41	少数股东损益	9.5	10.7	14.3	16.9	21.9	27.2	30.9	34.4	37.6	40.0	41.9	43.2	44.1
42	归属于母公司股东的净利润	153.9	177.7	236.5	279.2	362.1	450.8	510.4	569.0	622.5	661.2	692.5	715.3	729.0

图 5 -3　基本模型——利润表结构

图 5 -3 展示了基本模型完成后利润表的全貌。从图中可以看出，模型中的工作表一般包括以下内容：

（1）表头信息

这部分内容是与模型相关的基本信息。工作表前 5 行列示了模型名称（基本模型）、工作表名称（利润表）、主要计量单位（除百分比及特殊说明外，数字单位为百万元人民币）、历史年份（2X18—2X20 年，中间用一个字母 X 表示这里为示意性年份而非特定年份，在年份数之后加上单词 “Actual” 的首字母 A 代表本年为历史年份，本年数据为实际数据）和预测年份（2X21—2X30 年，在年份数之后加上单词 “Estimated” 的首字母 E 代表本年为预测年份，本年数据为预测数据）等。基本模型中包含 3 年历史和 10 年预测。

（2）假设

即工作表中的第 8 行至第 18 行，又分为两部分，其中 D8：F18 区域为历史情况，G8：P18 区域为预测假设。前者是根据历史财务数据算出来的，为公式形式，标识为无底色、黑色字体、无边框；后者是在综合考虑历史情况和战略规划等各种信息后直接给出的，为数值形式，标识为浅蓝色底色、蓝色字体，虚线边框。

（3）预测（主体部分）

即工作表中的第 21 行至第 42 行，也分为两部分，其中 D21：F42 区域为历史数据，G21：P42 区域为预测数据。前者是根据历史财务报表整理后直接输入的，为数值形式，标识为无底色、蓝色字体、无边框；后者则是根据历史数据和预测假设计算出来的，为公式形式，标识为无底色、黑色字体、无边框。注意历史数据部分也有一些为黑色字体（主要是各种合计项），因为它们是用公式计算的而非直接输入的数值。

> **建模技巧提示：对单元格进行格式区分**
>
> 在建模过程中，我们通常按照数据的类别把单元格分为三类：
>
> 第一类：单元格中的数据为手动输入的数值，且属于历史数据，不可更改。
>
> 第二类：单元格中的数据为公式形式，模型结构一旦确定就不再更改。
>
> 第三类：单元格中的数据为手动输入的数值，且属于假设数据，在模型结构确定后仍然可以更改。
>
> 在基本模型中，针对上述三类数据分别设置了不同的格式，通过格式区分，一眼就能看出模型中哪些是假设数据、哪些是历史数据以及哪些是计算公式。建模者在建模过程中应进行这种格式区分，这是一个很好的习惯，模型会因此更清晰、更容易理解和沟通交流。
>
> 至于具体选用哪种格式进行区分，不同的建模者会有不同的偏好。通常的惯例是手工输入的历史数据为蓝色，手工输入的假设数据为蓝色且单元格加边框，公式计算的结果为黑色。

> **建模技巧提示：使用导航列**
>
> 在使用 Excel 建模时，我们常常把 A 列（第 1 列）设为导航列。导航列不仅可以把工作表中的内容进行分类，还能提高建模和模型检查的效率。如图 5-3 所示，如果把光标定位到 A7 单元格，使用"Ctrl + ↓"的组合键，就可以将光标迅速切换到 A20 单元格，实现快速移动。如果工作表的行数很多，使用导航列会十分方便。使用导航列是一种很好的建模习惯。关于导航列和快捷键的详细说明可查阅《Excel 财务建模手册》。

由于习惯的不同，有些建模者可能会把各张工作表中的假设统一归到额外的一张工作表（称为假设表）中。在本书中，我们将各张工作表中用到的假设放在本表中，这样可减少跨表引用，更易于读者学习。

当公式中涉及跨表引用时，会造成一些不便：一是在建模过程中输入公式时，如果总是需要引用其他工作表的数据，会降低建模的速度与效率；二是在检查模型时，如果公式中经常包含其他工作表的数据，检查起来会很不方便。所以我们应尽量减少跨表引用，在基本模型中，我们将各张工作表中用到的假设放在本表中，主要目的即在于此。

根据我国企业会计准则的要求，利润表、资产负债表和现金流量表三张财务报表都有其标准的形式规范。但在实际建模过程中，通常需要对报表的结构做一些调整，这个过程我们称之为财务报表的"重构"。历史数据的整理就包含财务报表重构的过程，我们已在第4章中介绍过其方法和原则。

5.2　　　　　　　　　　　　　　　　　　　　　　　　　　财务预测的步骤

在建立财务预测模型的过程中，建模人员需要遵循一定的顺序。不同类型的公司，其财务预测顺序也不同。根据公司经营发展的特点，我们把公司分为收入驱动型和资产驱动型两类。

收入驱动型公司：在分析和预测收入时并不需要完整的资产负债表信息做支持，可以通过业务信息直接对收入进行分拆。同时收入规模通常可以描述其业务规模。传统生产型行业如制造业、商业以及非金融服务业均属于收入驱动型。

资产驱动型公司：公司收入的规模直接取决于资产负债的规模，需要大量借助资产负债表信息来进行收入预测。其资产负债的规模通常代表业务规模。银行业是典型的资产驱动型行业。（关于资产驱动型可参见第8章的金融机构估值）

除非特殊说明，本书中的基本模型和相关实例均为收入驱动型，收入驱动型公司的财务预测的一般步骤为：

第一步，从预测营业收入出发，预测成本和费用，完成利润表的预测；

第二步，预测资产负债表，除了预留的配平项目（资产方的货币资金和负债方增加的循环贷款）外，完成其他所有科目的预测；

第三步，用间接法编制现金流量表，在此基础上计算出货币资金和循环贷款；

第四步，在资产负债表中补齐空缺的货币资金和循环贷款，配平资产负债表。

需要说明两点：

第一点是利润表中有些项目，比如折旧、摊销、财务费用等，可能需要借助资产负债表项目来进行预测，在预测利润表时可以先空着，然后在预测资产负债表中相关的固定资产、无形资产、债务时进行预测，预测完后再将结果引回到利润表。

第二点是在前面第 4 章提到的，在负债方增加配平项循环贷款并不是必需的步骤，只靠资产方的配平项货币资金也可以完成资产负债表的配平。在负债方也增加一个配平项循环贷款的好处在于，可以提高模型的灵活性，无论怎么修改预测期的假设，能都自动保证资产负债表的货币资金是一个正数，现金不够时可通过循环贷款自动补足。这里基本模型中在负债方增加了配平项循环贷款，帮助读者理解构建的过程。

下面，我们结合基本模型的构建过程，来说明如何从无到有、一步一步建立财务预测模型。我们首先从利润表的预测开始。

 在基本模型中所给的假设，只是通常使用较多的假设方式。在对具体公司预测时，需要根据具体情况选择最合适的假设方式。

收入驱动型公司三张财务报表的预测顺序为：利润表→资产负债表→现金流量表。

5.3　　　　　　　　　　　　　　　　　　　　　利润表预测

5.3.1　导入历史数据

构建财务预测模型，首先需要有历史数据作为预测基础，因此要找到公司的历史报表，并将利润表、资产负债表及其他相关数据导入 Excel 工作表。本书第 4 章介绍了历史数据的来源和整理。历史数据的导入方式则有很多种，我们既可以逐条手动输入到 Excel 工作表中，也可以利用数据库进行批量导入。我们建议至少使用 3 年的历史数据。

现在基本模型中已经有两个工作表中输入了数据，分别是利润表 IS 和资产负债表 BS。接下来再调整工作表中单元格的格式，好的格式能使模型结构更加清晰。以利润表为例，其完成后的形式见图 5 - 4。

在图 5 - 4 中，我们隐藏了工作表中的一些内容（如工作表第 6 行～第 19 行、第 C 列、第 J 行～第 P 列），这是为了更清楚地向读者展示模型。

在后面的建模步骤展示中，也会根据需要对一些无关的行或列进行隐藏，以突出与该步骤相关的内容。读者在看相应示意图时，请注意行号列标。

细心的读者还会发现，图 5 - 4 中的利润表的形式和企业会计准则规定的标准形式并不相同，这是因为我们已经对利润表进行了重构，关于利润表重构的具体方法可参见 4.2.2 部分。

		2X18 A	2X19 A	2X20 A	2X21 E	2X22 E	2X23 E
2	**基本模型**						
3	*利润表*						
5	（除百分比及特殊说明外，数字单位为百万元人民币）	2X18 A	2X19 A	2X20 A	2X21 E	2X22 E	2X23 E
20	利润表						
21	营业收入	1,609.6	1,877.6	2,422.8			
22							
23	营业成本（不含折旧、摊销）	1,054.4	1,262.7	1,622.8			
24	税金及附加	11.2	13.4	17.0			
25	销售费用（不含折旧、摊销）	90.1	100.9	120.6			
26	管理费用（不含折旧、摊销）	41.9	52.4	65.7			
27	研发费用（不含折旧、摊销）	29.0	35.7	48.5			
28	**EBITDA**	383.1	412.5	548.3			
29							
30	折旧	94.6	111.4	140.3			
31	摊销	1.9	3.5	4.1			
32	**EBIT**	286.6	297.6	403.9			
33							
34	财务费用	52.3	60.7	75.1			
35	非经常性或非经营性损益	(12.1)	10.6	3.6			
36	**利润总额**	222.1	247.5	332.4			
37							
38	所得税	58.7	59.1	81.6			
39	**净利润**	163.4	188.4	250.8			
40							
41	少数股东损益	9.5	10.7	14.3			
42	**归属于母公司股东的净利润**	153.9	177.7	236.5			

图 5-4 基本模型——导入历史数据后的利润表

除了重构之外，我们还需要调整工作表数据格式，使其更清晰和美观。

建模技巧提示：统一数字格式

在 Excel 中，计算结果都是以数字的样式呈现。如果这些数字的格式不统一，千奇百怪，甚至同一个科目在不同预测年份的数字格式都大相径庭，那么模型会给人留下很不专业、很不规范的印象。作为建模者，应避免这种情形的出现，在建模过程中对模型中的数字格式进行统一，至少应注意：

- 对于一般的数值，通常使用千位分隔符，小数位数保留相同的位数。
- 对于百分比数据，小数位数保留相同的位数。
- 除非特殊需要，字体、字号等应统一。
- 注意某些特定指标可能会有所不同，比如以元计的价格通常保留两位小数，利率也保留两位小数等。

在基本模型中，无论是一般的数值还是百分比数据，我们都保留一位小数（特殊说明除外）。字体统一为 Arial，字号统一为 9 号。

下面我们按照利润表由上至下的顺序，逐个科目分析，并进行相应的预测。

5.3.2 营业收入预测

对利润表的预测一般从营业收入开始。营业收入的预测非常重要，财务报表中的其他科目大多会受到营业收入的影响。

基本模型中的营业收入预测如图 5－5 所示。

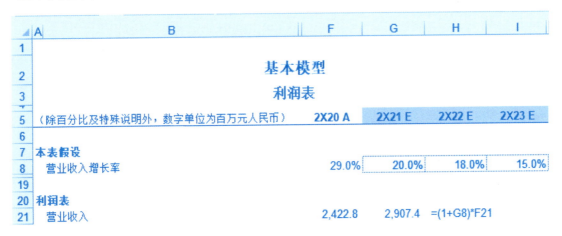

图 5－5　基本模型——收入预测

利润表第 8 行给出了营业收入增长率的假设，这样在预测营业收入时，只需要以上一年的营业收入为基数，乘以（1＋增长率）。

我们在 H21 单元格中给出了 2X21 年营业收入（G21 单元格）的计算公式。在单元格中显示公式，是为了方便读者理解，后面都会使用这种方法进行演示，但在实际建模过程中则无须如此。另外在建模时，一般先把所有科目第一年的数据预测好，然后再一起向右复制，而无须每个科目做完第一年预测就向右复制，这样可以大大提高建模的速度。所以，除非特别说明，我们接下来都是在做 2X21 年的预测。

从上面的基本模型可以看出，每一个具体科目预测的基础是历史数据和相应的预测假设。历史数据是既定的数值，无法改变，因此预测的结果取决于我们设定的假设。在预测各具体科目时，重点在于如何给出这些科目的假设。

在基本模型中，为了简化起见，我们用增长率假设来预测营业收入。而在实际建模中，由于收入对整个财务模型的影响很大，收入预测不合理会极大地扭曲整个公司的财务预测，所以通常会对收入这类非常重要、数量很大的项目进行详细的预测。

除增长率方法外，我们在预测收入时常常会使用"自上而下"或"自下而上"的方法。对于业务比较复杂的公司，我们还会按产品线或者业务模式对其收入进行拆分，然后对每种产品或业务采用"自上而下"法或"自下而上"法进行预测。

下面对这些预测方法进行详细介绍。

1. 收入增长率法

第一种收入预测方法就是基本模型中使用的增长率方法。对一些产品比较单一的公司，我们可以根据其历史经营情况和对未来的预期给出一个预计增长率，然后用这个增长率预测公司未来收入。

要给出合理的增长率假设，建模者必须详细考虑收入增长背后的驱动因素。在使用增长率方法预测营业收入时，应关注产能的未来扩张情况，对制造业公司尤其如此。因为在没有证据表明产品价格明显上涨或公司原有产能由于需求不足长期得不到充分利用的情况下，公司往往通过追加新的投入提升产能以提高营业收入。要掌握这些情况，就需要分析公司的发展战略。

一般可以使用以下几种方法预测增长率：

（1）使用历史增长率

根据历史增长率来预测未来增长率有多种方法，比如可以计算公司历史增长率的平均值或计算复合增长率，或构建线性回归模型、时间序列模型等。在公司没有发生重大变化（管理层稳定，运营平稳等）的情况下，历史数据是预测的重要依据，因此预期增长率要与历史数据反映的趋势及所处的市场环境符合，如果不符合则要有合适理由。

（2）使用专业分析人员对公司增长率的预测数据

专业分析人员在预测增长率时，除了使用历史数据之外，还会使用最新公布的公司信息、影响未来增长率的宏观经济信息、竞争对手披露的有关未来前景的信息以及访谈、调研收集到的信息等。但是在使用时要注意，不同专业人员的预测也可能大相径庭，需分辨预测的客观性、逻辑性和可靠性，然后再决定如何使用这些数据。

（3）了解增长率的决定因素，作综合性分析

公司的收入本质上是由公司的销量和价格等多种因素来决定的，综合考量公司的政策和现状，结合历史数据和专业分析人员的结论，可以得到更合理的预测值。

当然直接给出增长率的方式相对简单，实际分析中往往需要结合对业务的理解，对收入进行拆分。

2. "自上而下"（Top-down）法

"自上而下"法预测收入的思路是：先从市场总量分析入手预测市场的总量，然后估计公司的市场份额（市占率）来预测公司的销量，最后乘以单位价格来预测销售收入。

销售收入＝市场总量×市场份额×单位价格

因此，在使用"自上而下"法预测收入时，需要给出公司产品的市场总量、市场份额（市占率）以及单位价格的假设。

一般来说，如果可以相对比较可靠地估计公司产品的市场总量以及市场份额时，则适合采用"自上而下"的收入预测方法。

而商品价格的确定通常考虑以下几点：

- 产品特点：如原材料、农产品、工业产品以及 IT 产品的价格，它们的决定因素各不相同。
- 公司竞争策略：如差异化竞争策略和低成本竞争策略，前一种价格一般较高，而后一种价格一般较低。
- 定价方法：常见的定价方法有成本加成法、目标收益法、通行价格法等。
- 历史价格走势：在预测价格时，我们还可以参考公司销售价格的历史走势。

我们来看一个采用"自上而下"法预测收入的例子。

【例】某动力电池公司财务模型的营业收入预测如图 a 所示。

某动力电池公司财务预测模型

收入预测表

		2X20 A	2X21 E	2X22 E	2X23 E	
	（除特殊说明外所有数字单位为百万元人民币）					
7	**本表假设**					
8	国内汽车销量增长率	-1.8%	2.0%	1.0%	1.0%	
9	国内新能源汽车渗透率		10.0%	15.0%	19.0%	
10	国内单车带电量（kWh/辆）		50.0	51.4	53.4	
11	公司国内市占率（公司动力电池国内销量/国内动力电池装机量）		60.0%	60.0%	60.0%	
12	国内动力电池单价（元/kWh）		880.0	835.0	790.0	
14	**国内动力电池收入**					
15	国内汽车销量（万辆）	2,531.0	2,581.6	2,607.4	2,633.5	=(1+I8)*H15
16	国内新能源汽车渗透率	5.4%	10.0%	15.0%	19.0%	=I9
17	国内新能源汽车销量（万辆）	136.7	258.2	391.1	500.4	=I15*I16
19	国内单车带电量（kWh/辆）	46.0	50.0	51.4	53.4	=I10
20	国内动力电池装机量（GWh）	62.9	129.1	201.0	267.2	=I17*I19/100
21	公司国内市占率（公司动力电池国内销量/国内动力电池装机量）	59.5%	60.0%	60.0%	60.0%	=I11
22	公司动力电池国内销量（GWh）	37.5	77.4	120.6	160.3	=I20*I21
24	国内动力电池单价（元/kWh）	887.0	880.0	835.0	790.0	=I12
25	**国内动力电池收入**	33,218.2	68,154.8	100,717.7	126,650.9	=I22*I24

图 a　某动力电池公司营业收入预测（1）

本例中，某动力电池公司的营业收入全部来自国内动力电池的销售。国内动力电池的销售收入的预测采用"自上而下"法。先预测国内动力电池装机总量，再估计该公司的市占率来预计该公司动力电池的国内销量，销量乘以国内动力电池的单价来预测其国内动力电池的收入。而在预测国内动力电池装机总量时，需要先根据国内汽车销量及国内新能源汽车渗透率来预测国内新能源汽车的销量，然后结合国内新能源汽车的单车带电量预测国内动力电池的总装机容量。

在分步计算该公司国内动力电池收入的过程中，拆分中涉及的国内汽车销量、国内新能源汽车渗透率、国内新能源汽车的单车带电量、公司的市占率、动力电池单价等变量并非利润表中的科目。这时，我们通常把营业收入的计算放在辅助表中进行，细心的读者或许已经发现本表的表头信息为"收入预测表"。在利润表中，"营业收入"科目只需引用收入预测表中已经计算好的营业收入即可，如图 b 所示。

图 b　某动力电池公司营业收入预测（2）

3. "自下而上"（Bottom-up）法

"自下而上"法预测收入的思路是：先从公司自身的产能出发，根据产能利用率来预测产量，然后根据产销率来预测销量，最后乘以单位价格来预测销售收入。

销售收入 = 产能 × 产能利用率 × 产销率 × 单位价格

因此，在使用"自下而上"法预测收入时，需要给出公司产品的未来产能、产能利用率、产品产销率以及单位价格的假设。

通常来说，如果公司主要通过扩张自身产能的方式来提升收入，则适合采用"自下而上"的预测方法。

我们来看一个采用"自下而上"法预测收入的例子。

【例】某水电公司财务模型的营业收入预测如下图所示。

本例中，某水电公司的营业收入全部来自水电业务收入。水电业务收入的预测采用"自下而上"法。先预测公司的装机容量（产能）、考虑平均利用小时数（产能利用率）得

A	B	C	F	G	H	I	J
1							
2		**某水电公司财务预测模型**					
3		**收入预测表**					
4							
5	（除特殊说明外所有数字单位为百万元人民币）		2X20 A	2X21 E	2X22 E	2X23 E	
6							
7	**本表假设**						
8	装机容量（百万千瓦）			5.45	6.00	6.00	
9	平均利用小时数（小时）			4,800.0	4,850.0	4,850.0	
10	平均用电率			0.5%	0.5%	0.5%	
11	平均上网电价（含税，元/千瓦时）			0.265	0.263	0.260	
12	销项增值税率		13.1%	13.0%	13.0%	13.0%	
13							
14	**水电业务收入**						
15	装机容量（百万千瓦）		5.45	5.45	6.00	6.00	=I8
16	平均利用小时数（小时）		4,996.6	4,800.0	4,850.0	4,850.0	=I9
17	总发电量（百万千瓦时）		27,231.6	26,160.0	29,100.0	29,100.0	=I15*I16
18	平均用电率		0.5%	0.5%	0.5%	0.5%	=I10
19	总售电量（百万千瓦时）		27,099.4	26,031.8	28,957.4	28,957.4	=I17*(1-I18)
20							
21	平均上网电价（含税，元/千瓦时）		0.265	0.265	0.263	0.260	=I11
22	平均上网电价（不含税，元/千瓦时）		0.234	0.235	0.233	0.230	=I21/(1+I12)
23							
24	**水电业务收入**		**6,345.8**	**6,104.8**	**6,739.6**	**6,662.8**	=I22*I19

某水电公司营业收入预测

到总发电量（产量），然后考虑平均用电率（电厂自用电量占总发电量比例，1－平均用电率＝产销率）得到总售电量（销量），最后用不含税的上网电价乘以总售电量可以得到水电业务收入。

4. 基于用户的收入分拆

对于互联网行业，尤其是 To C 的企业，也可以从用户的角度进行分拆，一种常见的分拆思路如下：

收入＝用户数×单用户年均消费金额＝用户数×单用户月均消费金额×12

其中，单用户平均消费金额常简称为 ARPU（Average Revenue Per User）。

在这个框架下，可以针对具体的业务模型进行扩展。

【例】某提供音乐娱乐服务的互联网企业，其中收入主要来自付费用户每月缴纳的会员费。对于该部分收入，可以按照以下思路进行分拆。

年会员费收入＝总用户数量×付费用户占比×单付费用户月均会员费×12

后续就可以基于此分拆，预测各个驱动因素的增长空间和增长速度，对这部分收入进行预测。

5. 多产品和多业务公司的收入预测

当目标公司有多种产品或多个业务时，我们就要根据其产品线或业务模式对收入进行拆分，即

$$营业收入 = 产品 1 收入 + 产品 2 收入 + \cdots + 产品 n 收入$$

或

$$营业收入 = 业务 1 收入 + 业务 2 收入 + \cdots + 业务 n 收入$$

产品线的拆分方式并不一定要从产品形态来看，还可以考虑价格、数量、区域等销售特征，寻找最合理的拆分方式。

例如，某公司的主要市场为 A 地区，现在其致力于打入 B 地区市场，为了实现目标，其在 B 地区实行低价渗透策略，这时，我们就可以根据区域特点对营业收入进行拆分，即营业收入 = A 地区产品销售收入 + B 地区产品销售收入。又如，某公司生产同一产品，在销售时采用批发和零售两种方式，两种方式的价格和结算方式不同，这时候我们可以根据销售方式对营业收入进行拆分，即营业收入 = 批发收入 + 零售收入。

这样，对营业收入的预测就被分解为对每一产品（业务、地区）销售收入的预测，而对某一产品销售收入的预测可采取前面介绍的增长率法、"自上而下"法或"自下而上"法等。

详细的拆分能够帮助我们对目标公司的收入模式进行梳理，更准确地对收入进行预测。但是，拆分也不是越细越好，其详细程度取决于建模者能够得到的数据或信息支持以及建模者的需要。如果没有数据支持，过分详细地拆分科目进行预测是没有意义的。在拆分时，关键在于拆分的模型是否已经反映了全部关键驱动因素和业务收入构成的逻辑关系，要做到合理而有据。

我们来看一个多产品拆分的收入预测的例子。

【例】某造纸公司的营业收入预测如下图所示。

从图中可以看出，该造纸公司生产的主要纸种为轻涂纸和双胶纸，此外还有一些其他纸种。因此，该公司的营业收入分拆思路为

$$营业收入 = 主要纸种销售收入 + 其他纸种销售收入$$

$$主要纸种销售收入 = 轻涂纸收入 + 双胶纸收入$$

其中，轻涂纸收入和双胶纸收入均根据价格和销量假设计算，其他纸种销售收入则根据增长率的假设计算。

同样地，由于营业收入的计算比较复杂，因此我们将计算过程放在了收入预测表，利润表中只需要引用即可。

某造纸公司财务预测模型
收入预测表

	A B	E	F	G	H	I
5	（除特殊说明外所有数字单位为百万元人民币）	2X20 A	2X21 E	2X22 E	2X23 E	
7	**本表假设**					
8	轻涂纸产能（万吨）		35.0	38.0	40.0	
9	轻涂纸销量/产能		100.0%	100.0%	100.0%	
10	轻涂纸平均价格（元/吨）		5,600.0	5,800.0	6,000.0	
11	双胶纸产能（万吨）		38.0	40.0	43.0	
12	双胶纸销量/产能		100.0%	100.0%	100.0%	
13	双胶纸平均价格（元/吨）		5,600.0	6,000.0	6,300.0	
14	其他纸种销售收入增长率	20.2%	18.0%	12.0%	10.0%	
16	**营业收入**					
17	轻涂纸销量（万吨）		35.0	38.0	40.0	=H8*H9
18	轻涂纸平均价格（元/吨）		5,600.0	5,800.0	6,000.0	=H10
19	轻涂纸收入	1,758.6	1,960.0	2,204.0	2,400.0	=H17*H18/100
21	双胶纸销量（万吨）		38.0	40.0	43.0	=H11*H12
22	双胶纸平均价格（元/吨）		5,600.0	6,000.0	6,300.0	=H13
23	双胶纸收入	2,060.4	2,128.0	2,400.0	2,709.0	=H21*H22/100
25	主要纸种销售收入	3,819.0	4,088.0	4,604.0	5,109.0	=SUM(H19,H23)
26	其他纸种销售收入	840.7	992.0	1,111.1	1,222.2	=(1+H14)*G26
28	营业收入	4,659.7	5,080.0	5,715.1	6,331.2	=H25+H26

某造纸公司营业收入预测

建模技巧提示：复杂计算分步进行

将复杂的计算分为多步进行，是一个很好的建模习惯。如图所示，工作表第17行~第28行用于计算营业收入，实际上用一个公式就可以计算出来，即

营业收入 = 轻涂纸平均价格×轻涂纸产能×（轻涂纸销量/产能）

+ 双胶纸平均价格×双胶纸产能×（双胶纸销量/产能）

+ 上一年其他纸种销售收入×（1+其他纸种销售收入增长率）

也就是说，可以只用一行就能替代第17行~第28行的工作，但我们却没有这样做，而是将这个公式分拆，一步一步进行计算。

这样做的好处：一是减少了复杂公式输入错误的概率，二是模型的逻辑更加简单明了，建模者过一段时间后再来看模型或其他人看模型时，不用费力气去思考复杂公式的意义。

对营业收入预测做个小结。收入预测体现了对公司业务发展前景的理解。营业收入预测是利润表预测的第一项，也是财务预测模型中最重要的项目之一。采用增长率预测收入

是最简单的预测方法，但增长率的假设给多少，很难直接给出。增长率通常是已经有了营业收入预测结果后倒算的指标。

首先，对公司的营业收入进行分拆；然后，对不同类型或不同业务的收入，采取"自下而上"或"自上而下"的方法进行预测；最后，加总得到公司预测的营业收入。有了预测期的营业收入，可以倒算其对应的增长率。因此，若直接采用增长率来预测公司的营业收入，那么增长率的假设也一定要有相应的计算过程作为支持，可以有另外的底稿进行测算。

另外，不同的收入预测方法和假设可以互相校验，比如采用"自下而上"的方法预测完公司某项业务的收入之后，可以从"自上而下"的角度进行校验，看看对应的市场份额是否合理。如果市场份额过大（或过小），可能意味着采用"自下而上"的方法预测的收入过于乐观（或过于悲观），需要调整相应的预测假设。

5.3.3　营业成本预测

在完成了对营业收入的预测后就是营业成本的预测。

细心的读者应该记得，在导入历史报表数据时，我们对利润表进行了重构，其中一个调整就是将折旧和摊销从营业成本及其他费用中剥离了出来。因此，这里的营业成本是不含折旧和摊销的。

建模时，要给出营业成本的合理假设，首先应清楚营业成本的构成。对制造业公司来说，营业成本是在生产经营过程中形成的，主要包括：

- 直接材料：包括公司生产经营过程中实际消耗的直接用于产品的生产，构成产品实体的原材料、辅助材料、备品备件、外购半成品、燃料、动力、包装物以及其他直接材料等。
- 直接工资：包括公司直接从事产品生产人员的工资、奖金、津贴和补贴。
- 其他直接支出：包括直接从事产品生产人员的职工福利费、能源运输费、房租等。
- 制造费用：包括生产车间管理人员的工资等职工薪酬，生产车间支付的办公费、修理费、水电费，以及生产成本中除了直接材料、直接工资、其他直接支出外的一切其他成本。我们从营业成本中剔除的折旧和摊销项原本也属于制造费用。

折旧和摊销（典型的固定成本）的驱动因素与其他可变成本差异较大，因此对于折旧、摊销占利润比例较大的企业，多选择分拆出来单独预测。

需要注意的是，公司的折旧和摊销并不仅仅在营业成本中，也可能包含在销售费用、管理费用和研发费用当中。对于大多数制造业公司而言，绝大部分的折旧和摊销包含在营业成本当中，但对于一些商业服务公司而言，其折旧、摊销主要包含在销售费用、管理费用或研发费用当中，实际建模时应区别对待。

对营业成本的预测一般有以下几种思路：

1. 比例法或毛利法

对于一个持续稳定发展的公司来说，营业成本占营业收入的比例应保持在一定范围内，这一点容易理解，因为营业成本占营业收入的比例 = 1 − 毛利率，而当行业发展趋于稳定时，行业中公司的毛利率水平一般也比较稳定。在这种情形下，我们可以假设营业成本占营业收入的比例来预测营业成本。

那么这一比例的具体数值如何给出呢？我们一般先分析该比例的历史水平，然后再结合上下游的未来发展趋势以及该公司所处行业的竞争环境对毛利率进行预测，在此基础上给出相应的假设数值。通常来说，市场供给的增加会降低行业毛利率水平，而需求的增加则会抬高毛利率。

我们的基本模型就采用了这种思路，见图 5 − 6。

图 5 − 6　基本模型——营业成本（不含折旧、摊销）预测

2. 成本拆分

比例法是一种相对简单的处理方式。如果要进行更详细的预测，我们就需要根据成本的构成情况对成本进行拆分。拆分的目的是找到影响成本的关键因素，因此我们会把重点放到那些比例比较大的成本项目上。我们看另一个例子。

【例】某水泥公司生产的某一种水泥的成本构成以电、煤消耗和原材料为主。其营业成本预测如下图所示。

	A	B	F	G	H	I	J
1							
2			某水泥企业财务预测模型				
3			中间计算表				
4							
5	（除特殊说明外所有数字单位为百万元人民币）		2X20 A	2X21 E	2X22 E	2X23 E	
6							
7	本表假设						
8	水泥销量增长率			10.0%	8.0%	8.0%	
9	水泥价格（元/吨）			330.0	340.0	345.0	
10	水泥耗电量指标（度/吨）			60.0	60.0	60.0	
11	水泥耗煤量指标（吨/吨）			0.12	0.12	0.12	
12	平均电价（元/度）			0.60	0.60	0.60	
13	平均煤价（元/吨）			700.0	700.0	700.0	
14	原材料成本/营业收入			11.8%	11.8%	11.8%	
15	其他营业成本/营业收入			9.7%	9.7%	9.7%	
16							
17	营业收入						
18	销量（万吨）		3,624.0	3,986.4	4,305.3	4,649.7	=(1+I8)*H18
19	水泥价格（元/吨）			330.0	340.0	345.0	=I9
20	营业收入			13,155.1	14,638.1	16,041.6	=I18*I19/100
21							
22	营业成本						
23	用电成本			1,435.1	1,549.9	1,673.9	=I10*I12*I18/100
24	用煤成本			3,348.6	3,616.5	3,905.8	=I11*I13*I18/100
25	原材料成本			1,552.3	1,727.3	1,892.9	=I14*I20
26	其他营业成本			1,276.0	1,419.9	1,556.0	=I15*I20
27	营业成本合计			7,612.0	8,313.6	9,028.6	=SUM(I23:I26)

某水泥公司营业成本（不含折旧、摊销）预测

对该水泥公司营业成本进行预测时，我们首先将营业成本进行如下分拆：

营业成本＝用电成本＋用煤成本＋原材料成本＋其他营业成本，该分拆思路体现在工作表第23行~第27行，具体可参见相应单元格展示的公式。

- 对用电成本，我们进一步分拆为，用电成本＝水泥销量×单位耗电量×平均电价。该思路体现在J23单元格的公式中。相应地，在假设中给出了水泥销量增长率、单位耗电量（水泥耗电量指标）和平均电价的假设以支持预测。

- 用煤成本的思路和用电成本相同，即用煤成本＝水泥销量×单位耗煤量×平均煤价，具体可见J24单元格中的公式。

- 对原材料成本和其他营业成本的预测，都是假设其占营业收入的比例，而后再进行计算，具体可见J25和J26单元格中的公式。

- 注意：在收入、成本分拆的过程中，经常需要进行不同数量或单位的换算，需要仔细校验。如模型第20行、第23行和第24行都进行了正确的调整。

和收入分拆一样，成本分拆也并非越详细越好，关键是能在模型中体现出影响营业成本的关键驱动因素。例如在上例中，通过分拆我们可以理解，对水泥公司来说，煤价、电价是影响其成本的关键因素，水泥耗电量、耗煤量指标都是公司运营的关键指标，与公司应用的技术、管理能力都密切相关。对于这些关键因素和关键指标，我们可以从公司或行业中了解并分别进行预测。而对一些不太重要的成本项目，我们完全可以合并后预测，例如上例中我们将不重要的成本项目合并成为"其他营业成本"。

成本拆分要注意与收入拆分相对应。如果收入按照不同产品线或业务线拆分，并且不同产品线或业务线的毛利率不同或成本结构很不相同，则将成本对应拆分是一种比较合适的预测方式。

5.3.4 税金及附加预测

税金及附加科目以前称为"税金及附加"，随着"营改增"的全面实施，营业税退出了历史舞台。

税金及附加包括企业经营活动应负担的相关税费，包括消费税、城市维护建设税、资源税、教育费附加、房产税、车船税、城镇土地使用税和印花税。即除了增值税和企业所得税之外，其他税费几乎都在该科目核算。

税金及附加同营业收入密切相关，通常可以假设其占营业收入的比例。比如阳光电源（300274. SZ）2019—2021 年的税金及附加占营业收入的比例分别为 0.36%、0.33% 和 0.34%，比较稳定。

基本模型中对税金及附加的预测见图 5 – 7。

图 5 – 7　基本模型——税金及附加预测

5.3.5 销售费用预测

销售费用是指企业在销售商品和材料、提供劳务的过程中发生的各种费用，不和具体的某件产品相关联，包括保险费、包装费、展览费和广告费、商品维修费、装卸费等，以及为销售本企业商品或提供劳务而专设的销售机构（含销售网点、售后服务网点等）的职工薪酬、业务费、折旧费等经营费用。

经过利润表的重构，基本模型中的销售费用已不包含折旧和摊销。

销售费用与销售规模有关，对一些处于成熟行业中的公司，其经营、销售网络比较稳定，销售费用占营业收入的比例也比较稳定，就可以在假设中按收入的比例预测。以五粮液（000858.SZ）为例，其2019—2021年销售费用（未剔除折旧和摊销）占营业收入的比例分别为9.9%、9.7%和9.8%，比较稳定。

除假设比例外，我们也可以假设销售费用的增长率，或制作销售费用测算表。比如对于处于高速发展阶段的公司，有明确销售推广计划，需要在不同地区自建销售渠道，其销售费用的增长率就可能远高于营业收入的增长率。对于这样的公司，假设销售费用的增长率可能更为适用。

采用比例假设还是其他假设方式，是根据销售费用的驱动因素而定的。尤其对于餐饮、零售等行业的公司来说，大部分的费用在销售费用核算，需要详细预测其销售费用，此时找准销售费用的驱动因素及采用合理的假设方式就显得尤为重要。

在基本模型中，给出了销售费用占营业收入比重的假设，如图5-8所示。

图5-8 基本模型——销售费用（不含折旧、摊销）预测

5.3.6 管理费用预测

管理费用是指企业行政管理部门为组织和管理生产经营活动而发生的各项费用。具体包括企业在筹建期内发生的开办费、董事会和行政管理部门在企业的经营管理中发生的或者应由企业统一负担的公司经费（包括行政管理部门职工工资及福利费、物料消耗、低值易耗品摊销、办公费和差旅费等）、工会经费、董事会费、业务招待费、聘请中介机构费、咨询费（含顾问费）、诉讼费、技术转让费等。

经过对利润表的重构，基本模型中的管理费用已不包括折旧和摊销。

对管理费用的预测可以有不同的假设方法。若管理费用受公司规模影响较大，随着营业收入的增长，公司也需相应增加管理资源，管理费用随之增加。在这种情况下，可以用管理费用占营业收入比重的假设。以泸州老窖（000568.SZ）为例，2019—2021年其管理费用（未剔除折旧和摊销）占营业收入的比例分别为5.2%、5.1%和5.1%，比较稳定。

若公司的管理费用和公司收入的规模并非直接相关，这时使用上述比重的假设方式就不太容易给出合适的假设值。那么，可以考虑采用管理费用增长率的假设来进行预测。若公司的管理费用较大且主要集中在某几个项目，比如管理人员的薪酬、差旅及招待费、办公费等，也可以考虑拆分预测。

有时候，由于销售费用和管理费用在整个成本费用中的比重不大，我们可以将两者合并起来进行预测，合并后的项目称作销售及一般管理费用（Selling, General & Administrative Expenses，SG&A）。

在基本模型中，管理费用按照营业收入的比例预测，如图5-9所示。

图5-9　基本模型——管理费用（不含折旧、摊销）预测

5.3.7 研发费用预测

研发费用主要是指研究与开发某项目所支付的费用，仅包含企业自行研发支出中费用化的部分（2018 年以前这部分主要计入管理费用）；企业自行研发支出资本化的部分计入相关资产。

经过对利润表的重构，基本模型中的研发费用中已不包括折旧和摊销。

研发费用的预测逻辑与销售费用、管理费用相似，最常用研发费用占营业收入比重的假设。以宁德时代（300750.SZ）为例，2019—2021 年其研发费用（未剔除折旧和摊销）占营业收入的比例分别为 6.5%、7.1% 和 5.9%。

在基本模型中，研发费用按照营业收入的比例预测，如图 5 - 10 所示。

	A	B	F	G	H	I
1						
2		基本模型				
3		利润表				
5	（除百分比及特殊说明外，数字单位为百万元人民币）		**2X20 A**	**2X21 E**	**2X22 E**	**2X23 E**
6						
7	**本表假设**					
13	研发费用（不含折旧、摊销）/ 营业收入		2.0%	2.0%	2.0%	2.0%
19						
20	**利润表**					
21	营业收入		2,422.8	2,907.4		
22						
23	营业成本（不含折旧、摊销）		1,622.8	1,948.0		
24	税金及附加		17.0	20.4		
25	销售费用（不含折旧、摊销）		120.6	145.4		
26	管理费用（不含折旧、摊销）		65.7	78.5		
27	研发费用（不含折旧、摊销）		48.5	58.1	=G13*G21	

图 5 - 10 基本模型——研发费用（不含折旧、摊销）预测

5.3.8 EBITDA、折旧、摊销及 EBIT 预测

在预测完上述科目后，我们就可以计算出公司的息税折旧摊销前利润，即 EBITDA。在 EBITDA 中扣除折旧和摊销后即得到 EBIT。即

EBITDA = 营业收入 - 营业成本（不含折旧、摊销） - 税金及附加

- 销售费用（不含折旧、摊销） - 管理费用（不含折旧、摊销）

- 研发费用（不含折旧、摊销）

EBIT = EBITDA − 折旧（D）− 摊销（A）

在我国企业会计准则规定的标准形式的利润表中，EBIT 和 EBITDA 这两个指标不会出现，但它们在估值过程中非常重要。EBIT 不受财务杠杆的影响，EBITDA 不仅不受财务杠杆的影响，还不受折旧和摊销相关的会计处理的影响。从长期来看，EBITDA 是比较贴近公司税前经营活动现金流的一个指标。在估值中，EV/EBIT、EV/EBITDA 也是常用的相对估值的指标。

由于折旧和摊销与资产负债表中的固定资产、无形资产等科目更相关，因此现在先把折旧、摊销这两个科目空缺，等预测资产负债表中的固定资产和无形资产时计算折旧和摊销，然后再回到利润表补上这两个空缺的单元格。

现在，在基本模型中，已完成的利润表的形式如图 5–11 所示。可以看到，工作表第 30 行、第 31 行的折旧和摊销是暂时空缺的，2X21 年 EBIT（G32 单元格）的计算公式如 H32 单元格所示。尽管折旧和摊销还没有预测出来，但在公式中仍按照会计逻辑扣除了折旧和摊销，这样当我们最后补上空缺的折旧和摊销时，就可以自动得到扣除了折旧和摊销预测值后的 EBIT。由于折旧和摊销尚未完成，我们在折旧和摊销所在的单元格加上了底纹，作为提示。

	A	B	F	G	H	I
1						
2				**基本模型**		
3				**利润表**		
5		（除百分比及特殊说明外，数字单位为百万元人民币）	**2X20 A**	**2X21 E**	**2X22 E**	**2X23 E**
6						
7		**本表假设**				
13		研发费用（不含折旧、摊销）/营业收入	2.0%	2.0%	2.0%	2.0%
19						
20		**利润表**				
21		营业收入	2,422.8	2,907.4		
22						
23		营业成本（不含折旧、摊销）	1,622.8	1,948.0		
24		税金及附加	17.0	20.4		
25		销售费用（不含折旧、摊销）	120.6	145.4		
26		管理费用（不含折旧、摊销）	65.7	78.5		
27		研发费用（不含折旧、摊销）	48.5	58.1		
28		**EBITDA**	548.3	657.1	=G21-SUM(G23:G27)	
29						
30		折旧	140.3			
31		摊销	4.1			
32		**EBIT**	403.9	657.1	=G28-SUM(G30:G31)	

图 5–11　基本模型——EBITDA、折旧、摊销及 EBIT

建模技巧提示：如何处理暂时无法预测的科目

在建模过程中，有一些项目暂时无法预测，需要等待其他项目预测完成后才能得到该项目的预测值。这个时候一般的做法是：

- 对于该项目，暂时空缺不做，并用明显的标识提醒该项目尚未完成。
- 如果有些科目的计算受该项目影响，则在受影响科目的计算公式中反映它们之间的勾稽关系。

这样填好空缺部分后，模型就能自动得到正确的结果。

建模技巧提示：美化工作表

我们都希望把模型做得"漂亮"，其中就包括形式上的美化。美化工作大都体现在一些细节处理上，例如本章前面提到的格式区分、导航列、统一数字格式等技巧都有这个效果。又如图 5-11 所示，在计算 EBITDA、EBIT 时，在这一行上面加了一道横线（边框设置），并对其所在行做了加粗处理，EBITDA、EBIT 的汇总性质直接凸显出来。

5.3.9 财务费用预测

财务费用是企业为筹集生产经营所需资金等而发生的筹资费用，主要包括净利息费用、手续费、汇兑损益等。对大部分企业而言，净利息费用是财务费用中最主要的部分，而汇兑损益又较难预测，所以在建模时可考虑用净利息费用作为财务费用的近似替代。

净利息费用就是利息费用减利息收入。利息费用来源于债务，所谓债务是指公司向银行等金融机构所借的债务以及发行的债券等。利息收入主要来自于公司存在银行的货币资金。

预测利息费用和利息收入时，需要先预测债务金额和货币资金，而债务金额与货币资金是资产负债表上的科目，所以与对折旧、摊销的处理一样，先将财务费用项目空缺，需要在后面辅助表格中预测财务费用后再引用回来，如图 5-12 所示。

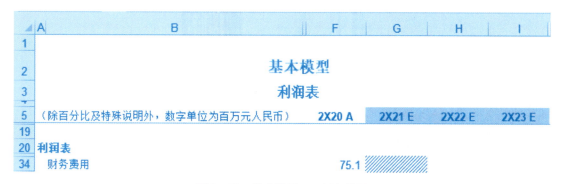

图 5-12 基本模型——财务费用

5.3.10 非经常性或非经营性损益预测

非经常性或非经营性损益是基本模型中重构利润表后的一个调整合并项目。

非经营性损益主要指企业的投资性资产或业务带来的损益，体现为公允价值变动收益和投资收益等。非经常性损益主要是企业生产经营活动中产生的非持续的损益，通常包括利润中的资产减值损失、信用减值损失、其他收益、资产处置收益、营业外收入以及营业外支出等。

需要说明的是，对于这些非经常性项目，并不能仅凭项目名称就判断其为非持续性损益，需要结合公司的具体情况进行调整。若当中有一些金额较大且持续的与主业相关的项目，可以将其调整到主业对应的持续性损益，调整到 EBIT 之上。比如 2018—2020 年长江电力的"营业外支出"项目中，每年都有接近 3 亿元的库区维护支出，持续且和发电业务相关，应将其调整到主业对应的持续性损益。比如与日常活动相关的政府补助，可能计入其他收益，如果持续且数额较大，也需要将其调整到主业对应的持续性损益。

非经常性损益由于持续性较差，较难准确预测，因此通常简单处理，比如未来给零的假设。而对于投资性资产及其所产生的非经营性损益，因为这部分投资性业务的价值会在 DCF 估值时单独评估，因此在进行财务预测时通常也采用简单的预测方式。

但是，如果是使用市盈率倍数法对一家企业进行简单估值，则需要预测该企业合理的净利润。那么，对于企业的投资性业务产生的金额较大且持续性较好的损益，比如持有债券带来投资收益（利息收入）以及持有长期股权投资带来投资联营及合营公司的投资收益，最好还是结合产生逻辑给出合理的假设。

在基本模型中，我们侧重对主业（经营业务）对应资产、负债及相关损益的预测和后续的估值，对非核心资产及对应损益的处理较为简单，在预测非经常性或非经营性损益时，也使用最简单的预测方法，给一个零的假设。

基本模型对非经常性或非经营性损益的预测如图 5-13 所示。

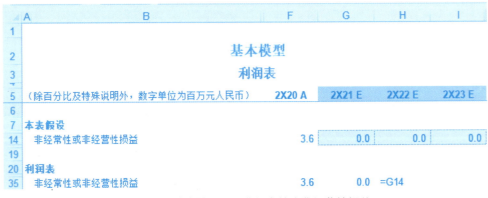

图 5-13 基本模型——非经常性或非经营性损益

在利润表第 14 行，我们直接假设未来的非经常性或非经营性损益为零。在利润表中计算非经常性或非经营性损益时，只需直接引用该假设即可。

如果后续有新的信息表明某年会确定产生某些收益，可以在假设中进行调整。

5.3.11 利润总额计算

现在我们可以计算利润总额（也称税前利润），使用公式：

利润总额 = EBIT − 财务费用 + 非经常性或非经营性损益

到目前为止，基本模型中利润表已完成的部分如图 5 − 14 所示。

	B	F	G	H	I
2			**基本模型**		
3			利润表		
5	（除百分比及特殊说明外，数字单位为百万元人民币）	**2X20 A**	**2X21 E**	**2X22 E**	**2X23 E**
7	本表假设				
8	营业收入增长率	29.0%	20.0%	18.0%	15.0%
9	营业成本（不含折旧、摊销）/ 营业收入	67.0%	67.0%	66.0%	65.0%
10	税金及附加 / 营业收入	0.7%	0.7%	0.7%	0.7%
11	销售费用（不含折旧、摊销）/ 营业收入	5.0%	5.0%	5.0%	5.0%
12	管理费用（不含折旧、摊销）/ 营业收入	2.7%	2.7%	2.7%	2.7%
13	研发费用（不含折旧、摊销）/ 营业收入	2.0%	2.0%	2.0%	2.0%
14	非经常性或非经营性损益	3.6	0.0	0.0	0.0
19					
20	利润表				
21	营业收入	2,422.8	2,907.4	=(1+G8)*F21	
22					
23	营业成本（不含折旧、摊销）	1,622.8	1,948.0	=G9*G21	
24	税金及附加	17.0	20.4	=G10*G21	
25	销售费用（不含折旧、摊销）	120.6	145.4	=G11*G21	
26	管理费用（不含折旧、摊销）	65.7	78.5	=G12*G21	
27	研发费用（不含折旧、摊销）	48.5	58.1	=G13*G21	
28	EBITDA	548.3	657.1	=G21-SUM(G23:G27)	
29					
30	折旧	140.3			
31	摊销	4.1			
32	EBIT	403.9	657.1	=G28-SUM(G30:G31)	
33					
34	财务费用	75.1			
35	非经常性或非经营性损益	3.6	0.0	=G14	
36	利润总额	332.4	657.1	=G32-G34+G35	

图 5 − 14　基本模型——利润总额计算

5.3.12 所得税费用预测

利润表中的所得税费用包括两部分：当期所得税费用和递延所得税费用。

所得税费用 = 当期所得税费用 + 递延所得税费用

当期所得税是税务上核算的当期需要缴纳给税务局的企业所得税，递延所得税是由税务和会计处理的某些差异引起的，可以理解为递延到以后缴纳的所得税。

举个例子，比如说某企业购买了一家上市公司少量的股票，计入交易性金融资产（公允价值计量且其变动计入损益）。如果该股票上涨，则会计上会在利润表的公允价值变动收益科目确认一笔收益。但由于并没有卖出该股票，这笔收益并没有实现，只是账面上的浮盈。因此税务上当期并不需要为该笔收益缴纳所得税，但会增加递延所得税费用（待到卖出股票实现收益时才缴纳）。

对于所得税费用，常用的分析指标是有效所得税税率或综合所得税税率，即所得税费用占利润总额的比例。

有效所得税税率 = 所得税费用 / 利润总额

有效所得税税率体现了一家公司整体或综合的所得税税率水平。由于税务和会计处理的差异（比如税法规定有些收入可以免税，有些费用税前抵扣时可以加计扣除或不允许税前扣除等）以及税收优惠（母、子公司可能存在适用所得税税率的差异，比如母公司适用25%的所得税税率，一些子公司可能适用15%甚至更低的所得税税率），会导致计算的历史年份的有效所得税税率（合并口径）偏离母公司适用的所得税税率。

关于所得税费用的详细说明，可参见诚迅公司编写的《财务报表分析》。

在预测公司的所得税费用时，通常给出有效所得税税率的假设。当然，未来的有效所得税税率假设既要参考公司历史年份的水平，也要分析思考公司未来适用的所得税税率是否发生变化等因素。

所得税费用 = 利润总额 × 有效所得税税率

如果需要对所得税费用进行区分，可以在预测完所得税费用之后，再预测递延所得税费用，进而倒算出当期所得税费用。基本模型中采用给出有效所得税税率的假设方式预测所得税费用，且没有对所得税费用进一步区分，具体做法如图 5 - 15 所示。

在利润表第 15 行给出了有效所得税税率的假设，H38 单元格中给出了 2X21 年所得税费用（G38 单元格）的计算公式。

注意，这里要使用有效所得税税率而非边际所得税税率。边际所得税税率为税法规定公司所适用的所得税税率，不同公司适用的所得税税率可能有差异，比如高新技术类企业

图 5 - 15　基本模型——所得税费用预测

享受税收优惠，其适用的所得税税率为15%，而一般企业适用的所得税税率为25%。边际所得税税率通常用于计算额外增加的利润对应的所得税。

5.3.13　净利润、少数股东损益和归属于母公司股东的净利润

利润总额扣除所得税费用之后，即得到净利润。对于存在少数股东权益的公司，还要扣除掉少数股东损益（子公司中不属于母公司股东享有的利润），计算出归属于母公司股东的净利润。

如果预期对子公司的持股比例保持不变，并且子公司净利润占整个集团净利润的比例比较稳定时，那么合并利润表中少数股东损益占净利润的比例也会比较稳定。此时，就可以参考历史年份少数股东损益占净利润的比例，利用该比例预测少数股东损益。

如果有少数股东的子公司所经营的业务与母公司主营业务无关，它们的利润变化趋势与主业利润的变化趋势没有必然联系，此时，少数股东损益可以采用增长率、直接估计金额等假设方式结合母公司对子公司的持股比例进行预测。

图 5 - 16 显示了基本模型中对净利润、少数股东损益和归属于母公司股东的净利润三个项目的预测。

	A	B	F	G	H	I
1						
2		基本模型				
3		利润表				
5		（除百分比及特殊说明外，数字单位为百万元人民币）	2X20 A	2X21 E	2X22 E	2X23 E
6						
7	本表假设					
17		少数股东损益／净利润	5.7%	5.7%	5.7%	5.7%
18		已发行普通股数（百万股）	156.6	156.6	156.6	156.6
19						
20	利润表					
36		利润总额	332.4	657.1		
37						
38		所得税	81.6	164.3		
39		净利润	250.8	492.8	=G36-G38	
40						
41		少数股东损益	14.3	28.1	=G17*G39	
42		归属于母公司股东的净利润	236.5	464.7	=G39-G41	

图 5-16　基本模型——净利润、少数股东损益和归属于母公司股东的净利润

5.3.14　利润表预测小结

从上述过程来看，预测利润表的步骤通常包括：

（1）预测营业收入。一般应进行详细的预测，例如分产品线、业务或区域进行预测。详细的预测一般在辅助工作表（比如收入预测表）中进行，利润表中只需引用计算结果。

（2）预测营业成本。具体有毛利率法和成本拆分法等。

（3）预测其他费用科目。可分析其与收入之间的关系，或分析其产生的驱动因素来进行预测。

（4）计算 EBITDA 和 EBIT，折旧和摊销暂时空缺（在辅助工作表中进行预测，比如基本模型在中间计算表进行折旧和摊销的预测）。

（5）预测非经常性或非经营性损益。由于其不确定性较大，一般只作简单、保守的预测。

（6）计算利润总额，财务费用暂时空缺（在辅助工作表中进行预测，比如基本模型在中间计算表进行预测）。

（7）预测所得税费用。实务中所得税费用的预测可能比较繁杂，简单预测时可通过假设有效所得税税率来预测所得税费用。

（8）计算净利润，然后预测少数股东损益进而得到归属于母公司股东的净利润。

在完成上述工作后，基本模型中利润表的形式如图 5-17 所示。除了暂不预测的折旧、

摊销、财务费用外，利润表预测期第一年的其他项目均完成预测。空着的项目会在资产负债表辅助表格中预测出来，然后引用回利润表。

	B	F	G	H	I
	基本模型				
	利润表				
（除百分比及特殊说明外，数字单位为百万元人民币）		**2X20 A**	**2X21 E**	**2X22 E**	**2X23 E**
本表假设					
营业收入增长率		29.0%	20.0%	18.0%	15.0%
营业成本（不含折旧、摊销）/ 营业收入		67.0%	67.0%	66.0%	65.0%
税金及附加 / 营业收入		0.7%	0.7%	0.7%	0.7%
销售费用（不含折旧、摊销）/ 营业收入		5.0%	5.0%	5.0%	5.0%
管理费用（不含折旧、摊销）/ 营业收入		2.7%	2.7%	2.7%	2.7%
研发费用（不含折旧、摊销）/ 营业收入		2.0%	2.0%	2.0%	2.0%
非经常性或非经营性损益		3.6	0.0	0.0	0.0
有效所得税税率		24.6%	25.0%	25.0%	25.0%
边际所得税税率		25.0%	25.0%	25.0%	25.0%
少数股东损益 / 净利润		5.7%	5.7%	5.7%	5.7%
已发行普通股股数（百万股）		156.6	156.6	156.6	156.6
利润表					
营业收入		2,422.8	2,907.4	=(1+G8)*F21	
营业成本（不含折旧、摊销）		1,622.8	1,948.0	=G9*G21	
税金及附加		17.0	20.4	=G10*G21	
销售费用（不含折旧、摊销）		120.6	145.4	=G11*G21	
管理费用（不含折旧、摊销）		65.7	78.5	=G12*G21	
研发费用（不含折旧、摊销）		48.5	58.1	=G13*G21	
EBITDA		548.3	657.1	=G21-SUM(G23:G27)	
折旧		140.3			
摊销		4.1			
EBIT		403.9	657.1	=G28-SUM(G30:G31)	
财务费用		75.1			
非经常性或非经营性损益		3.6	0.0	=G14	
利润总额		332.4	657.1	=G32-G34+G35	
所得税		81.6	164.3	=G15*G36	
净利润		250.8	492.8	=G36-G38	
少数股东损益		14.3	28.1	=G17*G39	
归属于母公司股东的净利润		236.5	464.7	=G39-G41	

图 5-17 基本模型——完成初步预测的利润表

5.4 资产负债表预测

5.4.1 资产负债表的重构

在完成利润表预测之后，接下来预测资产负债表。以基本模型为例，导入历史数据并整理后的资产负债表形式如图 5 – 18 所示。

	B	D	E	F	G	H	I
		基本模型					
		资产负债表					
5	（除百分比及特殊说明外，数字单位为百万元人民币）	**2X18 A**	**2X19 A**	**2X20 A**	**2X21 E**	**2X22 E**	**2X23 E**
10	资产负债表						
11	资产						
12	货币资金	133.9	141.8	179.9			
13	应收款项	294.0	347.1	420.9			
14	存货	127.3	156.3	187.0			
15	预付款项	38.2	34.9	30.6			
16	其他流动资产	29.3	18.7	34.9			
17	流动资产合计	622.6	698.7	853.3			
18							
19	非核心资产	11.4	49.0	22.5			
20	固定资产	1,712.0	2,188.6	2,550.6			
21	无形资产	122.4	138.3	166.0			
22	资产总计	2,468.4	3,074.6	3,592.4			
23							
24	负债和股东权益						
25	循环贷款	0.0	0.0	0.0			
26	短期借款	169.3	245.3	285.0			
27	应付款项	205.7	308.5	464.7			
28	预收款项	62.3	79.9	94.0			
29	其他流动负债	67.3	82.0	82.1			
30	流动负债合计	504.5	715.7	925.8			
31							
32	长期借款	1,084.9	1,216.1	1,353.2			
33	负债合计	1,589.4	1,931.8	2,279.1			
34							
35	股本及资本公积	327.7	472.3	472.3			
36	留存收益	502.7	618.1	778.3			
37	归属于母公司股东权益合计	830.4	1,090.4	1,250.6			
38							
39	少数股东权益	48.6	52.3	62.8			
40	股东权益合计	879.0	1,142.7	1,313.3			
41							
42	负债和股东权益总计	2,468.4	3,074.6	3,592.4			
43							
44	平衡测试	OK	OK	OK			
45							

图 5 – 18 基本模型——导入历史数据的资产负债表

从图 5 – 18 中可以看出我们对资产负债表进行了重构调整，这样可以帮助读者更好地理解资产负债表的整体预测思路。基本模型中资产负债表的调整主要有：

（1）区分主业对应的资产、负债和投资性业务对应的资产、负债，将投资性业务对应的资产、负债合并为非核心资产；

（2）对资产负债表科目进行了简化处理，合并了一些性质相近或数额较小的科目；

（3）负债方增加了"循环贷款"科目，负债方增加配平项可以提高模型的灵活性。

关于资产负债表重构的具体方法可参见 4.2.2 部分。

在基本模型中省略和合并某些科目是为了突出建模的主体思路。在实际建模中，对这些项目也可以逐项预测，方式和思路与其他科目类似。

5.4.2 资产负债表的模块化预测

资产负债表中的科目很多，如果依顺序逐项预测，不利于我们透彻理解公司的经营、投资和融资活动及建模的顺序。因此根据上述活动，把资产负债表划分为几个模块，然后按模块来预测。

我们来看资产负债表的结构。先看资产方，资产反映了资金的使用，可以分解为：

资产 = 货币资金（配平项）+ 非核心资产 + 核心资产

根据核心资产的流动性特征，又可以分为流动资产和非流动资产两类。在基本模型中，核心流动资产包括存货、应收款项、预付款项和其他流动资产，这些科目都是经营活动形成的，属于经营性流动资产；核心非流动资产则包括固定资产和无形资产两项，没有除此之外的其他长期经营性资产。因此，基本模型中的资产可表示为

资产 = 货币资金（配平项）+ 非核心资产 + 经营性流动资产 + 固定资产 + 无形资产

而负债和股东权益反映了资金的来源，可以分解为

负债和股东权益 = 经营性负债 + 融资性负债 + 股东权益

经营性负债是指在经营活动中形成的负债，根据其流动性特征，我们可以进一步把经营性负债分为经营性流动负债和经营性非流动负债。在基本模型中，经营性负债只有经营性流动负债，包括应付款项、预收款项和其他流动负债。融资性负债是在融资活动中形成的，是指那些以资本形式投入公司的、具有付息义务的债务。因此，基本模型中的负债和股东权益可表示为

负债和股东权益 = 经营性流动负债 + 债务 + 股东权益

另外，又有：

经营性流动资产 – 经营性流动负债 = 经营性营运资金（OWC，或净营运资金）

这样，如果不考虑货币资金和循环贷款，资产负债表中的所有科目都可以归入以下六

个模块中，分别是：

- 非核心资产
- 固定资产
- 无形资产
- 经营性营运资金
- 债务
- 股东权益

在按模块具体介绍预测思路及模块之间关系前，先来理解在财务预测模型中预测存量的基本套路——BASE 法则。

资产负债表是一个时点报表，表中各科目反映的都是某一时点的存量。对于存量科目，我们经常采用 BASE 法则进行预测。

BASE 法则的具体做法是：用该科目的期初数值（Beginning），加上当期使该科目增加的项目（Addition），减去当期使该科目减少的项目（Subtraction），得到该科目的期末数值（Ending）。即期初值 + 增加项 − 减少项 = 期末值，取这四个英文单词的首字母即为 BASE。

	存量科目期初额	（B）
+	增加项	（A）
−	减少项	（S）
=	存量科目期末额	（E）

BASE 法则的特点在于，拆分出影响存量变化的主要原因——增加项和减少项。一方面可以更好理解存量变化的原因，寻找合适的驱动因素；另一方面部分存量的变化项其实就是利润表或者现金流量表中的项目，建立起表与表的勾稽关系。

所以一般情况下，资产负债表的科目均可以采用 BASE 法则预测。对于一些特殊的情况的处理，后面遇到时再讨论。

5.4.3 固定资产及其相关科目预测

固定资产是资产负债表非流动资产中的重要科目，且对于制造业公司来说，通常数额上占总资产的比例较大。因此，我们从固定资产预测开始介绍资产负债表的预测。

1. 固定资产的简单预测

预测固定资产时，我们常常使用 BASE 法则。由于 BASE 法则还涉及增加项和减少项，我们将固定资产的预测放在中间计算表中进行。

在基本模型中，预测固定资产采用的 BASE 法则如下：

	固定资产期初额	（B）
+	固定资产购建	（A）
−	折旧	（S）
=	固定资产期末额	（E）

基本模型中的固定资产预测如图 5 – 19 所示。

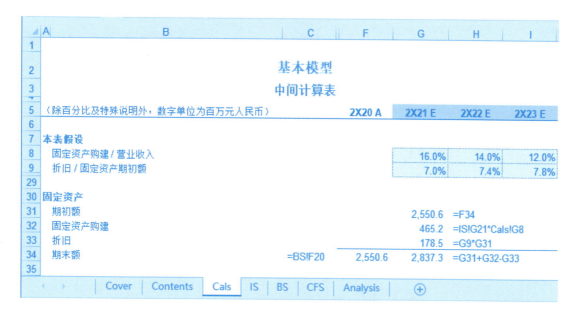

图 5 – 19 基本模型——固定资产预测（中间计算表）

如图 5 – 19 所示，工作表第 31 行～第 34 行给出了固定资产的计算过程。预测步骤如下：

（1）为理解方便，首先从资产负债表（BS 工作表）中将 2X20 年的固定资产期末额引用到中间计算表 F34 单元格（该单元格公式如 C34 单元格中所显示），然后 2X21 年的期初额（即 G31 单元格）只需引用 F34 单元格即可。

（2）预测增加项。这里的增加项为固定资产购建，即当期新增的固定资产。见工作表第 32 行，在第 8 行假设固定资产购建为营业收入的一定比例，由于营业收入在利润表（IS）已经预测过，固定资产购建的计算就很简单。H32 单元格显示了 2X21 年固定资产购建（G32 单元格）的计算公式。

（3）预测减少项。这里的减少项为折旧，见工作表第 33 行，在第 9 行假设折旧为固定资产期初额的一定比例，由于期初额是一个已知值，因此折旧也可以计算出来。H33 单元格显示了 2X21 年固定资产折旧（G33 单元格）的计算公式。

（4）有了期初值、增加项和减少项，期末值也就可以计算出来，我们在 H34 单元格显示了 2X21 年固定资产（G34 单元格）的计算公式。

在中间计算表完成了固定资产的预测之后，只需在资产负债表中引用预测结果即可，见图 5 – 20，可以看出，我们在这里是引用了中间计算表（Cals 工作表）的计算结果。

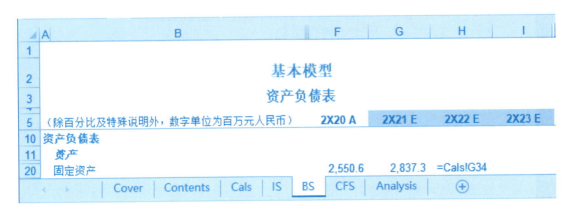

	A	B	F	G	H	I
1						
2		基本模型				
3		资产负债表				
5	（除百分比及特殊说明外，数字单位为百万元人民币）		2X20 A	2X21 E	2X22 E	2X23 E
10	资产负债表					
11	资产					
20	固定资产		2,550.6	2,837.3	=Cals!G34	

Cover | Contents | Cals | IS | BS | CFS | Analysis | ⊕

图 5 – 20　基本模型——固定资产预测（资产负债表）

2. 固定资产的详细预测

基本模型体现了固定资产预测最常用的 BASE 法则，但其预测仍显得较为简略，可能无法清楚地反映公司的规模扩张及会计处理。当我们获知更多的信息时，可以更详细地预测固定资产。

对大多数制造业公司来说，固定资产非常重要。固定资产是公司为了生产经营活动而持有的有形资产，这类资产的使用寿命在一年以上，通常表现为公司拥有的不动产、厂房以及设备（Property，Plant and Equipment，PP&E）。

固定资产有固定资产原值、固定资产净值、固定资产净额之分。固定资产原值反映的是取得固定资产的初始成本，固定资产净值是指固定资产原值扣掉累计折旧后的余额，固定资产净额是固定资产净值减去资产减值准备后的余额。

	固定资产原值
–	累计折旧
=	固定资产净值
–	固定资产减值准备
=	固定资产净额

资产负债表上列示的固定资产账面值指的是固定资产净额。因此，在财务预测模型中预测的是固定资产净额。

下面，重点分析对固定资产净额影响较大的因素。

（1）固定资产增加项

首先考虑增加项。在基本模型中，我们假设固定资产净额的增加项为固定资产购建。固定资产购建反映了公司当年为增加固定资产而进行的投资，比如新建厂房、新购入机器设备等。

在存在在建工程的情况下，可以将固定资产的增加项分解为以下三个部分：

- 固定资产购建中的维护性支出。这部分增加的固定资产是用来维护原有产能正常运行的投入。其预测一般比较简单，可以假设其为固定资产期初额（如有原值则更好）的一个比例。
- 固定资产购建中直接增加固定资产的部分，即那些购入即可使用的固定资产。
- 从在建工程转入固定资产的部分。这些在建工程可能是当年或以前年份形成的，我们可以结合在建工程发生的时间和建设期进行分析，可以假设为上年在建工程的一定比例，对于建设期较短的，可以再加上本年新增在建工程的一定比例。

固定资产购建的预测有以下几个思路：

- **比较法**。该方法主要依赖重要的行业指标或公司的经营情况。对生产型公司来说，重要的行业指标有每单位产出平均的资本性投入等。如钢铁、水泥、造纸等公司，每吨产能的资本性投入比较重要。根据这些指标和相应的新增产能计划，我们就能对公司的固定资产购建进行预测。
- **根据公司规划进行预测**。由于不同公司所处的发展阶段和生产周期不同，采用比较法来预测固定资产购建有时比较困难，这时我们还可以依赖管理层提供的合理的固定资产购建数据，这通常与公司的发展战略以及未来几年的规划有关。对于重资产公司，如电力公司，其对发电机组的修建计划会对固定资产产生重大影响。
- **倒推法**。对于固定资产增加项，我们也可以采用倒推的方法进行预测。先预测固定资产期末值，再预测折旧，最后倒推固定资产增加项。例如，在我们只需对固定资产进行简单预测时，可以直接假设固定资产占营业收入的一定比例，折旧则占固定资产的一定比例，这样假设的好处是可以保证固定资产净值随收入的增长而增长。这种情况下，公司的固定资产购建可以通过 BASE 法则倒推出来。对于周期性行业和极度竞争的行业，其产能利用率可能不稳定，在使用倒推法对固定资产进行预测时需要考虑产能利用率对收入的影响。

（2）折旧

折旧是指在固定资产的预期使用寿命内，按照确定的方法对应计折旧额进行的系统分摊。用应当计提折旧的固定资产原值减去其预计净残值就可以得到应计折旧额。如果已对固定资产计提减值准备，还应当扣除已计提的固定资产减值准备累计金额。因此，影响固定资产折旧的因素包括固定资产的原值、预计净残值、固定资产使用寿命、折旧方法以及固定资产减值准备等。

折旧方法包括年限平均法（直线折旧法）、工作量法、双倍余额递减法和年数总和法等。各公司选用的固定资产折旧方法可能不同，但通常不会随意更改。对于上市公司，我们可以从年报上获知其固定资产折旧方法。

年限平均法（直线折旧法）是我们常见的一种基于平均思路的折旧方法，该方法对应计折旧额按照预计的使用年限进行平均分摊，在没有固定资产减值准备时其计算公式为：折旧 = 固定资产原值 × （1 - 残值率）/折旧年限。

工作量法则多用于公路、铁路运输等行业，该方法对应计折旧额按照工作量进行平均分摊，在没有固定资产减值时其计算公式为：单位工作量折旧额 = 固定资产原值 × （1 - 预计净残值率）/预计总工作量；某项固定资产年折旧额 = 该项固定资产当年工作量 × 单位工作量折旧额。

【例】已知某生产设备原价 1 500 万元，预计可工作 20 000 小时，预计净残值率为 5%，本年工作 2 000 小时，使用工作量法计提折旧，不考虑固定资产减值，则该生产设备本年折旧额可以按照如下方法预测：

$$单位工作量折旧额 = 1\ 500 \times （1 - 5\%）/20\ 000 = 0.07125（万元/小时）$$

$$本年折旧额 = 0.07125 \times 2\ 000 = 142.5（万元）$$

在预测折旧时，如果折旧对公司资产及利润状况影响不大，可以采用简单的预测方法，如假设折旧是期初固定资产净额或原值的某个比例等。但如果需要详尽计算折旧时，特别是一些大型资产的折旧对公司利润影响很大时，就需要单独做一张折旧计算表。

下面是一个较为详细的固定资产预测的实例，其背景为一个水泥公司。由于预测比较详细，我们专门构造了一张 PP&E 工作表来计算。

首先是对固定资产增加项的预测，如图 5 - 21 所示。

从工作表第 24 行 ~ 第 28 行可以看到，这里的固定资产增加项（新增固定资产）分为三个部分，分别为：固定资产购建——维护性支出、固定资产购建——直接新增固定资产和在建工程转入固定资产。在第 14 行、第 15 行直接给出了关于前两个部分的数字假设，在第 25 行、第 26 行中只需引用假设即可。

对于在建工程转入固定资产的预测，工作表第 12 行给出了假设，其取决于在建工程期初额，因此我们需要先预测在建工程。我们使用 BASE 法计算了在建工程，见工作表第 18 行 ~ 第 22 行，即：

	A	B	C	D	E	F	G	H	I	J
1										
2				**某水泥企业财务预测模型**						
3				**固定资产**						
4										
5	（除特殊说明外所有数字单位为百万元人民币）		2X20 A		2X21 E	2X22 E	2X23 E	2X24 E	2X25 E	
6										
7	**本表假设**									
8	新增在建工程——熟料生产线				600.0	600.0	600.0	600.0	600.0	
9	新增在建工程——余热发电项目				200.0	200.0	200.0	200.0	200.0	
10	新增在建工程——水泥磨				150.0	150.0	150.0	150.0	150.0	
11	新增在建工程——其他				50.0	50.0	50.0	50.0	50.0	
12	在建工程转入固定资产在建工程期初额				70.0%	70.0%	70.0%	70.0%	70.0%	
13										
14	固定资产购建——维护性支出				50.0	60.0	60.0	60.0	60.0	
15	固定资产购建——直接新增固定资产				460.0	380.0	400.0	400.0	400.0	
16	已存固定资产折旧				1,251.0	1,209.0	1,180.0	1,158.0	1,120.0	
17										
18	**在建工程**									
19	期初额				1,695.6	1,508.7	1,452.6	1,435.8	1,430.7	=H22
20	新增在建工程				1,000.0	1,000.0	1,000.0	1,000.0	1,000.0	=SUM(I8:I11)
21	在建工程转入固定资产				1,186.9	1,056.1	1,016.8	1,005.0	1,001.5	=I12*I19
22	期末额	=BS!D11→	1,695.6		1,508.7	1,452.6	1,435.8	1,430.7	1,429.2	=I19+I20-I21
23										
24	**新增固定资产**									
25	固定资产购建——维护性支出				50.0	60.0	60.0	60.0	60.0	=I14
26	固定资产购建——直接新增固定资产				460.0	380.0	400.0	400.0	400.0	=I15
27	在建工程转入固定资产				1,186.9	1,056.1	1,016.8	1,005.0	1,001.5	=I21
28	新增固定资产				1,696.9	1,496.1	1,476.8	1,465.0	1,461.5	=SUM(I25:I27)

图 5 – 21　某水泥公司固定资产预测——新增固定资产

	在建工程期初额	（B）
+	新增在建工程	（A）
−	在建工程转入固定资产	（S）
=	在建工程期末额	（E）

其中，对于"新增在建工程"，我们将其按照具体的项目给出了假设，见工作表第8行～第11行，将在建工程分为熟料生产线、余热发电项目、水泥磨、其他四项，并直接给出了数字假设。在计算在建工程时，我们直接将这四类在建工程进行了加总，见 J20 单元格中的公式。

需要说明的是，在实际建模中，当在建工程规模较小时，可以直接将在建工程合并到固定资产中，进行整体的预测，而不考虑在建工程转入固定资产等因素。

接下来对折旧进行预测，此处使用了折旧表，如图 5 – 22 所示。

从工作表第 41 行至第 43 行可以看出，折旧分为新增固定资产产生的折旧和已存固定资产折旧两部分。对于已存固定资产折旧，可以根据公司的已存固定资产情况和折旧政策估计出来，在这里直接给出了数值假设，见工作表第 16 行。如果公司采用直线折旧法，其已存固定资产的折旧一般会呈现递减的趋势，因为部分固定资产会陆续折旧完。

在上一步骤中，已经对新增固定资产进行了预测，对于其产生的折旧，我们是用折旧

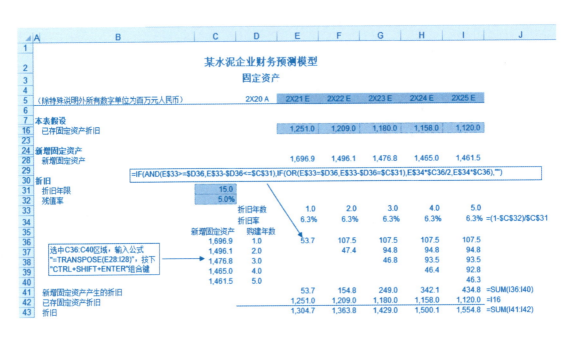

图 5 – 22　某水泥公司固定资产预测——折旧

表计算的，见工作表第 31 行~第 41 行。折旧表的思路就是分别计算出每笔新增固定资产在形成之后每年产生的折旧，然后将其汇总，得到新增固定资产产生的折旧。

在这里我们采用直线折旧法计算折旧，预测期每年新增的固定资产假设在当年的年中投入使用。

第 31 行、第 32 行分别给出了折旧年限和残值率的假设。预测新增固定资产产生的折旧的步骤如下：

第一步，将折旧年数标号，并计算出折旧率，见工作表第 33 行~第 34 行。使用辅助行折旧年数（第 33 行）表示计算折旧的年份，是为了方便后面计算折旧公式的书写。折旧率可以理解为所计提的折旧占相应固定资产的比例。用折旧率乘以某一笔新增固定资产就得到对应年份该新增固定资产产生的折旧。

第二步，将新增固定资产的购建年数标号（和折旧年数一样，是辅助列，便于折旧公式的书写），然后将在第 28 行已预测出新增固定资产的结果引用到 C36：C40 区域。具体方法需要使用 TRANSPOSE（转置）函数，见 C36：C40 区域左边方框中的提示。关于 TRANS-POSE 函数的详细介绍可查阅《Excel 财务建模手册》。

需要说明的是，方框中提示的是 TRANSPOSE 函数用作数组函数时的操作方式：输函数前需要先选择结果转置区域，然后输函数公式，最后需要按下"Ctrl + Shift + Enter"组合键来确认输出。而在最新的 Office365 版本中，TRANSPOSE 函数也可以像使用普通函数一样进行转置操作，达到相同的效果。

第三步，计算折旧。折旧的计算见 E36：I40 区域。我们在图 5 – 22 中的方框中给出了
E36 单元格的计算公式：

"= IF(AND(E\$33 > = \$D36,E\$33 – \$D36 < = \$C\$31) ,IF(OR(E\$33 = \$D36,

E\$33 – \$D36 = \$C\$31) ,E\$34 * \$C36/2,E\$34 * \$C36) ,"")"

利用公式，可以对以下两方面进行判断：

其一，判断该年份是否需要计算折旧。根据购建年数、折旧年数和折旧年限，我们可
以判断该新增的固定资产是否已经开始折旧、是否已经折旧完，只有同时满足"开始产生
折旧，且没有折旧完成"这两个条件才会计提折旧，这一判断条件可以用 AND 函数实现。

其二，判断如何折旧并分别计算。通过嵌套的 IF 函数来实现。如果假设固定资产在每
年的年中买入，或在一年中均匀增加，则该项固定资产在其新增（投入使用）的当年和最
后一个折旧年度计提半年折旧，在其他折旧年份则计提全年折旧，这一判断条件可以用 OR
函数实现。关于 IF 函数、AND 函数和 OR 函数的详细介绍可查阅《Excel 财务建模手册》。

以 E36 单元格为例，其对应的新增固定资产购建年数为 1.0，相应的固定资产购入年
份为 2X21 年；其对应的折旧年数为 1.0，相应的计算折旧的年份为 2X21 年。根据公式，
新增固定资产在购入当年计提半年折旧，因此计算得到当年的折旧为

$$1\ 696.9 \times （1 – 5.0\%）/15/2 \approx 53.7（百万元）$$

建模技巧提示：绝对引用和相对引用

如图 5 – 22 所示，在计算折旧时，我们需要把 E36 单元格的公式向右、向下复制到整个折旧区域
（E36：I40）。在这种情况下要特别注意绝对引用和相对引用的使用。

在例子中，当把 E36 单元格的公式向右复制时，希望复制得到的公式中引用的新增固定资产和购建年数的
单元格不变，而引用折旧年数和折旧率的单元格跟随变化；当把 E36 单元格的公式向下复制时，希望公式中引
用折旧年数和折旧率的单元格不变，而引用新增固定资产和购建年数的单元格跟随变化；而无论 E36 单元格的
公式向右还是向下复制，我们都希望公式中引用折旧年限单元格不变。所以要对参数使用不同的引用方式：

- 新增固定资产（\$C36）、购建年数（\$D36）：行相对引用，列绝对引用。
- 折旧年数（E\$33）、折旧率（E\$34）：行绝对引用，列相对引用。
- 折旧年限（\$C\$31）：行列均绝对引用。

关于绝对引用和相对引用的详细介绍可查阅《Excel 财务建模手册》。

按照会计准则的规定，固定资产应当按月计提折旧，当月增加的固定资产，当月不计
提折旧，从下月起计提折旧。从理论上讲，固定资产折旧应当按月计算，但这样既过于复
杂又难以找到足够数据，如果假设当年新增加的固定资产在一年中均匀增加，那么，一个
相对合理的折中方法是：将新增固定资产在新增当年计提半年折旧，折旧最后一年再计提
半年折旧。该折中方法结果在多数情况下较符合实际结果，且便于操作，上面的例子便是

这么处理的。

第四步，将预测期各年的新增固定资产产生的折旧进行加总，便得到新增固定资产每年产生的折旧。

在计算完已存固定资产折旧和新增固定资产产生的折旧后，加总则得到折旧总额。见图 5 – 22 中工作表第 43 行。

（3）固定资产净额。有了期初额、新增固定资产和折旧，就可以使用 BASE 法则完成固定资产的预测了，见图 5 – 23 中工作表第 46 行 ~ 第 49 行。

	A	B	C	D	E	F	G	H	I	J
1										
2				某水泥企业财务预测模型						
3				固定资产						
4										
5		〈除特殊说明外所有数字单位为百万元人民币〉		2X20 A	2X21 E	2X22 E	2X23 E	2X24 E	2X25 E	
6										
7		本表假设								
16		已存固定资产折旧			1,251.0	1,209.0	1,180.0	1,158.0	1,120.0	
23										
24		新增固定资产								
28		新增固定资产			1,696.9	1,496.1	1,476.8	1,465.0	1,461.5	
29										
30		折旧								
43		折旧			1,304.7	1,363.8	1,429.0	1,500.1	1,554.8	
44										
45		固定资产								
46		期初额			19,476.0	19,868.2	20,000.4	20,048.3	20,013.2	=H49
47		新增固定资产			1,696.9	1,496.1	1,476.8	1,465.0	1,461.5	=I28
48		折旧			1,304.7	1,363.8	1,429.0	1,500.1	1,554.8	=I43
49		期末额	=BS!D12 →	19,476.0	19,868.2	20,000.4	20,048.3	20,013.2	19,919.8	=I46+I47-I48

图 5 – 23　某水泥公司固定资产预测——固定资产

实际建模中，由于不同类型的固定资产折旧年限不同，若需预测得更准确，可以对固定资产进行分类：房屋及建筑物、机器设备、运输设备以及其他设备，对每一类固定资产单独构建折旧表进行预测。

下面对上一示例进行总结，相对而言，这是一个比较复杂的 BASE 法：

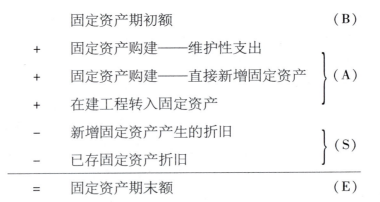

事实上，固定资产的增加项和减少项可能远不止上述几项。由于预测的是固定资产净

额，根据企业会计准则的要求，在减少项中应该还包括当年计提的固定资产减值损失。另外，如果公司存在固定资产处置、子公司注销等情形时，也会影响到固定资产的预测。在本书的预测模型中，均没有考虑这些因素，但如果建模者有可靠的信息并且也有需要，可以进行相应的预测。

3. 固定资产模块与核心财务报表的关系

上面我们介绍了固定资产预测的一般方法。无论是在简单预测还是详细预测方法中，固定资产购建和折旧均是两个非常重要的项目。我们应综合分析，理解公司的战略，了解公司的建设计划，通过历史数据分析、管理者访谈、现场调查、同业比较等方法分别预测出当年的固定资产购建和折旧，从而运用 BASE 法则计算出当年年末的固定资产。如果需要详细预测，可以专门构造一张 PP&E 的工作表来计算固定资产购建、折旧以及固定资产期末值，如上例所示。

需要说明的是，固定资产的预测不仅涉及资产负债表，还会对利润表、现金流量表产生影响。固定资产预测中的折旧会影响利润表，固定资产增加项及减少项均会出现在间接法现金流量表中。

完成了固定资产预测后，我们可以厘清固定资产模块与利润表和资产负债表之间的勾稽关系，如图 5-24 所示。

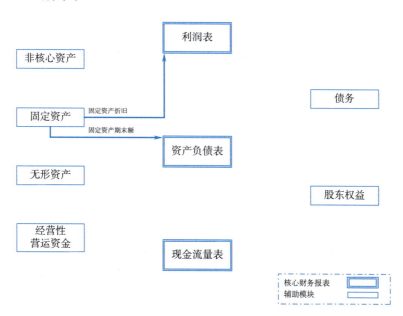

图 5-24　固定资产与核心财务报表的勾稽关系

5.4.4 无形资产及其相关科目预测

无形资产（Intangible Assets）通常包括专利权、非专利技术、商标权、著作权、特许权以及土地使用权等。

和固定资产预测相似，对无形资产的预测同样可以采用 BASE 法则，其形式一般如下：

	无形资产期初额	（B）
+	无形资产购建	（A）
−	无形资产摊销	（S）
=	无形资产期末额	（E）

在基本模型中，给出了一个简单的示例。由于涉及增加项和减少项，其预测也是在中间计算表中进行，见图 5 – 25。

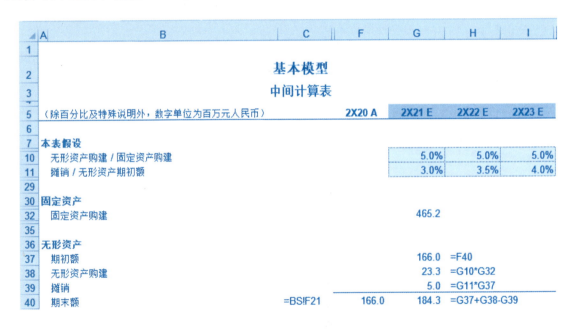

图 5 – 25　基本模型——无形资产预测（中间计算表）

在工作表第 37 行～第 40 行给出了无形资产的预测过程，H 列显示了 2X22 年相关科目的计算公式，第 10 行～第 11 行是相关的假设。对于通过买土地建厂房、生产线的制造业公司，其无形资产通常主要为土地使用权，所以可用固定资产购建来预测无形资产购建（土地使用权）。在中间计算表完成无形资产预测后，同样将其引用到资产负债表中。

图 5 – 26　基本模型——无形资产预测（资产负债表）

无形资产的预测也会同时影响利润表、资产负债表和现金流量表。无形资产的期末额被引用到资产负债表，无形资产摊销被引用到利润表，无形资产购建、摊销会影响现金流量表。

无形资产模块与利润表和资产负债表之间的勾稽关系如图 5 – 27 所示。

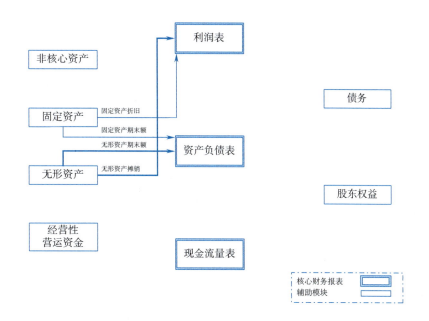

图 5 – 27　无形资产与核心财务报表的勾稽关系

5.4.5　经营性营运资金预测

经营性营运资金（OWC），是指经营性流动资产减去经营性流动负债。

　　和通常财务分析中的营运资金概念不同，财务模型中的经营性营运资金不包括货币资金和交易性金融资产等与公司主营业务无关的流动资产，也不包括短期借款和应付利息、应付股利等与融资活动相关的流动负债。

　　通常，经营性流动资产包括存货、应收账款、应收票据、预付款项及合同资产等项目，经营性流动负债包括应付账款、应付票据、预收款项及合同负债、应付职工薪酬、应交税费等项目。

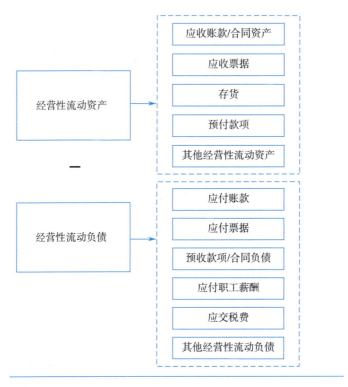

二　经营性营运资金

图 5 – 28　经营性营运资金（OWC）

　　经营性营运资金科目一般都与营业收入或营业成本（或销售费用、管理费用、研发费用）直接相关。举例来说，应收账款是公司销售产品和提供服务获得的收入中尚未收回的现金，因此与营业收入直接关联。更直接相关的应为赊销收入，但一般难以获得公司的赊销收入的数据，故常用营业收入代替。而对于存货和应付账款，存货成本在存货变成产品并销售后计入营业成本，应付账款与公司支出（如购买原材料或服务的支出）相关，因此，这两个科目与营业成本相关。

　　虽然这些项目都是存量，但很少直接采用 BASE 法则预测，而是根据项目与利润表流量指标的关系来预测：

一种是假设其在营业收入或营业成本中的比重，如"应收款项/营业收入"；

另一种是假设与该科目相对应的周转率或周转天数，如"应收款项周转率"或"应收款项周转天数"等在公司经营管理中常用的指标。具体的假设数值可以综合考虑该公司的历史经营数据和行业趋势后给出。

上述两种假设方式在本质上是很相近的。以应收款项为例，可以假设应收款项周转率，也可以假设应收款项/营业收入这一比例，对于应收款项周转率，有：

应收款项周转率＝2×营业收入／（期初应收款项＋期末应收款项）

基本模型中经营性营运资金项目采用比例假设。其中，应收款项、预收款项、其他流动资产（经营性）与营业收入相关，存货、预付款项、应付款项、其他流动负债（经营性）与营业成本（这里的成本为不含折旧、摊销的现金成本）相关。由于经营性营运资金涉及到多个科目，因此放在中间计算表（Cals 工作表）中进行预测，如图 5 - 29 所示。

			2X20 A	2X21 E	2X22 E	2X23 E
	基本模型					
	中间计算表					
	（除百分比及特殊说明外，数字单位为百万元人民币）		2X20 A	2X21 E	2X22 E	2X23 E
	本表假设					
12	应收款项 / 营业收入		17.4%	17.4%	17.4%	17.4%
13	存货 / 营业成本（不含折旧、摊销）		11.5%	11.5%	11.5%	11.5%
14	预付款项 / 营业成本（不含折旧、摊销）		1.9%	1.9%	1.9%	1.9%
15	其他流动资产 / 营业收入		1.4%	1.4%	1.4%	1.4%
16	应付款项 / 营业成本（不含折旧、摊销）		28.6%	28.6%	28.6%	28.6%
17	预收款项 / 营业收入		3.9%	3.9%	3.9%	3.9%
18	其他流动负债 / 营业成本（不含折旧、摊销）		5.1%	5.1%	5.1%	5.1%
42	**经营性营运资金（OWC）**					
43	应收款项		505.9	=IS!G21*Cals!G12		
44	存货		224.0	=IS!G23*Cals!G13		
45	预付款项		37.0	=IS!G23*Cals!G14		
46	其他流动资产		40.7	=IS!G21*Cals!G15		
47	**经营性流动资产合计**		807.6	=SUM(G43:G46)		
49	应付款项		557.1	=IS!G23*Cals!G16		
50	预收款项		113.4	=IS!G21*Cals!G17		
51	其他流动负债		99.3	=IS!G23*Cals!G18		
52	**经营性流动负债合计**		769.8	=SUM(G49:G51)		
54	**经营性营运资金**		37.8	=G47-G52		

图 5 - 29　基本模型——经营性营运资金预测（中间计算表）

工作表第 12 行～第 18 行给出了经营性营运资金各科目的假设方式，H 列显示了 2X22 年各科目的计算公式。以存货预测为例，2X21 年存货（G44 单元格）的计算公式为"＝IS! G23 * Cals!G13"，其中"IS!G23"是已经在利润表（IS 工作表）中预测过的 2X21 年的营业成本（不含折旧、摊销），"Cals!G13"是假设 2X21 年存货占营业成本（不含折旧、摊销）的比例。其他科目的预测方式与存货类似，也是用假设的比例乘以营业收入或营业成本。"IS!G21"和"IS!G23"分别为 2X21 年的营业收入和营业成本（不含折旧、摊销）。为阅读方便，再给大家呈现一下营业收入与营业成本在 IS 表中的位置，见图 5-30。

图 5-30 基本模型——经营性营运资金预测（利润表）

> **建模技巧提示：在公式中将跨表引用的单元格放在前面**
>
> 尽管在建模过程中，应尽量减少跨表引用，但由于不同工作表之间的勾稽关系，跨表引用仍不可避免。在这种情况下，有良好建模习惯的建模者会尽量把跨表引用的单元格放在公式中靠前的位置。如图 5-29 所示，在计算存货的公式中，把利润表中的营业成本放在前面。这样做的好处是，在检查模型时，可以用"Ctrl + ["的组合键快速检查，这时会跳转到公式引用的第一个单元格，待查看没问题后可以按"Ctrl + G"的组合键（定位功能，也可按 F5），然后直接按"回车"键即可返回到查看公式的单元格。具体可查阅《Excel 财务建模手册》。

通常会在中间计算表计算历史年份最后一年（2X20 年）的经营性营运资金，这在后面编制预测期的现金流量表中会用到。因为 2X20 年的经营性营运资金涉及科目均是历史的资产、负债数据，可以在资产负债表中找到，所以此处只需在 F 列引用资产负债表中 2X20 年的相应科目，最后在 54 行计算 2X20 年的经营性营运资金即可。

在中间计算表中完成了经营性营运资金的预测后，把相关科目的预测结果再引用回资产负债表。如图 5-32 所示。我们可以看到资产负债表中 2X21 年的应收款项、存货、预付款项、其他流动资产、应付款项、预收款项和其他流动负债都是引用的中间计算表（Cals 工作表）的计算结果。

基本模型
中间计算表

（除百分比及特殊说明外，数字单位为百万元人民币）		2X20 A	2X21 E	2X22 E	2X23 E
本表假设					
应收款项／营业收入		17.4%	17.4%	17.4%	17.4%
存货／营业成本（不含折旧、摊销）		11.5%	11.5%	11.5%	11.5%
预付款项／营业成本（不含折旧、摊销）		1.9%	1.9%	1.9%	1.9%
其他流动资产／营业收入		1.4%	1.4%	1.4%	1.4%
应付款项／营业成本（不含折旧、摊销）		28.6%	28.6%	28.6%	28.6%
预收款项／营业收入		3.9%	3.9%	3.9%	3.9%
其他流动负债／营业成本（不含折旧、摊销）		5.1%	5.1%	5.1%	5.1%
经营性营运资金（OWC）					
应收款项	=BS!F13	420.9	505.9		
存货	=BS!F14	187.0	224.0		
预付款项	=BS!F15	30.6	37.0		
其他流动资产	=BS!F16	34.9	40.7		
经营性流动资产合计	=SUM(F43:F46)	673.4	807.6		
应付款项	=BS!F27	464.7	557.1		
预收款项	=BS!F28	94.0	113.4		
其他流动负债	=BS!F29	82.1	99.3		
经营性流动负债合计	=SUM(F49:F51)	640.8	769.8		
经营性营运资金	=F47-F52	32.6	37.8		

图5-31　基本模型——历史经营性营运资金（中间计算表）

基本模型
资产负债表

（除百分比及特殊说明外，数字单位为百万元人民币）	2X20 A	2X21 E		2X22 E	2X23 E
资产负债表					
资产					
货币资金	179.9				
应收款项	420.9	505.9	=Cals!G43		
存货	187.0	224.0	=Cals!G44		
预付款项	30.6	37.0	=Cals!G45		
其他流动资产	34.9	40.7	=Cals!G46		
流动资产合计	853.3				
负债和股东权益					
循环贷款	0.0				
短期借款	285.0				
应付款项	464.7	557.1	=Cals!G49		
预收款项	94.0	113.4	=Cals!G50		
其他流动负债	82.1	99.3	=Cals!G51		
流动负债合计	925.8				

图5-32　基本模型——经营性营运资金预测（资产负债表）

> **建模技巧提示：不同工作表中，同一期数据放于同列**
>
> 在不同工作表中，建议把同一期数据放于同列。如图 5-30、图 5-31、图 5-32 所示，在基本模型的利润表、中间计算表和资产负债表中，2X21 年的数据均放在 G 列。这样做不仅可以使模型格式显得整齐划一，更重要的是，借助这种安排，可以提高我们检查模型的效率。很多时候，只需看一下公式中所引用的单元格的列标是否与本单元格一致，就可以判断公式是否有引串列的错误。

基本模型只是假设经营性营运资金科目与营业收入或营业成本之间存在简单的对应关系。实际建模中，如果需要对这些科目进行详细预测，还需搞清楚该科目的驱动因素是哪些具体的收入或成本费用，这时候需要对收入和成本费用进行拆分，寻找经营性营运资金科目与这些细分收入或成本费用之间的对应关系。

经营性营运资金等于经营性流动资产和经营性流动负债的差额，既可以为正也可以为负。正的经营性营运资金一般代表公司更多地被上、下游企业或者存货占用资金，公司在发展时投入的资金不仅需要进行长期经营性资产（固定资产、无形资产等）建设，还需要解决日常运营中被占用的现金。反之，负的经营性营运资金一般代表公司可以更多地占用上、下游的资金来进行自身的发展，且此占用为商业占用，通常无须付息。

经营性营运资金的正负一般取决于公司与产业链上游、下游的议价能力。一般来说，议价能力较强的公司，经营性营运资金通常为负值。比如宁德时代（300750.SZ），其在上、下游产业链中的议价能力非常强，有大量的应付款项和预收账款（或合同负债），因而其经营性营运资金是一个非常大的负值。2021 年，宁德时代的经营性营运资金约为 −466亿元，占用上、下游企业的净资金远超过其当年的净利润（约 179 亿元）。而对于一些在产业链中处于弱势地位的公司，往往会有比较多的应收款项、合同资产或预付款项，导致其经营性营运资金为比较大的正值。经营性营运资金的变化对现金流有较大影响，因此详细预测公司的经营性营运资金非常重要，尤其对于轻资产公司。

完成了经营性营运资金的预测后，可以厘清经营性营运资金模块与资产负债表之间的勾稽关系，如图 5-33 所示。

5.4.6　非核心资产预测

前面已经提到，将与核心业务无关的资产及相关负债，即投资性业务对应的资产、负债合并为非核心资产。投资性资产一般包括金融工具、与主业无关的长期股权投资以及非地产公司的投资性房地产。

由于非核心资产未来的损益及现金流较难准确预测，因此通常关注估值时点处置时的变现价值。

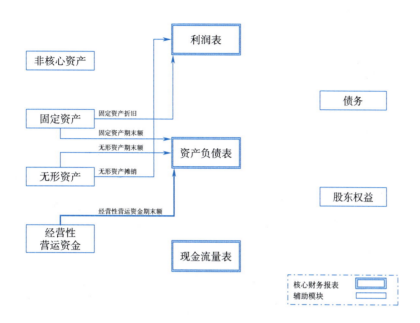

图 5 – 33　经营性营运资金与核心报表的勾稽关系

因此，在基本模型中，非核心资产的预测采用了最简单的方法，即假设非核心资产的规模保持当前的水平。如图 5 – 34 所示，在 BS 工作表（资产负债表）第 8 行的假设中直接给出了未来非核心资产的数值，计算时直接引用即可。

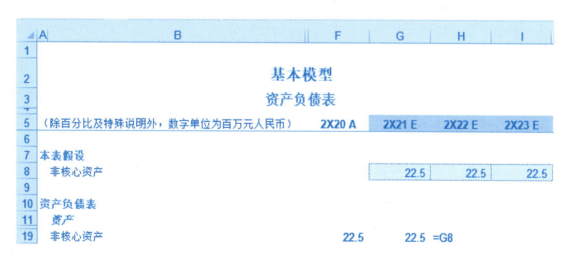

图 5 – 34　基本模型——非核心资产预测

完成了非核心资产的预测后，可以厘清非核心资产模块与资产负债表之间的勾稽关系，如图 5 – 35 所示。

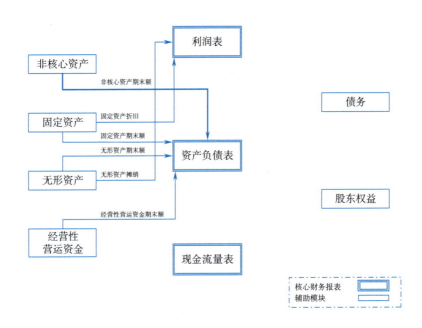

图 5 - 35　非核心资产与核心报表的勾稽关系

5.4.7　债务和财务费用预测

下面进行债务和财务费用的预测。这里，债务是指那些具有付息义务的融资性负债，即我们在第 1 章提到的价值等式中的债务（融资性负债）。

在资产负债表中，债务通常表现为短期借款、长期借款和应付债券等。当长期借款或应付债券在一年内即将到期时，即将到期的这部分长期借款或应付债券会被转入到"一年内到期的非流动负债"中，所以在"一年内到期的非流动负债"中也可能存在债务。一些公司发行的短期融资券，可能被放在短期借款科目，也可能被放在其他流动负债、其他应付款或应付债券科目。无论在哪个科目中，都属于债务。另外，在基本模型中，我们在负债方增加的配平项循环贷款也是一种特殊的短期借款，因此也属于债务范畴。

对债务的预测不仅影响资产负债表，还会通过财务费用科目影响利润表，相关融资活动还会影响现金流量表。

在 5.3.9 部分中提到，通常用净利息费用来替代财务费用。净利息费用就是利息费用（费用化的利息支出）减利息收入，其中利息支出来源于债务，利息收入主要来自于公司在银行的存款（属于货币资金）。

理论上，每一笔债务产生的利息支出都与其债务金额、利率以及发生的时间有关。如果能准确预测未来每笔债务的上述相关信息，就能准确地预测利息支出。但实际建模时，根据可获得的信息，通常把债务进行分类，分别预测每类债务的利息支出。对利息支出的预测可以分为三步：

第一步，预测债务金额。对于债务期末值的预测，既可以假设债务当期的净变化量，也可以使用 BASE 法则，分别预测债务的增加项和减少项。除此之外，通过目标资产负债率或债务资本比率来预测债务余额也是一种可行的方法。

首先来分析短期债务融资（主要为短期借款）。公司在生产经营过程中，可能出现短期融资需求。例如，很多公司经营具有季节性的特征，季节性经营的波动会导致对现金需求的变化，公司因此可能出现现金的短缺。公司可以通过调节经营性资产和负债的变化来应对这种波动，例如，公司可以争取更高的商业信用以延迟支付采购款项，使得应付账款增加，或者加快销售收入款项的回笼，减少应收账款等。在这类措施不能满足现金需求时，就需要依靠公司的内部融资或者外部融资来补足。内部融资是指公司使用自有资金或将持有的各类投资变现，外部融资主要是指向银行申请贷款。

在上述资金短缺中，核心营运资金（也就是公司在生产经营活动中必须长期保持的铺底流动资金）应该通过长期资金来支持，其他部分则可以通过短期借款来补充。由于已经完成了经营性营运资金的预测，因此可以先看看未来经营性营运资金的需求情况，估计出资金缺口，再考虑公司可以用自有资金或内部融资能够解决的部分，就可以大概估计出其短期借款的需求情况。大致思路为：短期借款＝资金缺口－内部融资。在公司现有的短期借款规模下，就能得出公司是否需要再向银行借入短期借款。当然，还可以对公司进行调研，结合公司实际经营情况，获取其短期借款筹措计划，以增强预测的准确性，因为现实中很多企业会存在"短债长用"的情况。

再来分析公司的长期债务融资需求。长期债务主要包括长期借款和应付债券，长期债务的需求一般与公司的固定资产和无形资产等长期经营性资产的购建计划有关，所以应与公司未来的资产购建计划相匹配。在简单预测的情况下，可以根据固定资产和无形资产购建计划给长期债务直接假设一个数值。如果要进行详细预测，就还需要分析长期债务与固定资产和无形资产购建之间的关系。

公司在向银行等金融机构申请长期借款时，一般会商定一个长期借款还款计划。根据这个还款计划，该笔长期债务的余额将逐年减少。债券到期和公司回购等行为也会使得长期债务余额减少。因此，对于已存在的长期借款或应付债券，应通过调研了解相应的偿还计划，然后根据 BASE 法则进行预测。

第二步，预测利率。对于已有的尚未到期的债务，其利率是可知的，可以通过年报或者公司内部渠道获取相应信息；对于预期发行的新债务的利率，可以根据债务期限，参照公司近期的债务融资利率和未来市场利率变化方向，给出假设。

第三步，结合债务发生的时间计算利息支出。 债务发生的时间会影响计息方式，举例来说，若某公司年初有 10 亿元的债务，当年这笔债务没有归还，并且在 6 月底一次性向银行借入 2 亿元 1 年期的短期借款（到期一次性偿还本金）。那么，到了年底计算当年的利息支出时，公司原本的 10 亿元债务要计算 12 个月的利息，而 2 亿元的债务应计算 6 个月的利息。

预测时，通常无法准确估计债务发生或者偿还的具体时间。在计算利息支出时，有三种简化方法可供选择：

- 当年利息支出 = 年初债务余额 × 相应利率
- 当年利息支出 = 年末债务余额 × 相应利率
- 当年利息支出 = 年初和年末债务余额平均值 × 相应利率

当预期债务在当年均匀变化时，可以采用上述第三种方法，也就是用年初和年末债务余额的平均值乘以利率来计算本年度的利息支出，会相对合理。

利息收入产生于公司在银行的存款，通常用货币资金代替。预测利息收入时，可完全按照利息支出的预测思路，先后考虑货币资金、货币资金的利率和利息计算方式，计算利息收入。

> 在本书所有建模实例中，若无特殊说明，预测利息支出、利息收入时都采用平均余额乘以相应利率的计算方式。

下面来看基本模型中关于债务部分的预测。在预测完债务期末值后，可进一步计算相应的利息支出，并假设这些利息支出全部费用化（若能准确估计利息支出中有多少需要资本化，也可以进行相应区分，资本化部分计入固定资产或在建工程，费用化部分计入财务费用中的利息费用），以计算出利润表中缺失的财务费用科目。这里用净利息费用来代替财务费用，其中产生利息支出的科目包括循环贷款、短期借款和长期借款，产生利息收入的科目为货币资金。

基本模型中的债务预测如图 5 - 36 所示。

我们首先看短期借款的预测，工作表第 61 行 ~ 第 63 行给出了短期借款的计算过程，可以看到这是一个简单的 BASE 法，即

	短期借款期初额	（B）
+	短期借款发行	（A）
-	短期借款偿还	（S）
=	短期借款期末额	（E）

A	B	C	F	G	H	I
1						
2		**基本模型**				
3		中间计算表				
5	（除百分比及特殊说明外，数字单位为百万元人民币）			2X20 A	2X21 E	2X22 E	2X23 E
6						
7	**本表假设**					
19	循环贷款利率				4.0%	4.0%	4.0%
20	短期借款利率				4.0%	4.0%	4.0%
21	短期借款发行（偿还）				0.0	0.0	0.0
22	长期借款发行／固定资产购建				70.0%	70.0%	70.0%
23	长期借款偿还／期初长期借款				20.0%	20.0%	20.0%
24	长期借款利率				5.0%	5.0%	5.0%
25	货币资金利率				1.0%	1.0%	1.0%
55						
56	**债务**					
57	循环贷款	=BS!F25	0.0	0.0	=BS!G25	
58	循环贷款利率			4.0%	=G19	
59	循环贷款利息支出			0.0	=(F57+G57)/2*G58	
60						
61	短期借款期初额			285.0	=F63	
62	短期借款发行（偿还）			0.0	=G21	
63	短期借款期末额	=BS!F26	285.0	285.0	=SUM(G61:G62)	
64	短期借款利率			4.0%	=G20	
65	短期借款利息支出			11.4	=(F63+G63)/2*G64	
66						
67	长期借款期初额			1,353.2	=F70	
68	长期借款发行			325.6	=G32*G22	
69	长期借款偿还			270.6	=G23*G67	
70	长期借款期末额	=BS!F32	1,353.2	1,408.2	=G67+G68-G69	
71	长期借款利率			5.0%	=G24	
72	长期借款利息支出			69.0	=(F70+G70)/2*G71	
73						
74	**债务合计**	=F57+F63+F70	1,638.3	1,693.3	=G57+G63+G70	
75	**利息支出合计**			80.4	=G72+G65+G59	
76						
77	货币资金	=BS!F12	179.9	0.0	=BS!G12	
78	货币资金利率			1.0%	=G25	
79	货币资金利息收入			0.9	=(F77+G77)/2*G78	
80						
81	**财务费用**			79.5	=G75-G79	

图 5－36　基本模型——债务预测（中间计算表）

在工作表第 62 行，"短期借款发行（偿还）"就是该 BASE 法中的增加项和减少项的合并。如果当年"短期借款发行（偿还）"为正，表明当年短期借款为净增加；如果为负，则表明当年短期借款为净减少；如果为零，则表明当年短期借款不变。

对于长期借款，则是分别预测出其发行额（增加项）和偿还额（减少项），并通过 BASE 法则计算出其期末值。

下面来看循环贷款和货币资金这两个配平项。所谓配平项，是在已经算出了资产负债表中除配平项之外所有资产、负债和权益之后才能得到的项目，即资产负债表中最后完成的项目。循环贷款和货币资金这两个配平项通常需要在预测完现金流量表时才能得到数值。完成这两个配平项的过程称为"配平"。

因此在中间计算表环节，暂时还无法算出它们在预测期的数值。之所以将它们放在中间计算表，只是为了计算它们对应的利息。不过这并不影响在此输入正确的公式，即直接从资产负债表中引用这两项。当最后在现金流量表中完成这两项的预测，引用回资产负债表对应科目配平资产负债表时，这里会自动计算出相应的结果。

> **i** 循环贷款和货币资金是模型的配平项，这两个项目需要在预测完现金流量表时才能得到数值。届时，将它们从现金流量表引用到资产负债表的相应的位置，即可配平资产负债表。

循环贷款、货币资金的利息计算方式和短期借款相同，也是用平均值乘以相应利率。

需要特别注意的是，在计算配平项的当期利息时，若用到配平项的期末值，即采用期末值或期初期末的平均值乘以相应利率，那么配平项的期末值会影响当期利息，此时模型的计算会比较复杂，会产生"**循环引用**"现象。后面部分会具体讲解循环引用的概念、产生原因以及如何处理。

如果想在基本模型中避免出现循环引用，让模型计算简单，那么在计算配平项的利息时，都用**期初值乘以相应利率**即可。

> **i** 避免循环引用的技巧：计算配平项的利息时，仅使用期初值×利率，不使用期末值参与计算。

在完成上述几项的预测后，就可以得到债务合计、利息支出合计、利息收入和财务费用了，见工作表第 74 行～第 75 行、第 79 行和第 81 行。

下一步工作就是把计算好的短期借款和长期借款引用到资产负债表，见图 5 – 37。只需要在资产负债表（BS 工作表）中引用中间计算表（Cals 工作表）的预测结果即可。

基本模型对短期借款和长期借款的预测都比较简单。在实际建模时，应综合考虑公司实际经营状况对债务融资的需求来作预测，预测时还应根据期限特征来决定是需要短期债务融资还是长期债务融资。

完成了债务模块的预测后，可以厘清债务与利润表和资产负债表之间的勾稽关系，如图 5 – 38 所示。

图 5 - 37　基本模型——债务预测（资产负债表）

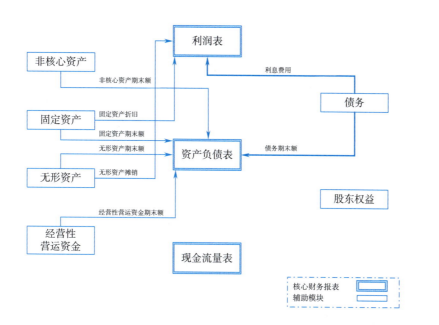

图 5 - 38　债务与核心报表的勾稽关系

5.4.8　股东权益相关预测

1. 股本及资本公积预测

股本及资本公积主要会受到股权融资的影响。其中，资本公积不仅受到股权融资的影响，根据企业会计准则的规定，还受到股份支付、接受捐赠、法定财产重估增值等因素的影响。基本模型中不考虑这些股权融资外因素的影响。

在估值模型中，通常不对未确定的股权融资安排进行预测。因为新发行股票的价格通常难以确定，且理论上应是估值建模的结果。并且未来新进入的股东将会分享未来的收益，这将使绝对估值模型的结构有很大的调整。因此，估值模型中一般先不考虑公司增发新的股票。但在公司有明确股权融资计划的情况下，就需要对公司已确定将要进行的股权融资进行预计，比如为一些交易（如 IPO 融资、私募股权融资或者其他带有股权融资性质的融资）建模时，就需要对股权融资进行预测，以考虑融资后的情况。股权融资预测常考虑的因素有：

- 股权融资时的股权价格。通常需要结合市场状况（如市场对其他同类公司股票的估值，最近发生的类似的交易等）和公司的预期经营情况进行初步估计。
- 预测股权融资对公司经营和财务状况的影响。股权融资所获得的资金通常会投入到融资时所承诺的规划项目中，在项目完工运行后，公司的收入会增加，经营状况也会发生变化。此时在预测销售收入等财务数据时，就必须要考虑融资后新带来的销售增长情况，相应地调整其他财务数据的预测假设。

另外，有些公司还发行了一些带有股权融资性质的衍生工具，如可转换债券、认股权证。这些衍生工具如果在未来转化为股权，其效果类似于新发行股票。在这种情况下，可以对这些衍生工具未来的行权情况及其对公司股权结构、每股收益的影响进行预测。

基本模型中没有安排股权融资，也没有考虑其他影响股本及资本公积的项目。基本模型关于股本及资本公积的预测仍采用 BASE 法。

	股本及资本公积期初额	（B）
+	股本及资本公积增加	（A）
–	股本及资本公积减少	（S）
=	股本及资本公积期末额	（E）

模型中将股本及资本公积的增加项和减少项合并为一项，净变化为零。预测结果如图 5 – 39 所示。

	A	B	C	F	G	H	I
			中间计算表				
3							
5	（除百分比及特殊说明外，数字单位为百万元人民币）			2X20 A	2X21 E	2X22 E	2X23 E
6							
7	**本表假设**						
26	股本及资本公积增加（减少）				0.0	0.0	0.0
82							
83	**股本及资本公积**						
84	期初额				472.3	=F86	
85	股本及资本公积增加（减少）				0.0	=G26	
86	期末额		=BS!F35	472.3	472.3	=SUM(G84:G85)	

图 5 – 39　基本模型——股本及资本公积预测（中间计算表）

2. 留存收益预测

我国企业会计准则下标准格式的资产负债表中没有留存收益这一科目，这里的留存收益是盈余公积和未分配利润的合并项。考虑存在少数股东权益，则留存收益的 BASE 法则为

$$留存收益期初额 \qquad （B）$$
$$+ \quad 归属于母公司股东的净利润 \qquad （A）$$
$$- \quad 归属于母公司股东的红利 \qquad （S）$$
$$= \quad 留存收益期末额 \qquad （E）$$

基本模型对留存收益的预测即采用上述 BASE 法，如图 5 – 40 所示。

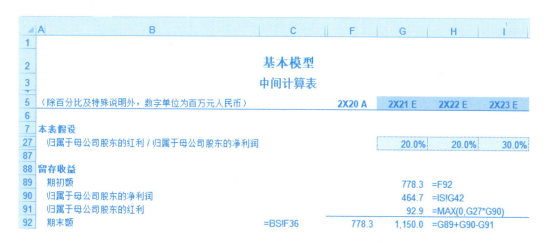

	A	B	C	F	G	H	I
1							
2			**基本模型**				
3			中间计算表				
5	（除百分比及特殊说明外，数字单位为百万元人民币）			2X20 A	2X21 E	2X22 E	2X23 E
6							
7	**本表假设**						
27	归属于母公司股东的红利／归属于母公司股东的净利润				20.0%	20.0%	30.0%
87							
88	**留存收益**						
89	期初额				778.3	=F92	
90	归属于母公司股东的净利润				464.7	=IS!G42	
91	归属于母公司股东的红利				92.9	=MAX(0,G27*G90)	
92	期末额		=BS!F36	778.3	1,150.0	=G89+G90-G91	

图 5 – 40　基本模型——留存收益预测（中间计算表）

留存收益的期初额可以引用资产负债表的上一年数据，而归属于母公司股东的净利润已经在利润表中预测，可以直接引用，因此只需要预测归属于母公司股东的红利。在 H91 单元格给出了 2X21 年归属于母公司股东的红利（G91 单元格）的计算公式，可以看到使用了 MAX 函数，这是因为当企业归属于母公司股东的净利润为负时，发放的红利不应是负值，最小为零。

公司通常会根据自己的盈利水平来发放红利，在基本模型中也是相应地假设为净利润的一定比例。实践上，通常公司基于半年报宣告的红利当年可以发放，基于年度报告宣告的红利受到会计核算时滞、股东大会决议流程时间等因素的影响，往往在次年的股东大会讨论通过后才能发放。对于大部分公司而言，基于年度报告的分红往往远大于基于半年报的分红。因此，公司当年发放的红利实际上大部分是上一年的红利。

在基本模型中，为了简单起见，假设当年给母公司股东发放的红利是基于当年归属于母公司股东的净利润，即当年收到的分红是基于当年利润的一个分配。实际建模时可以根据情况选择计算方式，也可以假设归属于母公司股东的红利是上一年归属于母公司股东的净利润的比例，即当年收到的分红是基于上一年利润的分配。

3. 少数股东权益预测

对少数股东权益的预测同样采用简单的 BASE 法：

	少数股东权益期初额	（B）
+	少数股东损益	（A）
−	归属于少数股东的红利	（S）
=	少数股东权益期末额	（E）

这里仅考虑对少数股东的分红，不考虑少数股东所在的子公司的股权结构发生变动等可能导致上述等式不成立的情形。

基本模型即按照上述思路进行预测。少数股东损益在利润表中已经预测过，可以直接引用过来，归属于少数股东的红利按照当年少数股东损益的一定比例来预测，如果当年的少数股东损益为负，则归属于少数股东的红利为零。少数股东权益的预测见图 5 – 41。

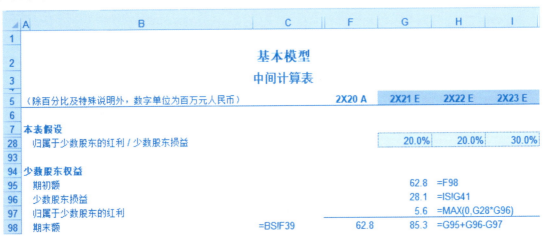

图 5 –41　基本模型——少数股东权益预测（中间计算表）

在完成股本及资本公积、留存收益和少数股东权益的预测后，还应在资产负债表（BS工作表）中引用中间计算表（Cals 工作表）中的预测结果，如图 5 - 42 所示。

	A B	F	G	H	I
1					
2		基本模型			
3		资产负债表			
5	（除百分比及特殊说明外，数字单位为百万元人民币）	2X20 A	2X21 E	2X22 E	2X23 E
10	资产负债表				
24	负债和股东权益				
35	股本及资本公积	472.3	472.3	=Cals!G86	
36	留存收益	778.3	1,150.0	=Cals!G92	
37	归属于母公司股东权益合计	1,250.6	1,622.3	=SUM(G35:G36)	
38					
39	少数股东权益	62.8	85.3	=Cals!G98	
40	股东权益合计	1,313.3	1,707.6	=G37+G39	

图 5 - 42　基本模型——股东权益相关预测（资产负债表）

完成了股东权益的预测后，六个主要辅助模块也就全部完成了，六个辅助模块与利润表和资产负债表之间的勾稽关系如图 5 - 43 所示。

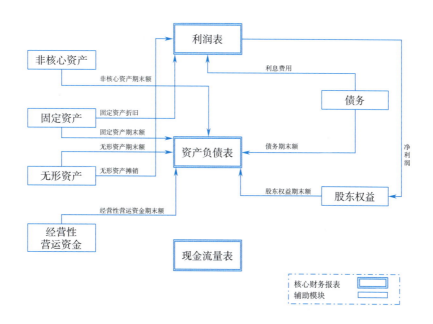

图 5 - 43　六个主要辅助模块与利润表、资产负债表的勾稽关系

5.4.9 资产负债表初步完成

1. 补填利润表未完成的科目：折旧、摊销、财务费用

在完成了固定资产、无形资产和债务等预测后，可以直接引用中间计算表的计算结果，把利润表中尚空缺的折旧、摊销和财务费用填上。

已完成的利润表如图 5－44 所示，用方框示意填回的三个项目，其中第 30 行～第 31 行、第 34 行分别为折旧、摊销和财务费用。可以从公式中看到，均是直接引用中间计算表（Cals 工作表）的预测结果。

	A	B	F	G	H	I
1						
2			**基本模型**			
3			**利润表**			
5		（除百分比及特殊说明外，数字单位为百万元人民币）	**2X20 A**	**2X21 E**	**2X22 E**	**2X23 E**
20		**利润表**				
21		营业收入	2,422.8	2,907.4	=(1+G8)*F21	
22						
23		营业成本（不含折旧、摊销）	1,622.8	1,948.0		
24		税金及附加	17.0	20.4	=G10*G21	
25		销售费用（不含折旧、摊销）	120.6	145.4	=G11*G21	
26		管理费用（不含折旧、摊销）	65.7	78.5	=G12*G21	
27		研发费用（不含折旧、摊销）	48.5	58.1	=G13*G21	
28		**EBITDA**	548.3	657.1	=G21-SUM(G23:G27)	
29						
30		折旧	140.3	178.5	=Cals!G33	
31		摊销	4.1	5.0	=Cals!G39	
32		**EBIT**	403.9	473.5	=G28-SUM(G30:G31)	
33						
34		财务费用	75.1	79.5	=Cals!G81	
35		非经常性或非经营性损益	3.6	0.0	=G14	
36		**利润总额**	332.4	394.0	=G32-G34+G35	
37						
38		所得税	81.6	98.5	=G15*G36	
39		**净利润**	250.8	295.5	=G36-G38	
40						
41		少数股东损益	14.3	16.8	=G17*G39	
42		**归属于母公司股东的净利润**	236.5	278.7	=G39-G41	

Cover | Contents | Cals | IS | BS | CFS | Analysis | ⊕

图 5－44　基本模型——已完成的利润表预测

2. 尚未填写的货币资金和循环贷款

而除了货币资金和循环贷款两个配平项，资产负债表其他科目的预测也已经完成，如图 5 −45 所示。空缺的两项仍用底纹突出显示。

A	B	F	G	H	I
1					
2		**基本模型**			
3		**资产负债表**			
5	（除百分比及特殊说明外，数字单位为百万元人民币）	**2X20 A**	**2X21 E**	**2X22 E**	**2X23 E**
10	资产负债表				
11	*资产*				
12	货币资金	179.9		加总时应包含G12单元格	
13	应收款项	420.9	505.9	=Cals!G43	
14	存货	187.0	224.0	=Cals!G44	
15	预付款项	30.6	37.0	=Cals!G45	
16	其他流动资产	34.9	40.7	=Cals!G46	
17	**流动资产合计**	853.3	807.6	=SUM(G12:G16)	
18					
19	非核心资产	22.5	22.5	=G8	
20	固定资产	2,550.6	2,837.3	=Cals!G34	
21	无形资产	166.0	184.3	=Cals!G40	
22	**资产总计**	3,592.4	3,851.6	=G17+SUM(G19:G21)	
23					
24	*负债和股东权益*				
25	循环贷款	0.0		加总时应包含G25单元格	
26	短期借款	285.0	285.0	=Cals!G63	
27	应付款项	464.7	557.1	=Cals!G49	
28	预收款项	94.0	113.4	=Cals!G50	
29	其他流动负债	82.1	99.3	=Cals!G51	
30	**流动负债合计**	925.8	1,054.9	=SUM(G25:G29)	
31					
32	长期借款	1,353.2	1,408.2	=Cals!G70	
33	**负债合计**	2,279.1	2,463.1	=G30+SUM(G32:G32)	
34					
35	股本及资本公积	472.3	472.3	=Cals!G86	
36	留存收益	778.3	1,001.2	=Cals!G92	
37	**归属于母公司股东权益合计**	1,250.6	1,473.5	=SUM(G35:G36)	
38					
39	少数股东权益	62.8	76.3	=Cals!G98	
40	**股东权益合计**	1,313.3	1,549.8	=G37+G39	
41					
42	**负债和股东权益总计**	3,592.4	4,012.9	=G33+G40	

图 5 −45 基本模型——资产负债表（缺配平项）

注意：千万不要引用中间计算表的货币资金和循环贷款来完成资产负债表空缺的货币资金和循环贷款。

3. 资产负债表需要注意的事项

请读者注意以下几点：

- 尽管还没有完成货币资金的预测，但在计算"流动资产合计"时，不要忘记在加总时应包括货币资金，具体可见在 H17 单元格显示的 2X21 年"流动资产合计"（G17单元格）的计算公式。同样地，在计算"流动负债合计"时，在加总时也要包括尚未完成预测的循环贷款。

- 如图 5 - 46 所示，第 44 行用于判断资产负债表是否平衡，2X21 年的判断公式使用了 IF 函数。可以看到，在 IF 函数的判断条件中，只要资产总计与负债和股东权益总计的差额的平方小于 0.00001，我们就认为模型平衡，资产 = 负债 + 股东权益；否则，该函数返回资产总计与负债和股东权益总计的差额。

- 目前，资产负债表并不平衡。这显然是合理的，因为还有两个配平项尚未完成预测。

图 5 - 46　基本模型——平衡检查

5.5 现金流量表预测与模型配平

接下来是预测现金流量表并配平模型。在 5.2 节财务预测的步骤中已经提到，配平资产负债表最常用的方法是采用间接法编制现金流量表，根据现金流量表的计算结果来平衡资产负债表。

5.5.1 使用间接法编制现金流量表

现金流量表是一个时期报表，也称为流量的表格，反映了公司在某一特定会计期间内现金流入和流出的情况。现金流量表中的会计等式为

现金及现金等价物净增加额 = 经营活动产生的现金流量净额 + 投资活动产生的现金流量净额 + 筹资活动产生的现金流量净额 + 汇率变动对现金及现金等价物的影响

不考虑汇率变动的影响，可以把公司的现金流分为经营活动现金流、投资活动现金流和融资活动现金流三种。

1. 使用间接法编制现金流量表的原理

现金流量表体现的是非现金资产、负债和股东权益变化引起的现金流入或者流出，这些现金流合在一起即为当期现金的变化。

用于平衡的间接法编制现金流量表，就是根据资产负债表中资产（不包括货币资金）、负债和股东权益的变化来编制现金流量表。

资产负债表中除货币资金外各科目的变化所引起的现金变化，具有如下规律：

资产增加	现金减少 ⎫
资产减少	现金增加 ⎬ 变化方向相反
负债或股东权益增加	现金增加 ⎫
负债或股东权益减少	现金减少 ⎬ 变化方向相同

可以看出，资产（除货币资金）与现金呈反向变动，负债和股东权益与现金呈同向变动。这一规律是很容易理解的。

因为在其他项目不变的情况下，资产的增加意味着公司需要支付现金来购买资产，这意味着现金的流出和减少，反之亦然。同理，在其他项目不变的情况下，增加或发行新债务或安排新的股权融资，意味着公司对外融资获得现金，将导致现金的流入和增加，反之亦然。所以间接法编制现金流量表中的科目计算本质上就是直接在资产负债表科目的期末

数和期初数之间做差。

为了理解资产负债表的平衡，我们来思考一个例子。

假设资产负债表的某一个资产科目（除现金）增加了100，其他科目（除现金）不发生变化，则为了保持资产负债表的平衡，现金需要减少100；如果某一个负债或权益科目增加200，其他科目（除现金）不发生变化，则需要现金增加200才能使得资产负债表保持平衡。所以，如果把除现金外（先假设只有一个配平项），资产负债表预测好的其他科目的变化对现金的影响全加起来，即得到使资产负债表平衡时的现金净变化。

Δ 负债 + Δ 权益 − Δ 非现金资产 = Δ 现金　　（注：Δ 表示变化，期末 − 期初）

对于资产类科目：

$$净现金流量 = -\Delta \text{资产科目}$$
$$= -（期末资产 - 期初资产）$$
$$= 期初资产 - 期末资产$$

对于负债或者股东权益类科目：

$$净现金流量 = \Delta \text{负债或权益}$$
$$= 期末负债或权益 - 期初负债或权益$$

可以把上述内容总结为下面的口诀，即项目变动产生的现金流：

资产项目，期初减期末；

负债权益，期末减期初。

因此使用间接法现金流量表配平资产负债表，本质上分三步：

第一步，不重不漏。 把资产负债表除现金外所有项目的变化对现金的影响写进现金流量表，解决模型平衡的问题。由于 Δ 负债 + Δ 权益 − Δ 非现金资产 = Δ 现金，即只要写全，就能平衡资产负债表。

第二步，调整科目。 对上述项目的变化进行调整，部分项目的变化需要分拆，部分项目的变化可以合并，解决现金流量表呈现的问题。具体来说：

（1）同类现金流内的项目可以合并，比如将应收款项、存货、预收款项等经营性营运资金的科目合并成经营性营运资金。

（2）部分项目变化涉及多类现金流，需要分拆。比如固定资产、无形资产、归属于母公司股东权益和少数股东权益。

（3）循环贷款的特殊处理。

第三步，分类准确。 把上一步得到的项目分别归入对应的现金流中，并对净利润中包含的大额非经营活动事项进行调整（为了不影响平衡，调整项会出现两次，方向相反）。

2. 现金流量表编制示例

下面以基本模型为例来说明间接法编制现金流量表的原理和步骤。

第一步，不重不漏。根据资产负债表的结构，写下所有科目（除货币资金）的变动，并注意该科目的变动是导致现金的流入还是流出，按照现金流入的方向写科目变化。

资产科目的变化，项目标题为"资产减少"，指的是资产减少对应现金流入的方向，计算公式对应着**期初－期末**。这样在现金流量表的计算中，都可以使用加法。公式计算出来的结果若为正，代表现金流入；计算结果为负，代表现金流出。

负债和权益科目的变化，项目标题为"负债增加"或"权益增加"，指的是负债或权益的增加，对应现金流入的方向，计算公式对应着**期末－期初**。

举个例子。存货是资产科目，所以存货变化在现金流量表中的科目名称为"存货减少"，如果期初存货110，期末存货150。存货增加40，相当于现金流流出40。因此标题"存货减少"对应的计算公式为期初－期末，结果为110－150＝－40，即现金流流出40。

需要特别注意的是，在使用间接法编制现金流量表时，资产负债表上的每个科目（除了货币资金外）的增减均应该在现金流量表中体现，并且只体现一次。在基本模型中，所有导致现金增加的资产负债表科目变化见表5－1。

表5－1　　　　　　　　　　　导致现金增加的资产负债表科目变化

编号	项目
1	应收款项减少
2	存货减少
3	预付款项减少
4	其他流动资产减少
5	非核心资产减少
6	固定资产减少
7	无形资产减少
8	循环贷款增加
9	短期借款增加
10	应付款项增加
11	预收款项增加
12	其他流动负债增加
13	长期借款增加
14	股本及资本公积增加
15	留存收益增加
16	少数股东权益增加

这里的增加是指本年数额减去上一年数额的差额，减少是指上一年数额减去本年数额的差额。可以看到所有的资产科目变动的标题均为"资产减少"，所有权益和负债科目变动的标题均为"负债增加"或"权益增加"，均代表现金流入的方向。

第二步，调整科目。对上述变动项目进行合并或分拆后归类，以满足间接法编制现金流量表的需要。相应的调整包括：

- **合并**：上表中编号为 1 ~ 4、10 ~ 12 的项目可以合并为一个项目，即"经营性营运资金减少"。

- **分拆**：由于固定资产是在中间计算表（Cals 工作表）中根据 BASE 法则计算的，具体法则为：期初额 + 固定资产购建 − 折旧 = 期末额，那么，期初额 − 期末额 = 折旧 − 固定资产购建。这样，对于上表中编号为 6 的"固定资产减少"项目，可以分拆为"折旧"和"（固定资产购建）"两项，固定资产购建加括号表示该项目会导致现金的流出。在后续的公式中，加括号的项目从前面工作表引用数字时需要加负号。进行上述分拆，主要是因为折旧和固定资产购建分别影响不同活动的现金流。

- **分拆**：同理，根据无形资产在中间计算表（Cals 工作表）中的 BASE 法则，可以将编号为 7 的"无形资产减少"项目分拆为"摊销"和"（无形资产购建）"两项。

- **分拆**：同理，根据留存收益在中间计算表（Cals 工作表）中的 BASE 法则，可以将编号为 15 的"留存收益增加"项目分拆为"归属于母公司股东的净利润"和"（归属于母公司股东的红利）"。根据少数股东权益在中间计算表（Cals 工作表）中的 BASE 法则，可以将编号为 16 的"少数股东权益增加"分拆为"少数股东损益"和"（归属于少数股东的红利）"。

- **合并**：之后，我们再进行一些合并调整，因为在利润表中有"归属于母公司股东的净利润 + 少数股东损益 = 净利润"，而且在公司公告的合并口径的现金流量表补充资料里面，都是从净利润开始调整得到经营活动现金流的。因此，可以将"归属于母公司股东的净利润"加"少数股东损益"合并为**"净利润"**。那么，将"留存收益增加"和"少数股东权益增加"放在一块来看的话，可以分拆为"净利润""（归属于母公司股东的红利）"和"（归属于少数股东的红利）"。

- **循环贷款处理**：对于编号为 8 的"循环贷款增加"项，循环贷款增加 = 当年循环贷款 − 上年循环贷款。由于当年的循环贷款和货币资金一样是最后预测出来的，所以我们先只考虑"− 上年循环贷款"部分，即"（偿还上年循环贷款）"。而当年的循环贷款在现金流量表的最后计算和考虑。这个思路用**"先还后借"**概括，"先还"指先考虑上年循环贷款的偿还，"后借"指若期末缺钱，则通过当年新增循环贷款来解决。所以循环贷款变化在现金流量表的科目名称比较特殊，为"**（偿还上年循环贷款）**"。

- 其他项目不作调整。

> 合并是为了突出重点，拆分是为了分类准确。在拆分过程中，需注意方向的调整。为了遵循现金流加法的计算方式，对于分拆出来的资产增加项和负债权益减少项，会在标题外添加括号，以提示在对应公式中加上负号。

上述调整过程如表5-2所示。

表5-2   现金流量表调整过程一

编号	项目	调整	调整后项目
1	应收款项减少	合并	经营性营运资金减少
2	存货减少	合并	经营性营运资金减少
3	预付款项减少	合并	经营性营运资金减少
4	其他流动资产减少	合并	经营性营运资金减少
5	非核心资产减少	不调整	非核心资产减少
6	固定资产减少	分拆	折旧、（固定资产购建）
7	无形资产减少	分拆	摊销、（无形资产购建）
8	循环贷款增加	先还后借	（偿还上年循环贷款）
9	短期借款增加	不调整	短期借款增加
10	应付款项增加	合并	经营性营运资金减少
11	预收款项增加	合并	经营性营运资金减少
12	其他流动负债增加	合并	经营性营运资金减少
13	长期借款增加	不调整	长期借款增加
14	股本及资本公积增加	不调整	股本及资本公积增加
15	留存收益增加	分拆、合并	净利润、（归属于母公司股东的红利）、
16	少数股东权益增加		（归属于少数股东的红利）

经调整后，除暂未考虑的当年循环贷款外，其他所有导致现金流增加的项目如表5-3所示。需要再次强调的是，表格中加括号的项目，代表反向调整，也提醒我们在写这些项目的公式时要加个负号。

表5-3   现金流量表调整过程二

编号	项目
1	经营性营运资金减少
2	非核心资产减少
3	折旧
4	（固定资产购建）

编号	项目
5	摊销
6	（无形资产购建）
7	（偿还上年循环贷款）
8	短期借款增加
9	长期借款增加
10	股本及资本公积增加
11	净利润
12	（归属于母公司股东的红利）
13	（归属于少数股东的红利）

第三步，分类准确。根据"经营活动现金流""投资活动现金流"和"融资活动现金流"对上述项目进行归类。

"经营性营运资金减少""折旧""摊销"和"净利润"归入**"经营活动现金流"**；

"非核心资产减少""（固定资产购建）"和"（无形资产购建）"归入**"投资活动现金流"**；

"（偿还上年循环贷款）""短期借款增加""长期借款增加""股本及资本公积增加""（归属于母公司股东的红利）"和"（归属于少数股东的红利）"归入**"融资活动现金流"**。

归类后的结果如表5-4所示。

表5-4　　　　　　　　　　　　　现金流量表调整过程三

经营活动现金流	投资活动现金流	融资活动现金流
净利润	非核心资产减少	（偿还上年循环贷款）
折旧	（固定资产购建）	短期借款增加
摊销	（无形资产购建）	长期借款增加
经营性营运资金减少		股本及资本公积增加
		（归属于母公司股东的红利）
		（归属于少数股东的红利）

在此基础上，一般还需要根据企业会计准则对现金流分类进一步调整。因为上述项目中的"净利润"是一个综合利润，可能包括一些非经营性的损益，典型的如投资收益（属于投资活动）、财务费用（根据我国的企业会计准则，财务费用中的利息支出属于融资活动，公司年报的现金流表补充资料中一般都以财务费用列示）等。

因此，还需要在经营活动现金流中反向调整这些净利润中考虑过的非经营性损益，同时将其调整到相应的投资活动或融资活动现金流当中。换句话说，这一步的调整是不同活动现金流之间的内部调整，并不影响公司三项活动合计的净现金流（因此不会影响资产负债表的平衡），只是为了得到更符合企业会计准则要求的各项活动现金流。所以此步骤的调整会导致现金流量表中出现名称文字相同，但符号相反（一个有括号，一个没有括号），并且分列在两类不同的现金流中的项目。

在基本模型中，财务费用（严格而言是利息支出）是融资活动相关的，同时我们假设利润表中的非经常性或非经营性损益都是属于投资业务产生的。因此，我们还需要在经营活动现金流中加回计算净利润时减掉的财务费用，减去计算净利润时加上的非经常性或非经营性损益。同时，需要将非经常性或非经营性损益在投资活动现金流中加上，将财务费用在融资活动中减去。经过进一步调整后的归类结果如表 5-5 所示。

表 5-5 现金流量表调整过程四

经营活动现金流	投资活动现金流	融资活动现金流
净利润	非经常性或非经营性损益	（偿还上年循环贷款）
折旧	非核心资产减少	（财务费用）
摊销	（固定资产购建）	短期借款增加
财务费用	（无形资产购建）	长期借款增加
（非经常性或非经营性损益）		股本及资本公积增加
经营性营运资金减少		（归属于母公司股东的红利）
		（归属于少数股东的红利）

3. 现金流量表预测

上面详细介绍了编制间接法现金流量表的原理和步骤。对于熟练的建模者来说，则不必按照上述步骤，可以直接从净利润开始，根据资产、负债和股东权益科目的变化进行调整。

一般而言，从净利润开始调整经营活动现金流时，主要调整三类科目：

（1）加回非现金成本费用，主要是指折旧或摊销；

（2）反向调整不属于经营活动的损益，比如投资收益、财务费用等；

（3）考虑经营性应收、应付及存货变化对现金的影响，主要是加上经营性营运资金的减少。

下面来看基本模型中现金流量表的预测，如图 5-47 所示。

图 5-47 给出了现金流量表（CFS 工作表）的预测结果。可以看到，其中涉及的所有科目均已在前面的步骤中完成预测了。换句话说，我们不用再在 CFS 工作表中去预测这些科目了，只需要引用中间计算表（Cals 工作表）、利润表（IS 工作表）的计算结果，或者直接在资产负债表（BS 工作表）中的相关科目上做差即可。

另外，需要说明的是，在编制现金流量表时，我们习惯在计算不同活动现金流的合计项（经营活动现金流合计、投资活动现金流合计和融资活动现金流合计）用加法（SUM 函数），因此在计算每一项对现金流影响时，需要正确考虑。

	A	B	F	G	H	I
1						
2		**基本模型**				
3		**现金流量表**				
5		（除百分比及特殊说明外，数字单位为百万元人民币）	**2X20 A**	**2X21 E**	**2X22 E**	**2X23 E**
10		现金流量表				
11		净利润		295.5 =IS!G39		
12		折旧		178.5 =IS!G30		
13		摊销		5.0 =IS!G31		
14		财务费用		79.5 =IS!G34		
15		（非经常性或非经营性损益）		0.0 =-IS!G35		
16		经营性营运资金减少		(5.2) =Cals!F54-Cals!G54		
17		**经营活动现金流合计**		553.4 =SUM(G11:G16)		
18						
19		非经常性或非经营性损益		0.0 =-G15		
20		非核心资产减少		0.0 =BS!F19-BS!G19		
21		（固定资产购建）		(465.2) =-Cals!G32		
22		（无形资产购建）		(23.3) =-Cals!G38		
23		**投资活动现金流合计**		(488.4) =SUM(G19:G22)		
24						
25		（偿还期初循环贷款）		0.0 =-BS!F25		
26		（财务费用）		(79.5) =-G14		
27		短期借款增加		0.0 =BS!G26-BS!F26		
28		长期借款增加		55.0 =BS!G32-BS!F32		
29		股本及资本公积增加		0.0 =BS!G35-BS!F35		
30		（归属于母公司股东的红利）		(55.7) =-Cals!G91		
31		（归属于少数股东的红利）		(3.4) =-Cals!G97		
32		**融资活动现金流合计**		(83.7) =SUM(G25:G31)		
33						
34		净现金流		(18.7) =G32+G23+G17		
35		期初现金		179.9 =BS!F12		
36		**循环贷款前期末现金**		161.2 =SUM(G34:G35)		

图 5-47　基本模型——现金流量表预测

比如经营性营运资金（经营性流动资产 - 经营性流动负债），其变化和现金反向，因此标题写为"经营性营运资金减少"，对应公式为" = Cals!F54 - Cals!G54"（期初 - 期末）；固定资产购建为现金流出，因此标题写为"（固定资产购建）"，对应公式为" = - Cals!G32"（中间计算表的固定资产 BASE 中固定资产购建金额加负号）；长期借款的变化和现金同向，因此标题写为"长期借款增加"，对应公式为" = BS!G32 - BS!F32"（期末 - 期初）；归属于母公司股东的分红为现金流出，因此标题写为"（归属于母公司股东的分红）"，对应公式为" = - Cals!G91"（中间计算表的留存收益 BASE 中归属于母公司股东的分红金额加负号）。

建模技巧提示：同一个科目只计算一次

在模型中，同一个科目可能在不同的工作表中都会被用到。除了在第一次预测该科目时需要根据其假设进行计算外，随后在其他工作表中均只需直接引用已经计算的结果即可。这样可以减少建模的工作量，也可以减少出错的概率（比如由于疏忽，存在公式错误导致该科目在不同工作表计算的结果不一致）。

这里通过图 5 - 48 来梳理一下现金流量表与资产负债表、利润表及辅助报表的勾稽关系。

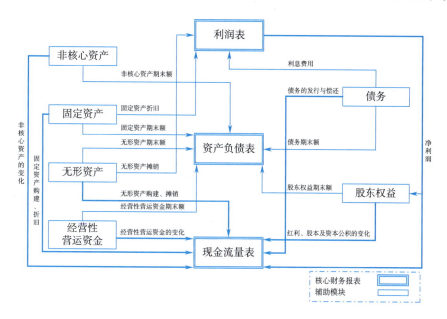

图 5 - 48　现金流量表与核心财务报表及辅助模块的勾稽关系

计算完三项现金流量后，我们把经营活动现金流、投资活动现金流和融资活动现金流进行加总，就得到了各项活动在本期所产生的净现金流。见 CFS 工作表第 34 行。

CFS 工作表第 36 行计算了"循环贷款前期末现金"，之所以这么命名，是因为在上述现金流中，我们按"先还后借"的方式，只考虑了先还，还没有考虑后借，即当年可能新增的循环贷款，并不是最终的期末现金。

虽然并没有得到最终的期末现金，但可以发现当前 G36 单元格循环贷款前期末现金的数值（161.2），恰好与资产负债表中 G44 单元格平衡测试的数值（-161.2）的绝对值相同。意味着此时循环贷款前期末现金已经可以解决资产负债表的平衡。

不是最终现金的原因是计算过程中可能得到负的现金：如果本期净现金流为较大负数（取决于假设的选取），并且前期期末没有十分充裕的现金，那么将可能出现循环贷款前期末现金为负数的情况，这时将一个负的现金余额填入资产负债表显然是不合理的。

所以，还需要进一步计算一个合理的期末货币资金（或称期末现金）。

5.5.2　货币资金和循环贷款的计算

在实际中，公司账上的现金不仅不可能是负值，而且应该大于等于某一正值，以应对平时的水电费、员工差旅费、经常性原材料采购费用等日常支出，以保证公司正常的经营运转。我们称这个至少需要持有的现金额为最低现金需求，或称所需现金。在模型中考虑所需现金（要求账上现金不低于所需现金）的原因就是使得预测结果更符合通常的认知。

所需现金的大小取决于公司经营规模和现金管理水平，一般规模越大则现金需求越大。在对此项进行估计时，可以采用收入或者现金营业成本的比例，也可以参考历史情况或者同行业的情况。

根据现金流量表计算的结果，如果"循环贷款前期末现金"大于所需现金，则多出的部分记为多余现金；如果循环贷款前期末现金小于所需现金，则这个差额记为融资缺口（需要通过循环贷款补足）。显然，多余现金和融资缺口至少有一个为 0，因为"循环贷款前期末现金"不可能既大于、又小于所需现金。

多余现金＝Max（循环贷款前期末现金－所需现金，0）

循环贷款（融资缺口）＝Max（所需现金－循环贷款前期末现金，0）

当存在融资缺口时，公司通常需要向银行借一笔短期借款以补充现金，使其至少达到所需现金。这笔短期借款最合理的方式是以循环贷款的形式获得，即在一定的时限和额度内，公司可以在需要时随时向银行提取贷款，并且可以在资金充裕时随时偿还。只要贷款的未偿还余额没有超过银行给予的授信额度，公司就可以多次提取、逐笔归还、循环使用。因此，融资缺口也通常称为"循环贷款"。

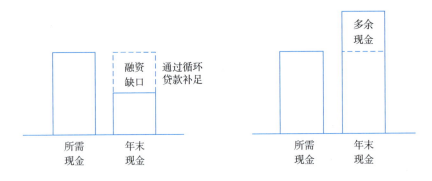

图 5－49　循环贷款（融资缺口）和多余现金示意

基本模型关于循环贷款（融资缺口）和货币资金（期末现金）的计算如图 5－50 所示。

我们在第 8 行假设所需现金占营业收入的一定比例，在第 38 行计算了所需现金，在第39 行～第 40 行计算了多余现金和融资缺口（循环贷款），其中借助了 MAX 函数。

图 5 - 50 基本模型——货币资金和循环贷款计算

期末现金有三种常用的计算方式：第一种是用循环贷款前期末现金加循环贷款，第二种是用所需现金加多余现金，第三种是取循环贷款前期末现金与所需现金二者中的较大值。三种方式的计算结果是完全相同的。基本模型中使用的是第一种方法。

5.5.3 配平资产负债表

1. 资产负债表配平与循环引用

接下来，将现金流量表中计算得到的期末现金（货币资金）和循环贷款引回资产负债表来配平。

在基本模型中，首先在 BS 工作表中引用现金流量表（CFS 工作表）中的期末现金（货币资金）。在 G12 单元格输入 H12 单元格中显示的公式并按下回车键时，系统屏幕可能会出现如图 5 - 51 所示的提示框。

之所以出现上述提示，是因为模型中出现了循环引用。有时虽然 Excel 不会出现这个错误提示，但是会得到明显错误的结果，比如引用不为 0 的数却直接显示为 0。这也表明模型中存在循环引用。

循环引用简单来说就是某个单元格直接或者间接引用到了自身，从而导致计算时形成循环。关于循环引用的详细介绍可查阅《Excel 财务建模手册》。

在基本模型中，产生循环引用现象的原因可以通过图 5 - 52 来说明。

从图 5 - 52 中可以清楚地了解循环引用产生的过程：

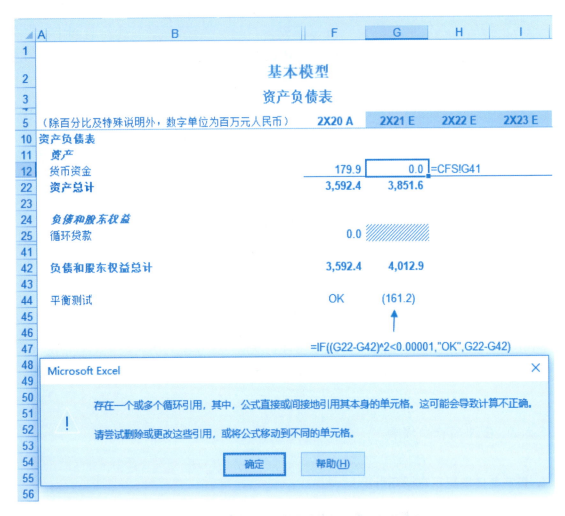

图 5 –51　基本模型——引用年底现金与循环引用提示

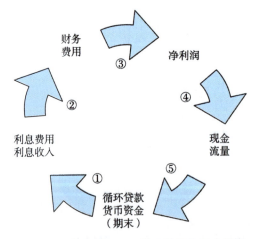

图 5 –52　基本模型——循环引用的形成原因

- **第①步，期末配平项影响当期利息**：基本模型中，计算配平项货币资金的利息收入和循环贷款的利息费用时，都采用了期初、期末平均值乘以相应利率的方式。所以期末配平项影响了当期的利息。

- **第②③步，财务费用影响净利润**：当期的利息收入（或利息费用）影响当期的财务费用，进而影响当期的净利润。

- **第④⑤步，净利润影响期末货币资金和循环贷款**：而净利润作为现金流量表中计算经营活动现金流的起始项，其变化会影响当期的净现金流，最后又影响到期末的配平项（货币资金和循环贷款）。

如此，一个循环便形成了。其中，第②③④⑤步是本身存在的勾稽关系，通常不会改变。而第①步是可以控制的。

因此，在基本模型中，控制模型是否产生循环引用，关键在于**控制配平项的期末值是否影响当期利息**。若配平项的期末值影响当期利息（即采用期末值乘或期初、期末的平均值乘以相应利率来计算利息），此时图5－52中形成闭环，模型产生循环引用；否则，若配平项的期末值不影响当期利息（即都采用期初值乘以相应利率来计算利息），此时图5－52中不形成闭环（配平项期末值到利息的传导箭头①不存在），模型不产生循环引用。

在基本模型中，这样的循环引用存在稳态值（或收敛值）。因为配平项期末值对利息的影响是乘以利率（利率的值远小于1），所以每循环一次引起的变化会快速缩小，模型很快就可以收敛达到稳态。

对于这样可以达到稳定状态的循环引用，可以利用Excel的迭代计算来实现收敛。打开Excel"选项"对话框，在"公式"选项卡中勾选"启用迭代计算"复选框，如图5－53所示。

图5－53 基本模型——迭代计算设置

这样设置后，Excel 会针对循环引用进行迭代计算。Excel 将从某一初始值开始循环计算，直至迭代次数达到设置的"最多迭代次数"或者两次相邻迭代计算的结果相差小于"最大误差"时停止。

在引用货币资金和循环贷款后，资产负债表就完成了。配平后的资产负债表如图5-54所示。

	B	F	G	H	I
	基本模型				
	资产负债表				
（除百分比及特殊说明外，数字单位为百万元人民币）		**2X20 A**	**2X21 E**	**2X22 E**	**2X23 E**
资产负债表					
资产					
货币资金		179.9	161.7	=CFS!G41	
应收款项		420.9	505.9	=Cals!G43	
存货		187.0	224.0	=Cals!G44	
预付款项		30.6	37.0	=Cals!G45	
其他流动资产		34.9	40.7	=Cals!G46	
流动资产合计		853.3	969.3	=SUM(G12:G16)	
非核心资产		22.5	22.5	=G8	
固定资产		2,550.6	2,837.3	=Cals!G34	
无形资产		166.0	184.3	=Cals!G40	
资产总计		3,592.4	4,013.3	=G17+SUM(G19:G21)	
负债和股东权益					
循环贷款		0.0	0.0	=CFS!G40	
短期借款		285.0	285.0	=Cals!G63	
应付款项		464.7	557.1	=Cals!G49	
预收款项		94.0	113.4	=Cals!G50	
其他流动负债		82.1	99.3	=Cals!G51	
流动负债合计		925.8	1,054.9	=SUM(G25:G29)	
长期借款		1,353.2	1,408.2	=Cals!G70	
负债合计		2,279.1	2,463.1	=G30+SUM(G32:G32)	
股本及资本公积		472.3	472.3	=Cals!G86	
留存收益		778.3	1,001.7	=Cals!G92	
归属于母公司股东权益合计		1,250.6	1,474.0	=SUM(G35:G36)	
少数股东权益		62.8	76.3	=Cals!G98	
股东权益合计		1,313.3	1,550.2	=G37+G39	
负债和股东权益总计		3,592.4	4,013.3	=G33+G40	
平衡测试		OK	OK		
			↑		
		=IF((G22-G42)^2<0.00001,"OK",G22-G42)			

图5-54 基本模型——资产负债表配平

从图 5 – 54 中可以看出，工作表第 44 行的平衡测试已经不再显示差额，而是显示"OK"，表示满足了会计等式的要求，资产负债表已经配平。

这样就完成了预测期第一年的完整财务预测。

对于以后年度的财务预测，由于未来每年的计算公式与第一年的公式是完全一样的，所以只需要把 Cals、IS、BS 和 CFS 工作表中 2X21 年的公式向右复制，就能得到以后各年的预测结果。这里可以使用快捷键"Ctrl + R"将第一年（G 列）的公式复制到以后每一年。

2. 配平原理

到这里，读者一定会问，为什么经过上述步骤调整后编制预测期的现金流量表，计算得到的配平项（货币资金和循环贷款）就一定能配平预测期的资产负债表呢？下面再解释一下用间接法现金流量表配平资产负债表的原理。

如果上一年资产负债表是平衡的，即在上一年年末，下式成立：

$$现金_0 + 非现金资产_0 = 循环贷款_0 + 不含循环贷款的负债和权益_0$$

上式中，下角标 0 代表上一年年末。

根据间接法编制现金流量表的原理，基本模型中 CFS 表的本年净现金流量（新增循环贷款前）的计算公式为

$$净现金流量_1 = （非现金资产_0 - 非现金资产_1） + （不含循环贷款的负债和权益_1$$
$$- 不含循环贷款的负债和权益_0） - 循环贷款_0$$

上式中，下角标 1 代表本年年末。

考虑本年末的循环贷款，本年年末的现金等于上年年末的现金加上本年净现金流量再加上本年循环贷款（因为本年新增的循环贷款会导致现金流入），即

$$现金_1 = 现金_0 + 净现金流量_1 + 循环贷款_1$$
$$= 现金_0 + （非现金资产_0 - 非现金资产_1）$$
$$+ （不含循环贷款的负债和权益_1 - 不含循环贷款的负债和权益_0）$$
$$- 循环贷款_0 + 循环贷款_1$$

经调整：

$$现金_1 + 非现金资产_1 - （循环贷款_1 + 不含循环贷款的负债和权益_1）$$
$$= 现金_0 + 非现金资产_0 - （循环贷款_0 + 不含循环贷款的负债和权益_0） = 0$$

即

$$现金_1 + 非现金资产_1 = 循环贷款_1 + 不含循环贷款的负债和权益_1$$

由此可见，只要前一年的资产负债表是平衡的，使用上述方法预测的本年的资产负债表也一定是平衡的。对于会计期间并非整年的情形，上述原理也一样适用。

在基本模型中，由于历史年份的资产负债表是确认过平衡的，因此使用上述方法编制

的预测期的现金流量表，计算得到的配平项货币资金和循环贷款一定可以配平预测期的资产负债表。

上述方法中的关键在于把除货币资金和循环贷款外其他所有项目的变化对现金的影响全部考虑在现金流量表中（即不重不漏），对循环贷款的处理采用了"先还后借"的处理方式，"先还"解决平衡，"后借"解决货币资金的合理性（不低于所需现金）。

3. 其他配平方法

现金流量表对于准确预测公司未来现金流情况及估值具有很重要的作用，所以建议建模者尽量编制现金流量表，但是若模型只是为了快速计算某些指标，或者对于像银行这类绝大部分活动均为经营活动的公司，进行财务预测及估值时则不需要编制现金流量表。这时，可以把资产负债表中某一个或两个科目设为配平项，直接采用轧差的方式来配平资产负债表。关于银行等金融机构的财务预测可参见金融机构估值专题。

下面简单介绍一下什么是轧差的方式配平资产负债表。比如说资产负债表只有一个配平项货币资金，那么在没有编制预测期现金流量表的情况下，货币资金完全可以用当年预测出来的"负债和权益总计"扣减"非现金资产的合计"直接得到，这种简单粗暴方式就是轧差配平。

轧差方式一定可以使预测期的资产负债表平衡（满足最基本的会计恒等式），但也存在缺陷。它无法提示模型中存在的公式错误，尤其是会计逻辑的错误。无论模型中是否存在错误，采用轧差方式得到的预测期资产负债表一定是平衡的。比如在采用 BASE 法则预测无形资产期末值时，错误地将期末值的计算公式写为：无形资产期末值 = 无形资产期初值 + 无形资产购建 + 无形资产摊销，这显然违背了会计逻辑。但如果采用轧差的方式（负债和权益总计 – 非现金资产）得到期末货币资金，那么预测期的资产负债表仍然是平衡的，但会使得无形资产高估，货币资金低估，导致得到不正确的资产负债表。

正是基于此，轧差配平资产负债表的方式在实际建模工作中较少使用，更多的是采用间接法编制现金流量表来计算配平项从而配平预测期的资产负债表。其好处在于，不仅可以校验财务预测过程中是否存在会计逻辑的错误，也可以预测出公司经营、投资、融资三项活动的现金流情况，方便进行后续的财务分析以及 DCF 估值。

| 5.6 | 资产负债表预测扩展 |

在基本模型中，着重说明了通常项目的预测方式。在实际工作中，预测利润表或资产负债表时会遇到一些基本模型没有涉及到的问题。比如使用权资产与租赁负债如何预测；

递延所得税资产、递延所得税负债如何处理；商誉如何考虑；非核心资产以及非经常性或非经营性损益如何处理等，本节会对之前基本模型未详细说明的一些问题进行适当的扩展。在处理这些项目时，重要的是弄清这些项目产生、变化的原因，然后结合这些项目相关的会计知识，运用合理的方法进行分析和预测。

5.6.1 使用权资产和租赁负债

新租赁准则（2018 年修订，2019 年、2021 年分批实施）规定，除短期租赁和低价值资产租赁外，承租人需要在资产负债表中确认使用权资产和租赁负债。

举个例子，比如承租人和出租人签订了 3 年的办公场所租赁合约，约定未来 3 年每年定期支付租金。那么，承租人需要在租赁开始日将未来 3 年约定需要支付的租金的现值和（租金按固定的周期性利率折现）确认租赁负债和使用权资产（假设不考虑其他因素，租赁负债和使用权资产在初始确认时相等）。

对于该笔租赁，承租人确认的使用权资产在未来 3 年租赁期内按直线法折旧或摊销，确认的租赁负债按实际利率法计算在租赁期内各个期间的利息费用，并计入当期损益。

因此，如公司有较大的租赁负债和使用权资产，可以根据相应会计处理采用 BASE 法则预测，预测最主要的增加项和减少项。新增的租赁负债就是该笔租赁开始日确定的租赁期租金的现值和，新增的使用权资产等于当期新增的租赁负债。使用权资产的减少项为折旧，租赁负债的减少项为支付的租金中用于偿还本金的部分。

比如上海机场（600009.SH）在实施新租赁准则后，2021 年半年报中确认了 160 多亿元的使用权资产和租赁负债，占总资产的 31%，使公司的资产负债率由 2020 年的 11.0%增加到 2021 年上半年的 45.2%。因此，在对上海机场进行财务预测时，需要考虑后续使用权资产和租赁负债的演变。

5.6.2 递延所得税资产和递延所得税负债

递延所得税资产和递延所得税负债是由于资产、负债的账面价值与其计税基础之间的差异产生的。产生递延所得税资产和递延所得税负债的原因有很多，包括对各种减值损失、商誉、折旧和摊销在税务处理和会计处理的不同等。关于递延所得税资产和递延所得税负债的详细介绍可参见《财务报表分析》。

那么，在实际的财务预测模型中，是否需要对递延所得税资产和递延所得税负债这两个项目进行详细预测呢？这取决于两个方面：其一，这两个项目的数值对报表影响是否重大。如果数值较大，对公司所得税费用（尤其是当期所得税）就可能有较大影响，则有进行详细预测的必要；如果数值很小，则一般不需要进行详细预测。其二，是否有合理的预测方法。这就需要分析特定公司中这两个项目产生的具体原因。对于上市公司来说，这些原因一般都可以在财务报表附注中找到。

比如，对于石油开采公司，已探明储量的油气资产的资本化成本在会计上一般按照产量法计提折耗，而在税务上一般一次性扣除或按年限平均法计提折耗。这会导致该资产在会计上的账面值和税务上的计税基础不同，因而产生递延所得税资产（或负债）。这种递延所得税资产（或负债）是可以预测的，因为我们认为会计上和税务上对油气资产计提折耗的政策是可以持续的。首先，我们可以分别按两种计提折耗的方法计算预测年份油气资产的期末值，然后将税务上预测的期末值减去会计上预测的期末值得到的差额乘以对应的税率即可得到递延所得税资产（如果计算得到的值为负，则记为递延所得税负债）。

总结来说，**如果公司的递延所得税资产或递延所得税负债数额较大，且有较为合理的预测方法，我们需要详细预测这两个科目；否则，我们可以简化处理，比如假设他们未来金额保持不变或者逐渐减少至零。**

需要注意的是，如果在资产负债表考虑了递延所得税资产和递延所得税负债，那么在预测利润表的所得税费用时，需要把所得税费用分拆成递延所得税费用和当期所得税费用。递延所得税费用一般来说等于递延所得税负债的增加减去递延所得税资产的增加，所以可以根据此勾稽关系预测递延所得税费用。

5. 6. 3　商誉

商誉通常产生于非同一控制下的企业合并。在非同一控制的企业合并中，若收购方支付的收购成本大于取得的被收购方可辨认净资产公允价值的份额，超出部分将被确认为收购方合并资产负债表的商誉。因此商誉通常被认为是属于核心业务的一项资产。

商誉在被确认之后每年至少进行一次减值测试，如果有减值迹象，需确认商誉减值准备，抵减商誉的账面值，同时在利润表中确认商誉减值损失作为资产减值损失的一个子项。同固定资产、无形资产的减值准备一样，商誉的减值准备一旦确认，在未来不可以转回。

商誉可以采用 BASE 法则预测，增加项来自于非同一控制下新的企业合并，减少项为商誉减值。一般而言，除了公司有明确的并购计划且收购对价基本确定，否则通常不考虑收购新增的商誉。而对于商誉减值，预测一般有两种方式：一是对于近期可以估计的减值，直接预测其数值；二是按照商誉的比例进行预测。

5.6.4 非核心资产及非经常性或非经营性损益

前面多次提及，非核心资产是指非投资类公司所持有的投资性资产，一般包括金融工具、与主业无关的长期股权投资以及非地产公司的投资性房地产。非经营性损益是指这些非核心资产产生的一些投资性损益（如投资收益和公允价值变动损益），而非经常性损益是指一次性或波动较大的、难以预测的损益，主要体现在利润表中的信用减值损失、资产减值损失、资产处置收益、营业外收入和营业外支出等项目中。

对于非经常性损益，由于非经常性发生、波动较大且难以预测，通常预测时假设为零即可。

对于投资性损益以及非核心资产，由于投资性资产通常会放在企业价值之外单独估值，因此在财务预测时，投资性损益以及非核心资产也可以简单预测，比如假设非核心资产账面值保持不变，可以用一个保守的收益率预测对应的投资性损益。

当然，对于投资性资产和投资性损益持续较大的公司，若想把净利润预测得比较准的话，可以根据相应的会计处理进行预测。

比如，在预测长期股权投资时，采用 BASE 法则，增加项主要考虑来自合营及联营公司的投资收益（假设对合营及联营公司的持股保持不变），减少项为来自合营及联营公司的现金分红。

同时，需注意长期股权投资的增加项和减少项对不同报表的影响。来自合营及联营公司的投资收益会计入利润表影响投资收益，来自合营及联营公司的现金分红会计入现金流量表影响投资活动现金流。

5.7 财务结果分析

完成上述财务预测主要工作后，通常还需要计算一些重要的财务指标。其作用主要有两个：一是可以更加直观显示公司在预测期的经营财务状况，一目了然；二是可以将定量的财务比率结果和对该公司定性的判断项结合，有助于发现一些不合理的比率结果，根据该结果追本溯源，找到不合理的假设数字或者错误的计算逻辑，从而对模型进行调整。比如，预测期的毛利率持续走高且异于常值，可能意味着利润表的营业成本存在公式计算错误。

基本模型的财务结果分析在 Analysis 工作表中进行计算，其部分结果如图 5－55 所示。

	基本模型 分析表				
（除百分比及特殊说明外，数字单位为百万元人民币）	2X19 A	2X20 A	2X21 E	2X22 E	2X23 E
关键数字					
营业收入	1,877.6	2,422.8	2,907.4	3,430.7	3,945.3
EBITDA	412.5	548.3	657.1	809.7	970.6
EBIT	297.6	403.9	473.5	593.2	720.1
EBIAT	226.6	304.7	355.2	444.9	540.1
净利润	188.4	250.8	296.1	384.0	478.0
财务费用	60.7	75.1	78.7	81.3	82.7
循环贷款	0.0	0.0	0.0	0.0	0.0
短期借款	245.3	285.0	285.0	285.0	285.0
长期借款	1,216.1	1,353.2	1,408.2	1,462.8	1,501.6
债务合计	1,461.5	1,638.3	1,693.3	1,747.8	1,786.7
股东权益	1,142.7	1,313.3	1,550.2	1,857.4	2,192.0
投入资本（不含货币资金与非核心资产）	2,413.4	2,749.2	3,059.3	3,361.0	3,623.4
资产总计	3,074.6	3,592.4	4,013.3	4,502.1	4,996.8
经营活动现金流（CFO）			553.2	667.9	795.5
成长性指标					
营业收入增长率	16.7%	29.0%	20.0%	18.0%	15.0%
EBITDA增长率	7.7%	32.9%	19.8%	23.2%	19.9%
EBIT增长率	3.9%	35.7%	17.3%	25.3%	21.4%
净利润增长率	15.3%	33.1%	18.1%	29.7%	24.5%
固定资产增长率	27.8%	16.5%	11.2%	9.5%	7.4%
总资产增长率	24.6%	16.8%	11.7%	12.2%	11.0%
盈利性指标					
EBITDA / 营业收入	22.0%	22.6%	22.6%	23.6%	24.6%
EBIT / 营业收入	15.9%	16.7%	16.3%	17.3%	18.3%
净利润率	10.0%	10.3%	10.2%	11.2%	12.1%
净资产收益率（ROE）	18.6%	20.4%	20.7%	22.5%	23.6%
资产回报率（ROA）	6.8%	7.5%	7.8%	9.0%	10.1%
投入资本回报率（ROIC）	10.3%	11.8%	12.2%	13.9%	15.5%
偿债能力指标					
流动比率	1.0	0.9	0.9	1.0	1.1
速动比率	0.7	0.7	0.7	0.7	0.8
现金比率	0.2	0.2	0.2	0.2	0.3
EBITDA / 财务费用	6.8	7.3	8.3	10.0	11.7
CFO / 债务合计			0.3	0.4	0.4
运营能力指标					
应收款项周转率	5.9	6.3	6.3	6.2	6.1
存货周转率	8.9	9.5	9.5	9.3	9.2
应付款项周转率	4.9	4.2	3.8	3.8	3.7
固定资产周转率	1.0	1.0	1.1	1.2	1.2
总资产周转率	0.7	0.7	0.8	0.8	0.8
杠杆比率					
债务权益比率	127.9%	124.7%	109.2%	94.1%	81.5%
资产负债率	62.8%	63.4%	61.4%	58.7%	56.1%
杜邦分析					
净利润率	10.0%	10.3%	10.2%	11.2%	12.1%
总资产周转率	0.7	0.7	0.8	0.8	0.8
平均总资产 / 平均股东权益	2.7	2.7	2.7	2.5	2.3
净资产收益率（ROE）	18.6%	20.4%	20.7%	22.5%	23.6%

图 5-55　基本模型——财务结果分析

5.8   情景分析

在建模过程中，财务预测均基于一定的假设，这些假设也反映了建模者对未来宏观经济情况、公司所处的行业与市场状况以及公司经营管理的预期。建模者的这种预期源于其对相关信息的了解。

但是，由于不确定性的存在，未来很可能出现不同于假定的情形。比如说，在经济形势好的情况下，公司的收入增长会较高；相反，如果经济环境恶化，公司产品滞销，收入增长速度将会锐减甚至为负。又如，公司的战略计划可能面临不同的选择，公司可能通过兼并收购的方式进行扩张，也可能进行内含式扩张，着力改善自身经营水平。这些不同情形可能会对财务预测结果产生重大影响。因此，在建模时，我们应考虑这些可能出现的情况，在模型中反映不同情况下的预测结果，此时就需要进行情景分析（Scenario Analysis）。

> ⓘ 无论我们在财务预测模型中的假设看起来多么合理，也无法排除未来实际结果偏离预期的可能性，因此，进行情景分析是十分必要的。

在财务预测模型中，情景分析就是对预测对象未来可能出现的不同情景分别进行模拟，并评估各种可能情况下的财务结果。情景分析可以分为以下三个步骤：

（1）分析并确定未来可能出现的各种情景

对一个公司而言，通常可以将其面临的情景大致分为以下三种情况：

- 乐观情景（Bull Case）：是对合理范围内可能产生的销售收入、利润率和其他假设的较好结果的预期。
- 基本情景（Base Case）：对最可能发生的业绩和状况进行的一系列假设。
- 悲观情景（Bear Case）：对合理范围内可能产生的销售收入、利润率和其他假设的较坏结果的预期。

建模者在与公司沟通的过程中，其管理层通常会将公司的经营状况描绘得很好，以最乐观的方式来估计公司未来的收入和经营状况，这可以看作是乐观情景。建模者根据经验，对这个行业、公司有自己的看法和认识，可能会略低于公司管理层描述的乐观情况，其收入不会像管理层预计的那样持续高增长，成本也会略高于管理层的估计，这可以看作是基本情景。此外，为了保护投资者，需要将可能面临的较差情况考虑到估值模型中。也就是说，如果经济衰退或者行业疲软，公司经营状况恶化，这样的较差情况也是需要分析的情景之一。通过对各种情景进行分析和建模，可以了解未来各种可能发生的情况，以便更好地控制风险。

（2） 确定情景发生变化时哪些关键因素将发生改变

在财务预测模型中，这些关键因素体现在我们的假设中，因此，当模型使用的情景发生变化时，模型所使用的部分关键假设数值也应随之改变。这些受情景影响的因素大致可分为以下三类：

- 宏观经济假设：如 GDP 增长率、利率、汇率等；
- 行业和市场假设：如市场需求、产品价格、行业产能增长速度、平均产能利用率等；
- 公司经营假设：销售状况、固定资产投资计划、融资计划、重组计划等。

（3） 确定当上述关键因素发生变化时，将如何影响公司的经营和财务业绩

在使用 Excel 进行建模时，需要在计算公式中引用那些能够随情景变化而变化的假设数据。这样，分析结果也将随着情景的变化发生变化。

显然，如果我们针对每一种情景都分别重新作假设，以此为基础分别做多个估值模型，那将会是非常麻烦的事情，事实上也没有必要。Excel 提供了一些函数，利用这些函数，我们可以很方便地设置各种情景，并能让模型在各种可能的情景之间迅速地切换。

用 Excel 实现情景分析的思路可以概括为：

- 确定有几种不同情景，并设立一个情景选择开关，用于控制模型选择哪一种情景；
- 对一些关键假设，确定不同情景下这些假设的取值，并计算所选择情景下应用的假设值，即使得应用的假设可以随情景选择开关的改变而改变；
- 在预测的计算公式中引用上一步计算的应用假设值（可以随情景选择开关改变的假设），使得假设的变动能影响预测结果。

我们来看一个不同情景下收入预测的例子。

如图 5 - 56 所示，2X20 年年底建模时，某公司管理层认为宏观经济将在 2X21 年初回暖，其所在行业受消费需求的拉动明显，行业进入复苏周期，其公司的销售收入将迅速提高，预计未来三年的营业收入增长率分别为 14%、16% 和 18%。但从投资人员的谨慎角度出发，认为宏观经济最早在 2X21 年下半年恢复，且该公司所处行业偏产业链下游，短期内不会很快复苏，因此估计其未来三年的营业收入增长率分别为 10%、12% 和 15%。同时，考虑到外部需求长时间持续低迷、行业需求短时间无法快速恢复的风险，不排除可能出现较差的情景，即未来三年营业收入的增长率只有 8%、10% 和 11%。为了同时考虑这三种情景，可以用情景分析来分析不同情景下的结果。

图 5 - 56 揭示了一个简单的情景分析过程：

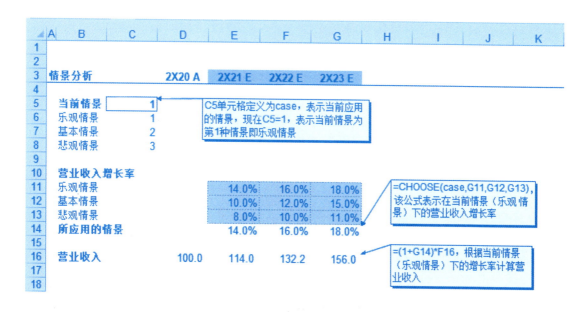

图 5-56　情景分析（1）

首先，C5：C8 区域为情景控制区，其中 C5 单元格是情景分析开关，用来选择当前使用情景的序号。当 C5 单元格输入的数字分别为 1、2、3 时，模型使用的情景相应分别为乐观情景、基本情景和悲观情景。

其次，E11：G14 区域为假设区，其中 E14：G14 为当前应用情景下所使用的假设，使用 CHOOSE 函数来实现根据 C5 单元格当前的数值来选择对应的假设数值。当改变 C5 单元格的值时，E14：G14 单元格所使用的营业收入增长率也将随之发生变化。关于 CHOOSE 函数及单元格定义名称的详细介绍可参阅《Excel 财务建模手册》。

最后，E16：G16 为分析预测区。E16：G16 所使用的公式引用的增长率分别来自 E14：G14，即所应用情景下的假设。

这样，只需要改变 C5 单元格的数字，使其分别为 1、2、3，就可以使得营业收入分别以三种不同的增长率进行计算，而不需要改变计算公式。图 5-57 和图 5-58 给出了另外两种情景下的结果。

除了将公司的营业收入与不同情景联系起来之外，还可以将成本等其他科目与相应的情景联系起来。我们接着上面的例子，对公司营业成本占营业收入的比例做情景分析，如图 5-59 所示。

类似地，我们在第 17 行~第 19 行列出三种情景下营业成本占营业收入比例的假设。在第 20 行使用 CHOOSE 函数选择当前应用情景下的成本占收入的比例。

在第 22 行计算营业收入和第 23 行计算营业成本的公式中，分别引用第 14 行的增长率

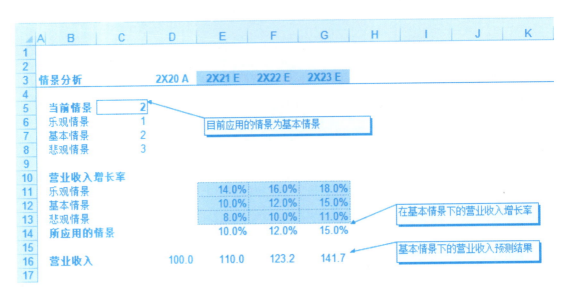

图 5 - 57　情景分析（2）

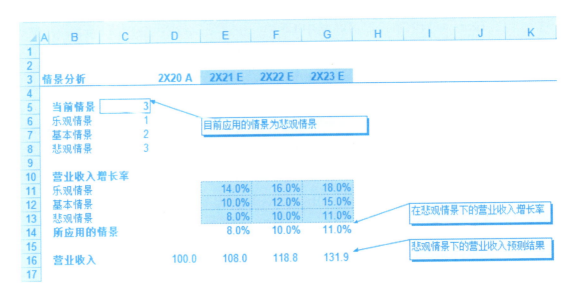

图 5 - 58　情景分析（3）

和第 20 行的成本占收入的比例。

　　这样只需改变情景选择开关 C5 单元格的数字，模型就能够自动计算相应情景下的营业收入、营业成本和毛利。

▲	A	B	C	D	E	F	G	H	I	J	K
1											
2											
3	情景分析			2X20 A	2X21 E	2X22 E	2X23 E				
4											
5	当前情景		1								
6	乐观情景		1								
7	基本情景		2								
8	悲观情景		3								
9											
10	营业收入增长率										
11	乐观情景				14.0%	16.0%	18.0%				
12	基本情景				10.0%	12.0%	15.0%				
13	悲观情景				8.0%	10.0%	11.0%				
14	所应用的情景				14.0%	16.0%	18.0%	=CHOOSE(case,G11,G12,G13)			
15											
16	营业成本/营业收入										
17	乐观情景				55.0%	56.0%	54.0%				
18	基本情景				60.0%	60.0%	60.0%				
19	悲观情景				65.0%	64.0%	66.0%				
20	所应用的情景				55.0%	56.0%	54.0%	=CHOOSE(case,G17,G18,G19)			
21											
22	营业收入			100.0	114.0	132.2	156.0	=(1+G14)*F22			
23	营业成本			60.0	62.7	74.1	84.3	=G20*G22			
24	毛利			40.0	51.3	58.2	71.8	=G22-G23			
25											

图 5 - 59　情景分析（4）

建模技巧提示：建模完成后的光标定位

　　在完成所有的模型构建工作后，需要进行下面的操作：在每一张工作表中，使用"Ctrl + Home"组合键将光标定位到该工作表左上角的位置，并且最后返回到第一张工作表（通常为封面页或目录页）。这是一个良好的建模习惯，它表示模型已经构建完成。因为 Excel 有记忆功能，上次退出 Excel 文件时光标定位在哪里，下次打开该文件时光标的初始位置就定位在哪里。如果打开文件时光标胡乱定位于表中的一个位置，其他模型使用者首先看到的不是模型全貌，会猜测建模者可能没有做完模型或不够专业和负责，给使用者一个不好的印象。

5.9　财务预测模型总结

　　本章以基本模型为例，展示了财务预测建模的核心思路和步骤。如图 5 - 60 所示，以三大核心报表为主线，首先进行收入、成本和费用的预测，完成利润表；然后将资产负债表分成几个模块，在辅助表中进行预测，并将预测结果引用至资产负债表。其中，固定资产、无形资产和债务的预测将帮助完成利润表的折旧、摊销和财务费用的预测；最后，使用间接法编制现金流量表，计算期末现金和循环贷款，配平资产负债表，完成核心财务报表的预测。

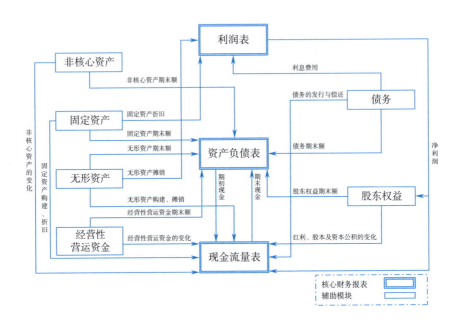

图 5-60　财务预测模型中的主要模块

为方便读者可以更好地掌握财务预测模型（收入驱动类公司），下面再梳理一下构建财务预测模型的具体步骤，包括历史报表的重构调整和未来的预测。

第一步，利润表和资产负债表的重构调整。将标的公司的历史利润表和资产负债表导入或录入 Excel 文件，然后进行重构调整。重构调整的主要目的是区分经营业务（主业）对应的收入、成本、费用、利润、资产和负债，以及投资性业务（非核心业务）对应的损益、资产和负债，便于后续的财务预测和估值。关于利润表和资产负债表重构调整的具体方法，可参见前面的 4.2.2 部分。

第二步，利润表的预测。按利润表的科目顺序从上往下预测，个别与资产负债表相关的项目如折旧、摊销和财务费用等可以暂时先不填，但不影响其他项目（尤其是利润项）的计算。具体为：

- 预测利润表的营业收入。
- 预测营业成本（不含折旧摊销）、税金及附加、销售费用（不含折旧摊销）、管理费用（不含折旧摊销）和研发费用（不含折旧摊销），计算主业对应的 EBITDA 利润指标。

- 折旧和摊销的金额与资产负债表的固定资产和无形资产等项目相关，需要在预测固定资产和无形资产等项目时计算，暂时先空着不填。
- 用 EBITDA 扣减折旧和摊销（虽然暂时未填），计算主业对应的 EBIT 利润指标。
- 财务费用（净利息费用）和资产负债表的债务以及货币资金相关，暂时空着先不填。
- 非经常性或非经营性损益简单预测，通常可以保守预测，比如假设为零。
- 用 EBIT 扣减财务费用（虽然暂时未填），加上非经常性或非经营性损益，计算税前利润。
- 预测所得税费用，计算净利润（若存在少数股东损益，则还需要预测少数股东损益，计算归属于母公司股东的净利润）。

第三步，资产负债表的预测。资产负债表可以分模块预测，分为主业对应的长期经营性资产（固定资产、无形资产等）和经营性营运资金（经营性流动资产减经营性流动负债），投资性业务对应非核心资产（及负债），债务（不含配平项循环贷款）以及权益。而配平项货币资金和循环贷款则在最后面计算出来。

不同模块预测的顺序一般为：先预测主业对应的资产（资金使用），然后预测债务和权益（资金来源），最后预测非核心资产（及负债）。若预测的项目比较重要，计算过程比较复杂，通常会放在辅助工作表预测，可以像基本模型一样设置一个辅助工作表 Cals，也可以设置多个。资产负债表的项目是时点数（即存量），通常可以采用 BASE 法则进行预测。具体为：

- 预测固定资产：采用 BASE 法则，可以像基本模型一样放在辅助工作表 Cals，也可以单独做一个工作表 PP&E。预测完后，固定资产的折旧引回到利润表，期末值引用到资产负债表。
- 预测无形资产：采用 BASE 法则，可以像基本模型一样放在辅助工作表 Cals，也可以和固定资产一起放在工作表 PP&E。预测完后，无形资产的摊销引回到利润表，期末值引用到资产负债表。
- 预测经营性营运资金。包括的项目主要为经营性的应收、应付、预收、预付及存货等，与营业收入或营业成本相关，通常采用周转率或周转天数的方法预测。可以像基本模型一样放在辅助工作表 Cals，也可以单独做一个工作表 OWC。预测完后，相关项目引用到资产负债表。
- 预测债务（不含配平项循环贷款）。不含循环贷款的债务可以采用 BASE 法则预测。这里通常也会预测一下债务产生的利息支出以及货币资金产生的利息收入，进而计算净利息费用（财务费用）。配平项循环贷款和货币资金的预测值这里暂时算不出来，但在最后计算出来后肯定会填回到资产负债表对应项目。因此，如同基本模型一样，这里预测期的循环贷款和货币资金可以引用资产负债表对应的项目（虽然资产负债表中预测期的配平项暂时都没填）。债务相关的预测可以像基本模型一样放在辅助工作表 Cals，也可以单独做一个工作表 Debt。预测完后，净利息费用（财务费用）引回到利润表，债务（不含循环贷款）的期末值引用到资产负债表。

- 权益预测。采用 BASE 法则（如果存在少数股东权益，也在这部分预测）。可以像基本模型一样放在辅助工作表 Cals，也可以单独做一个工作表 Equity。预测完后，相关项目引用到资产负债表。

- 非核心资产预测。通常可以像基本模型一样不做辅助计算，直接在资产负债表简单预测。如果详细预测的话，可以放在辅助工作表 Cals，也可以单独做一个工作表。预测完后，将相关损益引用到利润表，将期末值引用到资产负债表。

第四步，现金流量表的预测。完成前三步之后，利润表的所有项目都已完成预测（此时的财务费用可能并不是最终结果，但公式已填），资产负债表除了配平项货币资金和循环贷款没有填之外，剩余项目全部都已完成预测。

接下来，通常需要借助编制间接法的预测期的现金流量表，得到配平项货币资金和循环贷款，引回到资产负债表，完成预测期资产负债表的配平。关于间接法编制预测期现金流量表的原理、方法和步骤，可参见前面的 5.5 节。

按照上面的建模思路和步骤，可以得到一个逻辑清晰的财务预测模型。但在实际建模时，要构建一个合格、有用的财务预测模型，还应注意以下几个要点：

- 主次分明。在对利润表和资产负债表整理重构时，要合理区分主业对应的损益、资产负债以及投资性业务（非核心业务）对应的损益、资产和负债，财务预测时应将重点集中到对公司主业的收入、成本、费用及相关资产、负债的预测。

- 重点突出。模型中对重大项目，比如收入、成本、费用、长期经营性资产等的拆分预测要能够真实地模拟或反映公司的产品结构和业务流程，能够真实地揭示公司的商业模式。

- 假设合理。对每一个重要科目，模型应已经考虑了其最关键的驱动因素和逻辑关系。然后结合历史数据分析、企业调研或专家访谈，对驱动因素和其影响程度给出相对合适的假设，需要时可以加入情景分析。

> ⓘ 模型结构、思路是否合理的关键在于驱动因素是否找得准确，模型预测结果是否准确的关键在于驱动因素及其影响程度的假设是否合理。

估值
模型

在完成财务预测之后，就得到了公司未来预测期内每年的经营状况，包括利润表、资产负债表、现金流量表中各科目的数据。这为采用绝对估值法或相对估值法估算公司股权价值（或每股价值）提供了数据基础。

本章将主要介绍以下几个方面的内容：

- 如何用 Excel 构建无杠杆自由现金流折现模型。重点介绍无杠杆自由现金流折现模型，一是因为无杠杆自由现金流折现模型是业内最常用的绝对估值法，二是因为其他绝对估值法在 Excel 中的实现方式与无杠杆自由现金流折现模型非常相似。同时，还会重点强调无杠杆自由现金流折现模型中的关键参数的估计方法、建模的方法和技巧等细节问题。

- 如何利用财务预测模型的结果进行可比公司法估值。本章将介绍常用的 P/E 倍数法、P/B 倍数法和 EV/EBITDA 倍数法三种可比公司法，并介绍应用时应注意的问题。

- 估值方法的汇总，本章将介绍如何利用多种估值方法得出综合的股价区间。

本章仍以基本模型为例，在完成了财务预测的基础上，进行 DCF 估值和可比公司法估值的建模。

6.1 折现现金流估值模型

在开始折现现金流（DCF）估值模型之前，我们再梳理一下用无杠杆自由现金流折现模型计算公司股权价值的思路：

- 在财务预测的基础上，计算出估值时点后预测期每一期可以分配给所有投资人（债权投资人和股权投资人）的自由现金流，即无杠杆自由现金流；

- 计算折现率，然后将估值时点后每一期的无杠杆自由现金流按相应的折现率折现并相加，得到预测期现金流的现值和；
- 计算终值，可以使用 Gordon 永续增长模型或退出倍数法，然后将终值折现得到终值在估值时点的现值；
- 将预测期现金流的现值和与终值的现值相加，即得到企业价值（EV）；
- 根据价值等式——**企业价值 + 非核心资产价值 + 现金 = 债务价值 + 少数股东权益价值 + 股权价值（属于母公司股东的）**，将计算出来的企业价值，加回该公司在估值时点的现金及非核心资产的价值，再扣掉其债务价值和少数股东权益的价值，就得到公司的（内含）股权价值，然后除以公司的普通股股数，就可以算出（内含）股价或每股价值。

6.1.1　计算预测期无杠杆自由现金流

首先，计算基本模型中公司的无杠杆自由现金流（UFCF）。UFCF 的计算以公司的经营性息税前利润（EBIT）为起点，减去调整后的所得税，加上非现金支付的成本或费用，减去维持公司正常运行所需的经营性营运资金的增加和支持公司未来长期发展的固定资产和无形资产的购建等资本性支出。若公司还有一些与经营业务相关的长期经营性负债和其他长期经营性资产，也需要相应调整。

在基本模型中，利润表（IS）在预测前已经进行了重构，其中的 EBIT 已经是经营性的息税前利润，以此为基础可以调整出 UFCF：

UFCF = EBIT － 调整的所得税 + 折旧 + 摊销 － 经营性营运资金的增加 － 固定资产购建 － 无形资产购建 + 长期经营性负债增加 － 其他长期经营性资产增加

1. 建模步骤

第一步，添加新的工作表。 在基本模型中添加一张新的工作表，命名为 DCF，见图 6 – 1。

图 6 – 1　添加 DCF 工作表

第二步，计算 EBIAT。

EBIAT = EBIT – 调整的所得税。计算调整的所得税有两种方法：

第一种是简单测算，即用 EBIT 乘以当期有效税率；

第二种是在当期实际应缴纳所得税的基础上加回财务费用的税盾再扣掉非经常性或非经营性损益对应的所得税。

基本模型中采用的是第一种方法。

图 6 – 2　计算 EBIAT

这里我们评估公司 2X21 年年末（或 2X22 年年初）的价值，即估值时点为 2X21 年年末（或 2X22 年年初），所以需计算预测期中 2X22—2X30 年的无杠杆自由现金流。先计算预测期 2X22 年的无杠杆自由现金流，之后将公式复制到整个预测期即可。因此，在 H8 单元格引用 IS 表 2X22 年的 EBIT，然后以 EBIT 为基础计算所得税，直接用 EBIT 乘以当年假设的有效税率即可得到当年的"调整的所得税"，EBIT 减去调整的所得税就可以得到息前税后利润（EBIAT，也称为 NOPLAT）。

和 CFS 工作表一样，基本模型中在计算无杠杆自由现金流的每个科目时，考虑数值的正负，正值表示现金流入（增加），负值表示现金流出（减少），最后将所有科目相加即可。

第三步，计算其他调整项。

首先，需要说明的是，EBIAT 之下的调整项目通常能在 CFS 工作表中找到，集中于经营活动现金流和投资活动现金流中。在 DCF 工作表计算这些调整项时，有一个小技巧：引用标题。直接将这些调整项的标题从 CFS 工作表引用过来，如图 6 – 3 所示。

其次，选中这些调整项（B12：B16 区域），按"Ctrl + C"复制，接着将光标移到 H12 单元格，按下回车键或"Ctrl + V"进行粘贴，利用复制的特性即可将 CFS 工作表中调整项的 2X22 年的数据全部引用过来，如图 6 – 4 所示。

建模技巧提示：引用标题

引用标题、区域整体复制可以提高建模的效率。

图 6-3　调整项操作步骤一——引用标题

图 6-4　调整项操作步骤二——复制公式

之所以可以采用简便的操作，是因为 CFS 工作表和 DCF 工作表中每一列对应的年份是相同的。可见，设计模型结构时，保证工作表整体的一致性非常重要。

建模技巧提示：工作表的一致性

建模时，保持每张工作表的同一列对应同一年份，不仅模型看起来统一美观，而且能为建模操作带来便利。

第四步，计算无杠杆自由现金流，并将结果向右复制到整个预测期。

如图 6-5 所示，对 H11：H16 项求和，计算出 2X22 年的无杠杆自由现金流。然后，选中 H8：P17 区域，按向右复制的快捷键 "Ctrl + R"，计算出预测期所有年份的无杠杆自由现金流。

198

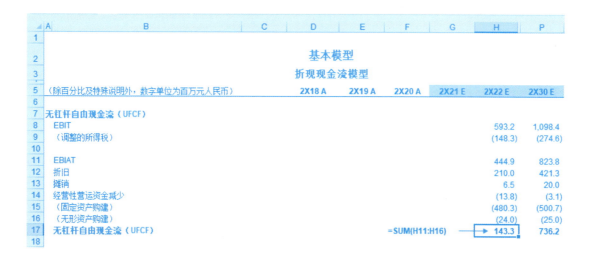

图 6-5　计算整个预测期的无杠杆自由现金流

所有预测期的无杠杆自由现金流结果如图 6-6 所示。

（除百分比及特殊说明外，数字单位为百万元人民币）	2X22 E	2X23 E	2X24 E	2X25 E	2X26 E	2X27 E	2X28 E	2X29 E	2X30 E
无杠杆自由现金流（UFCF）									
EBIT	593.2	720.1	803.5	882.6	954.8	1,007.2	1,049.5	1,080.3	1,098.4
（调整的所得税）	(148.3)	(180.0)	(200.9)	(220.7)	(238.7)	(251.8)	(262.4)	(270.1)	(274.6)
EBIAT	444.9	540.1	602.6	662.0	716.1	755.4	787.2	810.2	823.8
折旧	210.0	242.4	273.8	301.6	323.5	346.9	371.3	396.3	421.3
摊销	6.5	8.1	9.8	11.5	13.1	14.7	16.5	18.2	20.0
经营性营运资金减少	(13.8)	(15.7)	(8.1)	(7.5)	(6.6)	(5.4)	(4.7)	(4.0)	(3.1)
（固定资产购建）	(480.3)	(473.4)	(441.9)	(388.9)	(420.0)	(445.2)	(467.4)	(486.1)	(500.7)
（无形资产购建）	(24.0)	(23.7)	(22.1)	(19.4)	(21.0)	(22.3)	(23.4)	(24.3)	(25.0)
无杠杆自由现金流（UFCF）	143.3	277.7	414.1	559.2	605.1	644.3	679.4	710.3	736.2

图 6-6　预测期无杠杆自由现金流计算结果

2. 实际建模中应注意的问题

实际建模中，在计算无杠杆自由现金流时，应特别注意两点：

第一点，计算无杠杆自由现金流中扣除的是"调整的所得税"，与 IS 表中的"所得税"是不同的概念。

两者不同之处在于：第一，无杠杆自由现金流计算扣除的所得税应不受资本结构影响，即需调整掉利息的税盾；第二，无杠杆自由现金流计算扣除的所得税应不包括非核心资产产生的损益对应的所得税。

第二点，无杠杆自由现金流折现得到的是企业价值（EV），因此，资产负债表中所有体现在企业价值中的经营性资产、负债所产生的损益及其自身增减所引起的现金变化都应包含在无杠杆自由现金流当中。

6.1.2　对无杠杆自由现金流折现

无杠杆自由现金流对应的折现因子由两个参数决定：加权平均资本成本（WACC）和折现年份。下面分别讲述如何估算 WACC 和判断折现年份，并对建模步骤进行介绍。

1. 加权平均资本成本（WACC）的估算

第 2 章已经介绍过加权平均资本成本的相关理论。加权平均资本成本就是公司各种资本成本的加权平均值。

在公司只有股权和债权融资的情况下，WACC 的计算公式可以写为

$$WACC = \frac{D}{D + E} \times k_d \times (1 - t) + \frac{E}{D + E} \times k_e$$

其中，D 为付息债务的市场价值；E 为权益的市场价值；k_d 为税前债务成本；t 为所得税税率；k_e 为权益资本成本。

由资本资产定价模型（CAPM）理论可以得出：

$$k_e = r_e = r_f + \beta \times (r_m - r_f)$$

其中，r_e 为该股票的预期收益率；r_f 为无风险利率；r_m 为市场组合的预期收益率；$r_m - r_f$ 为市场风险溢价；β 为该股票的贝塔系数。

所以，上面两个公式合起来，WACC 的计算公式可以写为

$$WACC = \frac{D}{D + E} \times k_d \times (1 - t) + \frac{E}{D + E} \times [r_f + \beta \times (r_m - r_f)]$$

（1）建模步骤

正如第 2 章所述，我们在构建无杠杆自由现金流折现模型时，通常设定一个目标资本结构，并用以此计算出的 WACC 对所有期限的现金流进行折现。同时，由于确定计算 WACC 的各项参数具有一定的主观性且 WACC 的大小通常对最后折现结果有重大影响，因此，我们会通过敏感性分析来呈现不同 WACC 取值下的估值范围。关于敏感性分析的内容将在 6.1.5 部分介绍。

> ℹ️ 假定公司保持稳定的资本结构，使用以目标资本结构计算出的 WACC 对所有未来的无杠杆自由现金流折现，最后通过对 WACC 作敏感性分析得到目标公司的价值区间。

下面，在基本模型中完成对 WACC 的计算，如图 6-7 所示。

图 6-7 计算加权平均资本成本

首先根据假设计算出目标债权比例（D26 单元格），然后计算出税后债权成本（D27 单元格），接下来根据 CAPM 理论计算出股权成本（D28 单元格），最后计算出加权平均资本成本 WACC（D29 单元格）。

（2）获取 β 值

对于有一定历史数据的上市公司而言，其 β 值的估算可以从 Choice、Wind、Bloomberg 等金融数据库终端计算得到。图 6-8 即为从 Choice 中获取上市公司 β 值的示例，可以看到在界面中选择计算 β 值时采用的数据选项，比如收益率计算周期、计算时间范围、收益率计算方法等。

第 2 章介绍过，若目标公司为非上市公司或刚上市的公司，由于没有足够的历史数据计算其 β 值，则可以考虑用可比公司的 β 值来估计。此时，需要对其 β 值做资本结构的调整。

首先，要找到同行业具有可比性的几家上市公司的 β 值，运用它们现有的资本结构（用市值计算）对可比公司的 β 值进行去杠杆化，求出不含杠杆的 β 值，然后取平均值作为该目标公司的不含杠杆的 β 值。然后运用其目标资本结构进行再杠杆化，得到该目标公司的含杠杆的 β 值。

β 值的调整公式为

$$\beta_U = \frac{\beta_L}{1 + \dfrac{D}{E} \times (1 - MTR)} \quad （去杠杆化）$$

$$\beta_L = \beta_U \times \left[1 + \frac{D}{E} \times (1 - MTR) \right] \quad （再杠杆化）$$

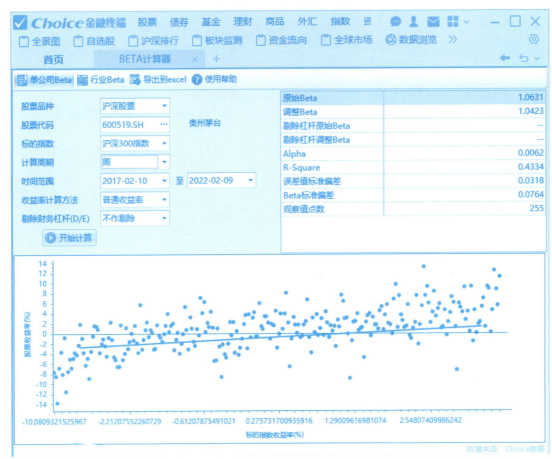

图 6-8　Choice 金融数据库中计算 β 值

（资料来源：Choice 金融终端）

其中，β_L 表示含杠杆的 β 值，β_U 表示不含杠杆的 β 值，D 表示债务价值，E 表示股权价值，MTR 表示边际所得税税率。在前面计算 β 值的 Choice 界面中可以找到剔除杠杆后的 β 值。

> 如果估值公司为非上市公司，可以通过可比公司法、β 的去杠杆化和再杠杆化调整获得其 β 值。

下例为如何在 Excel 表中完成去杠杆化和再杠杆化的计算。

【例】A、B、C、D 四家上市公司为目标公司的可比公司，它们的含杠杆 β 值、税率、股价、股数（单位：百万）以及债务价值（单位：百万元）如图 a 所示。目标公司的税率为 25%，目标 D/E 为 20%，计算目标公司的含杠杆的 β 值。

第一步，计算 A、B、C、D 四家可比公司的市值、D/E，然后通过去杠杆化公式求出它们的不含杠杆的 β 值（见图 b）。

图 a 计算目标公司含杠杆的 β 值

图 b 计算可比公司不含杠杆的 β 值

第二步，计算这四家可比公司的不含杠杆的 β 值的平均值，作为目标公司的不含杠杆的 β 值（见图 c）。

图 c 目标公司的不含杠杆 β 值

第三步，利用再杠杆化公式计算目标公司的含杠杆的 β 值（见图 d）。

另外，在测算折现率和选取相关参数时，也可以参考《资产评估专家指引第 12 号——收益法评估企业价值中折现率的测算》中给出的指引。

为规范收益法评估中折现率的测算，督促资产评估机构勤勉尽责执业，中国资产评估

公司名称	β_L	税率	股价	股数	市值（E）	债券（D）	D/E	β_U
A	0.8299	25.0%	8.11	2,816	22,838	4,245	18.6%	0.7284
B	1.2073	25.0%	19.70	7,838	154,409	20,595	13.3%	1.0975
C	0.8248	25.0%	11.87	645	7,656	2,366	30.9%	0.6696
D	0.9753	25.0%	10.04	6,759	67,860	27,489	40.5%	0.7480
目标公司	0.9325	25.0%					20.0%	0.8109

=J9*(1+I9*(1-D9))
（再杠杆化）

目标公司的目标D/E

图 d　计算目标公司的含杠杆的 β 值

协会于 2020 年 12 月 30 日发布了《资产评估专家指引第 12 号——收益法评估企业价值中折现率的测算》，针对运用资本资产定价模型（CAPM）和加权平均资本成本（WACC）测算折现率涉及的参数确定，具体包括无风险利率、市场风险溢价、贝塔系数、特定风险报酬率、资本结构、债权期望报酬率等作出了监管规范。主要内容如下：

无风险利率：通常可以用国债的到期收益率表示，选择国债时应考虑其剩余到期年限与企业现金流时间期限的匹配性。持续经营假设前提下的企业价值评估，可以采用剩余到期年限 10 年期或 10 年期以上国债的到期收益率作为无风险利率。

市场风险溢价：我国的市场风险溢价一般可以通过三种途径确定。一是可以利用我国证券市场指数的历史风险溢价数据计算，如沪深 300 指数、上海证券综合指数等，时间跨度可以选择 10 年以上、数据频率可以选择周数据或月度数据、计算方法可以采用算术平均或几何平均；二是采用其他成熟资本市场风险溢价调整方法，即我国市场风险溢价等于其他成熟资本市场的市场风险溢价加上我国的国家风险补偿；三是引用相关专家学者或专业机构研究发布的数据。

贝塔系数：非上市公司的贝塔系数通常用可比法得到。首先，从相关数据平台查询获取可比上市公司的含杠杆的 β 值（也可以通过回归方法计算得到）；其次，去杠杆化，计算平均的不含杠杆的 β 值，以此作为被评估公司的不含杠杆的 β 值；最后，考虑被评估公司适用的资本结构，进行再杠杆化，得到其含杠杆的 β 值。

资本结构：被评估公司适用的资本结构一般可以通过两种途径确定。一是采用被评估企业评估基准日的真实资本结构，前提是企业发展趋于稳定；二是采用目标资本结构，取值可以参考可比公司或者行业资本结构水平，并分析企业真实资本结构与目标资本结构的差异及其对债权期望报酬率、股权期望报酬率的影响，考虑是否需要采取过渡性调整等措施。确定资本结构时采用的债权价值和股权价值为市场价值。

特定风险报酬率：表示被评估企业自身特定因素导致的非系统性风险的报酬率，是计算股权期望报酬率（股权成本）时，在无风险利率加上贝塔系数乘以风险溢价的基础上，需要再加上的一个项目。特定风险报酬率一般可以通过三种途径确定：一是通过多因素回归分析等数理统计方法计算得到；二是将特定风险报酬率拆分为规模溢价和其他特定风险溢价。规模溢价可以利用资本市场数据通过统计分析得到，也可以参考相关专家学者或者专业机构研究发布的数据；其他特定风险溢价一般可以通过经验判断分析确定；三是在对企业的规模、核心竞争力、对大客户和关键供应商的依赖等因素进行综合分析的基础上，根据经验判断确定。

债权期望报酬率：即公司债务融资的资本成本，一般可以通过两种途径确定。一是以全国银行间同业拆借中心公布的贷款市场报价利率（LPR）为基础调整得到；二是采用企业债务的实际利率，前提是其利率水平与市场利率不存在较大偏差。

2. 估值时点与折现年份的判断

估值时点是指评估出的企业价值（或者股权价值）对应的时点。在基本模型中，估值时点是 2X21 年年底（或 2X22 年年初），那么最后评估出的企业价值（或者股权价值）就是该公司在 2X21 年 12 月 31 日（或 2X22 年 1 月 1 日）对应的价值。

估值时点会影响现金流折现的时间长度，从而影响折现因子和现金流的现值。对于估值时点在历史年份最后一年年底（或预测期第一年年初）的，预测期第一年的折现年份为多少呢？

很多人给出的答案可能为 1 年，这其实意味着公司当年的现金流是在年底一笔流入的。实际中，很多公司的现金流一般不是在年底一笔流入的，而是在一年当中不断流入。因此，在 DCF 估值时，通常会使用现金流均匀产生假设，即假设公司的现金流是在当期均匀产生的，若找一个时点作为当期整体现金流代表时点的话，应为当期的中间。

因此，若假设现金流均匀产生，预测期第一年现金流折现到估值时点（上一年年底或预测期第一年年初）的折现年份为 0.5 年。那么，预测期第二年现金流的时点即为第二年的年中，对应折现年份为 1.5 年，依此类推，如图 6-9 所示。

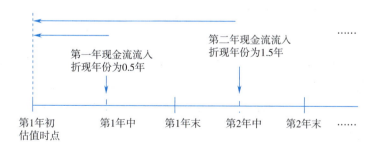

图 6-9 估值时点在年初时的现金流折现年份

（1）建模步骤

在基本模型中，我们假设公司的现金流均匀产生，估值时点为 2X21 年 12 月 31 日（或 2X22 年 1 月 1 日），那么 2X22 年的无杠杆自由现金流对应的折现年份为 0.5 年，2X23 年现金流对应的折现年份为 1.5 年，2X30 年现金流对应的折现年份为 8.5 年。

第一步，填充折现年份（见图 6-10）。

图 6-10　填充折现年份

首先在 H33 单元格输入 0.5，然后选中 H33:P33 区域，利用 Excel 的"填充序列"功能得到余下年份的折现年份。填充序列的详细方法可参阅《Excel 财务建模手册》。

第二步，计算折现因子和预测期现金流的现值（见图 6-11）。

图 6-11　计算折现因子和预测期现金流的现值

在图 6-7 中，我们列示了 WACC 的计算过程，并在 D29 单元格得出了计算结果。但是为了方便后面对 WACC 这个关键变量作敏感性分析，我们在 DCF 的计算过程中不是直接引用 D29 单元格 WACC 的计算结果，而是参照这个结果，直接在 D32 单元格**手输**一个 9.3% 作为折现使用的 WACC。为了引用方便，我们将 D32 单元格定义名称为 WACC，然后在第 34 行的折现因子公式中直接输入 WACC 以绝对引用 D32 单元格。定义名称的方法可参阅《Excel 财务建模手册》。

这里给 D32 单元格定义名称的好处有：

- 可以方便地在公式中引用单元格，在公式中直接输入相应的名称即可（引用时 Excel 还会自动提示），避免切换工作表或者找单元格的操作；

- 使计算公式更加清晰易懂；

- 使用定义名称，后续可以利用定位功能（快捷键：Ctrl + G，会列出 Excel 文件中所有定义的名称，然后双击对应名称）快速找 D32 （WACC）这个单元格；

- 自带绝对引用的特性，便于后续公式的复制。

建模技巧提示：填充序列和定义名称

在建模时使用填充序列、定义名称等技巧可以提高建模效率。

最后，将预测期每一年的无杠杆自由现金流乘以对应的折现因子，就可以得到无杠杆自由现金流的现值。复制到整个预测期后结果如图 6 – 12 所示。

		基本模型							
		折现现金流模型							
（除百分比及特殊说明外，数字单位为百万元人民币）	2X22 E	2X23 E	2X24 E	2X25 E	2X26 E	2X27 E	2X28 E	2X29 E	2X30 E
31 预测期现金流折现									
32 WACC									
33 折现年份	0.5	1.5	2.5	3.5	4.5	5.5	6.5	7.5	8.5
34 折现因子	0.96	0.88	0.80	0.73	0.67	0.61	0.56	0.51	0.47
35 预测期现金流的现值	137.0	243.0	331.6	409.7	405.5	395.1	381.1	364.6	345.7

图 6 – 12 折现年份、折现因子和预测期现金流的现值

（2）实际建模中应注意的问题

实际建模中，应当灵活处理估值时点和折现年份的问题。

其一，对于某些具有明显季节性销售特点的公司，比如专门经营圣诞产品的公司，如果现金流入主要在每年年底发生，那么预测期第一年的现金流对应的折现年份应为 1，而不是现金流均匀产生情况下的 0.5。

其二，在大部分实际工作中，估值时点并不是历史最后一期的期末，这是由于公司的内部会计核算、外部审计、出具报告和披露信息需要一定的时间，在年底拿不到公司公开披露的当年年报。对于大部分上市公司，要等到下一年的 3 月或 4 月才能从公开渠道得到上一年的年报。比如在下一年的 4 月末拿到了公司上一年度的年报后，以当年为预测期第一年进行财务预测并进行 DCF 估值，此时将估值时点放在历史年份最后一年年末（4 个月之前）已没有太大的意义，因此通常的估值时点晚于历史最后一期期末。

一般的处理方式是，将估值时点确定为建模时间点之后的某个时点，只折现估值时点之后的现金流。如果估值时点不是在年末，那就要求建模者将预测期第一年分成两部分，以估值时点为划分（如图 6 – 13 所示）。因此，实际工作中，在进行财务预测之前就应想好估值时点，以便划分财务预测的期间。

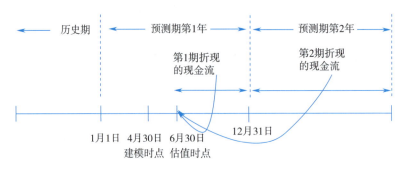

图 6 – 13　建模时点、估值时点及现金流折现年份的关系

> 实际工作中估值时点往往不在历史最后一期期末而在预测期内，使用 DCF 估值方法时无须折现历史最后一期期末至估值时点这段时间的现金流的价值。

其三，实际价值评估中，很多时候的估值时点不是在年底，比如可能是在年中、第一季度末或第三季度末，那么该如何判断折现年份呢？

如果估值时点是在年中，即 6 月 30 日，则需折现的第一期现金流为当年下半年的现金流。对下半年的现金流进行折现时，若假设现金流在当年后 6 个月均匀流入，因此折现到 6 月 30 日，其折现年份应确定为：3/12 = 0.25 年。

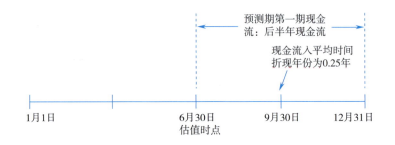

图 6 – 14　估值时点在年中时的现金流折现年份

其实，无论估值时点在一年中的什么时间，其折现年份可按同样原理推算。需要特别遵循的原则是：**每一笔现金流对应的折现年份等于该笔现金流产生的时点与估值时点之间的差额。**

折现年份 = 现金流时点 – 估值时点

另外，在 DCF 估值时，还需要考虑终值的折现，所以也需要判断终值的折现年份。Gordon 永续增长模型和退出倍数法计算得出的终值，对应的折现年份可能不一样。若假设预测期的现金流都在当期均匀产生，那么，Gordon 永续增长模型的终值时点是在预测期最后一年的年中，而退出倍数法的终值时点是预测期最后一年的年底（年底退出才能获取预测期最后一年的全部现金流）。

> ℹ 用 DCF 估值时，最常用的估值时点是年终，其次为年中、第一季度末或第三季度末。无论估值时点是什么，一定要牢记一个原则：每一笔现金流对应的折现年份等于该笔现金流产生的时点与估值时点之间的差额。当仅需要简单估算时，关于估值时点的选择可以简化，常假设现金流期末产生。

6.1.3 计算终值并折现

1. 计算终值

第 2 章介绍过计算终值的两种常用方法：Gordon 增长模型和退出倍数法。为了方便读者，在基本模型中将使用 Gordon 增长模型和 EV/EBITDA 倍数法两种方法计算终值。在实际估值建模中，通常用一种符合估值目的的方法作为主要估值方法，用另一种作为辅助方法进行互相验证。

（1）Gordon 增长模型

使用 Gordon 增长模型时，终值的计算公式为

$$TV = \frac{UFCF_{n+1}}{WACC - g}$$

通常，假设终值期第一年的无杠杆自由现金流相对于预测期最后一年的无杠杆自由现金流也保持和终值期一样的增长率 g，则有

$$UFCF_{n+1} = UFCF_n \times (1 + g)$$

$$TV = \frac{UFCF_n \times (1 + g)}{WACC - g}$$

其中，$UFCF_{n+1}$ 为终值期第一年的无杠杆自由现金流，$UFCF_n$ 为预测期最后一年的无杠杆自由现金流；g 为终值期无杠杆自由现金流的稳定增长率；WACC 为加权平均资本成本；TV 为终值。

①**建模步骤**。下面介绍在基本模型中使用 Gordon 增长模型计算终值，如图 6 – 15 所示。

第一步，将永续增长率的假设所在的单元格（D39）定义名称为 g，并假设为 2.5%。

第二步，在预测期最后一年所在列的单元格（P40）计算终值。

第三步，判断终值的折现年份和折现因子。

使用 Gordon 增长模型计算得出的终值，其对应的折现年份与详细预测期最后一年现金

图 6-15 使用 Gordon 增长模型计算终值

流的折现年份相同。由于假设未来现金流均匀产生，因此详细预测期后每一年的现金流的流入时点都是年中，它们折现到详细预测期最后一年的时点也是年中。所以，基本模型中 Gordon 增长模型下终值的折现年份为 8.5 年。

第四步，计算终值在估值时点的现值。

终值的现值就等于终值乘以对应的折现因子，我们把终值的现值放在估值时点所在的年份 G 列（G46 单元格）。

另外，在第 41 行、第 42 行计算了在永续增长率为 2.5% 时，隐含的 EBITDA 退出倍数，包括是否考虑不同终值计算方法下折现年份的不同。由于两种计算方法得到的终值对应的时间点之间存在半年的时间差，所以计算结果会有不同。

②使用 Gordon 增长模型计算终值应注意的问题。

其一，需要注意 Gordon 增长模型的使用前提。使用 Gordon 增长模型的前提是公司在预测期结束时已进入稳定增长阶段：稳定的增长率、利润率、资本结构以及回报率。比如，对于典型的传统制造业公司，可以根据公司预测期最后几年的折旧和当年资本支出是否接近来判断。如果折旧和资本支出差距太大的话，说明公司还可能在快速增长，没有进入稳定增长阶段，需要适当延长预测期。对于预测期结束时已进入稳定增长阶段的公司，一般可以取预测期最后几年无杠杆自由现金流增长率的平均值作为永续增长率 g。另外，在实际应用时，公司所在国家的长期无风险利率也会经常用来作为永续增长率的参考。

其二，需要注意的是，永续增长率若是名义的增长率，需考虑通货膨胀率的因素。但是，在给永续增长率的假设时，也不要太乐观，永续增长率要低于世界经济长期的平均名义增长率。

其三，永续增长率 g 的估算是使用 Gordon 增长模型计算终值的关键，它的波动会较大地影响企业价值（或者股票价格）。因此，在实际建模中，如果使用 Gordon 增长模型计算终值时，需要对永续增长率 g 做敏感性分析。我们将在 6.1.5 部分进一步介绍敏感性分析。

（2）退出倍数法

这里介绍计算企业价值终值时常用的 EV/EBITDA 退出倍数（也简称为 EBITDA 退出倍数）。假设详细预测期最后一年该公司的 EBITDA 退出倍数为 M，预测期最后一年的息税折旧摊销前利润为 $EBITDA_n$，那么终值为

$$TV = EBITDA_n \times M$$

①**建模步骤。**在基本模型中使用 EBITDA 退出倍数法计算终值，如图 6－16 所示。

图 6－16　使用 EBITDA 退出倍数法计算终值

第一步，将 EBITDA 退出倍数的假设所在的单元格（D49）定义名称为：exit_mul。

需要说明的是，图中显示的"EBITDA 退出倍数"为"7.0 x"，实际上单元格 D49 仍是数字 7.0，可以参与计算。只是我们对其使用了自定义格式，使其显示为"7.0 x"。自定义格式的详细用法可参见《Excel 财务建模手册》。

> **建模技巧提示：自定义格式**
>
> 使用自定义格式，可以让单元格的含义更容易理解，同时也可以美化模型。

第二步，在预测期最后一年所在列的单元格（P50）计算终值。

第三步，判断终值的折现年份和折现因子。

EBITDA 退出倍数法是假设在**预测期最后一年年底**将公司以预测期最后一年 EBITDA 一定倍数的价格卖掉，所以其终值对应的现金流流入时点为预测期最后一年的年底。所以，基本模型中 EBITDA 退出倍数法下终值的折现年份为 9 年（而之前使用 Gordon 增长模型预测的终值对应的折现年份为 8.5 年）。

> 使用 Gordon 增长模型计算出终值对应的折现年份与详细预测期最后一年现金流对应的折现年份相同；如果假设公司未来每一年的现金流在当年均匀产生，则使用退出倍数法计算的终值，其折现年份比详细预测期最后一年现金流对应的折现年份多 0.5 年。

第四步，计算终值在估值时点的现值。

终值现值就等于终值乘以对应的折现因子，把终值现值放在估值时点所在的年份 G 列（G56 单元格）。

另外，在第 51 行、第 52 行，也计算了在 EBITDA 退出倍数为 7.0 时隐含的永续增长率，包括是否考虑不同终值计算方法下折现年份的不同。

②**使用 EBITDA 退出倍数法计算终值应注意的问题。**

其一，EBITDA 退出倍数是预测期最后一年的，应体现退出时公司未来的增长潜力，这个 EBITDA 退出倍数和公司当前的 EV/EBITDA 估值倍数可能有较大差异。

其二，使用退出倍数法时，终值作为一笔现金流在详细预测期最后一年年底一次性流入，因此其对应的折现年份和详细预测期最后一年现金流的折现年份可能存在差异。

其三，一般来说，EBITDA 退出倍数的影响因素主要有两个：一是退出后公司未来盈利的增长情况，如果还处于较快增长阶段，那么 EBITDA 退出倍数就高，反之就低；二是同行业可比公司（与目标公司退出时状态类似）在资本市场中的估值水平（该估值倍数的高低）。

2. 修正预测期

在介绍 Gordon 增长模型计算终值时，已经提到了某些情况下需要延长预测期。下面专门介绍一下为何要修正预测期以及稳定增长阶段（也称"稳定态"）有哪些特征。

理论上，如果不改变对公司未来经营情况的预测，而只单纯地延长或缩短详细预测期，不应该对估值结果产生较大的影响，而只会改变价值在详细预测期内和详细预测期后的分配比例。但在实际的估值模型中，对于详细预测期之后现金流现值的估算一般采取简化方法，这种情况下如果改变对详细预测期的选择，可能就无意之间改变了对公司未来经营情况的预测。

所以，通常对于非周期性行业，详细预测期要足够长以达到"稳定态"，如收入增长率放缓趋于稳定、利润率趋于稳定、资本结构稳定以及回报率趋于稳定。尤其是在使用 Gordon 增长模型来计算终值时，详细预测期结束时公司应达到经营的稳定状态，这种状态应该同时具备下列特征：

- 稳定合理的增长率：包括收入增长率、EBITDA 增长率、EBIT 增长率、净利润增长率、固定资产增长率和无杠杆自由现金流增长率等。

- 稳定合理的利润率：包括毛利率、EBITDA 利润率、EBIT 利润率和净利润率等。
- 稳定的资本结构：包括债务/资本比率、资产负债率等。
- 稳定的回报率：包括净资产收益率、投入资本回报率和分红比率等。

对于周期性行业的公司，可能永远无法达到"稳定态"。此时常用的处理方法是，预测整数个完整的商业周期，在计算终值时考虑使用平均化处理以代替"稳定态"。

> **Gordon** 增长模型使用的前提是公司经营须达到"稳定态"。退出倍数法（EBITDA 退出倍数法）的倍数是退出年份年底时的倍数，主要受公司未来增长潜力和该倍数平均水平的影响；使用退出倍数则不需要公司经营进入"稳定态"作为前提。

6.1.4　计算企业价值和内含股价

1. 计算企业价值

前面已经计算出了详细预测期无杠杆自由现金流的现值和终值的现值，将它们相加即可得到企业价值（EV）。

企业价值（EV）=预测期无杠杆自由现金流的现值和+终值的现值

接下来在基本模型中分步计算出企业价值。

第一步，计算预测期现金流的现值和。

图 6-17　计算预测期现金流的现值和

如图 6-17 所示，将预测期现金流的现值（H35~P35）相加即可得到预测期现金流的现值和。我们把所求出的现值和放在估值时点年份所在的 G 列（G59 单元格）。

第二步，选择所使用的终值的现值。

如图 6-18 所示，为了将两种终值计算方法都体现在企业价值的计算中，我们做了一个开关（C61 单元格）：开关数字为 1 时，D61 单元格显示"Gordon 增长法"，G62 单元格

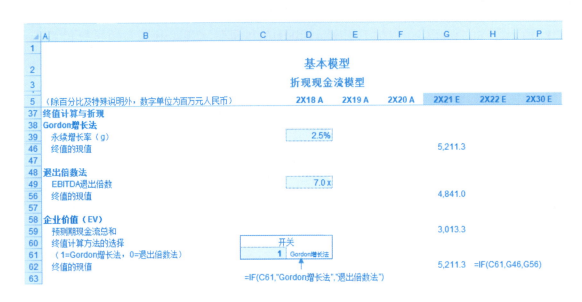

图 6 – 18　选择所使用的终值的现值

显示使用 Gordon 增长法计算终值的现值；开关数字为 0 时，D61 单元格显示"退出倍数法"，G62 单元格显示使用退出倍数计算终值的现值。通过改变开关的取值，可以对比两种方法的结果。

第三步，将预测期现金流的现值和加上终值的现值得到企业价值（EV）。

图 6 – 19　计算企业价值

2. 计算内含股权价值和内含股价

无杠杆自由现金流折现模型计算出来的是企业价值（EV），需要通过价值等式："**企业价值 + 非核心资产价值 + 现金 = 债务价值 + 少数股东权益价值 + 股权价值（属于母公司股东的）**"推算出公司的内含股权价值（也称内在股权价值），进而求出内含股价。

（1）建模步骤

在基本模型中，需要调整估值时点的非核心资产、货币资金、债务以及少数股东权益的价值。应尽量找到或估算它们的市场价值。

第一步，计算估值时点非核心资产和货币资金的市场价值（见图 6 – 20）。

▲	A	B	C	D	E	F	G	H	P
1									
2					**基本模型**				
3					**折现现金流模型**				
5		（除百分比及特殊说明外，数字单位为百万元人民币）		**2X18 A**	**2X19 A**	**2X20 A**	**2X21 E**	**2X22 E**	**2X30 E**
64		**企业价值（EV）**					8,224.6		
65									
66		**股权价值与内含股价**							
67		非核心资产的市场价值/账面价值		1.5 x					
68		非核心资产的账面价值					22.5	=BS!G19	
69		非核心资产的市场价值					33.7	=D67*G68	
70									
71		货币资金					161.7	=BS!G12	

图 6 – 20 计算估值时点非核心资产和货币资金的价值

如图 6 – 20 所示，对于非核心资产而言，其市场价值可能与账面价值有出入，需要评估非核心资产的市场价值。

基本模型中，我们没有展开对非核心资产的估值，而是采用非常简化的方式，直接假设非核心资产的市场价值是账面价值的 1.5 倍，那么市场价值就等于 1.5 乘以其账面值（应是估值时点的值，也就是 2X21 年年底的值，BS 表 G19 单元格）。

实际建模中，在对非核心资产估值时，需要看非核心资产的详细构成，分项目进行估值。前面提到过，非核心资产（即投资性资产）一般包括金融工具、与主业无关的长期股权投资以及非地产公司的投资性房地产。其中，金融工具包括三类：以公允价值计量且其变动计入当期损益的金融资产（FVTPL）、以公允价值计量且其变动计入其他综合收益的金融资产（FVTOCI）和以摊余成本计量的金融资产（AMC）。FVTPL 和 FVTOCI 都是公允价值计量，账面值可以作为市场价值的替代，AMC 主要是债权投资，一般而言其账面值和市场价值相差不大。

长期股权投资采用权益法计量，其市场价值和账面值可能相差较大，如果金额较大，需要借助估值方法来估计其市场价值。比如说目标公司拥有一项长期股权投资，是持有 B 公司 25% 的股权，金额较大，那么我们首先需要对 B 公司进行估值，可以采用 DCF 方法或可比估值法估计其股权价值，然后乘以持股比例 25% 即可得出此项长期股权投资的市场价值。

投资性房地产有成本和公允价值两种计量模式，公允价值计量模式下，账面值可以作为市场价值的替代；成本计量模式下，其市场价值和账面价值可能相差较大，和长期股权投资一样，需要借助估值方法来估计其市场价值。

对于货币资金而言，其账面值和市场价值一般没有差别，可用账面值代替市场价值。

> **ⓘ** 价值等式中的每个科目的衡量标准都是市场价值，使用价值等式"从左到右"计算内含股权价值时，调整项目都须用市场价值。

第二步，计算估值时点债务和少数股东权益的市场价值（见图 6 – 21）。

	A	B	C	D	E	F	G	H	P
1									
2					**基本模型**				
3					**折现现金流模型**				
5	（除百分比及特殊说明外，数字单位为百万元人民币）		**2X18 A**	**2X19 A**	**2X20 A**	**2X21 E**	**2X22 E**	**2X30 E**	
72	债务合计						1,693.3	=Cals!G74	
73									
74	少数股东权益的市场价值 / 账面价值			2.0 x					
75	少数股东权益的账面价值						76.3	=BS!G39	
76	少数股东权益的市场价值						152.6	=D74*G75	

图 6 – 21　计算估值时点债务和少数股东权益的价值

对于债务而言，其账面价值一般比较接近于其市场价值，除非债务面临重大的违约风险或目前的市场利率水平与债务发行时的水平相差较大。如果无法获得债务的市场价值，可以用其账面值替代。基本模型中使用债务的账面值来代替其市场价值。

对于少数股东权益而言，其市场价值和账面价值往往有较大出入。同非核心资产一样，在估算少数股东权益价值时会根据重要性原则来选择合适的评估方法。如果少数股东权益相对于全部股权价值比例较大，需要对子公司作详细的财务预测，计算出子公司的股权价值进而得到少数股东权益的价值；如果少数股东权益价值不高，也常常采用可比指标简单计算其市场价值。

第三步，计算内含股权价值和内含股价（见图 6 – 22）。

首先根据价值等式计算估值时点的内含股权价值（G78 单元格），然后用内含股权价值除以母公司的已发行普通股股数，即可得到内含股价（G81 单元格）。

（2）实际建模时应注意的问题

其一，价值等式中的科目必须都是市场价值。特别注意非核心资产、少数股东权益等科目，它们的市场价值和账面值往往有出入，使用价值等式计算内含股权价值时，一定要先评估它们的市场价值。

其二，某些公司的资本来源可能还含有可转换债券、永续债、优先股、期权、权证等，计算内含股权价值时，也需要减去这些融资工具的市场价值。

	A	B	C	D	E	F	G	H	P	Q
1										
2			基本模型							
3			折现现金流模型							
5	（除百分比及特殊说明外，数字单位为百万元人民币）		2X18 A	2X19 A	2X20 A	2X21 E	2X22 E	2X30 E		
64	企业价值（EV）						8,224.6			
65										
66	股权价值与内含股价									
67	非核心资产的市场价值/账面价值			1.5x						
68	非核心资产的账面价值						22.5			
69	非核心资产的市场价值						33.7			
70										
71	货币资金						161.7			
72	债务合计						1,693.3			
73										
74	少数股东权益的市场价值/账面价值			2.0x						
75	少数股东权益的账面价值						76.3			
76	少数股东权益的市场价值						152.6			
77										
78	内含股权价值						6,574.2	=G64+G69+G71-G72-G76		
79										
80	已发行普通股数（百万股）						156.6	=IS!G46		
81	内含股价（元/股）						41.97	=G78/G80		
82										

图 6 – 22　计算内含股权价值和内含股价

其三，如果估值时点不是在历史最后一期期末，而是在预测期，那么由企业价值计算股权价值时调整的非核心资产、货币资金、债务以及少数股东权益等项目的价值应该是在估值时点的价值。这个价值应是预测的价值，受历史最后一期期末至估值时点这段时间的假设影响。同时，计算股价所用的普通股股数也应是预测的估值时点的股数。在对即将进行股权融资的公司进行估值（比如为 IPO 定价构建的估值模型）时，这一点是十分重要的。

> 如果估值时点在预测期内，则由企业价值调整至股权价值时，非核心资产、货币资金、债务以及少数股东权益等的价值都应是预测的估值时点的市场价值，计算股价时用的普通股股数也应是估值时点的股数。

6.1.5　对影响股价的关键因素进行敏感性分析

从上面的估值计算过程中可以看到，除了公司经营状况以外，加权平均资本成本（WACC）、永续增长率（g）或 EBITDA 退出倍数是计算企业价值和内含股价的最为关键的因素，它们的变动可能带来估值结果比较大的变化。

虽然，我们已经尽可能地在用科学的方法估计 WACC，但是实际上公司不可能一直保持目标资本结构。此外，WACC 计算所用到的各种参数的选取也见仁见智。所以我们使用一个 WACC 评估出来的价值结果很容易受到质疑。另外，在实际估值中，永续增长率、EBITDA 退出倍数也往往难以准确估计。所以，通常还需要对这些关键因素作**敏感性分析**，分析它们在一定范围内变化时估值结果如何变动。

我们可以借助 Excel 提供的"**模拟运算表**"（某些 Excel 版本称为"**数据表**"）功能进行敏感性分析。在 DCF 估值模型中，如果使用 Gordon 增长模型计算终值，可以对加权平均资本成本（WACC）和永续增长率（g）作双因素的敏感性分析；如果使用 EBITDA 退出倍数法计算终值，可以对 WACC 和 EBITDA 退出倍数作双因素的敏感性分析。

> ℹ️ 在使用无杠杆自由现金流进行 DCF 估值之后，通常需对估值计算的关键因素（比如 WACC、永续增长率或 EBITDA 退出倍数）作敏感性分析，以给出评估价值的合理区间。

下面以 Gordon 增长模型计算终值为例，介绍如何在基本模型中加入对加权平均资本成本（WACC）和永续增长率（g）所作的双因素敏感性分析。

第一步，选择分析对象（见图 6 – 23）。

图 6 – 23　敏感性分析步骤一——选择分析对象

在 A83 单元格输入标题"敏感性分析"，在 C85 单元格引用分析的对象：内含股价（G81 单元格）。注意，这里必须引用，是为了告诉 Excel 模拟运算分析对象的路径或算法。

第二步，确定关键因素的取值范围。

如图 6 – 24 所示，在紧挨着分析对象 C85 单元格的右侧，横向建立一个序列（D85：J85区域），表示 WACC 的可能取值范围。通常，将建模过程中使用的认为最有可能的值（基本模型中为 9.3%）放到这个序列的中间（这里即第 4 个单元格 G85），根据这个 WACC 可能的波动幅度设置合理的上下限。基本模型中给出的 WACC 取值范围为：8.4% ~ 10.2%。

如图 6 – 25 所示，紧挨着分析对象 C85 的下方，纵向建立一个序列（C86：C92 区域），表示永续增长率的可能取值范围。和 WACC 一样，可以把建模过程中使用的认为最有可能的值（2.5%）放在这一序列的中间，给出永续增长率的可能取值范围。

第三步，添加两个分析因素的标题，并美化格式。

图 6-24 敏感性分析步骤二——确定 WACC 的取值范围

图 6-25 敏感性分析步骤二——确定永续增长率的取值范围

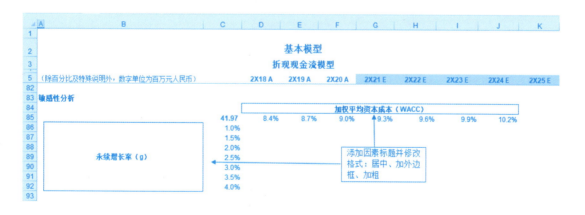

图 6-26 敏感性分析步骤三——添加分析因素的标题并修改格式

如图 6 – 26 所示，选中 D84：J84 区域，按单元格格式的快捷键"Ctrl + 1"，调出单元格格式对话框（见图 6 – 27），在"对齐"选项卡下，选择"水平对齐居中""垂直对齐居中"及"合并单元格"，点击"确定"。然后给合并的单元格添加外边框，按快捷键"Ctrl + Shift + 7"，即可完成单元格格式的修改。在合并的单元格中输入"加权平均资本成本（WACC）"即可。

然后，可以采用同样的方法添加"永续增长率（g）"的标题并调整格式。

如果不想使用合并单元格，在行列取值范围都是单数个单元格时，也可以采用在中间单元格（如 G84 和 B89）直接输入标题文字，并设置居中即可。

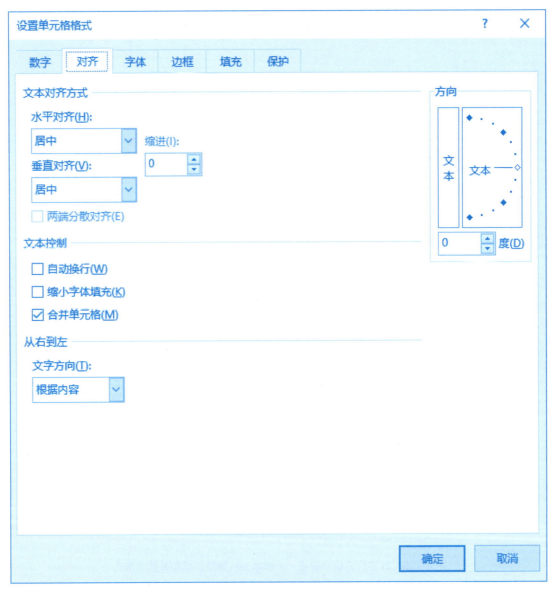

图 6 – 27　修改标题的格式

第四步，选中数据区域，进行模拟运算。

图6-28 敏感性分析步骤四——选中数据区域

如图6-28所示，首先需要从引用的分析对象开始，向右、向下选择模拟数据区域（C85：J92）。然后点击"数据"→"模拟分析"→"模拟运算表"（快捷键：Alt→D→T），调出模拟运算表的对话框（如图6-29所示）。

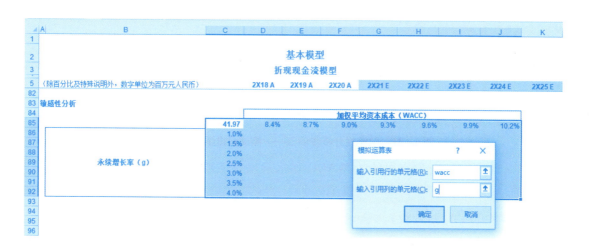

图6-29 敏感性分析步骤四——填写模拟运算表对话框中的参数

对于"输入引用行的单元格"，选择横向排列的WACC数值所在的假设单元格（D32单元格，我们这里对D32单元格定义了名称WACC，所以直接输入WACC也可以，不区分大小写）。

对于"输入引用列的单元格"，选择纵向排列的永续增长率g数值所在的假设单元格（D39单元格，同理也可以直接输入对其定义的名称g）。

然后点击确定，返回结果如图6-30所示。

图6-30   敏感性分析步骤四——模拟运算表计算结果

第五步，对模拟运算表做一些格式的区分。

		基本模型							
		折现现金流模型							
（除百分比及特殊说明外，数字单位为百万元人民币）		2X18 A	2X19 A	2X20 A	2X21 E	2X22 E	2X23 E	2X24 E	2X25 E
敏感性分析									
					加权平均资本成本（WACC）				
	41.97	8.4%	8.7%	9.0%	9.3%	9.6%	9.9%	10.2%	
	1.0%	41.82	39.57	37.49	35.56	33.77	32.10	30.54	
	1.5%	44.33	41.84	39.54	37.42	35.46	33.65	31.96	
永续增长率（g）	2.0%	47.24	44.44	41.88	39.54	37.38	35.39	33.55	
	2.5%	50.64	47.47	44.59	41.97	39.57	37.37	35.34	
	3.0%	54.67	51.02	47.75	44.78	42.09	39.64	37.39	
	3.5%	59.52	55.26	51.48	48.09	45.03	42.26	39.74	
	4.0%	65.47	60.41	55.96	52.01	48.49	45.33	42.47	

图6-31   敏感性分析步骤五——修改模拟运算表格式

如图6-31所示，对最有可能的WACC和永续增长率的范围对应的内含股价区间加了浅灰底色等。

模拟运算表的工作原理是：

首先，告诉Excel需要模拟运算的对象（这里为内含股价：左上角单元格C85用公式引用G81单元格）。注意，模拟运算对象引用的单元格（这里是G81单元格）需受到要分析假设单元格（这里是D32单元格和D39单元格）的影响。

其次，依次用不同的WACC（D85：J85区域）分别代替原来的模型中计算内含股价使用的WACC，用不同永续增长率（C86：C92区域）分别代替原来模型中计算内含股价使用的永续增长率。

最后，Excel会按照原来的计算逻辑，模拟计算出不同WACC和不同永续增长率对应的内含股价，填在模拟运算表的对应位置上。

比如对于D86单元格得到的股价结果41.82元，是在WACC取8.4%（修改了D32单元格的假设数值），g 取 1.0%（修改了 D39 单元格的假设数值）后，模型计算出来的股价结果。

值得注意的是，模拟运算表必须和关键因素在同一张工作表中，否则不能实现敏感性分析。比如在基本模型中，关键因素 WACC 和永续增长率都在"DCF"工作表，那么敏感性分析只能放在"DCF"工作表来做，而不能放在其他工作表做。

> **建模技巧提示：模拟运算表和关键变量应在同一张工作表**
>
> 使用模拟运算表进行敏感性分析时，模拟运算表必须和关键因素放在同一张工作表中。这是利用 Excel 作敏感性分析的前提条件，但也是其局限性所在。

6.1.6　折现现金流估值模型小结

折现现金流估值模型，就是把预测期所有现金流折现到估值时点，加总得到相应的价值。在构建财务预测模型时，我们将预测期分为详细预测期和终值期。这样，将详细预测期每年的现金流现值合计加上终值现值，即可得到相应的价值。

在本章中，我们介绍了无杠杆自由现金流折现模型。无杠杆自由现金流是属于所有出资人的现金流，所以折现加总得到的是企业价值，最后再通过价值等式，推导出股权价值。大致步骤如下：

1. 计算详细预测期无杠杆自由现金流

无杠杆自由现金流，一是"无杠杆"，即从所有出资人的角度考虑，所以从 EBIT 开始调整；二是"自由"，所以要扣除维持公司正常经营所需的资本性支出和经营性营运资金投入等；三是"现金流"，所以需要调整非现金科目，如加回计算 EBIT 时扣除的折旧和摊销。

从息税前利润（EBIT）开始调整到息前税后利润（EBIAT 或 NOPLAT）时，扣除的所得税是在假设公司在没有财务杠杆下的经营利润应缴的所得税。与利润表中的所得税相比，该所得税加回了财务费用的税盾，并调整了非核心损益对应的税。

2. 对无杠杆自由现金流折现

对现金流进行折现时，要考虑折现率和现金流的匹配，与无杠杆自由现金流匹配的折现率是 WACC。在计算 WACC 时，各种融资来源的权重应使用市场价值作为计算基础。

现金流的折现年份是现金流产生的时点与估值时点之间的年数差。若假设公司的现金流在一年内均匀地产生，则预测期每一年现金流的折现时点为当年的 6 月 30 日。

确定现金流折现率及折现年份后，就可以计算出现金流对应的折现因子，并对每年现金流进行折现。

3. 计算终值及终值现值

计算终值的方法，包括 Gordon 永续增长模型和退出倍数法。需要注意的是，如果使用 Gordon 永续增长模型，终值的折现因子等于最后一年无杠杆自由现金流的折现因子；如果使用退出倍数法，且假设公司的现金流在每一年均匀产生，则终值的折现年份比预测期最后一年无杠杆自由现金流的折现年份多 0.5 年，需要计算相应的折现因子。

4. 计算企业价值和内含股价

对详细预测期无杠杆自由现金流现值进行加总，加上终值现值，即可得到企业价值。通过价值等式，推导出股权价值，并除以普通股股数得到内含股价。

价值等式的一般形式为"**现金 + 非核心资产价值 + 企业价值 = 债务 + 少数股权价值 + 归属于母公司股东的股权价值**"。在使用价值等式时，所有的调整项都应该使用估值时点的市场价值。

5. 对关键变量作敏感性分析

财务模型中的很多假设都包含了建模者的主观判断，最后得出的结果也可能受到质疑。所以在构建财务预测模型时，我们通常建议对关键变量作敏感性分析，给出该变量在一定的取值范围下对应的股价。如果使用 Gordon 永续增长模型计算终值，我们通常对 WACC 和永续增长率作敏感性分析；如果使用退出倍数法计算终值，则通常对 WACC 和退出倍数作敏感性分析。

在使用无杠杆自由现金流折现模型的过程中，还需要注意模型内在逻辑的严密性和一致性：所有的资产和负债（包括表外的），要么体现在每年的自由现金流中，要么体现在由企业价值 EV 调整至股权价值的过程中。

在做财务预测模型之前，会对公司的业务进行划分，区分持续经营业务（主业）和投资性业务（非主业），从而区分主业对应的经营性资产、负债以及投资性业务对应的非核心资产和负债，从而明确企业价值 EV 的范围。和企业价值 EV 对应的资产和负债，在无杠杆自由现金流计算中考虑其变化和产生的收益；不属于企业价值 EV 的资产和负债，即非核心资产和负债，将其计入非核心资产价值，在由企业价值 EV 调整到股权价值时体现。

6.2 可比公司法

绝对估值法对数据的要求很高，需要对公司进行全面的财务预测，而且最后的估值结果受折现率和终值的影响较大。除了绝对估值法外，可比公司法也是业内常用的估值方法。特别是对行业中的公司进行横向比较时，经常会用到可比公司法。

下面仍以基本模型中的公司为例，介绍如何在模型中实现可比公司法的估值，包括市盈率（P/E）倍数法、市净率（P/B）倍数法和 EV/EBITDA 倍数法三种常用的可比公司估值法。

其中，我们对市盈率法做详细介绍，包括可比公司的选取、每股收益（EPS）的正常化调整以及 LTM 盈利的计算等。对市净率倍数法和 EV/EBITDA 倍数法，由于原理和市盈率法相似，只介绍其基本计算方法。

6.2.1 市盈率倍数法

市盈率（P/E）倍数法是通过比较公司之间的市盈率来进行估值，是国内外市场广泛使用的可比公司法。市盈率＝股价/每股收益＝市值/净利润，它表示投资者愿意为公司每 1 元净利润支付的价格。使用市盈率倍数法估值时，一般分为三步：

第一步，选取可比公司。

实际估值中在选取可比公司时，一般又会分为两步进行：首先，根据一定条件初步挑选可比公司；其次，将初步挑选的可比公司分为最可比类公司和次可比类公司两类。使用时往往主要考虑最可比类公司。

在选择可比公司时，也可以借助 Choice、Wind、Bloomberg 等金融数据库，它们都提供了相应的模块可以方便地提取公司的相关数据，其中还包括对这些公司未来的一致预期数据。也可以使用数据库提供的函数直接在 Excel 中导入相关数据。下面是一个使用 Choice 金融终端查看公司盈利预测的示例，如图 6 - 32 所示。

在基本模型中，我们找到了和目标公司所处相同行业的 10 家上市公司：其中 8 家专注于单一行业，2 家为多元化综合企业集团。然后，在这 8 家专注单一行业的可比公司中，从经营规模（以营业收入为代表）和盈利能力（以近两年的 ROE 为代表）两方面进行比较，选出了 5 家和目标公司的经营规模、盈利能力相近的公司为最可比类公司，如图 6 - 33 所示。

第二步，计算可比公司的市盈率。

图 6 – 32　Choice 金融终端界面——公司盈利预测

（资料来源：Choice 金融终端）

公司名称	公司类型	2X20年营业收入 （百万元）	ROE （最近两年平均值）	
选取可比公司				
可比公司 1	专注主业	2,284.4	13.1%	最可比类
可比公司 2	专注主业	6,310.2	14.8%	
可比公司 3	专注主业	3,494.0	20.1%	
可比公司 4	专注主业	1,383.4	18.6%	
可比公司 5	专注主业	5,440.1	10.1%	
可比公司 6	专注主业	1,690.9	4.9%	次可比类
可比公司 7	专注主业	1,031.5	2.3%	
可比公司 8	专注主业	1,193.1	4.1%	
可比公司 9	多元化经营	1,453.2	6.7%	
可比公司 10	多元化经营	1,636.9	7.1%	
目标公司	专注主业	2,422.8	19.5%	

图 6 – 33　选取可比公司

首先，在基本模型中新添一张工作表，命名为"Comps"（Comparables）。其次，找出这 5 家上市公司的最新的股票价格，将它们放在 C10:C14 单元格，如图 6 – 34 所示。

需要计算可比公司 2X20 年和 LTM 正常化的每股收益。这里，我们以可比公司 1 为例，介绍每股收益正常化调整的步骤以及 LTM 每股收益的计算。

图 6-34　添加 Comps 工作表

 对一些可比指标，比如市盈率倍数中的每股收益或净利润，需要作正常化的调整。

如图 6-35 所示，将可比公司 1 的 2X20 年的利润表及相关财务报表附注整理到辅助的 Excel 文件中。

对于 EPS 的正常化调整，分为税前调整项、所得税调整和少数股东损益调整三步完成。其中，税前调整项主要是指在不考虑所得税的情况下，对非常性或非经营性科目进行调整；所得税调整主要是考虑所有调整项对于所得税的影响；少数股东损益调整则是因为部分调整科目发生在可比公司 1 的子公司，需要根据少数股东的持股比例分别计算出调整项对于少数股东损益和对于归属于母公司所有者的净利润的影响。

税前调整项

- 对于营业收入、营业成本、税金及附加、销售费用、管理费用和研发费用这些正常的经营科目，不需要进行调整，调整后的数据和调整前一样。

- 对于资产减值损失（新报表格式中，资产减值损失在利润表中以负数列示），即资产的可收回金额低于账面价值而确认的损失。一般来说，如果发生了一次性的重大资产减值损失，则需要进行调整。本例中资产减值损失数据较小，我们不对其进行调整。

- 对于公允价值变动收益，主要来自于公允价值计量且其变动计入损益的金融资产（比如交易性金融资产）和投资性房地产。一般来说是不可以持续的，在做正常化调整时需要剔除。在可比公司 1 的财务报表附注中，我们了解到，其公允价值变动收益全部是持有的交易性金融资产的公允价值变动，因此需要全部调整。

每股收益（EPS）正常化调整

	可比公司1的2X20年利润表:			可比公司1的利润表正常化调整信息:	
	2X20年合并利润表			可比公司1及控股子公司信息:	
	（单位：百万元）	2X20年			
	营业收入	2,284.4		1. 可比公司1只有1家控股子公司，控股比例	70%
	营业成本	1,519.7			
	税金及附加	19.9		2. 可比公司1的适用税率	25%
	销售费用	99.8		控股子公司的适用税率	15%
	管理费用	177.1			
	研发费用	56.0			
	财务费用	125.4		2X20年合并利润表正常化调整信息:	
	资产减值损失	(13.9)			
	公允价值变动收益	68.8		1. 公允价值变动收益	
	营业利润	341.4		其中：交易性金融资产的公允价值变动收益	68.8
				（交易性金融资产属于可比公司1）	
	营业外收入	111.5			
	营业外支出	59.0		2. 营业外收入	
	利润总额	393.9		其中：一次性政府补贴（需缴税）	94.6
				（一次性政府补贴发生在控股子公司）	
	所得税费用	62.1			
	净利润	331.8		3. 营业外支出	
				其中：非常损失	46.8
	少数股东损益	17.9		（属于一次性自然灾害引发的损失，发生在控股子公司）	
	归属于母公司所有者的净利润	313.9			
				除这三项损益外，其他损益均为正常性损益或因数额较小无法判	
	已发行普通股股数（百万股）	606.4		断，故未作调整。	
	每股收益（元/股）	0.52			

2X20年利润表正常化调整：

	调整前	税前调整项	适用税率	所得税调整	调整后
（单位：百万元）					
营业收入	2,284.4				
营业成本	1,519.7				
税金及附加	19.9				
销售费用	99.8				
管理费用	177.1				
研发费用	56.0				
财务费用	125.4				
资产减值损失	(13.9)				
公允价值变动收益	68.8				
营业利润	341.4	=C33-SUM(C34:C39)+SUM(C40:C41)			
营业外收入	111.5				
营业外支出	59.0				
利润总额	393.9	=C42+C44-C45			
所得税费用	62.1				
净利润	331.8	=C46-C48			
少数股东损益	17.9				
归属于母公司所有者的净利润	313.9	=C49-C51			
已发行普通股股数（百万股）	606.4				
每股收益（元/股）	0.52	=C52/C54			

图 6-35 整理可比公司利润表

- 对于营业外收入和营业外支出，营业外收入主要包括债务重组利得、与企业日常活动无关的政府补助、盘盈利得、捐赠利得等，营业外支出主要包括罚款支出、捐赠支出、非常损失和债务重组损失等。营业外收入和支出多为一次性或者偶然的收支。在做正常化调整时，一般可以直接剔除它们对利润的影响，尤其是金额较大的项目。对可比公司 1 而言，营业外收入中绝大多数为控股子公司发生的一次性政府补贴，营业外支出大部分为控股子公司发生的非常损失，因此这两项需要调整。由于其他剩余的营业外收支比较小，且无法判断是否能持续，故未作调整。

> 在作正常化调整时，应根据公司的具体情况，而不能仅根据会计科目名称就作出是否调整的判断。比如投资收益对于一般的制造型公司来说通常为非经常性损益，需要进行调整，而对于保险公司来说则是其主营业务创造的收入，不应该在正常化调整时剔除。

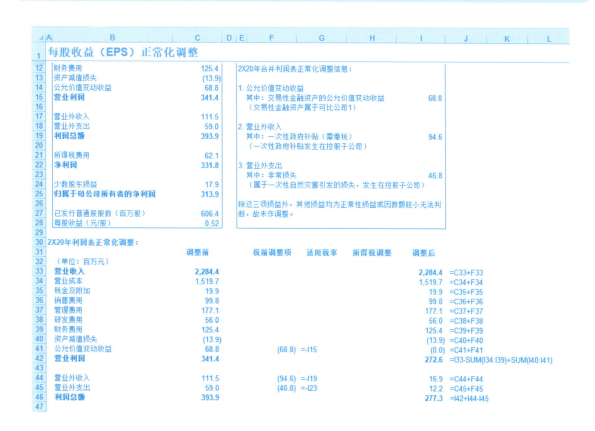

图 6 - 36 税前调整项

所得税调整

- 在调整非经常性科目和非经营性科目以后，一定还要记得调整这些科目对应的所得税。比如扣除了一次性的收益以后，就需要加回其对应的所得税；相应地，加回了一次性的费用后，就需要扣除其对应的税盾。

- 如果这些科目对应的纳税主体不同，则适用的所得税税率也可能不同。在具体进行调整时，我们需要用各个科目对应的所得税税率乘以调整数额，得到该科目对应的所得税费用调整项。可比公司1中，交易性金融资产的公允价值变动收益是发生在可比公司1中的，调整相应的所得税时应使用可比公司1适用的所得税税率。一次性的政府补贴（需缴税）和非常损失均是发生在控股子公司的，调整其所得税时应使用控股子公司适用的所得税税率，如图6-37所示。

> 在对合并利润表的所得税进行调整时，应区分已调整的税前损益对应的纳税主体，判断适用的所得税税率，才能作出正确的调整。

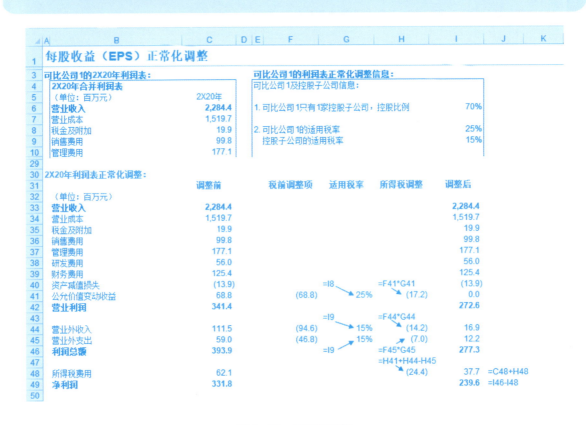

图6-37　所得税调整

少数股东损益调整

- 对于少数股东损益，需要看前面调整的非经常性损益中，是否含有属于非100%控股的子公司的。比如本例中，营业外收入和营业外支出中的非经常性损益调整均发生在控股子公司，则对这两个科目的调整项就有一部分（为少数股东的持股比例，本例中为30%）是属于少数股东的。对于少数股东损益的调整同样需要考虑所得税调整，用调整前加上税前调整项，扣除所得税调整，即可得到正常化调整后的少数股东损益。用调整后的净利润扣除调整后的少数股东损益，即可得到正常化的归属于母公司所有者的净利润。

计算出正常化的归属于母公司所有者的净利润之后，除以已发行普通股股数，即可得到正常化的每股收益，如图 6 − 38 所示。

▲	A	B	C	D E	F	G	H	I	J	K
1	**每股收益（EPS）正常化调整**									
3	**可比公司1的2X20年利润表：**				**可比公司1的利润表正常化调整信息：**					
4	**2X20年合并利润表**				可比公司1及控股子公司信息：					
5	（单位：百万元）		2X20年							
6	**营业收入**		**2,284.4**		1.可比公司1只有1家控股子公司，控股比例			70%		
7	营业成本		1,519.7							
29										
30	2X20年利润表正常化调整：									
31			调整前		税前调整项	适用税率	所得税调整	调整后		
32	（单位：百万元）									
33	**营业收入**		**2,284.4**					**2,284.4**		
34	营业成本		1,519.7					1,519.7		
35	税金及附加		19.9					19.9		
36	销售费用		99.8					99.8		
37	管理费用		177.1					177.1		
38	研发费用		56.0					56.0		
39	财务费用		125.4					125.4		
40	资产减值损失		(13.9)					(13.9)		
41	公允价值变动收益		68.8		(68.8)	25%	(17.2)	0.0		
42	**营业利润**		**341.4**					**272.6**		
43										
44	营业外收入		111.5		(94.6)	15%	(14.2)	16.9		
45	营业外支出		59.0		(46.8)	15%	(7.0)	12.2		
46	**利润总额**		**393.9**					**277.3**		
47										
48	所得税费用		62.1				(24.4)	37.7		
49	净利润		331.8					239.6		
50					=(F44-F45)*(1-I6)		=(H44-H45)*(1-I6)			
51	少数股东损益		17.9		(14.3)		(2.2)	5.7	=C51+F51-H51	
52	归属于母公司所有者的净利润		313.9					233.9	=I49-I51	
53										
54	已发行普通股股数（百万股）		606.4					606.4	=C54	
55	每股收益（元/股）		0.52					0.39	=I52/I54	

图 6 – 38　少数股东损益调整

接下来，计算可比公司 1 的正常化的最近 12 个月（LTM）每股收益。

在制作本模型时，可比公司 1 最新发布的公开数据为 2X21 年第三季度报告，那么可比公司 1 最近 12 个月（LTM）利润即为"2X20 年第四季度 + 2X21 年前三季度"的利润。

如图 6 – 39 所示，分别在 C ~ E 列给出了可比公司 1 的 2X20 年前三季度、2X20 年度和 2X21 年前三个季度的经正常化调整的利润表。然后用"D 列 + E 列 – C 列"数据即可得到可比公司 1 最近 12 个月的利润表，进而计算出可比公司 1 的正常化的 LTM 每股收益为 0.75 元。

采取同样的方法，分别计算其他四个可比公司 2X20 年和 LTM 的正常化的每股收益，填入 Comps 工作表的 D10：E14 区域，如图 6 – 40 所示。

接下来，需要预测可比公司 2X21 年和 2X22 年正常化的每股收益。可以通过自己对这

图 6-39 最近 12 个月每股收益

最近12个月（LTM）调整

下面是可比公司1的2X20年前三季度、2X20年度和2X21年前三季度经调整的正常化的利润表：

（单位：百万元人民币）	2X20年前三季度	2X20年度	2X21年前三季度	最近12个月（LTM）	
营业收入	1,718.7	2,284.4	2,471.2	3,036.9	=D6+E6-C6
营业成本	1,208.6	1,519.7	1,589.5	1,900.6	=D7+E7-C7
税金及附加	15.4	19.9	22.1	26.6	=D8+E8-C8
销售费用	75.2	99.8	102.8	127.4	=D9+E9-C9
管理费用	129.7	177.1	185.2	232.6	=D10+E10-C10
研发费用	50.0	56.0	60.0	66.0	=D11+E11-C11
财务费用	95.0	125.4	110.1	140.5	=D12+E12-C12
资产减值损失	(10.0)	(13.9)	(12.4)	(16.3)	=D13+E13-C13
公允价值变动收益	0.0	0.0	0.0	0.0	=D14+E14-C14
营业利润	134.8	272.6	389.1	526.9	=F6-SUM(F7:F12)+SUM(F13:F14)
营业外收入	11.2	16.9	26.3	32.0	=D17+E17-C17
营业外支出	9.8	12.2	15.4	17.8	=D18+E18-C18
利润总额	136.2	277.3	400.0	541.1	=F15+F17-F18
所得税费用	26.1	37.7	63.7	75.3	=D21+E21-C21
净利润	110.1	239.6	336.3	465.8	=F19-F21
少数股东损益	4.8	5.7	9.8	10.7	=D24+E24-C24
归属母公司所有者的净利润	105.3	233.9	326.5	455.1	=F22-F24
已发行普通股股数（百万股）	606.4	606.4	606.4	606.4	
正常化的每股收益（元/股）	¥0.17	¥0.39	¥0.54	¥0.75	=F25/F27

图 6-39 最近 12 个月每股收益

基本模型
可比公司法

（除百分比及特殊说明外，数字单位为百万元人民币）

市盈率（P/E）

公司	A股市价（元/股）	正常化的每股收益（元/股） 2X20 A	LTM	2X21 E	2X22 E	P/E 2X20 A	LTM	2X21 E	2X22 E
可比公司1	17.58	0.39	0.75						
可比公司2	22.33	1.11	1.01						
可比公司3	19.85	0.72	1.05						
可比公司4	34.52	1.50	2.12						
可比公司5	8.50	0.25	0.34						
目标公司									
平均值									
中位数									

折溢价水平 -10.0% ~ 10.0%
P/E区间
股价区间（元）

图 6-40 录入可比公司正常化调整数据

些可比公司进行财务预测得到，也可以从研究机构的相关研报或者专门的数据库中获得。

把这些预测数据放入 F10：G14 区域相应的位置，并在 H10：K14 区域计算各期的市盈率指标，如图 6-41 所示。

第三步，计算适用于目标公司的市盈率。

分别计算可比公司2X20 年、LTM、2X21 年和 2X22 年对应的市盈率的均值和中位数。

图6-41　计算可比公司市盈率

基本模型以 2X21 年底为估值时点，这里使用 2X21 年可比公司市盈率的中位数，并在此基础上，给予目标公司的市盈率倍数一定的折溢价水平，这里给 -10% ~ 10%（仅作示意，实际建模时，需根据目标公司和所选取的可比公司的实际情况而定，前面的 3.5.3 部分已经讲过目标公司可比指标参考值选取的常用思路和方法，这里不再赘述）。在 C20 和 E20 单元格计算相应折溢价水平下对应的目标公司的市盈率倍数，如图 6-42 所示。

图6-42　计算目标公司市盈率

> ℹ️ 通常，需要对目标公司和可比公司进行比较分析，在分析的基础上给予可比倍数一定的溢价或折价。

需要注意的是，本例中可比公司的市盈率倍数没有负值，或极大值、极小值等异常值（outlier），所以可以直接用其平均值或中位数作为目标公司的市盈率倍数参考值。否则，在计算平均值或中位数时应该先剔除异常值，再对剩余的正常数据取平均值或中位数。

ℹ 在计算可比公司估值倍数的平均值时，应先剔除异常值。

第四步，计算目标公司的股价区间。

把目标公司的 2X20 年、2X21 年和 2X22 年正常化的每股收益从 IS 工作表引用到 D15、F15 和 G15 单元格，在 E15 单元格输入正常化的 LTM 每股收益。选用 2X21 年的每股收益乘以市盈率的上限和下限，就得到了市盈率估值法下目标公司的股价区间，如图 6 –43 所示。

图 6 –43　计算目标公司的股价区间

市盈率法小结

（1）选取可比公司；

（2）对可比公司的利润表进行正常化调整，包括税前调整项、所得税调整和少数股东损益调整；

（3）计算可比公司的市盈率倍数，并取平均值或中位数作为目标公司的参考值；

（4）计算目标公司的股权价值区间；

（5）用目标公司的股权价值除以股数，得到目标公司的股价区间。

6.2.2　市净率倍数法

市净率（P/B）倍数法是通过比较公司之间的市净率来进行估值。市净率＝股价/每股净资产＝市值/净资产，它表示投资者愿意为公司每 1 元净资产支付的价格。

市净率倍数法的使用方法与市盈率倍数法类似，在基本模型中继续完成市净率倍数法对目标公司的估值。

可比公司已经找到，直接进行第二步，计算可比公司的市净率指标，如图 6 – 44 所示。需要说明的是，除了计算 2X20 年底、2X21 年底和 2X22 年底的每股净资产外，这里还计算了 2X21 年第三季度末的每股净资产，也就是最新的（Most Recent Quarter，MRQ）每股净资产。

	公司	A股市价（元/股）	每股净资产（元/股）				P/B =$C27/D27			
			2X20 A	2X21 Q3	2X21 E	2X22 E	2X20 A	2X21 Q3	2X21 E	2X22 E
	可比公司1	17.58	4.89	5.29	5.42	5.87	3.6 x	3.3 x	3.2 x	3.0 x
	可比公司2	22.33	10.08	10.72	10.94	11.64	2.2 x	2.1 x	2.0 x	1.9 x
	可比公司3	19.85	2.72	3.60	3.74	4.54	7.3 x	5.5 x	5.3 x	4.4 x
	可比公司4	34.52	8.55	10.07	10.37	11.48	4.0 x	3.4 x	3.3 x	3.0 x
	可比公司5	8.50	2.82	3.59	3.72	4.68	3.0 x	2.4 x	2.3 x	1.8 x
	目标公司									
	平均值						4.0 x	3.3 x	3.2 x	2.8 x
	中位数						3.6 x	3.3 x	3.2 x	3.0 x

图 6 – 44　计算可比公司的市净率

第三步，计算目标公司的市净率倍数。和市盈率估值一样，计算出四种市净率倍数的平均值和中位数，取 2X21 年的市净率的中位数，并在此基础上给予目标公司 – 10% ~ 10% 的市净率折溢价（仅作示意），计算出目标公司的市净率区间，如图 6 – 45 所示。

	公司	A股市价（元/股）	每股净资产（元/股）				P/B			
			2X20 A	2X21 Q3	2X21 E	2X22 E	2X20 A	2X21 Q3	2X21 E	2X22 E
	可比公司1	17.58	4.89	5.29	5.42	5.87	3.6 x	3.3 x	3.2 x	3.0 x
	可比公司2	22.33	10.08	10.72	10.94	11.64	2.2 x	2.1 x	2.0 x	1.9 x
	可比公司3	19.85	2.72	3.60	3.74	4.54	7.3 x	5.5 x	5.3 x	4.4 x
	可比公司4	34.52	8.55	10.07	10.37	11.48	4.0 x	3.4 x	3.3 x	3.0 x
	可比公司5	8.50	2.82	3.59	3.72	4.68	3.0 x	2.4 x	2.3 x	1.8 x
	目标公司									
	平均值						4.0 x	3.3 x	3.2 x	2.8 x
	中位数						3.6 x	3.3 x	3.2 x	3.0 x
	折溢价水平	-10.0%	~	10.0%	=AVERAGE(H27:H31)		=MEDIAN(H27:H31)			
	P/B区间	2.9 x	~	3.6 x	=$J$34*(1+E36)					
	股价区间（元）	27.47	~	33.57						

图 6 – 45　计算目标公司的市净率

第四步，计算目标公司的股价。把目标公司 2X20 年底、2X21 年第三季度末、2X21 年底和 2X22 年底的每股净资产放在 D32:G32，"每股净资产 = 归属于母公司股东的所有者权益/已发行普通股股数"，选用 2X21 年预测的每股净资产乘以市净率区间的上下限，就可以得到市净率估值法下的股价区间，如图 6 – 46 所示。

市净率法小结

（1）选取可比公司；

（2）计算可比公司的市净率倍数，并取平均值或中位数作为目标公司的参考值；

（3）计算目标公司的股权价值区间；

（4）用目标公司的股权价值除以股数，得到目标公司的股价区间。

市净率（P/B）	A股市价（元/股）	每股净资产（元/股）				P/B			
公司		2X20 A	2X21 Q3	2X21 E	2X22 E	2X20 A	2X21 Q3	2X21 E	2X22 E
可比公司1	17.58	4.89	5.29	5.42	5.87	3.6 x	3.3 x	3.2 x	3.0 x
可比公司2	22.33	10.08	10.72	10.94	11.64	2.2 x	2.1 x	2.0 x	1.9 x
可比公司3	19.85	2.72	3.60	3.74	4.54	7.3 x	5.5 x	5.3 x	4.4 x
可比公司4	34.52	8.55	10.07	10.37	11.48	4.0 x	3.4 x	3.3 x	3.0 x
可比公司5	8.50	2.82	3.59	3.72	4.68	3.0 x	2.4 x	2.3 x	1.8 x
目标公司	7.98	11.18		9.41	11.26				
平均值		=BS!F37/IS!F46		=BS!G37/IS!G46		4.0 x	3.3 x	3.2 x	2.8 x
中位数						3.6 x	3.3 x	3.2 x	3.0 x
折溢价水平	-10.0%	~		10.0%					
P/B区间	2.9 x	~		3.6 x					
股价区间（元）	27.47	~		33.57	=$F$32*E37				

图 6－46　计算目标公司的股价区间

6.2.3　企业价值/息税折旧摊销前利润倍数法

企业价值/息税折旧摊销前利润（EV/EBITDA）倍数是一个在欧美资本市场广泛使用且在国内也越来越受关注的可比估值指标，EBITDA 接近公司持续经营所产生的税前现金利润，而 EV 反映了公司核心资产持续经营的价值。

下面使用 EV/EBITDA 倍数法对目标公司进行估值。已经有了可比公司，直接进行步骤二，计算可比公司的 EV/EBITDA。首先，查找、计算并输入可比公司的股价、已发行普通股股数、债务、少数股东权益、现金、非核心资产和 EBITDA。如图 6－47 所示，给出的债务、少数股东权益、现金和非核心资产都是根据 2X21 年第三季度末的数据调整后的市场价值。这里只给出了 LTM 和 2X21 年预测的 EBITDA。

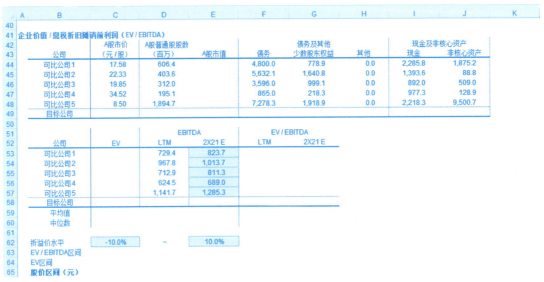

企业价值/息税折旧摊销前利润（EV/EBITDA）	A股市价（元/股）	A股普通股股数（百万）	A股市值	债务及其他			现金及非核心资产	
公司				债务	少数股东权益	其他	现金	非核心资产
可比公司1	17.58	606.4		4,800.0	778.9	0.0	2,285.8	1,875.2
可比公司2	22.33	403.6		5,632.1	1,640.8	0.0	1,393.6	88.8
可比公司3	19.85	312.0		3,596.0	999.1	0.0	892.0	509.0
可比公司4	34.52	195.1		865.0	218.3	0.0	977.3	128.9
可比公司5	8.50	1,894.7		7,278.3	1,918.9	0.0	2,218.3	9,500.7
目标公司								

公司	EV	EBITDA		EV/EBITDA	
		LTM	2X21 E	LTM	2X21 E
可比公司1		729.4	823.7		
可比公司2		967.8	1,013.7		
可比公司3		712.9	811.3		
可比公司4		624.5	689.0		
可比公司5		1,141.7	1,285.3		
目标公司					
平均值					
中位数					
折溢价水平	-10.0%	~	10.0%		
EV/EBITDA区间					
EV区间					
股价区间（元）					

图 6－47　计算可比公司的 EV/EBITDA（1）

接下来，计算可比公司的 EV，进而计算出 EV/EBITDA。用 A 股股价乘以 A 股普通股股数得到 A 股市值，然后根据"价值等式"——"**企业价值＋非核心资产价值＋现金＝债务价值＋少数股东权益价值＋股权价值（属于母公司股东的）**"计算出企业价值 EV，如图 6-48 所示。

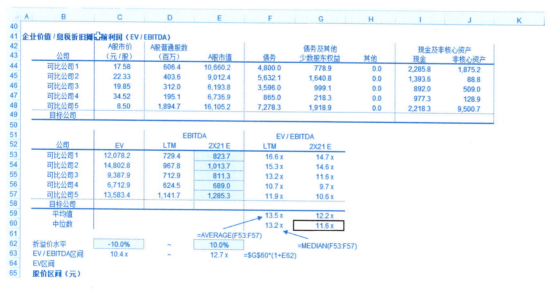

图 6-48 计算可比公司的 EV/EBITDA（2）

第三步，计算目标公司的 EV/EBITDA 倍数。和前面两种可比估值方法一样，首先计算可比公司 LTM 和 2X21 年预测的 EV/EBITDA 倍数的平均值和中位数，然后选取 2X21 年的中位数，并在此基础上给予目标公司的 EV/EBITDA 倍数 -10%～10% 的溢价水平（仅作示意），进而得到目标公司的 EV/EBITDA 倍数区间，如图 6-49 所示。

图 6-49 计算目标公司的 EV/EBITDA

第四步，计算目标公司股价区间。首先，计算目标公司的 LTM 和 2X21 年的 EBITDA；然后，用 2X21 年的 EBITDA 乘以 EV/EBITDA 倍数的上限和下限得到目标公司 EV 的上限和下限；接下来，根据"价值等式"从左向右计算出目标公司的股权价值区间；最后，用股权价值除以目标公司最新的已发行普通股股数即可得到目标公司的股价区间，如图 6-50 所示。

	公司	A股市价 （元/股）	A股普通股股数 （百万）	A股市值	债务	债务及其他 少数股东权益	其他	现金及非核心资产 现金	非核心资产
44	可比公司1	17.58	606.4	10,660.2	4,800.0	778.9	0.0	2,285.8	1,875.2
45	可比公司2	22.33	403.6	9,012.4	5,632.1	1,640.8	0.0	1,393.6	88.8
46	可比公司3	19.85	312.0	6,193.8	3,596.0	999.1	0.0	892.0	509.0
47	可比公司4	34.52	195.1	6,735.9	865.0	218.3	0.0	977.3	128.9
48	可比公司5	8.50	1,894.7	16,105.2	7,278.3	1,918.9	0.0	2,218.3	9,500.7
49	目标公司		156.6		1,693.3	152.6	0.0	161.7	33.7
50			=DCF!G80		=DCF!G72	=DCF!G76		=DCF!G71	=DCF!G69

企业价值/息税折旧摊销前利润（EV/EBITDA）

	公司	EV	EBITDA LTM	2X21 E	EV/EBITDA LTM	2X21 E
53	可比公司1	12,078.2	729.4	823.7	16.6 x	14.7 x
54	可比公司2	14,802.8	967.8	1,013.7	15.3 x	14.6 x
55	可比公司3	9,387.9	712.9	811.3	13.2 x	11.6 x
56	可比公司4	6,712.9	624.5	689.0	10.7 x	9.7 x
57	可比公司5	13,583.4	1,141.7	1,285.3	11.9 x	10.6 x
58	目标公司		582.5	657.1		
59	平均值			=IS!G28	13.5 x	12.2 x
60	中位数				13.2 x	11.6 x

62	折溢价水平	-10.0%	~	10.0%	
63	EV/EBITDA区间	10.4 x	~	12.7 x	
64	EV区间	6,842.9	~	8,363.6	=$E$58*E63
65	股价区间（元）	33.15	~	42.86	=(SUM(E64,$I$49:$J$49)-SUM($F$49:$H$49))/$D$49

图 6-50　计算目标公司的 EV 和股价区间

ⓘ 在由可比公司的股权价值推导企业价值，以及由目标公司的企业价值推导股权价值的过程中，价值等式中的科目均应使用市值。

可见，采用 EV/EBITDA 倍数法估值比市盈率倍数法或市净率倍数法稍微复杂一些，但它具有另两种方法不具有的优势。由于 EBITDA 未扣除折旧和摊销，它适用于折旧对公司利润影响较大的公司之间进行比较。而且，由于 EBITDA 没有扣除财务费用，因此，公司的资本结构对于 EBITDA 没有影响，从而可以在不同资本结构的公司之间进行比较。

EV/EBITDA 倍数法小结

（1）通过可比上市公司的股价，计算其股权价值；

（2）通过价值等式推导可比公司的企业价值，并计算 EV/EBITDA；

（3）取可比公司 EV/EBITDA 倍数的平均值或中位数，取一定的折价、溢价水平作为目标公司的 EV/EBITDA 区间；

（4）计算目标公司的 EV 区间；

（5）通过价值等式推导目标公司的股权价值区间，除以普通股股数以得到股价区间。

| 6.3 | 综合价值评估 |

前面提到，我们可以用多种方法对同一家公司进行估值，每种估值方法得到的估值结果可能不同，那么究竟应该采用哪种结果作为最终的估值结果呢？

由于单一的估值结果受假设、参数的影响较大，实践中通常会综合考虑多种估值方法（绝对估值法和相对估值法），对每种估值方法的估值结果给予一定的权重，最后得到一个综合的估值区间。

在基本模型中，使用无杠杆自由现金流折现模型得到该公司的股价区间为 37.38 ~ 47.75 元/股；在相对估值法中，用市盈率倍数法得到的股价区间为 33.98 ~ 41.53 元/股；用市净率倍数法得到的股价区间为 27.47 ~ 33.57 元/股；用 EV/EBITDA 倍数法得到的股价区间为 33.15 ~ 42.86 元/股。

这里给予 DCF 估值法和三种可比公司法相同的权重，可以计算出综合的估值区间为 33.00 ~ 41.43 元/股，如图 6 – 51 所示。

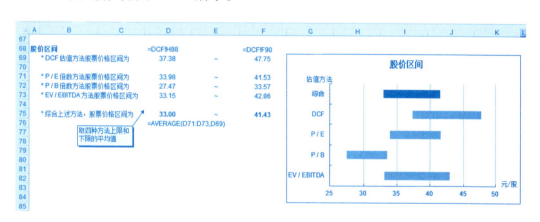

图 6 – 51　综合股价区间

图 6 – 51 显示的是一个条形图，浅黑色为四种估值方法对应的股价区间，深黑色为综合四种方法得到的综合的股价区间。

至此，一个完整的估值模型就已经建好了，我们由此得到了目标公司的估值区间。从这个过程中可以看到，估值模型的原理并不复杂，但是很多细节的处理需要建模者仔细斟酌和反复讨论。只有熟练掌握了建模的技术，才真正有可能把精力集中到对公司、对行业的研究中，从而提高模型的可靠性和实用性，而在熟练建模技术的道路上，除了"勤思多练"，别无他径。

建模后续
工作

一个好的财务预测及估值模型，并不止于得到股价结果，还包括模型的规范、美化，以及模型的讨论、更新等后续工作。本章主要介绍以下几个方面的内容：

- 模型检查。没有经过检查的模型可能暗藏各种错误与不合理的内容或结构，对其错用会造成严重后果。检查模型应遵循一定的方法，掌握一些常用检查工具。
- 好模型的标准。着重介绍如何构建一个格式规范、可读性强的模型。模型本身是一个比较晦涩的东西，如果再不注意规范性，则很难被接受。
- 建模后的交流讨论。我们建模的第一手资料来源通常是公司的财务报表，通过对财务报表的分析，我们只能搭建出一个粗糙的模型，要对其中的历史数据成因或未来发展规划进行进一步的分析，则需要与管理层、同业或专家进行进一步的交流讨论。
- 模型的更新与调整。在某一个时点作出的模型并不能一劳永逸，一旦公司发展计划有变，或经营环境发生变化，则需要对模型进行相应的调整。
- 模型的适用性和局限性。这实际上是我们建立财务预测模型首先需要了解的一点，模型并非放之四海而皆准，我们应了解在什么时候、在什么范围内应用模型。

7.1 模型检查

7.1.1 模型的平衡性检查

财务预测模型的基本要求之一就是资产负债表是平衡的。如果不平衡，在资产负债表的平衡测试项就能立即显示出来，此时就应进行平衡性检查。但由于模型平衡性检查与其他方面的检查有类似的方法，所以放在本部分一起介绍。

实际建模中，可能引致资产负债表不平衡的原因非常多，哪怕是一个很细微的操作失误，比如引串行或引串列，都可能导致模型的不平衡，而这些错误检查起来往往非常费时费力。如果模型的结构比较复杂，花在查错和修正上的时间会非常多，极端情况下甚至会比最初搭建模型花的时间还要长。

因此，为了提高建模的正确性和效率，建议建模者在建模过程中**每做完一项预测时就进行检查**，确保引用或者计算时每一项都是正确的。而且，开始只做预测期第一年，所有科目都不要向右复制，待预测期第一年平衡后才将所有科目一次性地向右复制。

如果资产负债表不平衡，可从以下几个方面进行检查和修正。

1. 现金流量表的科目是否正确

资产负债表中除现金外所有项目的增减都应体现在现金流量表中，且只体现一次。5.5.3部分介绍了模型配平的原理，如果资产负债表中有一些科目的增减未在现金流量表中体现，或者被重复计算，就很可能导致模型不平衡。

2. 现金流量表中的科目的正负符号是否正确

在用间接法编制现金流量表时，资产负债表中资产项的增加对应现金的减少，而负债和所有者权益项目的增加对应现金的增加。如果现金流量表中，某个（些）科目的符号写反了，也很可能导致模型不平衡。

3. 其他工作表的单元格计算公式是否正确

单元格公式错误是最常见、最易犯的错误。有些错误会影响到资产负债表的平衡，有些错误不影响平衡，但会影响模型的正确性。其中，会造成资产负债表不平衡的公式错误包括：

- 公式中的运算符号错误。例如，在计算留存收益的期末值时，公式应为：期初的留存收益＋净利润－红利。很容易犯的错误是，将三者加总。这种情况下资产负债表一般也不会平衡。
- 求和时科目遗漏或多余。在计算资产负债表时，需要先空出配平项——货币资金，如果对流动资产加总时没有包括货币资金，那么等到完成现金流量表将算出的年底现金填回到资产负债的货币资金科目时，并不会改变总资产的数值，就会导致资产负债表不平衡。
- 引用时间错误。例如，应引用2X21年的数据时却引用了2X20年的数据。这就是常说的"引串列"。在不同工作表中，同一年的数据应放置于相同列中，这实际上为查询引用列错误提供了方便。检查时只需看公式引用的列号是否与本列相同，就基本可以判断是否有此类错误。

值得一提的是，如果建模者能熟悉 Excel 中的一些快捷键操作，在检查公式时收到事半功倍的效果。检查公式时，常用的快捷键有：F2（查看或编辑公式）、Ctrl + ［（追踪公式引用的第一个单元格）、F5（定位）、Alt→M→P（追踪引用单元格）、Alt→M→D（追踪从属单元格）等。建模时最常用的快捷键列表见表 7 – 1。

表 7 – 1　　　　　　　　　　　　　　常用快捷键列表

功能	快捷键（Windows 系统）
全选	Ctrl + A
复制	Ctrl + C
剪切	Ctrl + X
粘贴	Ctrl + V
向右复制	Ctrl + R
向下复制	Ctrl + D
查看或编辑公式	F2
重复最后一个操作	F4
单元格格式	Ctrl + 1
连续选择单元格	Shift + 方向键
选择上一张工作表	Ctrl + PgUp
选择下一张工作表	Ctrl + PgDn
编辑单元格批注	Shift + F2
自动求和	Alt + =
绝对引用	F4
追踪公式引用的第一个单元格	Ctrl + ［
追踪引用单元格	Alt→M→P
追踪从属单元格	Alt→M→D
定位	Ctrl + G 或 F5
定义名称	Ctrl + F3
模拟运算表	Alt→D→T

注：上述 Excel 快捷键在 Mac 系统和 WPS 表格下可能存在差异。

在资产负债表所有预测期都平衡后，还需进行平衡性检查的最后一步——模型测试。所谓模型测试，就是对模型假设进行修改，看资产负债表是否还能够保持平衡。这时候可以把某个（些）假设数据改成极端情况，这种做法被称作压力测试，可以把一些数值较小的假设数值改得很大。比如，可以把收入增长率改为 – 90%，把成本占收入的比例改为 95%，然后再看看模型是否仍保持平衡。如果不平衡，则需要重新检查修正。只有通过了模型测试，模型的平衡性检查才算完成。

7.1.2 模型合理性检查

在财务预测和估值模型完成后，还需对模型的合理性进行检查。这时，需要找出模型中的一些不太合理的结果或计算过程，找到不合理的原因，进行修改。由于行业的不同，这种不合理性存在各种不同的形式，下面仅列出了一些基本的、重要的方面。

1. 错误引起的不合理

在建模过程中，有一些公式错误不会造成资产负债表的不平衡，但在检查模型时也需把这类问题改正。常见的情形有：

- 公式中有手动输入的数字。比如，将假设中的数字直接输入到公式中，那么在公式复制时往往引起其他年份的结果不正确。
- 利润表中的利润项目计算错误。比如，在计算利润总额时，将本应减掉的财务费用加上了，会导致利润总额错误，这并不影响预测期资产负债表的平衡，但会导致净利润及所有者权益高估（财务费用为正）或低估（财务费用为负）。
- 引用科目错误。比如，在模型假设中应付账款是营业成本的比例，在计算应付账款时却错误地用当年的营业收入乘以这一比例，该错误本身不会导致模型的不平衡，但由于公式中存在不合理因素，也必须加以修正。
- 绝对引用错误。比如，在预测利润表的销售费用时，简单的假设方式是销售费用率（销售费用占当期营业收入的比例），但若在计算预测期第一年的销售费用时，将预测期第一年的营业收入做了列锁定（列标前加了美元符号 $），那么将销售费用的公式向右复制时，后面预测年份的销售费用都等于当年的销售费用率假设乘以预测期第一年的营业收入，会导致后面预测年份的销售费用计算错误。这一错误也不会影响预测期资产负债表的平衡，但会导致 EBIT、净利润等指标的异常，必须加以修正。

2. 预测期是否足够长

所有的财务预测模型都有一个预测期间，可能是 3 年、5 年、10 年甚至更长时间。那么我们的预测期长度是否合适呢？

一般要求，尤其是在使用永续增长率公式来计算折现现金流的终值时，明确预测期结束时公司都应达到经营的稳定状态，这种状态一般表现为稳定的增长率、利润率和回报率等。我们需要计算相应的比率来判断预测期结束时公司是否达到了稳定经营状态，没有达到的话需要延长预测期。

相应比率的计算，可以放在财务结果分析表（Analysis 工作表）中计算。例如在基本模型中，预测期最后 3 年的净利润率稳定在 12.5% 左右，投入资本回报率稳定在 18.8% 左右。

3. 明显不合理的假设

在完成模型后，还要重点审视预测期各期的现金流状况以及各种估值方法的估值结果，看是否存在异常，以帮助检查是否有明显不合理的假设。审视现金流时，需要重点关注的有：

- 首先，需要关注现金流中比重较大的科目，当一项收入或支出占现金流的比重过高时，就必须思考这种状况是否合理，并对该科目进行独立、详细的分析。
- 其次，如果净现金流在预测期内大多期都为负值，这种情况就可能很不合理。如果通过检查，发现存在导致现金流一直为负的因素，就有必要考虑假设的合理性。

【例】 下面给出了某公司财务预测模型中的现金流量表。

Q26			fx						
	A	B	F	G	H	I	J	K	L
1									
2					**基本模型**				
3					现金流量表				
5	（除百分比及特殊说明外，数字单位为百万元人民币）		2X20 A	2X21 E	2X22 E	2X23 E	2X24 E	2X25 E	2X26 E
6									
7	**本表假设**								
8	所需现金 / 营业收入			5.0%	5.0%	5.0%	5.0%	5.0%	5.0%
9									
10	**现金流量表**								
11	净利润			294.1	371.3	453.4	603.3	550.8	592.1
12	折旧			178.5	218.6	261.5	305.2	347.1	384.5
13	摊销			5.0	6.7	8.6	10.7	12.9	15.1
14	财务费用			81.4	89.3	96.0	100.0	101.3	102.4
15	（非经常性或非经营性损益）			0.0	0.0	0.0	0.0	0.0	0.0
16	经营性营运资金减少			(5.2)	(13.8)	(15.7)	(8.1)	(7.5)	(6.6)
17	**经营活动现金流合计**			553.8	672.1	803.7	911.2	1,004.6	1,087.4
18									
19	非经常性或非经营性损益			0.0	0.0	0.0	0.0	0.0	0.0
20	非核心资产减少			0.0	0.0	0.0	0.0	0.0	0.0
21	（固定资产购建）			(581.5)	(617.5)	(631.3)	(618.6)	(583.3)	(629.9)
22	（无形资产购建）			(29.1)	(30.9)	(31.6)	(30.9)	(29.2)	(31.5)
23	**投资活动现金流合计**			(610.6)	(648.4)	(662.8)	(649.6)	(612.4)	(661.4)
24									
25	（偿还期初循环贷款）			0.0	(26.0)	(57.7)	(57.4)	(97.9)	(107.4)
26	（财务费用）			(81.4)	(89.3)	(96.0)	(100.0)	(101.3)	(102.4)
27	短期借款增加			0.0	0.0	0.0	0.0	0.0	0.0
28	长期借款增加			136.4	134.3	117.1	23.0	(2.8)	25.7
29	股本及资本公积增加			0.0	0.0	0.0	0.0	0.0	0.0
30	（归属于母公司股东的红利）			(55.5)	(70.0)	(128.3)	(189.8)	(259.7)	(335.0)
31	（归属于少数股东的红利）			(3.4)	(4.2)	(7.8)	(11.5)	(15.7)	(20.2)
32	**融资活动现金流合计**			(3.8)	(55.2)	(172.6)	(335.8)	(477.5)	(539.3)
33									
34	净现金流			(60.5)	(31.5)	(31.7)	(74.2)	(85.3)	(113.4)
35	期初现金			179.9	145.4	171.5	197.3	220.9	243.0
36	**循环贷款前期末现金**			119.4	113.9	139.8	123.0	135.6	129.6

图 7-1 模型合理性检查——现金流是否合理

从图 7 – 1 可以看出：（1）净现金流一直为负；（2）在净现金流中，固定资产购建所占的比重很高。而固定资产购建过高与公司在未来几年内的固定资产购建计划有关。此时，就需要考虑调整融资计划，为公司安排相应的融资或减少支出，因为以公司现有的盈利状况和融资安排难以支撑未来几年的固定资产购建计划。

审视估值结果时，需要重点关注：

- 各种估值方法的结果是否有较大出入。如果某种估值方法的结果与采用其他方法得到的结果相差较大，应当分析产生这种差异是否是由某些不合理的假设引起的。
- 估值结果是否对某些因素有高度的敏感性，这些敏感因素对结果的影响是否合理？如果不合理，应当仔细分析导致这种不合理的假设条件。通过敏感性分析找到并分析对价值有重大影响的因素。

7.2　　好模型的标准

在检查完模型之后，将模型呈现给其他使用者之前，我们都希望尽可能对模型进行完善，以便让使用者看到一个"好模型"，体现建模者的专业水准。

那么，好模型有哪些标准呢？其实，在前几章的讲述中，已经零散地对很多要点都做了说明，本章将这些要点做个梳理总结。我们认为，一个好的财务预测与估值模型应具有实用、规范、易读和灵活的特征。

7.2.1　实用性

模型是否实用是决定一个模型好坏的关键因素。模型的实用性主要体现在以下三个方面。

1. 反映公司实际

模型应反映公司的实际情况，特别是反映公司的商业模式。比如，有的公司所处行业已经基本饱和，固定资产投资主要为技术改造以降低成本，而有的公司所处行业还存在大量市场空白，固定资产投资主要为扩大产能。这两种处于不同类型行业的公司在收入、成本及固定资产购建的预测上就应有不同的结构。

2. 便于理解价值驱动因素

用户可通过模型理解企业价值最重要的驱动因素，并能理解这些因素的变动是如何影响企业价值的。影响企业价值的重要因素包括：公司未来的成长空间、投入资本回报率，以及折现率加权平均资本成本（WACC）。公司未来的成长空间由所在行业状况决定，而投入资本回报率主要由公司的盈利能力（EBIT 利润率）、适用的所得税税率和再投资率决定。模型应对影响企业价值的关键因素进行敏感性分析。

3. 考虑多种情景

预测应尽可能地考虑各种情况，既考虑到最乐观的情形，又考虑到最坏的情形，因此模型中应进行情景分析，一般至少包括三种情景，即基本情景、乐观情景和悲观情景。

7.2.2 规范性

一个好的财务模型无论是在形式上还是在内容上都应是规范的，具体体现在以下几个方面。

1. 内容全面

模型应至少包括以下 3 个核心模块：
（1）关于模型的假设。比如对收入增长率、毛利率、所得税税率的假设等。
（2）财务预测。正如前面提到的，包括核心财务报表和一些辅助计算表格。
（3）基于预测财务报表进行的财务分析和估值。

2. 方法规范

（1）模型使用的估值和财务分析方法都是理论和实践已证明较为有效的方法。
（2）模型中的每一个公式都是准确的，结果都是有意义的。

3. 形式规范

（1）将模型中的数据至少分为三类：假设数据、历史数据和通过公式计算得到的数据，并以显著的不同格式加以区分。比如用蓝色数字无边框无底纹表示历史数据，用蓝色数字黑框浅蓝色底纹表示手动输入的假设数据等。
（2）模型中的格式尽量保持一致，除了可以使模型更加整齐美观外，还可增强模型的易读性。
  - 不同工作表中，同一年份数据所处的列应相同。比如在基本模型中，利润表、资产负债表和现金流量表 2X19 年的数据都放在 E 列，2X20 年的数据都放在 F 列，依此类推。这样做至少有 3 个好处：

第一，公式更整齐，几乎每个公式所引用的单元格都与本单元格同列；

第二，建模过程中操作更方便，更不容易出错；

第三，方便模型检查，比如在检查时发现 E 列某单元格的公式引用了 F 列的数据，这里就很可能存在错误，需要进一步检查。

- 不同工作表中，相同科目的顺序尽量保持一致，如在中间计算表计算经营性营运资金时引用的资产负债表中的科目，科目顺序保持一致有利于单元格的快速引用和复制。
- 不同工作表中，同一层级的文本应使用相同的格式。重要项目如标题、导航列、合计项等都应采用特殊字体或加粗。
- 同一工作表中，相同性质的单元格的宽度、高度、边框、对齐方式等应尽量保持一致，使模型外观显得整齐划一。
- 模型中的数据格式，如保留的小数位数、是否采用千位分隔符、字体、对齐方式等都应尽量保持一致。
- 模型中各项目的计量单位要交代清楚，同类项目的计量单位应保持一致，如遇特殊单位应在科目后加括号注明。

（3）在完成模型的构建工作后，应进行校对和检查，确认无误后，将各工作表的光标都放到工作表左上角（可使用"Ctrl + Home"），并且将活动工作表定位到首张工作表后再保存及关闭。这样下一次打开模型时，活动工作表显示首张工作表，每个工作表的活动单元格都是左上角单元格。这样既可以避免给模型阅读者造成凌乱的感觉，又可以使建模者养成在保存模型前思考的好习惯，也是建模者专业性的体现。

7.2.3　易读性

模型用户在初次接触该模型时，需要快速理解模型的结构、思路和内容，因此在建模时就需要考虑如何让用户更容易"阅读"这个模型。为了让模型更具易读性，建立的模型必须具有清晰的结构和严谨的逻辑。同时，还可通过使用导航元素等方法为用户理解模型提供便利。

1. 使用封面工作表

封面（Cover）工作表中一般至少包括模型名称、建模机构名称、建模者姓名、模型的最终完成日期以及重要声明等基本信息。如果最后需要制作模型书（Model Book，通常是将 Excel 模型打印生成 PDF 文件，将重要假设和结果呈献给阅读者的文件），那么 Cover 页就可用作模型书的封面。另外，建模者还可以在这里对模型中采用的规范加以说明，比如会计年度、数量和货币单位，以及模型中不同格式的数据所代表的意义。

2. 使用汇总类工作表

（1）使用假设工作表（Inputs），将模型各部分使用的最关键假设都统归到一张工作表中。本书中的基本模型由于结构比较简单，假设数量不多，为方便引用和更清楚地展示建模步骤，将假设分散到了每张工作表中。图 7－2 是一个比较简单的假设表示例。

制造公司 Manufacturing Company											
假设表 Inputs											
单位：千元人民币（特殊说明除外）	2X18 A	2X19 A	2X20 A	2X21 E	2X22 E	2X23 E	2X24 E	2X25 E	2X26 E	2X27 E	2X28 E
利润表											
营业收入增长率	13.5%	19.9%	(6.9%)	15.0%	12.0%	9.0%	8.0%	6.0%	4.0%	4.0%	4.0%
营业成本（不含折旧）/营业收入	80.6%	82.1%	73.6%	80.0%	80.0%	80.0%	80.0%	80.0%	80.0%	80.0%	80.0%
税金及附加/营业收入	3.5%	3.7%	2.5%	3.0%	3.0%	3.0%	3.0%	3.0%	3.0%	3.0%	3.0%
销售、管理及研发费用（不含折旧）/营业收入	6.9%	6.1%	6.5%	6.5%	6.5%	6.5%	6.5%	6.5%	6.5%	6.5%	6.5%
折旧/上年固定资产	12.8%	12.2%	10.8%	13.0%	13.0%	13.0%	13.0%	13.0%	13.0%	13.0%	13.0%
投资收益	5,701	970	3,371	0	0	0	0	0	0	0	0
所得税率	23.9%	23.2%	24.0%	24.0%	24.0%	24.0%	24.0%	24.0%	24.0%	24.0%	24.0%
资产负债表											
交易性金融资产	5,518	6,760	7,552	7,552	7,552	7,552	7,552	7,552	7,552	7,552	7,552
应收款项/营业收入	3.0%	1.2%	2.1%	2.1%	2.2%	2.2%	2.2%	2.2%	2.2%	2.2%	2.2%
存货/营业成本	12.0%	8.1%	14.3%	13.5%	12.5%	12.5%	12.5%	12.5%	12.5%	12.5%	12.5%
固定资产购建/营业收入	6.9%	9.2%	4.7%	7.3%	7.0%	6.5%	6.0%	6.0%	6.0%	6.0%	6.0%
预收款项/营业收入	2.0%	1.9%	2.7%	2.4%	2.0%	2.0%	2.0%	2.0%	2.0%	2.0%	2.0%
应付款项/营业成本	10.8%	6.3%	12.2%	12.0%	11.8%	11.8%	11.8%	11.8%	11.8%	11.8%	11.8%
短期债务及循环贷款利率				3.5%	3.5%	3.5%	3.5%	3.5%	3.5%	3.5%	3.5%
短期债务发行（偿还）	132	589	75	0	0	0	0	0	0	0	0
长期债务发行（偿还）	35,000	(3,000)	1,200	50,000	(12,000)	3,000	3,000	3,000	3,000	3,000	3,000
长期债务利率				5.5%	5.5%	5.5%	5.5%	5.5%	5.5%	5.5%	5.5%
现金利率				1.2%	1.2%	1.2%	1.2%	1.2%	1.2%	1.2%	1.2%
股本及资本公积	106,236	112,248	110,648	110,648	110,648	110,648	110,648	110,648	110,648	110,648	110,648
红利/上年净利润				30.0%	30.0%	30.0%	30.0%	30.0%	30.0%	30.0%	30.0%
现金流量表											
所需现金/营业收入				3.0%	3.0%	3.0%	3.0%	3.0%	3.0%	3.0%	3.0%
估值表											
WACC				10.5%							
EBITDA退出倍数				6.0 x							

图 7－2　假设表

（2）使用总结工作表，对模型的关键估值结果和财务指标加以列示，使得模型阅读者对模型结果中的要点一目了然。本书中的基本模型结构比较简单，工作表较少，财务指标大都集中于 Analysis 表中，因此没有再单独做总结工作表。图 7－3 是一个比较简单的总结工作表示例。

3. 使用导航元素

（1）加入目录，让模型的结构更清晰。图 7－4 是基本模型的目录，主要分为财务预测、财务分析和估值模型三个部分。加入目录后，可以让模型用户更容易把握模型的结构以及建模思路。

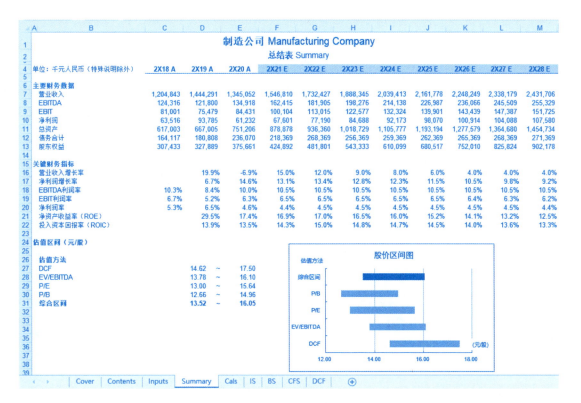

图7-3 总结表

基本模型

图7-4 基本模型——目录

（2）使用超链接，方便在目录和各工作表之间进行切换。例如，在目录工作表中，通过超链接，用户只需要点击目录中的工作表名称，即可跳转到对应的工作表；在每一个具体工作表中，可以加入一个"返回"的链接，用户只要点击该单元格即可回到目录。

（3）在每一张工作表内使用导航列，方便在工作表内进行迅速定位。一般把 A 列作为导航列，B 列才是具体科目。如图 7－5 所示，在中间计算表 A 列的 A7 单元格中输入"本表假设"，在 B 列的 B8～B28 单元格输入各种假设的具体科目。这里，A7 单元格和后面的具体科目可以看做是一个小模块，而 A7 单元格即"导航单元格"，当同一张工作表中有多个小模块时，模型用户可以使用"Ctrl ＋↓"或"Ctrl ＋↑"快速在不同小模块之间切换。导航列详细说明请参阅《Excel 财务建模手册》。

图 7－5　基本模型——导航列

4. 使用注释

（1）对模型中一些重要、复杂科目以及需要特殊说明的科目以批注形式进行解释，包括对该科目的处理、预测方式等。例如，对在建工程转入固定资产的方式可添加以下注释：在建工程 1 年之后全额转入固定资产。又如，对营业成本添加注释：这里的营业成本不包括折旧和摊销。建模结束后，应检查是否所有重要的历史数据处理或假设数据都加上了注释说明。

（2）如果对某些重要假设作了情景分析，那么在每张工作表中，对当前所使用的情景都需要进行说明。如果当前使用的是"基本情景"，那么在每张表中都应有体现。

5. 使用图表

模型中如果只有大量文字和数字表格，往往会显得枯燥。可以在模型中为一些关键指标和重要结果设计图表，这不仅能使模型结果更加直观，还会更有说服力，如比率分析图、股价区间图等。常用的图表类型有折线图、柱形图、条形图和组合图等。图 7 - 6 是一个估值模型中常用的股价区间图，直观地展示了估值的结果。

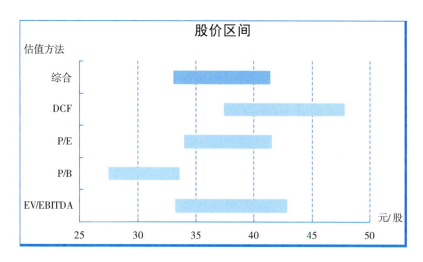

图 7 - 6　股价区间

6. 遵循结构化原则

（1）模型应该清晰地分为几个模块，同一模块中的工作表应就近排列。例如，在模型中应把利润表、资产负债表和现金流量表三大核心报表就近排列在一起。

（2）每一工作表中，相关联的内容应就近排列。例如，在假设表中，可从收入、成本、资产、负债、权益等角度将假设归类排列。

（3）使用中间计算表。针对一些较为复杂的计算，要学会使用中间计算表，在三张核心报表中，只需要引用中间计算表中相关科目的计算结果即可。例如，在预测资产负债表中的固定资产时，一般需要先在中间计算表中预测固定资产购建和折旧，使用 BASE 法则计算固定资产期末值，而在资产负债表中只需要引用中间计算表得到的固定资产期末值即可。

7. 遵循分拆原则

复杂的计算应分为多步进行，每一步计算的逻辑应简单明了，除特殊情况外，一般每个公式中引用的单元格或区域个数最好不超过 3 个。

7.2.4 灵活性

模型的灵活性主要包括两个方面：一是模型能够根据假设的变化自动计算出新的结果；二是当模型所反映的商业模式发生变化时，模型使用者能够在原模型的基础上较为方便地进行扩展。灵活性要求我们在建模时做到：

（1）在单元格的计算公式中，没有手动输入的假设数字，而必须是引用单独给出的假设单元格。例如，在利润表中计算所得税时，所得税的计算公式中应该引用的是假设表中所得税税率所在的单元格，而不是手工输入一个具体的所得税税率数值。这样做的好处在于：如果所得税税率发生变化，只需要修改假设数值即可，而无须修改所得税的计算公式。

（2）同一科目在多张工作表出现时，只需要使用假设计算一次，其余的直接引用前面已经计算出来的结果即可，无须再次使用假设计算。这样做的好处在于，当对该科目的预测方法作出更改时，只需修改第一个使用假设进行计算的单元格即可，后面的单元格由于是直接引用此计算结果，所以一般不需要修改，但要注意引用的顺序应符合逻辑关系。如图 7 - 7 所示，比如在中间计算表、利润表和现金流量表中都有折旧科目，通常在中间计算表中使用假设预测折旧，而在利润表和现金流量表中直接引用中间计算表已经计算出来的折旧结果即可，无须再次使用假设计算。如果对折旧的假设方式作出修改时，只需要修改中间计算表使用假设计算折旧的公式即可，利润表和现金流量表的折旧引用公式一般不需要修改。

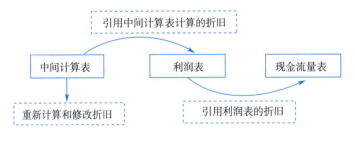

图 7 - 7　折旧科目勾稽关系

7.3　管理层讨论、同业交流和与专家交流

一个完善的估值模型不是靠闭门造车和查一些数据资料就能做出来的。在初步完成模型后，以及在建模的过程中，与管理层讨论、同业交流以及与专家交流对于模型的完善会有很大帮助。

一般来说，模型在内部讨论时多直接使用 Excel 文件，其他使用者可以看到模型的所有勾稽关系，有助于提高交流的效率。但是在使用模型进行对外沟通时，一般不会使用 Excel 文件，而是使用 PDF 格式文档（电子文档或打印版）。这样的话，外部使用者将看不到具体的公式，更无法对模型直接进行修改。这样做的目的是保护建模者的知识产权。

使用打印版时，可以根据对外沟通的需要只打印模型的某些部分，例如，重要假设、财务预测与估值结果、敏感性分析结果和重要图表等。打印时应注意每一页需有必要的页眉、页脚，如果工作表很长而需要打印成多页就需要在每个分拆页添加标题行。一般情况下，建模者姓名、最终修改日期都应显示在页眉或页脚中，而预测公司名称、年份、预测期、模型中使用的计量单位等应在标题行的区域中显示。把 Excel 文件打印成 PDF 格式文档的方法和相关技巧可参阅《Excel 财务建模手册》。

7.3.1　管理层讨论

建模者应尽可能地就模型与被预测公司的管理层进行讨论。与管理层讨论至少在以下几个关键方面都会很有帮助：

（1）完善模型的逻辑思路。在建模前，建模者一般需要进行公司内部调研，以了解公司的商业模式，并把自己对该公司商业模式的理解融入构建好的模型。至于这种理解是否准确，公司管理层显然最具有发言权。

（2）完善模型的经验假设。公司管理层一般都是本行业的专家，对于模型中的假设，他们常常通过直觉就能发现该假设是否合理。对于模型中涉及的公司未来经营计划，他们更是主要的制订者。

（3）在模型完成后，建模者可能还有一些疑问难以解决，此时更应与管理层进行讨论。例如，如果通过计算我们发现公司目前的经营状况不能支撑其未来的固定资产购建计划，那么公司未来是否会安排融资以及能否安排足够的融资？对于此类疑问，我们可以通过与管理层讨论加以解决。

7.3.2　同业交流

同一家公司可能有来自多家机构的分析人员研究，同一笔交易中也往往有多个交易方，这时建模者可以通过与同业交流对模型进行完善。

在与同业交流中，建模者需要重点关注其他分析人员所建模型与自己模型不一样的地方，从每一个假设到具体项目的处理，都需要进行详细的分析，并比较各种方法的优劣，吸收其中最合理的部分。业内将这一过程称为"对模型"。投资者与股权出让方如果对于价值有不同的看法，在说明各自理由的时候，一个很有效的方法就是对模型。

7.3.3　与业内专家交流

除了与管理层交流和与同业交流之外，还需要与公司所在行业的专家进行交流。通过与业内专家的交流，可以了解这个行业最新的动态，并获得专家对未来发展趋势的看法。

建模者可以关注该行业内的会议信息，参加一些与商业应用相关性较高的行业学术会议，还可以邀请行业内的资深专家进行某些专业领域的评估和咨询，从而获取较可靠的信息，以便确认和更新模型。

7.4　模型的更新与调整

模型往往并不是只使用一次。在模型最终构建完毕后，还需要对模型进行更新与调整。

1. 对数据的更新

（1）公司最新财务数据的更新。随着时间的推移，原来的预测期已经成为历史期，这时候就需要对模型进行更新。如果最新的财务数据只更新到某一季度而非全年，则还需要进行季度上的处理和修正。

（2）假设条件的更新。若国家政策、宏观经济、市场和行业环境、公司经营计划等因素发生了变化，还需根据这些变化对模型的假设进行修正，以反映最新的公司状况。

2. 需要对模型结构进行调整的情况

（1）公司经营结构发生变化。例如，公司新增了一项业务，此时，就需要在模型中增加对该新增业务的分析。如果公司原来不重要的业务的比重开始增大，就需要对该业务进行更细致的分析。

（2）公司宣布新的计划。例如，公司宣布新的重大固定资产投资计划，模型中应就该计划及其可能影响到的科目进行详细分析。类似的情形还有，公司宣布新的债权或股权融资计划等。

<table>
<tr><td>7.5</td><td>模型的适用性和局限性</td></tr>
</table>

7.5.1 模型的适用性

建模（包括构建财务预测模型和估值模型）的好处是显而易见的，包括：

（1）财务预测模型为估值和进一步分析奠定了基础。

（2）财务预测模型将建模者对公司的关注集中于公司的历史分析和未来运营判断，而非短期市场价格波动。

（3）情景分析与敏感性分析的运用帮助建模者深入理解公司运营及价值评估面临的各种不确定性。

（4）系统梳理公司财务报表，为商业和财务方面的尽职调查提供框架、指出重点。

（5）模型为用户理解公司提供了一种有效的手段。一个好的模型，能让用户更容易地理解公司的商业模式，处理更复杂的情形，并且能够在模型中考虑公司的经营战略，从而能帮助我们寻找到判断或提高企业价值的途径。如果希望深入地了解企业价值，建模是必不可少的。

估值模型的应用非常广泛，最常见的情形包括（但不限于）：

（1）证券公司研究员对上市公司进行的估值。

（2）基金公司研究员对上市公司进行的估值。

（3）IPO 定价时，交易各方对该公司的估值。

（4）股权投资时，投资方对投资对象的估值。

（5）并购交易中，对被并购公司的估值。

（6）发放贷款时，尤其是以该公司股权作为抵押时，银行对贷款对象的估值。

（7）上市公司管理层进行企业价值管理时，企业价值评估模型能够帮助管理人员选择战略方案。

7.5.2　模型的局限性

建模的局限性主要包括以下几点：

（1）模型的准确性要求建模者要有良好的专业水准和相关的经验、尽可能全面地了解估值公司的信息以及对所在行业具有深刻理解。只有具有一定专业水准的建模者，才能建立一个规范、灵活和实用的模型。另外，模型是建模者基于对估值公司运营模式的理解以及掌握的信息构建起来的，估值的准确性依赖于建模者对公司的理解以及掌握的信息的质量和全面性。

（2）即使在当前看来最合理的假设也不可能精确预见长远的未来。模型的假设是建模者依据当前的宏观环境、行业状况以及公司未来的发展战略给出的。但是，未来是不确定的，宏观环境、行业状况时刻在改变，突发事件的影响也无处不在。所以，财务预测的准确性有时会有较大的不确定性。

（3）正是由于上面的原因，估值模型仅能提供一个内含价值的大致范围，不可能给出价值的精确数字。

（4）实践中在确定价格时，估值模型的结果仅能提供一个参考。在很多交易中，对价格确定起更大作用的往往是市场情绪和资金供需环境等因素。公司到底能卖多少钱，最终还是由市场说了算。

通过对以上局限性的认知，我们可以了解到，要构建一个好的模型，仅仅掌握建模技术是不够的，还要求建模者对目标公司及其所在行业的运行规律有深刻的理解。建模技术解决模型规范性的问题，对公司和行业的深入理解解决未来假设的问题，两手抓、两手都要硬，将二者结合起来才能构建出一个好的、实用的模型。

我们可以用一句话来概括建模：建模是一门技术，更是一门艺术。

8

行业估值

本章选取了四个具有代表性的行业：金融行业、TMT 行业、医疗行业和房地产行业，从这些行业的特征入手，介绍了这些行业适用的估值方法。其中的 TMT 行业及医疗行业是本次第 3 版的新增行业。

具体来说，每个大行业还会有不同的子行业，各个子行业的业务模式、财务特征、估值方法各有其特色。在"金融行业估值"专题中，介绍了商业银行、证券公司及保险公司的估值方法。在"TMT 行业估值"专题中，介绍了科技行业（分互联网、软件与服务、硬件与先进制造）、传媒行业、通信行业以及初创的 TMT 公司的估值方法。在"医疗行业估值"专题中，在整体医疗行业的范围内，重点介绍了适用于创新药企业的估值方法。在"房地产行业估值"专题中，介绍了房地产开发类和物业持有类两大类公司的估值方法。

本章作为"估值基础知识"考试的必考章节，可使考生和读者了解掌握在某些重要的或有特色的行业中，估值建模的实际应用方法。

> 本章中有两篇文章由有华尔街投行工作经验的专业人士撰写，文末有署名，欢迎更多专业机构/专业人士撰写重要行业或有特色行业的估值专题文章。

8.1 金融行业估值

我们这里讨论的金融行业的机构，包括商业银行、证券公司和保险公司。

- 商业银行作为典型的资产驱动型公司，在业务模式和预测思路上不同于收入驱动型的公司；

- 证券公司是多种业务的混合体，经纪业务、投资银行业务（简称投行业务）、自营业务、资产管理业务等业务的特点各不相同；
- 保险公司一方面要将财险业务和寿险业务分开分析，另一方面在会计计量和估值时需要借助精算师来测算保险责任准备金，以及保单的价值。

要想对金融机构进行财务分析和估值，首先要了解金融机构的业务及财务特点。下面我们来依次分析商业银行、证券公司和保险公司（分成财险公司和寿险公司），根据它们的特点，列举出几种常用的估值方法，并分析每种方法在实际运用时需要注意的问题。

8.1.1　商业银行估值

1. 我国商业银行的业务及财务特点

（1）主要收入来源于净利息收入

商业银行的业务可分为负债业务、资产业务和中间业务三部分。

- 负债业务是商业银行形成资金来源的业务，主要包括存款业务和发行债券，对利润表的影响是产生利息支出。
- 资产业务是商业银行对资金进行运用的业务，主要包括发放贷款和债券投资，产生利息收入。
- 中间业务是指不构成商业银行表内资产和负债的业务，包括金融服务类业务和表外业务，形成银行的非利息收入，包括手续费及佣金净收入等。

目前，我国商业银行的营业收入中大部分来源于净利息收入（利息收入减去利息支出），非利息收入占比逐年增加但还不是很高。2021年，我国五家大型商业银行净利息收入占营业收入的比重均在60%以上：农业银行（601288. SH，01288. HK）为80.3%，建设银行（601939. SH，00939. HK）为73.5%，工商银行（601398. SH，01398. HK）为73.3%，中国银行（601988. SH，03988. HK）为70.2%，交通银行（601328. SH，03328. HK）为60.0%。其手续费及佣金净收入占营业收入的比重均在20%以内：农业银行为11.2%，中国银行为13.4%，工商银行为14.1%，建设银行为14.7%，交通银行为17.7%（以上数据基于各家银行年报计算得到）。

与之相比，外资商业银行的营业收入构成中，非利息收入占比通常较高，比如富国银行（WFC. N），其2021年的非利息收入占营业收入的比重为54.4%；汇丰控股（00005. HK）该比例为50.1%（以上数据基于各家银行年报计算得到）。

（2）贷款业务发展受制于自身资本规模

商业银行的净利息收入主要由银行存贷款规模及利率决定。银行为最大化经营利润，会尽可能多地吸收存款和发放贷款。因此，银行是高负债、高杠杆的行业。同时，商业银行的经营状况对整个经济影响巨大。因此，银行监管机构通过对商业银行资本充足率的要求等措施来控制商业银行的风险。所以，商业银行的贷款规模很大程度上取决于其自身的资本规模。

从 2009 年年底开始，国务院银行业监督管理机构结合国际银行业监管改革趋势，开始制定一系列新型监管工具，主要涉及资本充足率、杠杆率、拨备率、流动性四个方面。随着相关监管法规的出台，银行业务发展与监管之间的关系更加紧密。

（3）净利息收入受央行货币政策影响较大

首先，我国商业银行的存、贷款基准利率（或法定利率）由央行决定，商业银行在存、贷款业务中的实际利率在基准利率基础上浮动的空间很有限。

其次，商业银行的贷款规模不仅受自身资本规模的影响，也会受到经济形势和监管机构调控总体信贷规模的影响。对于一些大型商业银行，虽然自身积累的资本规模非常大，可以发放较多贷款，但是实际上其贷款总额往往达不到其发放贷款的最大能力。比如 2021 年几家商业银行的存贷比（数据来源于 Choice 数据终端）由高到低分别为：交通银行 93.4%、中国银行 86.6%、招商银行 87.4%、工商银行 77.3%，最大差异超过 15 个百分点，对净利息收入存在显著影响。

（4）拨备政策对利润的影响较大

银行的贷款质量是影响银行盈利能力的重要因素。一般以不良贷款率来衡量银行贷款质量，以拨备覆盖率来衡量计提准备是否充分。拨备覆盖率等于计提的贷款减值准备除以不良贷款余额。

2018 年 2 月，根据《关于调整商业银行贷款损失准备监管要求的通知》（银监发〔2018〕7 号），调整了商业银行贷款损失准备监管要求。拨备覆盖率监管要求由 150% 调整为 120% ~ 150%，贷款拨备率监管要求由 2.5% 调整为 1.5% ~ 2.5%。各级监管部门在上述调整区间范围内，按照同质同类、一行一策原则，明确银行贷款损失准备监管要求。2022 年 4 月 13 日，国务院常务会议提出，针对当前形势变化，鼓励拨备水平较高的大型银行有序降低拨备率。

贷款减值损失对商业银行的利润影响较大。以工商银行为例，2020 年其拨备前利润（Pre-Provision Operating Profit，PPOP，等于税前利润加上贷款减值损失）为 5 639.6 亿元，当年计提了 1 718.3 亿元的贷款减值损失，相当于 PPOP 的 30.5%。2021 年其拨备前利润为 5 931.7 亿元，当年计提了 1 682.7 亿元的贷款减值损失，相当于 PPOP 的 28.4%（以上数据基于各家银行年报计算得到）。

2. 商业银行的财务预测

对商业银行估值前首先需要进行财务预测。作为资产驱动型的典型行业，商业银行的预测方法与收入驱动型公司有较大不同。

商业银行的营业收入主要为净利息收入，而"净利息收入 = 利息收入合计 – 利息支出合计"，所以我们需要重点预测其利息收入和利息支出。商业银行利息收入的驱动因素为生息资产（主要为贷款），利息支出的驱动因素为付息负债（主要为存款），而生息资产和付息负债构成了商业银行主要的资产和负债。所以在对商业银行进行财务预测时需要先预测其资产负债表，再预测利润表，"资产驱动型"就是这个含义。

预测商业银行的资产负债表时，通常可以先预测付息负债（包括存款、次级债等）、非付息负债、生息资产中驱动因素明确的科目（包括贷款、存放中央银行款项等）以及非生息资产（包括固定资产、无形资产等）。资产负债表剩余未预测生息资产科目的总和（主要包括债券投资、同业拆借、回购等）可以用轧差法（总负债加股东权益减去已经预测的资产科目）得出。

资产负债表预测完后，利息收入和利息支山可由各类生息资产、付息负债的数额乘以对应利率得到，非利息净收入及利润表的其他科目预测按照类似第 5 章介绍的利润表科目预测方法进行预测即可。利润表得到的净利润会在用 BASE 法则计算股东权益时被引用。对于商业银行预测模型，一般不需要做现金流量表。

3. 商业银行估值方法分析

市场中对商业银行常用的估值方法有：相对估值法（市盈率倍数法、市净率倍数法等）和绝对估值法（DDM 估值）。

（1）市盈率倍数法

使用市盈率倍数法的前提假设是公司未来每年的净利润比较稳定，且可以持续。市盈率倍数法在成熟市场看银行估值时使用的频率比较高，而在我国资本市场看银行估值时使用的还不是很多，主要原因是有些银行由于内部控制不健全，导致财务报表中贷款减值损失真实性、充实性受到质疑，直接影响净利润的可信性。但随着我国银行业的快速发展以及监管的不断成熟和完善，越来越多的商业银行相继上市，内部控制上有了很大的改善，数据真实性问题基本得到解决。

（2）市净率倍数法

市净率倍数法是业内对银行估值时最常用的可比估值法。商业银行的资本规模决定了其存贷款业务的规模，而存贷款业务的规模决定了净利息收入。净利息收入是目前我国商业银行的主要收入，而来自于中间业务的非利息收入很多也靠银行存贷款业务拉动，所以商业银行的盈利和净资产规模密切相关。从指标的稳定性看，净资产的波动性远小于净利润的波动性，而且可以避免净利润为负时无法估值的问题。

使用市净率倍数法时，需注意市净率倍数与 ROE 的关系。从理论上说，净资产相同的两个银行，ROE 较高的银行能够带来更多回报，价值应该更高，即对应的市净率倍数较高。实证经验也表明 ROE 与市净率倍数之间存在着较强的正相关性。所以使用市净率倍数法时，可以用可比银行的市净率倍数对 ROE 进行回归，然后将目标银行的 ROE 放入回归结果中推算出目标银行适用的市净率倍数。

（3）DDM 估值

绝对估值法中，对商业银行常用 DDM 估值，而不常用基于企业价值的 DCF 模型。原因是银行的资本约束使其不能按自由现金流分配现金。DDM 考虑到银行的资本约束，因此在预测红利时需考虑资本充足率的要求，计算出满足资本充足率之后最大可分配红利，但实际预测出的数值需要考虑到银行一贯的股息政策。

相比于市盈率倍数法和市净率倍数法等相对估值法，绝对估值法有利于发掘银行价值产生的原因，也可以帮助理解银行未来发展趋势并验证市盈率倍数和市净率倍数的合理性。

8.1.2 证券公司估值

1. 证券公司的财务特点及预测

证券公司最主要的业务有经纪业务、投行业务、自营业务和资产管理业务四类。我国上市证券公司中，经纪业务收入构成了最主要的收入；投行业务收入主要靠承销业务（协助上市公司或拟上市公司销售其公开发行的股票、债券）收入；自营业务收入依赖于证券公司利用自有资金投资的能力和水平，在利润表中主要反映在投资收益和公允价值变动收益两个科目；资产管理业务收入取决于管理资产的规模和费率，属于较稳定的收入。

证券公司各个业务特点分明，有些业务（如自营业务）的规模依赖于净资本，有些业务（如投行业务）的收入与资本金的关系相对不明显，所以在财务预测时应分业务进行预测。在对各个业务进行预测时，有不同的预测方法。比如对于经纪业务，可按照"经纪收入 = 交易量 × 交易费率"的思路预测，对其中的交易量还可以继续拆分，找出合理的驱动因素（市场份额、市场交易量等）。投行业务的收入可以用"项目规模 × 费率"得到。对于自营业务的收入，预测时尽量保守一些，不能因为一两年的高额回报就认为能够长期获得类似的回报。资产管理业务收入可用"资产管理规模 × 费率"计算。

2. 证券公司估值方法分析

（1）市盈率倍数法

使用市盈率倍数法对我国的证券公司进行估值时，存在以下几个问题：其一，证券公司的净利润波动较大。证券公司的各项业务都会受到证券市场景气程度的影响，当市场处于上升阶段时，证券公司的利润通常较好；当市场处于下降阶段时，证券公司的业绩会比较差。利润的持续性和稳定性不强。其二，不同业务的成长性和风险大小并不相同，所以它们各自对应的市盈率倍数并不一样。比如经纪业务的市盈率和自营业务的市盈率相差就比较大。我国上市的证券公司大部分都是综合性证券公司，其每项业务的比重不完全一样，业务种类也不完全一样，所以整体的市盈率倍数可比性较差。尽管如此，市盈率倍数法仍是对证券公司估值一种常用且易于操作的方法。

（2）市净率倍数法

从前面我们介绍证券业务的特点可以知道，证券公司的净资产主要用于自营业务，产生投资收益和公允价值变动收益。同时，近年来随着我国金融市场的发展，证券公司依赖于资本驱动的业务占比不断提升，包括融资融券业务、衍生品投资业务等，经纪业务、投行业务和资产管理业务的收入与公司的净资产关系逐步提升。因此，市净率倍数法已经成为我国上市的证券公司进行可比估值的一个比较重要的估值指标。

（3）分部加总法

对于证券公司而言，分部加总法（SOTP）是将证券公司的不同业务单独分别估值，然后将各个业务的价值加总起来得到证券公司的总体价值。自营业务的价值，应使用自营业务资产对应的市场价值。其他业务的价值，可以采取市盈率倍数法、市净率倍数法等可比公司法估值。但是我国已上市证券公司都是同时开展多项业务，缺少单一业务为主的上市证券公司，各项单独业务可参考的估值倍数较难获得。

（4）DCF 方法

证券公司的盈利模式相对于其他金融公司（银行、保险）来说，更类似于一般的收入驱动型公司。所以可使用现金流折现方法，根据证券公司的业务，预测出其股权自由现金流（FCFE），然后对其折现得到股权价值。这种方法在并购交易中经常使用。

8.1.3 保险公司估值

1. 保险公司的财务特点和预测

保险公司的盈利能力主要体现在承保能力、投资能力和运营能力三个方面。其收入主要来源于两部分——保费收入和投资收益，成本费用主要包括取得保费收入所需要付出的成本费用，以及为未来可能的赔付支出所提取的责任准备金。

商业保险可以分成财产保险和人身保险两大类，其中人身保险主要是寿险，此外还包含意外险和健康险。这里我们主要分析财险业务和寿险业务。

在我国，财险业务以一年及一年以内的短险（比如车险、企业财产险）为主。其财务报表与寿险相比相对容易预测。预测时可参照历史的业务指标（业务增长率、投资回报率、赔付率、费用率等），估计未来的收入和成本。

寿险业务与财险业务相比，长期业务比重大得多。长期业务保单初期费用支出（营销人员佣金等）较多，随着期限的增加，长期业务保单的利润才逐渐显现出来。寿险公司为了保证未来有足够的偿付能力，需要提取相应的未到期责任保证金。未到期责任保证金的数额需要精算师按照一系列的精算假设计算得到。对于外部分析人员，由于很难获取足够的信息和数据，故很难对寿险公司的财务报表作出较详细且合理的预测。

2. 财险公司估值方法分析

（1）市盈率倍数法

与寿险相比，以短险为主的财险的利润相对容易预测，可以用市盈率倍数法来估值。考虑到投资收益本身具有不稳定性，在使用市盈率倍数法时，对未来投资收益的假设应尽量保守。

（2）市净率倍数法

在我国，保监会对保险公司进行偿付能力管理，并对偿付能力不足的保险公司采取相应的监管措施。净资产的规模在一定程度上决定了保险公司的业务规模。对财险公司来说，常用市净率倍数法估值。使用市净率倍数法时常常与 ROE 结合起来进行分析。

（3）DCF 方法

在财险公司财务预测的基础上，也可以采用股权自由现金流（FCFE）折现方法对财险公司进行估值。

3. 寿险公司估值方法分析

（1）市盈率倍数法

寿险公司业务以长期保单为主，长期保单初期获取保单的成本和费用往往大于获得的保费收入，故新成立的寿险公司通常需要运营一段时间（一般为 7 年以上）才能实现盈利。此外，寿险公司未到期责任准备金非常难估计，短期投资收益也具有很大的不稳定性，导致寿险公司净利润具有较大不确定性和不稳定性，所以较少使用市盈率倍数法对寿险公司估值。

（2）市净率倍数法

与财险公司类似，对于寿险公司，由于保监会对保险公司偿付能力的监管以及净资产的相对稳定性（与净利润相比），市净率倍数法比市盈率倍数法更适用。但当前的净资产中并没有反映寿险公司长期保单在未来可能产生的价值，以及新业务的价值，这是市净率倍数法的局限性。

（3）精算价值法

寿险公司的价值可以分成两个部分：目前拥有的业务在未来能产生的价值（内含价值，Embedded Value，EV）和未来可能获得的新业务所对应的价值。由于这两部分价值需用精算方法得到，所以又称为精算价值。采用精算价值法对寿险公司估值的好处在于既兼顾现有业务价值，又考虑了未来的增长能力（新业务价值），对于价值投资而言更有意义。

内含价值是基于一组关于未来的经验假设，以精算方法估算的一家保险公司目前业务所对应的经济价值（内含价值＝经调整的净资产价值＋扣除了要求资本成本之后的有效业务价值）。对于寿险公司，使用内含价值能客观准确地衡量已经承保的长期保单的价值。

上市保险公司的年报中会披露当前年度的内含价值，以及采用精算方法在不同假设下对应的内含价值。比如在中国人寿（601628.SH，02628.HK）2021年年报中的"内含价值"一节，披露其在2021年年底的内含价值为12 030.1亿元。

新业务价值指保险公司未来开展的新的保险业务所对应的价值。新业务价值从保险精算的角度，需要对保险公司的各个保险产品进行分析和预测，综合考虑各个产品的未来保费收入和相关成本，运用现金流折现的方式得到。如果没有保险公司内部数据，实际中往往采用一年新业务价值×新业务价值倍数进行估算。上市保险公司的年报会披露一年新业务价值，比如在中国人寿2021年的年报中披露其一年新业务价值为447.8亿元。

这种方法在并购业务中会更多使用，因为并购中可以获得并购对象较为详细的运营数据，以便作出更合理的预测和分析。

（4）P/EV估值

P/EV是计算股价和每股EV（内含价值）的相对比例，在内含价值（EV）的基础上对寿险公司进行估值。这种方法类似于对房地产公司估值时使用的P/NAV，都是基于现有业务的公允价值。

在使用时需注意，P/EV估值法与P/NAV估值法具有同样的不足：不能直接体现不同公司未来新业务的价值占比。

本文作者梁晓莉女士现任CM Capital Hong Kong董事总经理。此前曾在花旗、摩根士丹利、麦格理、工银国际等机构的投行和资本市场部负责金融机构估值分析及上市业务。梁女士获得MIT斯隆（Sloan）商学院的MBA，本科毕业于北京大学国际经济系。

8.2 TMT 行业估值

在新经济公司中，TMT（科技、传媒及通信）公司是最重要的组成部分。

TMT 是指科技（Technology，如互联网、软件与服务、硬件、半导体及先进制造）、传媒（Media，如在线音视频，广义上也包含游戏业）和通信（Telecom，如电信公司）。

广义上讲，TMT 行业也包含带有 TMT 视角的其他行业，例如数据中心（TMT + 地产）、新零售（TMT + 零售）、现代物流（TMT + 工业）、智能出行（TMT + 交运）、金融科技（TMT + 金融）、互联网医疗（TMT + 医疗）等。

由于 TMT 行业相对于传统行业差异较大，因此在估值思路的选择上呈现以下特点：

1. 多种估值思路

不同成长阶段的企业，或同一企业处于不同的成长阶段时，估值方法往往有明显差异。例如：

- 早期阶段的企业，由于没有稳定或正的利润，更适用收入倍数；
- 成长阶段的企业适用 EV/EBITDA、P/E、EV/FCF 等方法；
- 成熟阶段的企业在前述方法的基础上可融入 P/B、DDM 等方法，并使用 DCF 进行交叉验证。

2. 对关键假设作敏感性分析

TMT 企业发展较快、业务模式不断演进，各类假设（如增长率、利润率、资本结构）的变动对企业财务和估值可能有显著影响。为了更合理地讨论估值，可设定不同的情景，或针对关键假设对估值结果进行敏感性分析。

3. 分业务估值

大型 TMT 公司往往同时运营多块业务，分别涉及不同领域。例如：阿里巴巴的并表收入中包含电商、云服务、物流等；腾讯的并表收入中包含游戏、社交媒体、广告、金融科技及企业服务等。在计算公司整体估值时，可参考分类加总法（SOTP）。

下面从科技行业、传媒行业、通信行业及初创 TMT 公司的角度，来探讨不同细分领域的 TMT 业务常用收入预测逻辑和估值的思路及方法。

8.2.1 科技行业——互联网

互联网板块包含基于互联网的商业模式，例如门户网站、电子商务、社交平台、本地生活、在线旅行平台等。

这类企业通常资产较轻，在资产负债表中固定资产、无形资产（不含商誉）的占比较低，产能通常不是公司发展的主要瓶颈。因此，在分析和预测收入时更看重企业获取客户或订单的能力。

1. 收入预测

互联网业务的收入来源主要包含以下几类：

- 广告收入：如门户网站广告、电子商务网站营销服务（如阿里巴巴的客户管理收入）、社交媒体广告（如微信朋友圈及视频号广告）等。主要预测逻辑为每千次点击或展示收入×点击数或展示数，或成交额 GMV（Gross Merchandise Volume）的百分比等。

- 会员收入：如社交平台会员、游戏会员、订阅制服务等。主要预测逻辑为付费用户数×每用户平均收入（Average Revenue per User，ARPU）。

- 佣金收入：如电子商务网站佣金、外卖订餐平台佣金、在线旅行平台佣金等，主要预测逻辑为 GMV×抽佣比例（也可以理解为货币化率，Monetization Rate，也称 Take Rate），其中 GMV 的预测可以基于年度付费用户数×年均单用户消费金额进行预测。

- 销货收入：如电子商务网站（如京东）销货收入等，主要预测逻辑为销货数量×价格，或市场总量×市场份额等。货物可能为实体商品，或是虚拟商品（例如游戏道具）。

2. 估值方法

由于不少公司还未进入到稳定发展的阶段，因此会选择相对稳定并与业务价值有关的财务或业务指标作为估值倍数的分母。

- EV/经营利润：经营利润是互联网业务重要的盈利指标，在此基础上乘以合适的倍数，可以估算对应业务的估值。经营利润的衡量方法有多种，如 EBIT、EBIAT（也称 NOPLAT 或 NOPAT）、EBITDA 等。

- 收入倍数（EV/Sales 或 P/S）：处于成长阶段的互联网企业，尤其是新兴的商业模式（如新零售、O2O、在线培训等），不论其是否盈利，均可使用收入倍数。在使用收入倍数时，需注意公司间收入的口径差异及未来净利润率的合理范围。在本书第 3 章中提到，严格来讲，市销率倍数指标本身从配比原则来讲存在"瑕疵"，市销率的分子是股权价值，而分母营业收入对应的是企业价值，分子分母并不完全匹配。因此，使用市销率倍数指标时，应尽量保证可比公司和目标公司的资本结构差异不大，减少由于资本结构差异导致的偏差。

- 业务指标倍数（如 EV/MAU、EV/GMV 等）：对于成长阶段的互联网企业，部分业务指标同样对估值具有重要参考。例如，对于用户规模仍有较高增长潜力的公司，可根据业务的属性，采用基于不同用户角度的估值倍数；比如交易平台类的互联网业务，更看重 ATU（年度交易用户数）、AAC（年度活跃消费者数）；而内容类或游戏类的互联网业务，更看重 MAU（月均活跃用户数）、DAU（日均活跃用户数）等指标。同时对于快速发展的交易平台型企业，考虑到其佣金率（或货币化率）未来可能会变化较大，可采用基于 GMV 的估值；由于 GMV 不属于通用会计准则（GAAP）规定披露的数字，在对比可比公司时，需注意不同公司 GMV 披露口径的差异。

- DCF：处于早期快速发展的互联网企业，可能没有稳定或正的利润。如果很看好公司的业务模式和未来的发展，可以用较长预测期来体现出企业未来的稳定盈利，借助 DCF 描述其价值，不过要注意 DCF 估值会受到诸多因素的影响，比如折现率、业务可预测性、行业变革等。考虑到 DCF 估值的可靠性问题，应该与其他估值方法进行交叉验证。

由于许多早期 TMT 公司的高速增长和不确定性，因此在对 TMT 公司使用 DCF 的过程中，需要重点关注以下假设：

- 远期市场规模及公司可能的市场占有率，对应着稳态时候的公司收入指标；
- 未来稳定状态的现金流利润率（现金流/收入），该利润率的高低对公司的远期现金流水平有重大的影响；
- 折现率，当公司未来的现金流分布更偏向于远期，折现率对估值的影响程度会更大。

这些假设主观判断的成分较高，导致早期 TMT 公司的估值特别受市场情绪的影响，波动范围也较大。

8.2.2 科技行业——软件与服务

软件及服务板块包含传统软件与基于互联网的云服务及软件服务，例如买断式软件许可、软件即服务（SaaS）、平台即服务（PaaS）、基础设施即服务（IaaS）等。

1. 收入预测

软件与服务业务的收入来源主要包含以下几类：

- 一次性软件销售收入：主要预测逻辑为售出许可证数量 × 许可证平均价格。目前，大部分软件企业正逐步从买断制转型为订阅制服务。

- 软件订阅收入：可以从两个方面进行预测。
  - ✓ 现有客户续费：年度付费用户数（APU）×续费率×ARPU×（1 + 价格涨幅）。
  - ✓ 新客户签约：可基于增长率预测。

  此类模式下，续费率、价格涨幅、新用户占比是收入增长的关键驱动。
- 云计算平台收入：云计算平台通常按用量收费，且产品类型纷繁多样，往往采用需求端分析结合增长率的收入预测方式。

2. 估值方法

- 收入倍数：对于订阅制业务来说，收入持续高质量增长是支撑高估值的关键，尤其是处于转型期的企业，可能短期费用较高导致利润暂时较低。因此可考虑采用收入倍数对其进行估值。
  - ✓ 收入可用年度持续收入（Annual Recurring Revenue，ARR）衡量。有分析师分析发现，在软件与服务行业存在"40 法则"（Rule of 40），即收入增长率与 EBITDA 利润率的合计超过 40% 时，这样的 SaaS 公司可认为处在较健康的状况。对于早期快速增长的公司，暂时利润率较低可以忍受，但对于成熟期的 SaaS 公司，当收入增长率较低时，需要尽可能获取较高的利润率。反过来说，如果不符合 40 法则的企业，可能享受较低的估值倍数。考虑到这些企业股权激励费用可能较大，在计算 EBITDA 利润率时，常会把股权激励费用加回，使用调整后的 EBITDA。
- 经调整的收入倍数（EV/Sales/G 或 P/S/G，G 指收入增长率）：增长率高的企业，估值也可能较高。为了将增长率反映在估值倍数中，可使用可比公司经调整的收入倍数（即在收入倍数的基础上除以未来一段时间的收入增长率），乘以标的公司的预期收入增长率，得到用于估值的收入倍数。EV 和 Sales 的配比更合理（都对应于业务端和所有出资人的口径），但对于早期债务较少的企业来说，也可以采用 P/S/G 进行估值分析。
- EV/自由现金流（FCF）：对于盈利波动较大，但现金流创造能力稳定的企业，可以基于 FCF 进行估值。例如 SaaS 类企业，递延收入会分期确认，而研发及创造服务的成本须计入当期，在早期规模不大时，利润往往为负，但现金流持续增长。
- DCF：对于规模尚小的企业，尤其是 SaaS 类初创企业，为了描述其长远增长潜力，可采用 10 年 DCF 估值法，并以现阶段（即估值时点）市场上成熟可比企业的收入倍数作为 DCF 终期的退出倍数。

8.2.3　科技行业——硬件与先进制造

硬件与先进制造板块主要包括硬件销售业务、硬件代工及组装业务、芯片设计业务、芯片制造（晶圆代工）业务、芯片封测业务等。

1. 收入预测

硬件与先进制造的收入来源主要包含以下几类：

- 销货收入：主要预测逻辑为销货数量×价格。同时需要考虑不同模式下的毛利率差异。例如，对于硬件厂商而言，若单纯进行组装（例如纯代工企业），则毛利率较低；若有独立的零部件设计能力，则毛利率较高；对于芯片厂商而言，若有领先于竞品的核心专利，则毛利率更高。
- IP 授权收入：主要适用于芯片设计厂商，这类厂商可能将芯片设计方案授权给其他企业（例如，ARM 将其技术授权给世界上许多著名的半导体、软件和 OEM 厂商）。主要预测逻辑为一次性授权费及获得授权方实际销售额合计的一定比例。

2. 估值方法

- P/E：硬件领域较为普遍的估值方式。由于成熟硬件企业的利润率一般较为稳定，P/E 估值的可比性较强。
- EV/EBITDA：硬件企业的固定资产折旧摊销政策往往有所差异，基于 EBITDA 的估值能够去除这一差异，提升可比性。
- P/B：虽然 P/B 一般在金融机构、地产等 TMT 以外的行业更为普遍，但同样可用于衡量账面价值稳定的 TMT 企业，或是周期性较明显的硬件类企业（例如存储器厂商）。
- 收入倍数：对于发展尚处早期的硬件企业，由于销量较小，而研发投入较大，往往净利率为负，可采用收入倍数。

8.2.4　传媒行业

传媒行业主要包括在线视频平台（如长视频、短视频、直播等）、在线音频平台（如音乐、播客等）、游戏、娱乐公司等。

1. 收入预测

传媒行业的收入来源主要包含以下几类：

- 会员收入：用户所支付的每月订阅费用，主要预测逻辑为月活用户数（MAU）×付费用户占比×ARPU。
- 数字产品销售收入：具体的曲目、专辑或影视作品销售所产生的收入。
- 广告收入：包含 APP 开屏广告、音视频片头广告、赞助内容、信息流广告等，根据广告付费方式的不同，主要预测逻辑包括：按展示付费（CPM）、按时长付费（CPT）、按点击付费（CPC）、按行为付费（CPA）、按销售付费（CPS）等。
- 虚拟商品收入：比如在线音视频平台，用户为打赏主播会采购虚拟礼品，充值消费金额全部计入企业收入，主播分成作为企业的成本费用。虚拟商品收入也是部分游戏公司的重要收入之一。主要预测逻辑为 MAU×打赏用户占比×平均打赏开支。

2. 估值方法

- 收入倍数：对于尚未盈利的传媒业务进行估值。
- P/E：直播业务的收入主要来自于互动打赏，此类业务具有较高的盈利水平，P/E 能够体现企业价值创造能力对于估值的驱动作用。但由于行业竞争较为激烈，估值倍数中枢相对较低。
- DCF：由于版权内容采购、原创内容制作均较为昂贵，传媒行业的规模效应若能实现，会有利于获取正的利润或现金流，可以用 DCF 评价其价值。

8.2.5　通信行业

通信行业主要包括电信运营商及设备制造商等，电信运营业务覆盖有线（宽带、电话通讯、有线电视等）和无线（手机通讯、手机数据业务等）。

1. 收入预测

通信行业的收入来源主要包含以下几类：

- 个人业务收入：基于个人用户所采购业务的收入，主要预测逻辑为月度付费用户×月度 ARPU×12。
- 企业业务收入：基于企业用户所采购业务的收入，由于不同企业的需求有所差异，且存在部署、维护等人工收入，一般采用基于增长率的预测。

- 销货收入：运营商有时会作为渠道，销售硬件厂商的设备，主要预测逻辑为销货数量×价格。

2. 估值方法

- P/E：通信企业盈利较为稳定，P/E 常常是首选的估值方法。
- EV/EBITDA：通信企业往往拥有庞大的固定资产（例如基站、铁塔、光缆等），折旧、摊销、租赁政策各不相同。基于 EBITDA 的估值能够去除这一差异，提升可比性（比如拥有较多基站的中国铁塔，可以考虑 EV/EBITDA 的估值倍数）。
- EV/FCF：通信企业往往拥有稳定的业务预期及自由现金流，因此也适用于基于现金流的估值。
- DCF：作为对于其他估值方法的交叉验证，由于通信类公司存续时间预期较长，DCF 终期可采用通胀率作为永续增长率。
- 股息贴现模型（DDM）：部分通信企业分红较为稳定，预测性较强，对于此类企业可采用 DDM 进行估值。

8.2.6 初创 TMT 公司的估值

对于尚处于初创阶段的 TMT 企业，由于其利润转正需要一定时间，当前现金流往往不充裕，且成立初期的盈利模式不一定清晰（例如新浪、搜狐、网易三大门户网站早期的盈利模式就经历了广告收入、无线增值、网络游戏的演变和分化），很难采用 P/E、EV/FCF、EV/EBITDA 等方法进行估值。在相对估值领域，主要可参考以下三种估值方法：

- 远期收入倍数：对于增长较快的企业，可以将远期（例如 5 年后）实现规模化时的收入，乘以现阶段市场上可比成熟企业的 P/S 倍数，得到估值时点的基本情形估值。
  - ✓ 投资人可在此基础上，使用折现率（如 10% ~ 30%）进行折现，得到当前的估值调整。折现计算方式：远期情形估值/（1 + 折现率）^{远期年数}。
  - ✓ 作为对远期收入规模的交叉验证，可估计远期市场规模、市场占有率等。
- 先例交易法：参考其他可比公司在市场上融资或被收购时的估值，并根据公司的市场竞争地位，进行折让或溢价调整。
- 历史交易法：参考公司过往融资的估值，根据业务增长情况，对估值倍数进行调整。

对于初创 TMT 公司，若需采用 DCF 估值，则需要仔细探讨以下关键估值假设：

- **收入增长假设**：初创 TMT 公司所在行业的规模大小、市场份额、竞争对手、市场需求等因素都会影响公司未来财务状况。很多初创 TMT 公司是靠新商业模式、新产品和新服务获得较快增长，需要关注这些方面的持续能力以及面临的竞争，以判断未来的增长速度，可适当考虑公司业务未来跨界（或出现第二增长曲线）的可能性。

- **利润率假设：** 初创 TMT 公司的利润率何时转正、能否维持市场领先地位等，均需结合具体行业、具体公司情况进行分析。比如公司是否有独特的资源保证高于行业平均的利润率，如药品专利、技术专利、行政垄断或者持续创新能力等。否则，高利润率将吸引大量的跟随者，从而会拉低利润率。同时，也需关注公司享受的所得税优惠政策及财政补贴政策的延续性。

- **折现率假设：** 初创 TMT 公司在技术研发、市场开发、业务发展等方面往往不会一帆风顺，经营风险较高，需要根据其特点选择折现率计算公式中参数的取值。例如，可选取合适的上市可比公司，对其 β 值进行去杠杆化和再杠杆化的处理；同时，须反映初创 TMT 公司更高不确定性的风险，选择合适的风险溢价。

- **增长阶段假设：** 考虑到初创 TMT 公司处于发展周期的早期上升阶段，距离永续平稳增长至少还有较长时间，因此估值模型宜采用多阶段模型，以更客观反映初创 TMT 公司的完整发展周期，也避免了终值现值占企业价值比重过大的问题。

- **终值假设：** 终值假设一定要合理，无论是永续增长模型中的长期增长率假设，还是终值退出倍数中的退出倍数，都需要假设有理有据。对于任何公司，在进入稳定阶段后，无论是收入的增长率还是利润率都会回到一个合理的平均水平，因而在计算初创 TMT 公司终值时参数取值不能取得过高，并注重敏感性分析和情景分析。

8.2.7 TMT 公司的对外投资

除了对主体业务进行估值，对 TMT 公司的估值同样需要考虑其对外投资，一些平台类公司，喜欢通过投资扩展其业务，或者将其资源赋能给被投企业，以分享其价值成长。

对于重要的对外投资，可对其单独进行估值并考虑持股比例，计入公司的 SOTP 估值体系中，对外投资估值方法见表 8 – 1。

表 8 – 1　　　　　　　　　　　　　　对外投资估值方法

非上市企业	上市企业
• 若有近期融资的估值信息，参考近期融资估值 × 股权比例 • 若没有近期融资的估值信息，采用可比估值或绝对估值方法 • 需要考虑流动性折让	市值 × 股权比例

以腾讯控股（00700. HK）为例：

- 腾讯对腾讯音乐娱乐（TME）、阅文的持股比例高于 50%，对于京东、美团、拼多多的持股比例低于 50%。由于这些企业均为上市公司，因此在腾讯的 SOTP 中，可采用分析师对这些企业的一致目标股价所隐含的市值作为基础，乘以腾讯持有的股权比例，计入腾讯估值。

- 腾讯还投资了众多非上市公司，覆盖早期至 Pre-IPO，可采用最新一轮私募市场融资估值×股权比例，并给予一定折让（例如 30%），计入腾讯估值。

- 在采用 SOTP 方法时，如果对某些对外投资单独估算价值，则在计算公司主体业务估值时，需剔除这些对外投资的影响。

8.2.8 如何分析 TMT 前沿模式

由于 TMT 行业发展迅猛，新模式、新业态不断涌现，现有资料难以囊括所有新业态的估值逻辑。例如，读者可能会关心如何对人工智能（AI）、虚拟及增强现实（VR & AR）、元宇宙（Metaverse）等进行估值。简言之，这些新业态都是企业的能力，而能力最终会落实到具体产品及服务上，并反映在企业的财务数据中。

例如，人工智能有助于企业更好地预测用户需求，增加销售额，并通过智能机器人回应常规问询，减少人工客服成本，这些改善均会在可比估值或 DCF 中体现。即便是自我定位为"元宇宙公司"的企业，同样可以落实到其具体产品，例如增强现实头戴设备，或是采用虚拟现实技术的在线会议服务，并在考虑诸如研发进展、市场空间、成本投入等因素的基础上，采用经典的逻辑进行财务预测和估值。

在对公司新业务进行估值时，可以基于其未来财务数据，乘以目前可比公司的 NTM（未来 12 个月）估值倍数，得到未来此板块的估值，并折现到估值时点。例如，若某公司宣布进入云计算行业，而具体产品会在 3 年后才上线并产生收入，则可用预计其 3 年后的云计算收入，乘以目前市场上云计算产商的 NTM 收入倍数，得到此公司云计算板块 3 年后的估值，并折现至估值时点，计入公司的 SOTP（分类估值法）估值。

本文作者为花旗集团李亦萌先生。摩根大通吴天琪女士、喜马拉雅资本林安霁先生、腾讯战略王慧妍女士、洪泰基金赵聪先生、王怡女士及 Himension Capital 陈凡先生，以及诚迅金融培训杨松涛先生、梁刚强先生、江涛先生参与修改及反馈，特此鸣谢致敬！

8.3 医疗行业估值

医疗行业具有较好的发展前景，是近年来资本市场关注的重点行业之一。但由于医疗行业涉及较强的专业知识，要想对医疗行业进行合理分析和估值，需要先理解医疗行业的业务特性和财务特性，然后选择合适的估值方法。

本文先介绍一些医疗行业的基础知识，包括行业分类、行业特点等，然后介绍财务预测和估值方法，其中重点介绍创新药公司的财务预测和相应的估值方法。

8.3.1 医疗行业分类

医疗行业可分为六个子行业：化学制药、生物制品、中药、医疗器械、医疗服务和医药商业。

- **化学制药**：主要通过化学手段来合成药物，包括化学制剂和原料药。
- **生物制品**：主要是通过生物体、生物组织、细胞等，利用生物学、生物技术的方法来制成药物，包括疫苗、血制品及其他生物制品。
- **中药**：主要指中药材、中药饮片和中成药。
- **医疗器械**：包括医疗设备、医疗耗材和体外诊断设备。
- **医疗服务**：包括医院、连锁诊所、医疗研发外包、诊断服务及其他医疗服务。
- **医药商业**：包括医药流通、线下药店和互联网药店。

在六个医疗子行业中，前四个子行业侧重制造，其中化学制药、生物制品、中药都与药品有关，另一个是医疗器械；后两个子行业（医疗服务和医药商业）更侧重服务。

药物可分为化学小分子药物和生物大分子药物。以化学药为例，化学药研发流程有确定靶标、建立模型、发现先导化合物、优化先导化合物以及临床前及临床研究等阶段。大分子药物通常是依靠细胞生物合成的药品，又称为生物制剂，如抗体药物就与生物大分子药物有关。

制药公司也可以分为创新药公司和仿制药公司。创新药也称原研药，需要公司投入大量的人力及物力来研发，风险很高。创新药通常会有专利保护期，在专利有效期内，其他企业未经许可不得生产。因此，创新药一旦成功上市，容易获得可观的市场份额和销量（存在典型的药物放量销售曲线），在投入大、风险高的同时，收益空间也可能很大。由于创新药公司在业务和财务上有特殊性，后续会重点讨论适用于创新药公司的估值方法。

仿制药是指原研药专利到期后，原研药生产企业之外的其他企业进行仿制，生产出在质量、安全、效力方面与原研药相同的药品。因此，仿制药公司更侧重制造，和一般的生产制造类公司比较类似。

医疗服务中的医疗研发外包行业（俗称 CXO，即 Contract X Organization）也是近年来快速发展的领域之一。研发外包有多种形式，主要包括 CRO（Contract Research Organization，合同研发组织）、CMO（Contract Manufacture Organization，合同生产组织）、CDMO（Contract Development and Manufacture Organization，合同开发及生产组织）等，这些可以统称为 CXO。

不同形式的研发外包行业有不同的核心驱动：有资产较轻，主要聚焦于中早期研发服务的药明康德（603259. SH，02359. HK），也有以临床管理驱动为主的泰格医药（300347. SZ，03347. HK），这类 CRO 偏高端服务属性；对于 CMO、CDMO（合同开发及生产组织）等类型企业，比如凯莱英（002821. SZ）、九洲药业（603456. SH）等，还是属于重资产投入型，靠资本、技术和商业化能力多重驱动。

8.3.2 医疗行业特点

1. 属弱周期性行业，成长性较好

医疗行业的发展离不开人们对健康的重视。药品的需求刚性大、弹性小，受宏观经济的影响较小，使得医疗行业呈现弱周期、防御性强的特征。

医疗行业的成长性较好。2021 年我国医药工业营业收入达 3.4 万亿元，2012—2021 年的复合增长率为 7.3%。随着我国人口寿命增加及对健康更加重视，长期来看对医疗行业的整体需求呈现持续增长的趋势。

不断增长的需求一方面能够给医疗行业提供研发、生产和服务的原动力，另一方面也能够给行业内公司带来业绩的增长。

2. 受行业监管政策影响较大

医疗行业关系到国计民生。在我国很多病患就医接受治疗、用药的消费最终大部分会由医保买单。我国政府会从社会整体出发制定一系列的行业相关政策，努力实现药企、医院、医保和患者四方的共赢。

医疗行业近年来的医保目录、一致性评价、药品带量采购（"集采"）等政策会对相关医药企业的收入和利润产生重要影响。

进入医保目录则销量有保证，没进入则意味着销量可能大幅下滑；一致性评价政策会加速仿制药的优胜劣汰；集采政策会严重影响药品的价格，即使某细分子行业目前没有集采政策，但投资者也会担心未来政策影响，进而影响对公司未来的预期；国家出台的鼓励

中医药发展的政策，则会对中药子行业的增长产生积极影响；而对互联网药店的趋严监管，则可能对医药商业公司的扩张速度产生较大影响。

这些政策的推进导致不同产品管线市场容量、销量、收入增速容易产生"突发"影响，同时对公司毛利率、销售费用率等经营指标产生重大影响，进而影响估值水平。

3. 子行业较多，业务模式差异大

医疗行业里既有高研发（支出前置）、高风险（赌成功概率）的创新药行业，也有生产上类似于传统制造业的仿制药行业，还有具备消费属性的关注健康保养的中药行业。此外，像口腔科、眼科等专科医疗机构（连锁诊所）及医院运营这一子行业，采用的是典型的零售连锁运营模式；而医药商业公司的核心模式则属于贸易且兼顾线上和线下。

各式各样的子行业业务模式具有明显的差异。因此，在分析医疗行业时既要考虑对全行业有影响的宏观因素，也需要有针对性地考虑各个子行业的具体情况，寻找核心的驱动因素。

4. 个别子行业研发投入大，利润波动也较大

创新药行业研发投入大。在研发投入期，专注于创新药公司的财务状况可能不太好，费用化的研发支出会导致利润较低，甚至为负；但一旦研发成功，药品上市，收入和利润则会快速增长。创新药公司为了可持续增长，还会持续将部分利润投入不断的创新药研发，期望形成良性循环。因此，创新药企业利润增长较不稳定，不适合传统的估值方法。

8.3.3　医疗行业财务预测

对于业务模式清晰，有收入、有利润的企业，可参照基本模型的预测思路：先预测利润表，再预测资产负债表，最后预测现金流量表（IS→BS→CFS）。

若公司的业务处在早期，比如做创新药的早期公司，没有利润、收入也很小或者还没有收入时，则重点应放在创新药研发的进展及未来收入的预测。可以采用基于销售收入曲线的方法进行预测及估值。

1. 收入拆分

在业务端先对收入进行详细预测，按业务线或产品线进行分拆，对于不同的业务，根据具体情况拆分出核心的驱动因素。

- 对于生产仿制药或中药的公司，可以分药品，按照"药品销量×价格"的方式预测收入，同时可以结合市场容量、市场份额、产能作进一步拆分和验证。

- 对于采用连锁经营模式的专科医疗机构诊所（口腔、眼科、体检等），比如瑞尔集团（06639. HK）、爱尔眼科（300015. SZ）等，开店数量及单店平效是核心指标。其收入拆分的逻辑是"单店收入×开店数量"，当然也需要结合到店客户数、会员数、设备数量（牙椅、床位、手术台等）及医生数量等经营指标。

- 对于从事研发外包的 CXO 公司，其收入模式主要来自收取的服务费，随着项目的推进，可能有额外收入里程碑费和销售分成费。服务费一般按照合同约定时间表收取，是研发服务项目的基础收费。里程碑费是在达到某些关键节点（如完成某个重要发现）进行收费。如果产品成功商业化后，公司通常可以按照销售额的一定比例收费。因此，收入预测可以区分不同阶段，按技术、临床、商业化、销售等不同阶段产生的收入来预测，也可以按照不同业务领域，如生物学、基因疗法、测试业务等。

- 而对于创新药研制的公司，由于每一个新药的研发都要经历化合物筛选、临床前试验、临床试验、注册申报等过程，研发难度大、周期长。新药上市后，由于存在专利期的保护，其销量会有显著放量的特点，到后期专利期结束，竞争者的大量涌现，会导致销售额下滑。当然，销售峰值的高低、达峰时间、峰值稳定时间、后续下降的幅度及速度取决于具体药品的情况，常见的销售放量曲线形态如图 8 – 1 所示。

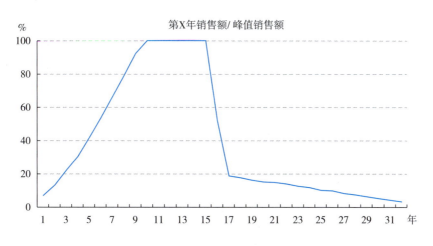

图 8 – 1　销售放量曲线

对单个创新药上市后的未来收入预测，可以参考上面的销售放量曲线。而对于峰值销售额，则可以从量、价角度来考虑。具体的预测思路为

收入 = 目标人群数量×渗透率×市场份额×年化费用

- **估计目标人群数量：** 根据该药物适应证，通过流行病学调查数据计算该适应证的患者数量；再根据该药物的特点，如是否要求某基因突变阳性等确定适合使用该药物

的病人数量。如有多个适应证，可单独计算。

- **估计渗透率：** 在估计该药物的渗透率时，需要考虑已有药物的渗透率、该药物与已有药物的疗效对比、价格、何时进入医保，以及医生对该药物的评价等，从而在适用人群数量的基础上计算出使用该药物的病人数量。

- **估计市场份额：** 在估计目标公司的市场份额时，需要考虑该药物的竞争格局、进口、国产、上市次序、目标公司的销售团队情况等，从而计算出可能使用该公司药物的病人数量。

- **估计年化费用：** 需要考虑该药物的每日推荐用量，平均使用时间，以及该公司的定价策略（出厂价/终端价）。

- **预测收入：** 在使用该公司药物的病人数量和年化费用的基础上，即可计算出该药物每年可贡献的收入。

2. 重要的成本及费用项目

对于影响利润的其他重要项目，比如营业成本、销售费用、管理费用及研发费用等，预测时可以给出毛利率、销售费用率、管理费用率和研发费用率的假设。在给未来假设时，需考虑公司自身业务及财务的特点，结合公司历史年份的毛利率及费用率情况，并参考行业的整体情况给出合理的范围。

比如做创新药的公司相比于仿制药往往具有较高的毛利率。创新药公司微芯生物（688321. SH），主营业务为恶性肿瘤、糖尿病等代谢性疾病、自身免疫性疾病、抗病毒领域、中枢神经系统等原创新药研发，其主打产品为创新药西达本胺片，2019—2021 年的毛利率均在 95% 左右。而以原料药、仿制药为主的华北制药（600812. SH），2019—2021 年的毛利率在 36% ～42% 。当然并不是所有的创新药公司必然会有极高的毛利率，还需要结合药品质量、竞争环境等来分析。

另外，对于研发支出比较大的公司，比如创新药企业，需注意研发支出资本化还是费用化的选择对财务报表的影响。在美国，研发支出全部费用化，会计上更保守；而在国内，根据企业会计准则，符合一定条件的研发支出可以资本化计入资产，后续可以转入无形资产进行摊销。研发支出费用化，计入利润表的研发费用，会降低当期的利润，好处在于研发费用在纳税时可以加计扣除，少缴当期所得税。比如恒瑞医药（600276. SH）2019—2021 年的研发费用占营业收入的比例分别为 16.7% 、18.0% 和22.9% ，这三年其有效所得税税率（所得税费用/利润总额）分别为 12.0% 、8.5% 和 − 0.4% 。若研发支出资本化，计入资产，会增加当期的利润，不好之处是当期纳税时会多缴所得税，但未来摊销也会相应抵税。

近年来，国家医保局作为医药和医疗器械产品的最终支付方，一直在组织带量采购工作。这项工作给财务预测带来不小的挑战，比如不同产品管线市场容量、销量、收入增速产生突发影响；或者对企业毛利率、销售费用率等经营指标产生重大影响，会导致单产品管线的利润水平产生巨大变化。

8.3.4 医疗行业估值方法

前面章节提到，对于持续经营的公司，有两种常用估值方法：绝对估值法和相对估值法。

1. 绝对估值法

绝对估值法（DCF 估值）是从价值产生的本源出发，将未来产生的各期自由现金流，用适用的折现率分别折回到估值时点，然后加总进而得到价值。

理论上来说，无论是当期已盈利的公司还是早期处于亏损的公司，只要可以合理预测出公司未来产生的自由现金流，合理估算出匹配的折现率，就可以估算其合理价值。

使用 DCF 方法对医疗行业的公司进行估值的难点在于对未来现金流和折现率的估算。有以下几种常见思路：

- 对于处在早期研发阶段的企业，未来面临巨大的不确定性，可使用较高的折现率来反映相应风险。
- 把风险的影响集中体现在现金流上，比如在现金流中考虑研发成功的概率，常用方法是风险调整后的净现值法（r-NPV）。
- 在以上思路的基础上结合期权思维，以体现长期研发过程中的管理层可能拥有的选择权的价值，常使用决策树法或实物期权法。

另外，对于拥有多条研发管线（Pipeline）的创新药公司，可以结合各个研发管线所处的开发阶段，对每个研发管线单独进行估值后加总，再加上现有产品价值得到公司业务总价值。

2. 可比估值法

可比估值是从可比角度出发，用已有明确价值的可比公司或可比交易来估计需要进行评估的标的公司的价值。

常用的可比估值指标分为两类：一类是基于股权价值的倍数，如市盈率倍数（P/E）、市净率倍数（P/B）；另一类基于企业价值的倍数，如 EV/EBIT 倍数、EV/EBITDA 倍数、EV/某经营指标倍数。不同的可比估值倍数有相应的适用性及优缺点，需选择合适的可比估值倍数对医疗公司进行估值。

正如在第 3 章提到的可比指标选择思路：对于利润为正且稳定的企业，常采用市盈率指标；对于利润暂时为负的企业，可以选择利润表中金额为正的指标（如收入、EBITDA等）或者选择与价值产生过程关系密切的业务指标（如互联网药店的活跃注册用户数）作为估值倍数的分母。

无论使用哪个可比指标，都需注意可比指标的适用范围和假设前提，并且需要关注标的公司和可比公司在经营、会计财务处理上的差异。若存在影响估值倍数的重大差异，在对标的公司进行可比估值时，需要对根据可比公司计算得到的估值倍数进行相应的调整。

- 若标的公司和可比公司未来净利润增速明显不同，那么在采用市盈率倍数对标的公司估值时，需用未来 3 ~ 5 年净利润的复合增长率进行调整，即使用 PEG 估值指标。
- 若标的公司和可比公司的收入确认口径不一致，标的公司采用总额法，而可比公司采用净额法，会导致标的公司和可比公司的净利润率存在较大差异，进而影响基于收入的倍数。
- 若标的公司净利润为负值，使用 EV/收入或者 P/S 指标进行可比估值，则需要考虑标的公司正常的净利润率和可比公司的净利润率的差异，对可比公司的估值倍数进行调整后再应用到标的公司。
- 若标的公司未上市而可比公司是上市公司，则需考虑在可比公司合理估值倍数的基础上进行流动性折扣的调整。

在对创新药公司进行估值时除了上述提到的估值倍数外，有时还可以参考 P/Peak Sales（股权价值/峰值销售额）以及 P/R&D（股权价值/研发支出）等指标。

3. 创新药企业的估值方法

接下来，重点介绍适用于创新药企业估值的非传统估值方法，包括 r-NPV 估值法、决策树法、实物期权法、P/Peak Sales（股权价值/峰值销售额）和 P/R&D（股权价值/研发支出）倍数估值法等。

（1）r-NPV 估值法

r-NPV 是指风险调整后的净现值（Risk Adjusted Net Present Value），也是药物研发企业常用的估值方法之一。

r-NPV 是以 DCF 为基础，在预测药物研发和销售阶段的自由现金流的基础上，乘以不同阶段自由现金流对应的发生概率，进行风险调整，将风险调整后的自由现金流折现，然后加总即可得到该创新药的价值。

$$r\text{-}NPV = \sum_t P_{CF_t} \times CF_t / (1 + r)^t$$

其中，CF_t 为每一期的自由现金流，药品上市前主要指当期的研发投入；药品上市后为销售带来的自由现金流，通常的估计逻辑为根据销售曲线估计的销售收入减去运营成本费用（即销售成本、期间费用及税费等）得到。

P_{CF} 为该笔自由现金流的发生概率。一般来说，越早期的现金流的发生概率越高。比如临床一期阶段现金流的发生概率 > 临床二期阶段现金流的发生概率 > 临床三期阶段现金流的发生概率 > 商业上市阶段现金流的发生概率。

当前阶段现金流的概率等于上一个阶段现金流的概率乘以上一阶段的研发成功概率（条件概率）。比如临床二期阶段现金流的发生概率为50%，临床二期阶段研发成功的条件概率为30%，那么临床三期阶段现金流的发生概率为：50%×30%＝15%。

对于 first-in-class（FIC）、best-in-class（BIC）类药物，研发成功概率会相对降低，最终能商业化上市的概率可能只有10%。而对于 me-too/me-better 类药物，靶点和作用机理已经得到证实，成功概率相对较高。

【例】假设某创新药的预计研发周期和投入如表8−2所示。

表8−2　　　　　　　　　　　某创新药预期研发周期和投入

	一期临床	二期临床	三期临床	审批（NDA）
时长	1 年	2 年	2 年	1 年
研发投入（百万元）	10	100	150	20
研发成功条件概率	52.0%	28.9%	57.8%	90.6%
现金流发生概率	95.0%	49.4%	14.3%	8.3%

假设进入审批阶段，该创新药有90.6%的成功率上市。则该药上市后每年的自由现金流对应的发生概率为：8.3%×90.6%＝7.5%。

预计该创新药上市后的峰值销售额为25亿元。销售曲线为：上市后第1～10年，销售额占峰值销售额的比例由10%匀速上升到100%；第11～15年，维持峰值销售额；第16年销售额下降为峰值销售额的50%，第17年销售额为峰值销售额的20%，第18～22年销售额占峰值销售额的比例由20%匀速下降到14%；之后的永续增长率为−5%。假设每年的自由现金流占销售额的比重为45%，自由现金流适用的折现率为10%。

由此，可以计算该药品的 r-NPV。具体计算过程可参见图8−2，为显示方便，中间隐藏了第 L～AB 列。

首先，可以根据该药品的峰值销售额乘以销售曲线计算出其上市后每年（第7～28年）的销售额；然后，用销售额乘以自由现金流占销售额的比重计算出上市后每年的自由现金流。

该药品上市前的自由现金流为当年的研发投入，上市后的现金流为当期的自由现金流。另外还需考虑终值，根据 Gordon 永续增长模型计算出终值，加到预测期最后一年（第28年）的自由现金流中。然后用不同的概率对不同阶段的现金流进行风险调整，可以得到风险调整后的自由现金流，用给出的折现率折现加总（可使用 NPV 函数）即可得到该药品的

A	B	C	D	E	F	G	H	I	J	K	AC	AD	AE
2 单位：百万元		一期临床		二期临床		三期临床		审批（NDA）		商业上市			
3 年份		1	2	3	4	5	6	7	8	9	27	28	
4 发生概率		95.0%	49.4%	49.4%	14.3%	14.3%	8.3%	7.5%	7.5%	7.5%	7.5%	7.5%	
5 研发投入		-15.0	-120.0		-160.0		-25.0						
6 峰值销售额	2,500.0												
7 销售曲线								10%	20%	30%	15%	14%	
8 销售额								250.0	500.0	750.0	380.0	350.0	=$B$6*AD7
9 自由现金流/销售额	45%												
10 上市后自由现金流								112.5	225.0	337.5	171.0	157.5	=$B$9*AD8
11 长期增长率	-5%												
12 折现率	10%										=AD10*(1+B11)/(B12-B11)		
13 终值												997.5	
14 自由现金流		-15.0	-120.0	0.0	-160.0	0.0	-25.0	112.5	225.0	337.5	171.0	1,155.0	=AD10+AD13
15 风险调整的自由现金流		-14.3	-59.3	0.0	-22.9	0.0	-2.1	8.4	16.9	25.3	12.8	86.6	=AD14*AD4
16 r-NPV	147.3	=NPV(B12,C15:AD15)											

图 8-2　r-NPV 计算过程

r-NPV。

由于此创新药处于早期研发阶段，未来现金流的发生概率不高，因此估值结果相对于峰值销售额的比例较低。对于接近上市的创新药，由于后续现金流发生概率大幅提高，相应估值也会大幅提升。

需要说明的是，药企销售曲线和自由现金流的情况跟药企的销售能力有很大的相关性，像上述案例的情况，往往是企业自身，或者是收购方有较强的销售渠道实力及有大批成熟销售人员时才能做到的。对于初创性企业来说，上述财务状况不容易实现。

在对创新药公司层面估值时，可以考虑公司每条药物研发管线（Pipeline），对每条管线进行 r-NPV 估值，再加上现有产品价值得到公司业务总价值（即企业价值 EV），然后减去净债务，即获得该公司的股权估值。

相对来说，r-NPV 更适合大药企在对某个产品线进行并购时作出的财务模型。

（2）决策树法及实物期权法

传统的 DCF 方法忽略了项目在研发进程中存在的选择价值，不能合理考虑实际业务的灵活性，即管理层在经营过程（药物研发、推广过程）中的选择权的价值。常见的选择权包括多阶段研发过程中，在不利结果出现时及时停止投入的选择权，也包括通过测试选择进入某个市场的选择权等。

在评估选择权价值时，常用方法有决策树法和实物期权法。

决策树法可以用来评价多阶段研发过程中的选择权，如在下一阶段开始时可以选择继续有好结果下的研发路径，或选择停止不好结果的后续投入。

新药在研发过程中会面临很多个环节，包括临床 1、2、3 期，每个环节都可能成功或者失败。如果研发项目失败或不及预期，则不追加投资，价值清零；如果临床结果好，成功了，则继续投入研发到下一个环节步骤（相当于期权行权）。因此，可以将新药研发看成是一系列依据研发项目的阶段性成果进行选择的过程，并对每个选择成果设定概率。借助决策树法可以估算这种选择权带来的价值。

【例】对于多阶段研发过程，在上市前每期都有研发投入，每期只考虑成功或者失败两种情况，并且每个阶段都拥有放弃后续投入的权利（若失败则放弃）。因此：

项目某个阶段价值＝PV（下期价值×本期到下期成功概率）－本期研发投入

然后将各节点本期价值倒推回估值时点得到新药研发项目在初期的估值。

对估值有较大影响的因素：（1）折现率；（2）每一阶段的成功概率；（3）每一阶段研发投入；（4）每一阶段研发持续时间。

下面来看一个例子（货币单位为百万元）：

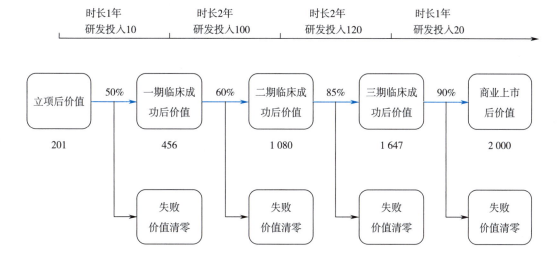

图8-3 多期项目研发投入及成功概率

如图8-3所示，假设某个新药从立项后分别经过一期临床、二期临床、三期临床和商业上市，这期间的研发投入分别为1 000万元、1亿元、1.2亿元和2 000万元。假设每一期的成功概率分别为50%、60%、85%和90%。

若经过评估，上市后该新药的价值为20亿元。假设每个阶段的折现率均为8%，则：

三期临床成功后的价值为：$2\,000 \times 90\% \div (1+8\%) - 20 = 1\,647$（百万元）。

二期临床成功后的价值为：$1\,647 \times 85\% \div (1+8\%)^2 - 120 = 1\,080$（百万元）。

一期临床成功后的价值为：$1\,080 \times 60\% \div (1+8\%)^2 - 100 = 456$（百万元）。

该新药的立项价值为：$456 \times 50\% \div (1+8\%) - 10 = 201$（百万元）。

实物期权法相对决策树可以考虑更多种类的选择权的价值。由于计算中会引入更多参数，细节较复杂，这里不详细展开。

需要说明的是，实物期权法和决策树法更重要的作用是提供一种考虑选择权价值的思考框架，而不仅仅是计算出具体结果。

（3） P/Peak Sales 倍数估值法

对于一款创新药，可以采用 r-NPV 的方法对其进行价值评估。在 r-NPV 方法中需要给出很多假设，包括研发投入、每一个阶段研发的发生概率、销售放量曲线、成本费用率、折现率和长期增长率等。

考虑到创新药的销售放量曲线通常会有一段时间处于销售峰值状态，实践中有时为了方便，也会通过估计该药物的峰值销售额，按照可比药物的历史经验给予合适的 P/Peak Sales 倍数来估算该药物的价值。

【例】 假设某创新药已三期临床成功即将商业化上市，我们尝试用 r-NPV 方法倒算关键假设不同取值下对应的 P/Peak Sales 倍数。

销售曲线假设：假设上市后第 1～10 年，销售收入占峰值销售额的比例由 6% 匀速上升到 100%；第 11～15 年，维持峰值销售额；第 16 年销售收入下降为峰值销售额的 50%，第 17 年销售收入为峰值销售额的 20%，第 18～22 年销售收入占峰值销售额的比例由 20% 匀速下降到 14%；之后的永续增长率为 -5%。

其他假设：该药品上市后每年的自由现金流占销售收入的比重为 40%，上市概率为 90%，折现率为 10%。

此时，可以得到该药物的 P/Peak Sales 约为 1.66 倍。

当自由现金流占销售收入的比重在 25%～45% 的区间，折现率在 10%～12% 的区间时，该药物的 P/Peak Sales 约为 0.87～1.86 倍。

值得注意的是，P/Peak Sales 只考虑峰值销售额。实际上，达峰速度、峰值销售时间、自由现金流占收入的比重、上市概率和上市前还需要的研发投入等都会影响 P/Peak Sales 倍数，使用 P/Peak Sales 倍数估值时需考虑上述因素的差异和影响。

如果药品达峰快、峰值销售期持久、自由现金流占收入的比重高、上市概率高、潜在竞争者较少等，那么 P/Peak Sales 倍数可以适当上调；反之，则应适当下调。

（4） P/R&D 倍数估值法

对于早期的创新药公司，可比估值指标除了看 P/Peak Sales 之外，有时也会看 P/R&D 倍数法。因为公司未来的收入、利润、现金流主要是早期的研发投入带来的，因此公司的研发投入在一定程度上能够体现公司未来可能的价值。因此，对于一些偏早期的创新药公司，比如还处在研发阶段的公司，可以采用 P/R&D 倍数方法进行估值，但此种方法一般不常用。

【例】 香港上市公司维亚生物（01873. HK）的 IPO 招股说明书中披露，其采用了 P/R&D 倍数估值法对其部分孵化阶段的医药股权投资项目进行估值。

需要注意的是，采用 P/R&D 倍数估值时，公司所处发展阶段、规模等可能影响倍数大小。因为大企业即使投入大量的研发支出，可能产生的收益相对于自身体量而言边际贡献较小，对整体业绩增长贡献不如规模较小的企业，因此估值倍数也可能较低。此种方法适合研发成功概率较高的情况。

（5）其他可比方法

上面介绍了创新药企业估值的多种方法，但在对早期创新药企业估值时，这些方法的实际使用频率并不高。

原因主要有两点：一是像 r-NPV 估值法、决策树法等方法依赖对企业未来多年收入、盈利及发生概率的预测，对于早期阶段（比如处在临床前阶段）的创新药公司，较难给出未来多年准确的假设，进而影响估值结果的合理性；二是很多早期创新药企业并无收入，未来的峰值收入又比较遥远，确定性不强，所以很难选择一个合适的倍数指标作比较。

一些投资机构在对早期阶段的创新药公司进行估值时，往往更关注赛道、模式、药物适应证、所处的发展阶段、团队的实力和经验等因素，然后通过大量调研、访谈（某些可比对象的估值并不公开）去了解类似公司（类似市场、类似团队、类似阶段等）的估值水平（不一定是倍数，很多时候直接看的是估值大小），然后据此给出目标公司的估值范围。

4. 小结

纵观上述提到的估值方法，无论是现金流折现方法，还是可比倍数的方法，本质上都是从公司的价值来源出发，分析价值的关键影响因素，寻找相对稳定且合理的估值角度。

正因为很多行业并非平稳成长的类型，所以才会有多种不同环境下使用的估值方法。同时，这些方法都需要与具体行业特征、业务运营细节相联系，不能脱离业务谈估值。

本文作者为诚迅金融培训梁刚强先生、江涛先生、杨松涛先生、许国庆先生。清松资本张松博士、凡卓资本马梦迪博士、纳通医疗暴凯先生、野村证券分析师张佳林先生参与修改及反馈，特此鸣谢致敬！

8.4 房地产行业估值

房地产公司从本质上讲，也属于"生产制造型"公司。土地、钢筋、水泥就是它的原材料，通过建设施工将原材料转换成它的产品——楼盘。房地产公司将盖好的楼盘卖出去或租出去，就是在销售它的产品。

但是，房地产行业的公司又有不同于其他行业公司的特点，如融资需求大、单个产品价值高、产品开发周期长等。

正是房地产公司与生产制造型公司的这些共同点和不同点，使得其估值与一般生产制造型公司的估值既有相似之处，又有其独特之处。除了传统的市盈率倍数法、市净率倍数法外，净资产价值方法等也是房地产公司估值时常用的方法。对于持有期间有稳定现金流的情况（如 REITs、收租型物业公司），也可以使用现金分派率（类似于股息率）的估值方法。在欧美成熟资本市场，还会采用 EV/EBITDA 等指标（在中国市场较少使用）。

从具体业态来说，除传统的住宅、办公、商场及酒店外，广义的房地产行业还包括仓储物流设施、数据中心、产业园/工业园、医疗健康地产、主题乐园、博彩等，各个细分行业的估值方法又因业态及关键驱动的特点而有差异。

8.4.1 房地产公司的特点

房地产公司按业务类型大致分为房地产开发类和物业持有类两类。房地产开发类的公司，如万科 A（000002.SZ，02202.HK），主要从事住宅类地产的开发与销售。物业持有类的公司，如中国国贸（600007.SH），主要从事商业地产的建设、经营或出租。还有一些综合类房地产公司两种业务兼而发展，如陆家嘴（600663.SH），2021 年，其房产销售收入和物业租赁收入占房地产业务收入的比例都超过 30%。

美国市场上的开发商上市公司较少，很多上市房地产企业都为 REITs 形式。

近年来，部分中国大中型房地产企业成立了物业管理公司，并且将物业管理公司独立出来单独上市融资。物业管理公司属于轻资产运营，与房地产的重资产属性有着本质的不同。估值方法类似于其他服务类企业，一般可采用 P/E、EV/EBITDA 等可比指标，也可以使用 DCF 这种关注现金流的估值方法。

此外，海外的酒店管理公司（如 Marriott、Hilton、Accor、IHG、Shangri-La 等）由于与重资产的酒店密不可分，也可列为广义房地产行业，估值上多用 EV/EBITDA、P/E 等可比指标。

本文重点讨论房地产开发类公司及物业持有类公司的情况。首先看看房地产行业的共性特点：

1. 土地供给的稀缺性

在用于住房建造的所有资源中，土地是最稀缺的资源，可供开发住房的土地是有限的。随着城市化的进程，人们对城市住房的基本需求急剧上升。同时，土地出让金又是各地政府重要的财政资金来源。另外，大量投资资金的流入也会使得城市住房的投资性需求急剧上升。基本需求和投资性需求的共同作用，使得可用于开发的土地更加稀缺。反过来，土地稀缺又导致基本需求和投资性需求之间的冲突日趋尖锐，从而导致开发公司之间对土地资源的争夺更为激烈，地价逐节攀升。

2. 区域性显著

由于房地产是不动产，当某一地区的房地产市场供求失衡或不同地区房地产价格存在差异时，房地产不可能像其他商品一样，通过地区之间的流动或者套利来使这种不平衡或差异缩小，所以房地产市场会受到地区经济发展水平的影响。这种影响主要体现在三个方面：

第一，从收入角度看，不同地区的房价不同。此外，价格的变化也因各城市发展差异而不同。在对不同地区的房地产公司估值时，应注意不同地区经济发展的特点，给出相应合理的价格假设。

第二，从成本角度看，不同地区地价差异很大，但是建安成本（房屋建筑成本和房屋设施设备安装成本）相差不大，这就导致不同地区房地产公司的成本结构不同，土地成本高的地区土地成本占总成本的比例显著高于土地成本低的地区。

第三，从行业壁垒角度看，房地产公司进入一个新的地区通常会遇到较大阻碍。当地政府往往会优先把土地批复给当地有实力的、与政府合作关系良好的房地产开发商，此类开发商在项目执行上也更便利。因此，当对一个计划进行区域扩张的房地产开发商进行价值评估时，应注意其与当地政府的关系、在当地开发经营的历史，以及当地房地产政策，给出相对保守、稳健的预测。

3. 单个产品价值高

楼盘是房地产公司的产品，相比于传统生产制造型公司而言，房地产公司单个产品的价值是非常高的，通常在几亿元到几十亿元。这体现在资产负债表上就是拥有非常高的存货价值，而一般生产制造型公司往往拥有较高的机器、厂房等固定资产价值。因此，在估值时，我们要考虑到其存货价值高的特点，对存货进行详细分析和预测。

4. 产品开发周期长

房地产公司建设、施工往往耗时较长，普通的开发项目需要1~3年，规模较大的要4~5年。按照正常"完工出售"的销售模式在项目前期无法收回资金，因此开发类房地产公司往往采取预售的方式，从开盘时开始预售，不断回笼资金。这导致了房地产公司具有当期现金流与利润不匹配的特点。通常情况下，项目较少的房地产开发公司，一般都会因项目预售时间与结算时间的较大差异而造成销售收入、净利润等指标在年度之间的大起大落。

5. 财务杠杆高

房地产公司购买土地、建设楼盘需要投入较多的资金。一般较大的房地产项目，仅土地的成本动辄就要十几亿元甚至几十亿元。由于房地产公司具有单个产品价值高、产品开发周期长的特点，因此属于典型的重资产行业。

重资产行业由于资金投入量大，普遍依赖融资，其中债权融资比重远超过股权融资，也就是说房地产行业的财务杠杆普遍较高。房地产行业的债权融资方式多种多样，常见的种类包括：银行开发贷款、信托贷款、夹层贷款、ABS、境内公司债、境外美元债、境外银团贷款等。

6. 受政策影响大

房地产行业受国家宏观经济政策的影响非常大。政府政策对房地产业发展的影响主要通过以下两个方面来体现。

其一，政府对土地资源的开发和使用计划直接影响到土地的供应，从而影响到房地产业的开发。

其二，政府的各项房地产相关税费会影响到房地产的开发成本，进而影响房价，从而影响到房地产的销售状况。例如，土地增值税、印花税、契税等税收的提高会增加房地产交易的成本，而房产税税收的提高会增加房地产持有的成本，这些变化都会影响房地产市场的流通。

这些年的公开招拍挂制度为大型房地产企业进入新市场、进行区域和全国扩张提供了便利，房地产企业与当地政府关系的重要性有所弱化。但各地区的政策、经济发展、产业及人口变化趋势等对房地产市场的吸引力及中长期价值仍会有较大影响。另外，近几年的限购、限售、限价、一城一策等政策更增加了行业的不确定性。

从总量角度看，房地产是我国经济的重要支柱产业之一。国家为了防范房地产行业可能出现的风险，出台了一系列政策（如"三道红线"、"双集中供地"、银行贷款端控制房地产贷款集中度等），对长期采用"高融资、高负债、高杠杆"模式发展的房地产企业的运营，产生了极为重大的影响。

8.4.2 房地产开发类公司常用的估值法

1. 净资产价值（NAV）估值法

NAV 估值法具有很多市盈率倍数法不具备的优点，是房地产公司估值中常用的方法。

NAV 估值法是一种绝对估值法，它不考虑房地产公司未来可能新增的项目，并假设目前所有项目都可以顺利开发、销售，然后对其每个现有项目进行现金流预测并折现，加总得到企业价值后调整为股权价值，再除以股数算出每股净资产价值（具体计算方法详见"2.5 净资产价值法"一节）。

（1）NAV 估值法的优点

- **直接体现未来价值**。因为 NAV 估值在计算时考虑了公司当前拥有的所有项目，如未开发土地、未完工产品和已完工产品，在一定程度上可以体现公司的未来发展。房地产公司现有项目是其未来几年发展的重要保证，只有拥有充足的土地储备，未来盈利增长才可预见。NAV 正是体现了这些未来增长的"保证"的价值。

- **避免年度间的指标误差**。由于 NAV 估值是对现存所有项目未来的现金流进行折现，所以它可以避免项目较少的公司因项目预售时间与结算时间的较大差异而造成的销售收入、净利润等指标在年度之间大起大落。

- **较市盈率倍数法能更好地体现资本成本**。由于 NAV 估值在计算时要根据不同类型房地产公司给出不同的折现率（主要是 WACC）假设，从而可以更好地反映不同房地产公司的资本结构及资本成本。

（2）NAV 估值法的局限性

- **NAV 估值法较市盈率倍数法计算复杂，估值基本假设较多**。NAV 估值法需要对每个项目进行未来现金流预测并折现，计算方法较市盈率倍数法复杂。再加上它需要对项目的成本、售价、折现率、开发销售进度以及该项目的后续投入等指标进行假设，对数据质量的要求很高。估值者需要对被估值公司所有的项目所在城市情况、项目具体情况，以及房地产总体政策和市场变化都有深刻的理解并作出正确的判断，否则不合适的假设将导致不合适的结果。

  对于同时开发上百个项目的大型头部开发商，如果要对每个项目进行 NAV 估值，工作量巨大，需要做的假设很多，最后结果的准确度也不好掌握。

- **不体现未来新增项目的价值**。由于 NAV 只计算现有项目的价值，不考虑未来新增项目的价值，所以理论上来说，NAV 计算的价值仅是公司所有价值中的一部分。从这点上讲，NAV 估值相对公司的真实价值有所低估。

  更重要的是，这种影响的程度在不同经营模式的公司之间可能有很大差异。对于追求快速周转的房地产开发商，由于通常仅储备可供未来两三年开发的土地，所以在长期（比如10年）产生的价值中，现有项目的价值占比较低；而对于追求大量土地储备的房地产开发商，由于其储备了可供未来五六年（甚至更长时间）开发的土地，所以在长期产生的价值中，现有项目的价值占比很高。所以，NAV 估值法对项目快速周转的公司似乎"不公平"。资本市场中对 NAV 估值法的普遍应用，助长了房地产公司的囤地冲动。

- **假设所有项目都能按计划开发。** NAV 估值法假设所有的现有项目都能按计划 开发、销售，但实际情况却可能是有一些项目因为各种原因（比如缺少后续资 金、拆迁、法律诉讼等）未能开发而以土地的形式转让或在开发过程中停止， 成为"烂尾楼"。目前国内部分房地产公司的烂尾困境恰好诠释了 NAV 估值的 这个缺点。从这点上讲，NAV 估值相对于这类公司的真实价值有所高估。

    按理说，这种影响的程度在不同公司之间应该是不同的，拥有稳健战略和 良好项目执行能力的房地产公司，更有能力实现现有项目的预期价值；而对于 战略激进但项目执行能力较弱的公司，现有项目预期价值的实现存在较大风 险。但 NAV 估值法似乎"偏袒"了战略激进且项目执行能力较弱的公司，将 两类公司混为一谈。

综合上面三点中的后两点可以看出，NAV 估值法充分反映了价值来源中的"硬件"——土地储备的价值，而缺乏对价值来源中的"软件"——商业模式、管理能力等的重视。

（3）P/NAV 分析

正是由于 NAV 估值法有上述局限性，市场上通常不直接以某公司的 NAV 值作为其绝对价值，而是在此基础上作进一步折价或溢价的调整，P/NAV（股价/每股 NAV）即为由此衍生而来的相对估值指标。

当资本市场对房地产行业的发展前景不看好时，P/NAV 指标会下降，尤其是债务违约风险较高的重资产房地产企业。

与中国情况不同的是，国外成熟市场的开发商（如 Tishman、CapitaLand）更偏向于以轻资产模式运营，充当"包工头"的角色，类似国内近年来崭露头角的代建模式。"包工头"不囤地，而是根据具体项目找相应的资方及土地拥有者合作，收取项目管理费及业绩提成激励作为报酬，其业务模式的风险更加可控。

2. 市盈率倍数法

市盈率倍数法由于其计算简单，易于理解，目前是市场中应用最广泛的房地产公司估值方法。并且市盈率倍数法使得房地产行业可与其他行业直接进行比较。

但是，由于房地产公司开发周期长且大多采取预售方式，实际销售的现金流与会计上销售收入的确认就有了一个时间差，这个时间差可长达 1~3 年。因此，房地产公司当年的净利润反映的并不是当年的实际销售状况，而主要是一两年以前的销售状况。对于房地产项目很多的公司来说，如果项目进度配比恰当，公司整体的现金流和利润应当是稳定的。但如果一家房地产公司只有很少的一两个项目或几个项目，那么由于开发、销售进度等原因就会导致公司每年的利润大起大落。此时，还用市盈率倍数法估值就不是很合理。所以，市盈率倍数法对于项目较多、利润较稳定的开发型公司有相对较高的适用性。

3. 市净率倍数法

市净率倍数也是房地产公司估值时经常需要参考的指标。但是由于净资产是公司历史累积的结果，市净率倍数法可以说是一种"向后看"的估值方法；同时由于计算净资产时，开发类公司的主要资产——存货计价标准为历史成本，在我国房价、地价上涨的环境下，已与其市场价值相去甚远。考虑到市净率所使用的净资产相对于市盈率所使用的净利润来说更加稳定，市净率倍数法更广泛地在成熟市场中对成熟的公司使用，或者作为价值安全边际的衡量指标。

8.4.3 物业持有类公司常用的估值法

对于物业持有类的房地产公司，仍然可以运用上述适用于开发类房地产公司的估值方法进行估值。但是物业持有类房地产公司具有一些不同于开发类房地产公司的经营和财务上的特点，比如持有的物业每年产生相对稳定的现金流、不存在收到预售款和收入确认之间的巨大时间差异、现有物业资产可以以公允价值计量等。因此，上述估值方法在应用时也有与开发类房地产公司不同的特点和适用性。除此之外，资本化法也是物业持有类公司常用的一种估值方法。

1. NAV 估值法

持有物业的 NAV 计算方法和开发类公司的计算方法类似，其优点与局限性也类似。持有物业不像待售的住宅那样可以用预计销售价格来衡量其价值，需要用专门的方法进行评估。下面介绍一下评估已建成的持有物业的估值方法，对于未开发的和开发中的持有物业，在计算 NAV 时也需要用到这些方法估计其被开发完成后的价值。

（1）资本化法

资本化法体现的也是一种现金流折现的思想，这种方法相当于对持有此物业的净现金收益以资本化率进行折现：

物业价值 = 净营运收入（Net Operating Income，NOI）/资本化率

=（租金收入 - 运营费用）/资本化率

在计算时，租金收入和运营费用相对容易确定，而资本化率通常由市场上其他可比物业交易数据所隐含的资本化率确定，所以是专业房产评估机构常用的一种方法。需要注意的是，这里的资本化率不等于预期投资回报率，它等于预期投资回报率减去净营运收入的长期增长率。

由于房地产天然的固收特征，房地产专业投资者要求的资本化率或者回报率受宏观利率水平影响颇大，当宏观利率上升时，资本化率也随之上升，以保持对宏观利率水平一定的溢价（Premium），反之亦然。以 REITs 为例，可以看到，当资本化率上升时，上市 REITs 股价下跌；当资本化率不断下降时，上市 REITs 股价上涨。

（2）可比法

可比法类似于并购估值中常用的先例交易法，基于最近交易的与被估值地产高度可比的地产的售价进行估值。由于被估值地产与可比交易地产之间的面积、已使用年限、地段位置、建筑质量等因素不可能完全一致，所以需作一定调整。

（3）折现现金流法

此处的折现现金流法和其他行业估值时使用的折现现金流法一致。

2. 现金分派率

对于收租型物业持有类上市公司（包括 REITs），现金分派率（类似股息率）也是一个重要的估值指标。投资者买入此类公司的目标通常是收取稳定的回报，类似固收产品的特征。比如亚洲最大的 REITs 领展房产基金的现金分派率在 4%～5%，而其他港股 REITs 大部分在 8%～10%，可以看出市场认可领展房产基金享有更高的估值水平。

3. 市盈率倍数法

由于公司所持有物业的租金收入相对于开发类公司的一次性销售收入来说，具有更强的稳定性和可预见性，所以市盈率倍数法估值的适用性大大提高。

但在运用时需要注意，对于以公允价值计量的持有物业，其当期的价值变动本质上体现的是未来长期租金收入变动的折现之和，即预支了未来所有租金收入变动。因此用来乘以市盈率倍数的正常经营利润不应包含这部分公允价值变动损益。

4. 市净率倍数法

在当前我国会计准则及国际会计准则下，持有物业的会计计量可以采用公允价值模式，其真实市场价值将体现到净资产中，因此，市净率倍数法对采用公允价值模式的物业持有类公司的适用性也大大提高。

本文作者为诚迅金融培训团队。在欧美基金及投行工作多年的罗莹女士、安博凯直接投资基金肖遥先生、瑞士信贷梁敏锋先生参与修改及反馈，特此鸣谢致敬！

9
第9章

相关领域
估值方法

本章是这次第 3 版新增的内容，探讨了 PE 投资、项目评估及 ESG 领域估值方法的应用。

在"PE 投资"专题中，介绍了 PE（Private Equity，私募股权）投资的回报来源及常用指标，在此基础上介绍了杠杆收购（LBO）的模型框架，并分析了 KKR 财团私有化 Dollar General 案例的投资回报来源，最后介绍了 Cap Table 的概念和作用。在"项目评估"专题中，以大型基建项目为例，重点介绍了项目财务预测模型的框架及项目评估的相关评价体系。在"ESG 因素对财务预测与估值模型的影响"专题中，搭建了在财务预测和估值中纳入 ESG 的模型框架，从定量分析的角度探讨了 ESG 对估值的影响方式。

本章将作为"估值基础知识"考试的必考章节，以使考生和读者了解掌握多个领域的估值方法，触类旁通，融会贯通。

> 本章的有关文章或由市场经验丰富的专业人士撰写，或由专业机构的专业人士多次修改，文末有署名。欢迎更多专业机构/专业人士撰写其他相关领域的估值方法专题文章。

9.1   PE 投资

对于 PE 投资来说，投资一家公司的持有期限通常为 3 ~ 7 年或更长时间，投资人更关注该笔投资的回报。决定投资回报的因素主要有：

- 投资时标的公司的估值（进入价格）；

- 持有期间获取的现金分红；
- 退出时标的公司的估值（退出价格）。

PE 通常关注的回报指标主要有内部收益率（IRR）和收益倍数（Multiple of Invested Capital，MOC 或 MOIC）。

9.1.1　PE 投资回报的影响因素

1. 投资时标的公司估值

PE 投资一家公司时，需要对标的公司进行价值评估。

首先，对标的公司进行财务预测，并使用 DCF 估值、可比估值、近期交易等多种方法进行价值评估。由于 PE 投资的公司大部分是非上市公司，因此在使用 DCF 估值时，采用的折现率通常需要考虑给予一定的特定风险溢价；在进行可比估值时，估值倍数也会考虑一定的流动性折扣。

无论是采用 DCF 估值还是可比估值，都是 PE 对标的公司价值的判断。PE 可以结合自己对标的公司的估值判断来进行报价，但最终的成交价格还是由市场行情以及投资方、公司和实控人等各方的博弈来决定。行业或赛道是否热门、投资人对行业赛道和公司的预期，市场资金是否充裕，是否有较多类似的投资标的等状况对价格影响较大。

确定了标的公司的股权价值（Pre-money，投前估值），根据 PE 投资的出资额，可以计算 PE 投后估值（Post-money，**投后估值 = 投前估值 + 出资额**）下的股份占比 [**股份占比 = 出资额/（投前估值 + 出资额）**]。

2. 持有期间标的公司的现金分红

PE 投资一家公司后，作为股东，持有股份期间收到的现金分红也是 PE 投资回报的一部分来源。如果 PE 投资的公司处在高速发展期，那么分红很少或没有，如果 PE 投资的公司处在公司业绩发展的稳定期，账面现金比较充裕并且没有更好回报率的项目可以拓展，那么可能会有持续的现金分红。

3. 退出时标的公司估值

PE 退出持有股份可以收回的金额是其投资回报的主要来源。退出持有股份可收回的金额取决于退出时标的公司的估值，以及持有期间股份稀释的影响。

PE 退出的方式包括标的公司 IPO 上市后退出、在后续轮次融资时出售给其他 PE 投资人或产业投资者，或者持有一段时间后交易老股退出等方式。其中，标的公司 IPO 上市退出是比较理想的方式，因为二级市场的估值通常较高且提供了流动性，退出时可以获取较高的金额。若标的公司未能 IPO 上市，PE 出售老股股权或在后续轮次实现退出时，标的公司的价值可以通过 DCF 或相对估值法来评估，相对于二级市场估值通常会低，可以收回的金额也会相应小一些。

另外，若 PE 投资标的公司后，公司后续还可能获得新的股权融资，则需要考虑股份稀释对 PE 持股比例的影响及所持股权的新估值价格。

9.1.2 PE 投资关注的回报指标

1. 内部收益率（IRR）

这里的内部收益率是指 PE 投资公司的股权所实现的内部收益率，是使投资持有该公司股权期间所获得的现金流的现值和等于初始股权投资时的折现率。

PE 投资一家公司、持有到退出的现金流包括：

- 初始股权投资为购买股份所支付的现金；
- 持有期间可能收到的现金分红；
- 退出时卖出对应持有股份可以收回的现金。

通常，PE 在决定是否投资一家公司时，会预计未来退出时标的公司的净利润以及可能的估值倍数（比如市盈率倍数，IPO 上市后退出时的估值倍数可以参考二级市场）。因此，可以根据对退出时标的公司的估值，结合退出时的持股比例（需考虑投资过程中的股份稀释影响），可计算出退出时可以收回的金额。

PE 可以根据投资标的公司的进入价格估算该笔投资的预期内部收益率，反过来也可以根据要求的最低内部收益率反推出投资标的公司时的最高进入价格。

【例】图 9-1 为估算某 PE 投资一家公司的内部收益率的举例。

某 PE 于第 0 年年末投资一家标的公司，标的公司的市盈率估值倍数为 10 倍，对应第 0 年末的净利润为 3 000 万元。因此，该标的公司的投前股权价值（Pre-money）为 3 亿元，该 PE 公司投资 1 亿元，占投后股份的 25%，该标的公司的投后股权价值（Post-money）为 4 亿元。

假设 PE 投资期间，标的公司进行了一次新的股权融资，股份增发比例为 20%，该 PE 公司未参与该次增资，其持股比例被稀释为：25%/（1+20%）≈20.83%。该标的公司未来 5 年的净利润以及 PE 持有期间所获得的现金分红如图 9-1 所示。PE 公司打算于第 5 年年末退出，全部卖掉持有的该标的公司的股份，预计退出时市盈率估值倍数为 16 倍（以第 5 年净利润为基础）。则标的公司 5 年后的退出股权估值为 15.36 亿元（0.96 亿元×16）。

退出可以获得 3.2 亿元现金（15.36 亿元 ×20.83%，暂不考虑退出过程中的税费）。

因此，PE 投资对应的现金流见图 9-1 第 18 行，可以用 IRR 函数计算出 PE 对该项投资的年化内部收益率为 26.6%。

	A	B	C	D	E	F	G	H	I
1	年份	0	1	2	3	4	5		
2	净利润（万元）	3,000.0	3,600.0	4,500.0	6,400.0	8,000.0	9,600.0		
3	进入市盈率倍数（PE于第0年末进入）	10.0 x							
4	PE投入资金（万元）	10,000.0							
5	标的公司投前股权价值（Pre-money，万元）	30,000.0	=B3*B2						
6	标的公司投后股权价值（Post-money，万元）	40,000.0	=B5+B4						
7	PE投后股份占比	25.0%	=B4/B6						
8	PE持有期间公司股份增发比例	20.0%							
9	稀释后PE股份占比	20.8%	=B7/(1+B8)						
10	PE持有期间收到的现金分红（万元）		100.0	0.0	0.0	180.0	0.0		
11	退出市盈率倍数（PE于第5年末退出）	16.0 x							
12	5年后退出股权估值（万元）	153,600.0	=G2*B11						
13	PE退出收到资金（万元）	32,000.0	=B12*B9						
14									
15	PE投入资金（万元）	-10,000.0	=-B4						
16	PE持有期间收到的现金分红（万元）		100.0	0.0	0.0	180.0	0.0	=G10	
17	PE退出收到资金（万元）						32,000.0	=B13	
18	PE投资的现金流（万元）	-10,000.0	100.0	0.0	0.0	180.0	32,000.0	=SUM(G16:G17)	
19	IRR	26.6%	=IRR(B18:G18)						
20									

图 9-1　投资内部收益率计算（IRR 函数）

需要注意的是，在使用 IRR 函数计算内部收益率时，要求现金流是等年间隔的。而在 PE 投资中，很多时候现金流可能不满足等间隔的要求，比如投资或退出时并不在当年年末，而是在当年的某个特定日期，包括持股期间收到的现金分红通常也不在年末。因此，在测算 PE 投资的内部收益率时，常使用 XIRR 函数，可以理解为 IRR 函数的升级版本。

【例】图 9-2 为使用 XIRR 函数计算某 PE 投资一家公司的内部收益率的举例。假设 PE 投资的现金流金额和上例完全一样，包括 PE 投入资金、持有期间收到的现金分红和 PE 退出收到的现金，不过对应日期是不规则的。比如 PE 投入资金的日期是 2022 年 2 月 1 日，收到的第一笔现金分红是 2022 年 6 月 25 日，收到的第二笔现金分红是 2025 年 5 月 10 日，退出收到的现金是 2027 年 3 月 25 日。此时，现金流不满足等间隔的前提条件，因此不能直接使用 IRR 函数来计算 PE 投资的内部收益率。

可以借助 XIRR 函数来计算内部收益率，XIRR 函数的主要参数有两个，一个是日期序列，一个是对应的现金流序列。在目前的现金流对应日期假设下，可以算出，该 PE 投资的内部收益率为 25.8%，不同于上例等间隔现金流情形下的内部收益率。

	A	B	C	D	E	F
1	现金流日期	2022/2/1	2022/6/25	2025/5/10	2027/3/25	
2	PE投资的现金流（万元）	-10,000.0	100.0	180.0	32,000.0	
3	**XIRR**	**25.8%**	=XIRR(B2:E2,B1:E1)			
4						

图 9 – 2 投资内部收益率计算（XIRR 函数）

2. 收益倍数（MOC 或 MOIC）

收益倍数是指 PE 投资一家公司所得的现金流总和（不考虑折现）与初始股权投入的比值。收益倍数的优点是计算简单、结果直观，缺点是没有考虑货币的时间价值。

【例】图 9 – 3 为计算某 PE 投资一家公司的收益倍数的举例。假设 PE 投资的现金流金额和上例完全一样，包括 PE 投入资金、持有期间收到的现金分红以及 PE 退出收到的金额。

可计算出收益倍数 MOC 为 3.2 倍。

	A	B	C	D	E	F	G
1	年份	0	1	2	3	4	5
15	PE投入资金（万元）	-10,000.0					
16	PE持有期间收到的现金分红（万元）		100.0	0.0	0.0	180.0	0.0
17	PE退出收到资金（万元）						32,000.0
18	**PE投资的现金流（万元）**	**-10,000.0**	**100.0**	**0.0**	**0.0**	**180.0**	**32,000.0**
19	**IRR**	**26.6%**					
20	**MOC**	**3.2 x**	=-SUM(C18:G18)/B18				
21							

图 9 – 3 投资收益倍数计算

由于 MOC 忽略货币时间价值对回报的影响，因此 MOC 常配合确定的投资周期来使用。假设仅考虑期初出资，到期后一次性退出的情形。

- 投资期限为 3 年，MOC = 2，意味着年化 IRR ≈ 26%；
- 投资期限为 5 年，MOC = 3，意味着年化 IRR ≈ 25%。

若假设 PE 的投资要求回报率不低于年化 25%，即意味着要求 3 年至少达到 2 倍 MOC，或者 5 年达到 3 倍 MOC。可以用上述简化标准对投资是否财务上可行作出初步判断。

9.1.3 结合杠杆分析 PE 投资回报的影响因素

1. 杠杆收购中的回报来源

前面在考虑 PE 投资回报时，未直接考虑杠杆变化对投资回报的影响。在很多交易中，投资者会直接或间接地引入杠杆，投资过程中的杠杆主要包含两类。一类是投资人自身出资结构中的杠杆，即部分出资来自于借债。当整体回报率大于债务成本时，杠杆可提升投资人股权的回报。另一类杠杆来自于加在被投资方业务上的杠杆，这在典型的杠杆收购中较常见。

《资本之王》中提到："收购者通过 3 种方式获利。一是用现金流去偿付收购时所欠的债务。在杠杆收购行业的早期，收购者一般在 5 ~ 7 年内清偿所有债务，这样，等到所有债务都已偿还之后再出售该资产，收购者就能获利颇丰。二是通过增加收入、降低成本或者重组等方式来提高现金流，以便出售时能卖个好价钱。三是利用现金流获利的方法，收购者不必完全卖出资产，只要公司大体上偿还了债务，就可以利用现金流再次借贷，所贷资金可用于发放股息，这种方式被称为股息资本重组（Dividend recapitalization）。"

第一种获利方式的关键点是业务投资回报率（通常使用 ROIC）大于税后借债利率，同时业务可以产生较稳定的现金流，可以偿还债务的利息并在 5 ~ 7 年快速偿还本金。这样就可以获取杠杆带来的高额回报。

第二种获利方式的关键点在于资源整合，管理提升，将注意力集中在现金流的创造上。所以在选择杠杆收购对象时，关注管理效率不高，缺乏扩展市场所需的资源，过去注意力不在现金流创造的企业。投资机构自身输出管理能力，提供企业所需的资源，强大的整合能力就是获取回报的关键。

第三种获利方式的关键点在于，当标的公司被杠杆收购后，通过运营偿还部分债务降低杠杆后，可以重新在市场上新借债务提高杠杆。这样就可以在不出售标的公司大部分股权的情况下，提前获得回报，对于股权投资者是一个不错的选择。

可以看出，在杠杆收购中是否可以持续产生足够偿还债务利息和部分本金的现金流是一个关键因素。

《资本之王》第 5 章中黑石集团投资运输之星的案例提到："在运输之星公司这个案例中，黑石集团综合运用以上方法攫取了巨额利润。1989 年，正如莫斯曼所料，运输之星公司的现金流达到 1.6 亿美元，这年年底，偿还了 8 000 万美元的债务。1991 年 3 月，运输之星公司已经清偿了 2 亿美元的债务。随着公司业务扩展和现金流的增长，债务大体还清，于是运输之星公司借入 1.25 亿美元为黑石集团和美国钢铁集团发放股息。

交易完成后仅两年多时间，黑石集团收回的资金已经几乎达到当初投资金额的 4 倍。2003 年，黑石集团将手中最后的股权出售给运输之星公司的新控制者——加拿大国家铁路公司时，公司及其投资者获得了 25 倍的收益。"

伴随着可能的高收益，杠杆收购股权投资者也需要面对很高的风险。当经济不景气伴随着信用市场紧缩时，往往就是高杠杆收购投资者的噩梦开始的时候。大量杠杆收购的企业背负着沉重的债务负担，一旦获取不了足额的现金流用于偿还债务利息及本金，就可能陷入债务的泥潭。因此在杠杆收购分析时，要特别注意未来可能出现的偿债风险。

2. 杠杆收购回报分析模型

下面来看一个杠杆收购案例模型，通过模型分析回报的来源。

（1）交易结构

假设 PE 用自有资金成立 SPV 公司，用自有资金和贷款（以被收购方业务及现金流为还款来源）全资收购被收购方，收购完成后 SPV 公司吸收合并被收购方。模型主要刻画收购完成后 SPV 公司（继承了被收购方的业务，并同时承担收购对应的债务）的财务状况。

除百分比和特殊说明外，单位为万元

交易结构

借款能力			估值水平	
Year 0 EBITDA	3,000	新借债务	13,500	企业价值（EV）	21,000
债务/EBITDA	4.5 x	借款利率	5.0%	EV/EBITDA	7.0 x
EBITDA/债务利息	4.4 x	单期债务利息	675		

资金运用		资金来源		资金来源占比
股权总对价	21,000	借款	13,500	64%
净债务	0	股权	7,500	36%
资金运用合计	21,000	资金来源合计	21,000	100%

图 9-4 杠杆收购回报分析模型——交易结构

- 资金来源中股权投入 7 500 万元，借款 1.35 亿元，收购总对价为 2.1 亿元，假设被收购方净债务为 0，没有非核心业务；
- 被收购方基期 EBITDA 为 3 000 万元，收购 EV/EBITDA 为 7 倍；
- 债务借款年化利率为 5%。

（2）财务预测

收购后相关财务预测假设如图 9-5 所示。

财务预测

	Year 0	Year 1	Year 2	Year 3	Year 4	Year 5	Year 6
利润表相关							
收入增长率	0.0	0.0	0.0	0.0	0.0	0.0	0.0
EBITDA利润率		30.0%	30.0%	30.0%	30.0%	30.0%	30.0%
所得税税率		25.0%	25.0%	25.0%	25.0%	25.0%	25.0%
D&A/收入		5.0%	5.0%	5.0%	5.0%	5.0%	5.0%
Capex/收入		5.0%	5.0%	5.0%	5.0%	5.0%	5.0%
OWC/收入		10.0%	10.0%	10.0%	10.0%	10.0%	10.0%

图 9-5 杠杆收购回报分析模型——财务预测假设

基于业务假设，可以对收购后 SPV 的财务状况（利润表、债务等）进行财务预测建模。还款方式假设每期可用来偿还借款本金的现金均用来偿还债务（直到债务还完）。

在这种假设下，在债务全部还完之前，每期期末现金均为零，同时不考虑可用来偿还借款本金的现金为负的情况。并且假设投资期间不发放股利，没有新增股权投资。

现金流预测与债务偿还

收入	10,000	10,000	10,000	10,000	10,000	10,000	10,000
EBITDA	3,000	3,000	3,000	3,000	3,000	3,000	3,000
D&A		500	500	500	500	500	500
EBIT		2,500	2,500	2,500	2,500	2,500	2,500
利息费用		675	607	536	462	385	306
EBT		1,825	1,893	1,964	2,038	2,115	2,194
净利润		1,369	1,420	1,473	1,529	1,586	1,645
D&A		500	500	500	500	500	500
（Capex）		(500)	(500)	(500)	(500)	(500)	(500)
OWC减少		0	0	0	0	0	0
可用来偿还借款的现金		1,369	1,420	1,473	1,529	1,586	1,645
期初债务余额		13,500	12,131	10,711	9,238	7,709	6,123
当期债务偿还		1,369	1,420	1,473	1,529	1,586	1,645
期末债务余额	13,500	12,131	10,711	9,238	7,709	6,123	4,478

图 9−6　杠杆收购回报分析模型——现金流预测与债务偿还

（3）投资回报测算

基于上述财务预测，可以进行股权投资者退出回报分析。假设第 6 年末按退出年份 EBITDA 的 7 倍退出，可计算出股权投资者的 IRR 和 MOC。

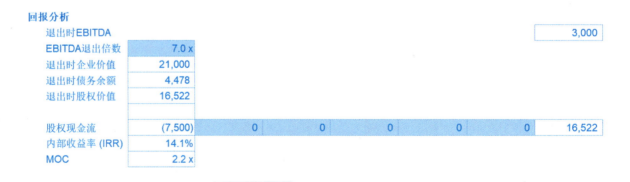

回报分析

退出时EBITDA							3,000
EBITDA退出倍数	7.0 x						
退出时企业价值	21,000						
退出时债务余额	4,478						
退出时股权价值	16,522						
股权现金流	(7,500)	0	0	0	0	0	16,522
内部收益率 (IRR)	14.1%						
MOC	2.2 x						

图 9−7　杠杆收购回报分析模型——回报分析

（4）影响投资回报的因素

在此交易中影响投资回报主要有三个因素：

- 盈利（EBITDA）的增长（来自被收购方业务的增长和管理效率的提升）；
- 退出倍数（EV/EBITDA）的提高（来自初始购买时的低倍数及由于业务改善、盈利增长率提高带来的高退出倍数）；
- 杠杆（来自于业务的回报率超过借款成本的放大作用及获取较大规模的债务融资）。

在本模型的初始假设中，收入增长率假设为 0，EBITDA 利润率假设不变。即 EBITDA 在预测年份假设不变，同时收购和退出时的 EV/EBITDA 的倍数均假设为 7 倍。模型计算出 IRR 为 14.1%，MOC 为 2.2 倍。这部分回报可以认为全都是杠杆贡献的回报。在本例中，杠杆能带来回报的主要原因是业务的回报率 ROIC（$1\,875/21\,000 \approx 8.9\%$）大于税后债务利率（$5\% - 5\% \times 25\% = 3.75\%$）。

假设由于收购方业务增长，未来收入每年增长率提高至 5%，其他假设暂时不变，则 IRR 收益率提高至 22.7%，MOC 提高至 3.4 倍。增加部分来自于盈利（EBITDA）增长带来的贡献，增加了退出价值。

若在此基础上继续提高退出倍数，将退出时 EV/EBITDA 的倍数从 7 倍提高到 9 倍，IRR 继续提升至 28.4%，MOC 提高至 4.5 倍。退出倍数的提高，也可以增加退出价值。

除了模型中提到的影响因素外，期间分红、投资及退出过程中的股权稀释（增资稀释、IPO 稀释、ESOP 稀释）也会对回报产生影响。如果忽略股权稀释的影响，容易高估回报率。

9.1.4 投资回报案例分析——KKR 财团私有化 Dollar General

Dollar General（DG）是一家位于美国历史悠久的大型折扣零售商（Discount Retailer，俗称"一元店"）。DG 于 1968 年在纽交所上市。2007 年 7 月 6 日 DG 宣告，以 KKR 为首的财团出资设立的投资实体完成了对 DG 的杠杆收购，DG 被私有化退市，2009 年 11 月 DG 再次在纽交所上市。

1. DG 私有化前基本情况

截至 2007 年 11 月 2 日，DG 在美国 35 个州拥有 8 204 家门店，门店主要分布在美国南部、西南部、中西部和东部。DG 依靠便利的店铺位置为消费者提供高性价比的日常用品，包括基本消费品和其他家居、服装和季节性产品。DG 的大部分产品价格在 10 美元或以下，大约 30% 的产品价格在 1 美元或以下。

表 9 – 1   **2004—2006 财年 DG 的财务状况**

（除非标注，单位均为百万美元）

	2004 财年	2005 财年	2006 财年
收入净额	7 660.9	8 582.2	9 169.8
毛利	2 263.2	2 468.8	2 368.2
净利润	344.2	350.2	137.9
经营活动现金流	391.5	555.5	405.4
投资活动现金流	− 259.2	− 264.4	− 282.0
资产总计	2 841.0	2 980.3	3 040.5
债务合计	271.3	278.7	270.0
现金及现金等价物及短期投资	275.8	209.5	219.2
相关指标			
可比门店收入增速（%）	3.2	2.2	3.3
门店数量（家，期末）	7 320	7 929	8 229
净利润率（%）	4.5	4.1	1.5
坪效（美元/平方英尺）	159.6	159.8	162.6

注：DG 的财务年度截止于下年最接近 1 月 31 日的星期五；坪效 = 年销售额/平均门店面积；在收购相关公告中披露截至 2007 年 11 月，过去 12 个月的 EBITDA 为 364.4 百万美元，经调整 EBITDA 为 682.7 百万美元；调整项目主要包括收购交易相关费用、与关店和出清存货有关的费用、以及会计处理等。

从业务层面来说，DG 的销售收入、可比门店收入、坪效都处于缓慢增长阶段，但 DG 2006 财年的净利润率及净利润水平远低于 2004 及 2005 财年。

DG 具有稳定的现金流净流入，当前债务水平较低，但具备提升债务杠杆的能力（资产中的存货可以作为贷款的担保），同时 DG 正处在股价低迷的阶段，业务运营存在改善空间。从杠杆收购的角度来说，此时的 DG 是个合适的收购标的。

2. 2007 年 LBO 相关情况

2007 年 3 月 12 日，KKR 宣布出价每股 22 美元现金收购 DG，相较于 DG 在 2007 年 3 月 9 日 16.78 美元/股的收盘价有 31.1% 的溢价，跟投方有高盛资本（GS Capital Partners）、花旗私募股权（Citi Private Equity）等。

2007 年 7 月 6 日，DG 宣告其完成了与 Buck Holdings，LP（由 KKR 及其他机构出资组成的投资实体，KKR 具有控制权，后续简称为投资实体 B）的合并。

KKR 是一家经验丰富的私募股权投资机构，擅长杠杆收购。在此次交易前，KKR 完成了很多大型杠杆收购项目，包括西夫韦杂货店（Safeway grocery stores）、金霸王电池（Duracell batteries)、美国烟草及食品巨头 RJR Nabisco 等。KKR 善于通过改善目标公司的经营状况来增加价值。

DG 的原股东获得 22 美元/股的现金对价。交易完成后，投资实体 B 持有 DG 约 96.5% 的股份，DG 成为投资实体 B 的子公司，并从纽交所退市。

表 9 - 2		本次收购的资金来源与使用		单位：百万美元
资金来源		**资金使用**		
有资产担保的循环贷款	432.3	收购股权对价	7 024.9	
定期贷款	2 300.0	原股东再投资	3.2	
优先票据	1 151.8	原债务再融资	215.6	
次级票据	725.0	其他留存债务	66.7	
其他留存债务	66.7	交易等费用	287.0	
股权投入	**2 767.0**			
原股东再投资	3.2			
多余现金	151.4			
合计	7 597.4	合计	7 597.4	

本次交易，投资实体 B 出资约 28 亿美元，撬动了约 46 亿美元的债务，DG 股权对价约 70 亿美元。收购资金来源中债务占比超过 60%，属于典型的杠杆收购。其中，定期贷款利率为 LIBOR + 2.75%，优先票据票面利率为 10.625%，次级票据票面利率为 11.875%，PIK 利率为 12.625%。

3. DG 再次上市（Re IPO）相关信息

DG 退市后聘请了拥有多年零售经验的新 CEO，通过多项措施以改善 DG 的运营状况，包括促进销售额增长、增加毛利率、通过流程优化和信息技术来降低成本等。

DG 于 2009 年 11 月 13 日再次在纽交所上市。上市发行价格为 21 美元/股，考虑绿鞋后股数约 3.407 亿股。2010 年 3 月 22 日披露 2009 财年年报，同日 DG 的收盘价为 25.01 美元/股，发行在外普通股股数约 3.408 亿股。

表 9 - 3	2008—2009 财年 DG 的财务状况	
	（除非标注，单位均为百万美元）	
	2008 财年	**2009 财年**
收入净额	10 457.7	11 796.4
毛利	3 061.1	3 689.9
EBITDA	818.3	1 139.3

续表

	2008 财年	2009 财年
经调整 EBITDA	913.9	1 287.2
利息支出	391.9	345.7
净利润	108.2	339.4
经营活动现金流	575.2	668.6
投资活动现金流	−152.6	−248.0
资产	8 889.2	8 863.5
债务	4 137.1	3 403.4
现金及现金等价物及短期投资	378.0	222.1
相关指标		
可比门店收入增速（%）	9.0	9.5
门店数量（家，期末）	8 362	8 828
净利润率（%）	1.0	2.9
坪效（美元/平方英尺）	179.7	194.8

注：DG 的财务年度截止于下年最接近 1 月 31 日的星期五；坪效 = 年销售额/平均门店面积。

私有化后，DG 的一系列改革措施成效显著，极大地提升了经营状况。

- 可比门店的收入增速、门店坪效、经营活动现金流、EBITDA 均大幅提高；
- 2009 财年净利润 3.4 亿美元及净利润率仍然未超过 2005 年的水平，主要原因是杠杆收购资金来源中的大量债务产生了大额利息支出（2009 财年为 3.46 亿美元）；
- 经过 2 年多的运营，债务余额从 LBO 时约 46 亿美元已经下降至 34 亿美元；
- 由于发行新股和部分老股出售，投资实体 B 对 DG 的持股比例降至约 88%。

4. 回报计算及分解

本案例从投资实体 B 的角度来测算从 2007 年 6 月 LBO 私有化 DG 到 2010 年 3 月 22 日（披露 2009 财年年报日）期间投资实体 B（假设按市值退出）的回报水平并分析整个投资的回报来源。

表 9 – 4   投资及退出信息梳理
（除非标注，单位均为百万美元）

	LBO 投资 2007 – 07 – 06	假设上市退出 2010 – 03 – 22	变化
全部股权价值	2 867.4	8 523.4	增长率：197.3%
EV	7 360.5	11 704.7	增长率：59.0%

续表

	LBO 投资 2007 – 07 – 06	假设上市退出 2010 – 03 – 22	变化
净债务	4 493.1	3 181.3	减少：1 311.8
经调整 EBITDA	682.7	1 287.2	增长率：88.5%
EV/经调整 EBITDA（倍）	10.8	9.1	增长率：– 15.7%
分红		239.3	
投资实体 B 持股比例（%）	96.5	88.0	稀释比例：– 8.8%

注：投资时经调整 EBITDA 为截至 2007 年 11 月 2 日 LTM 数据，退出时经调整 EBITDA 为 2009 财年年报；

    2009 年 9 月 7 日，DG 在 Re IPO 前现金分红 2.393 亿美元，这里简化成假设分红发生在 2010 年 3 月 22 日；

    投资时净债务 = 债务 – 现金及现金等价物及短期投资（2007 年末）= 4 609.1 – 116 = 4 493.1（百万美元）；"假设上市退

    出"一栏的股权价值数据截至 2010 年 3 月 22 日，财务数据参照 2009 财年年报，忽略其他税费影响。

表 9 – 5   投资现金流及回报测算

（除非标注，单位均为百万美元）

	LBO 投资 2007 – 07 – 06	假设上市退出 2010 – 03 – 22
投资实体 B 股权资金投入	– 2 767.0	
投资实体 B 收到现金分红（按 96.5% 持股计算）		230.1
模拟退出时投资实体 B 股权价值（按 88% 持股计算）		7 500.6
年化 IRR（使用 XIRR 函数）	46.1%	
MOIC	2.8 倍	

注：模拟退出时投资实体 B 股权价值 = 退出时股权价值 × 稀释后投资实体 B 持股比例。

差不多两年半的投资期限，年化 IRR 为 46.1%，MOIC 为 2.8 倍。实际上投资机构并没有在 Re IPO 后马上卖出持有的 DG 股份，以 KKR 为例，直到 2013 年 KKR 才基本卖完手上的 DG 股票。2010—2013 年 DG 的股票价格大致涨了一倍。

把投资实体 B 整个交易的 MOIC 按来源进行拆解，依次考虑以下因素的影响：

因素 1：EBITDA 增长：案例中增长 88.5%；

因素 2：EV/EBITDA 倍数：案例中降低 15.7%；

因素 3：债务偿还：案例中偿还 13.12 亿美元；

因素 4：收到分红：案例中收到现金分红 2.30 亿美元；

因素 5：持股稀释影响：案例中稀释了 8.8%。

依次叠加考虑各因素，计算各种情景下的回报指标。所谓依次叠加考虑，是指先假设只考虑因素 1（EBITDA 增长），同时假设其他因素不变化，仅调整 EBITDA 的增长，计算出来的 MOIC 和 IRR 分别是 3.3 倍和 54.8%。

在考虑因素 1 影响的基础上，再来看因素 2 的叠加影响，即在 EBITDA 增长的情况下，叠加考虑因素 2（EV/EBITDA 倍数的变化），此时计算出来的 MOIC 和 IRR 分别为 2.5 倍和 40.5%，相比于前面有所下降。原因是在此案例中，退出时 EV/EBITDA 倍数相比投资时从 10.8 倍下降至 9.1 倍。所以，认为案例中因素 2 带来的边际 MOIC 的影响是将 MOIC 降低了 0.8 倍。

按上述思路可依次分析其他因素，具体结果如表 9 – 6 所示。

表 9 – 6 投资回报驱动因素拆解

	年化 IRR（%）	MOIC（倍）	ΔMOIC（倍）
基本情景：参数不变情形	0.0	1.0	
情景 1：EBITDA 增长	54.8	3.3	2.3
情景 2：EV/EBITDA 倍数降低 + 情景 1	40.5	2.5	– 0.8
情景 3：债务偿还 + 情景 2	49.4	3.0	0.5
情景 4：收到红利 + 情景 3	51.0	3.1	0.1
情景 5：股份稀释 + 情景 4	46.1	2.8	– 0.3

注：各情景情况均是基于上一种情景的基础上叠加本情景因素调整后的综合结果。

比如情景 1 指仅考虑 EBITDA 增长后的结果及相对于上一种情景的变化，情景 2 指在情景 1 的基础上考虑 EV/EBITDA 倍数变化的结果及相对于情景 1 的变化。

从结果可以看出该交易中贡献最大因素是业务运营改善导致的 EBITDA 的提升，其次是通过债务偿还和收到红利的贡献。由于退出时 EV/EBITDA 倍数下降及股权被稀释，这两个因素对回报的贡献是负数。

成功的杠杆收购会利用低成本的杠杆优势，集中精力改善被投企业的业务运营，用业务运营产生的现金流偿还杠杆收购时借入的债务。如果在经营改善的同时也能提升市场估值倍数，会给投资人带来可观的回报。但同时杠杆收购产生的大量债务也会给企业运营带来巨大压力，提升交易风险。

声明

本案例所有数据均来自于公开信息，主要包括 Dollar General 披露的公告，如 10 – K（年报），424B4（招股说明书），S – 4 公告（关于上市公司兼并收购的重大信息公告）等。出于教学目的，在分析时对部分情况进行简化处理。读者可以在本案例基础上，结合公告等资料进行更深入的分析。部分公告链接如下：

2009 财年年报：https：//www. sec. gov/Archives/edgar/data/29534/0001047469 10003012/a2197652z10 – k. htm.

招股说明书（2009 – 11 – 12）：https：//www. sec. gov/Archives/edgar/data/29534/000104746909010136/a2195522z424b4. htm.

S – 4 公告（2007 – 12 – 21）：https：//www. sec. gov/Archives/edgar/data/1420144/000104746907010270/a2180214zs – 4. htm.

9.1.5 Cap Table

1. Cap Table 的含义及作用

Cap Table（Capitalization Table），又称为股权结构表或资本结构表，通常会出现在创业公司融资时提供给投资人的信息列表中。简易的 Cap Table 包含公司最新的股权架构，比如公司当前股东及股东的持股信息，很多时候也会给出当前存在的潜在稀释性的权益工具（如可转债、认股权证等）。

【例】表 9-7 是一张简化的 Cap Table，每一行对应一位投资者，列项信息包含持股数量和持股比例。

表 9-7 简化 Cap Table

投资者	持股数量（股）	股比（%）
创始人 1	10 880 000	64.00
创始人 2	2 720 000	16.00
A-1	2 550 000	15.00
A-2	850 000	5.00
总计	**17 000 000**	**100.00**

从表 9-7 可以看出，公司有两位创始人。在 A 轮投资后，两位创始人共持有 80% 的股份，两名 A 轮投资者，分别拥有 15% 和 5% 的股份。

如果同时提供 A 轮投资者的投资金额，就可以计算投前估值、投后估值以及 A 轮投资时的股价。

表 9-8 包含投资金额等详细信息的 Cap Table

A 轮投资 Cap Table			
A 轮投前估值（万元）	12 800.00	投后占比	20.00%
A 轮融资（万元）	3 200.00	新增股数（股）	3 400 000
A 轮投后估值（万元）	16 000.00	A 轮投资股价（元/股）	9.41

投资者	A 轮投资金额（万元）	持股数量（股）	该轮投资价格（元/股）	股比（%）
创始人 1		10 880 000		64.00
创始人 2		2 720 000		16.00
A-1	2 400.00	2 550 000	9.41	15.00
A-2	800.00	850 000	9.41	5.00
总计	**3 200.00**	**17 000 000**		**100.00**

从表 9 – 8 可了解到，A 轮投资者共出资 3 200 万元，获得了 20% 的股份（投后），对应股价为 9.41 元/股；该公司 A 轮投前估值为 1.28 亿元，A 轮投后估值为 1.6 亿元。

复杂的 Cap Table，还会给出过去各轮融资后的股东持股信息，帮助投资者了解公司过往的融资情况，及各个现有股东对应的持股成本与持股比例。在 Cap Table 中还可能会注明不同股东拥有的权利（如反稀释条款、回购安排等），关于这些权利的详细信息，需要查阅原始投资合同的文本。

2. 股权结构信息为什么那么重要

首先，Cap Table 的重要性在于提供了投资者所需的关键信息。投资者可以通过股权结构信息了解公司过往有几轮融资？有哪些投资者？谁是大股东？各家机构的持股成本是多少？这些都会影响本轮投资的定价以及与相关方的沟通讨论。早期投资人会更注重 Cap Table 的分析。

此外，Cap Table 可以帮助使用者迅速了解公司的股权结构，掌握历轮融资过程中公司股权的变化及创始人股权稀释的情况。随着公司的不断发展，Cap Table 会越来越复杂，因此维护股权结构信息是每一家创业公司的必做事项。

3. Cap Table 中的基本术语和常用计算逻辑

要深入理解 Cap Table，需要先理解清楚几个关键词语：

- **融资额**，指新投资者本轮投资的金额。
- **投后估值与投前估值**，投后估值指包含新投资者本轮投资金额在内的公司股权估值，而投前估值指接受投资者投资之前的公司股权估值。两者之间的关系等式为

投后估值 = 本轮投资金额 + 投前估值

因此，通常约定其中一个估值口径的数值，就可以通过投资金额算出另一个估值口径的数值。

- **新增股数、投前总股数与投后总股数。**

新增股数指本轮投资者获得的新增股数。新增股数、投前总股数与投后总股数之间的关系为

投后总股数 = 投前总股数 + 新增股数

有了新增股数和投后总股数，可计算新投资者的持股比例：

新投资者的持股比例 = 新增股数/投后总股数

当然，也可以通过本轮投资额和投后估值，计算新投资者的持股比例：

新投资者的持股比例 = 本轮投资额/投后估值

- 投资股价，指本轮新投资者入股时的每股价格，可以通过多个公式计算。

投资股价 = 本轮融资额/新增股数 = 投后估值/投后总股数 = 投前估值/投前总股数

以上面 A 轮投资 Cap Table 为例：在 A 轮投资中，两个投资者共支出 3 200 万元，投前估值为 12 800 万元，因此投后估值 = 3 200 + 12 800 = 16 000（万元）。

融资前公司总股本为 1 360 万股，融资发行股份 340 万股，融资后公司总股本 1 700 万股。新投资者股份占比 340/1 700 = 20%。

投资价格 = 3 200/340 = 9.41（元/股），也可以用投后估值/投后总股本，或者投前估值/投前总股本计算。

4. 多轮 Cap Table

在多轮 Cap Table 中，前一轮公司股东的持股，是下一轮投前的持股情况。但前一轮的投后估值，通常不等于下一轮的投前估值，因为公司的估值在这段时间会发生变化。

【例】某公司从创立后经历过 A 轮、B 轮两轮融资。

公司创立：创始人 1 与创始人 2，创立了 XYZ 公司，初始总投资 1 360 万元，创始人 1 与创始人 2 分别出资 1 088 万元和 272 万元，持股比例分别为 80% 和 20%。

表 9–9　　　　　　　　　　　　　　公司创立时 Cap Table

初始创立 Cap Table			
初始投资（万元）	1 360.00	股价（元/股）	1.00
投资者	初始投资金额（万元）	持股数量（股）	股比（%）
创始人 1	1 088.00	10 880 000	80.00
创始人 2	272.00	2 720 000	20.00
总计	1 360.00	13 600 000	100.00

A 轮投资：一年后 XYZ 公司引入 A 轮投资者，同时创始人 1 留出 10%（投资后口径）作为未来激励核心员工的期权池。A 轮投资者整体投资 1 600 万元（A–1 投资 1 000 万元，A–2 投资 600 万元），投后股比 20%。A 轮投资后，创始人 1 和创始人 2 的持股比例分别为 54% 和 16%。

表 9–10　　　　　　　　　　　　　　A 轮投资后 Cap Table

A 轮投资 Cap Table			
A 轮投前估值（万元）	6 400.00	投后占比	20.00%
A 轮融资（万元）	1 600.00	新增股数（股）	3 400 000
A 轮投后估值（万元）	8 000.00	A 轮投资股价（元/股）	4.71

续表

A 轮投资 Cap Table				
投资者	A 轮投资金额（万元）	持股数量（股）	该轮投资价格（元/股）	股比（%）
创始人 1		9 180 000		54.00
创始人 2		2 720 000		16.00
A – 1	1 000.00	2 125 000	4.71	12.50
A – 2	600.00	1 275 000	4.71	7.50
期权池		1 700 000		10.00
总计	**1 600.00**	**17 000 000**		**100.00**

B 轮投资：XYZ 公司在 A 轮融资的两年后，又进行了 B 轮融资。B 轮引入一位新投资者 B – 1，A – 1 股东跟投。B – 1 投资金额 0.6 亿元，投后股比 10%，A – 1 股东跟投 0.3 亿元，投后股比 5%。

表 9 – 11   **B 轮投资后 Cap Table**

B 轮投资 Cap Table				
B 轮投前估值（万元）	51 000.00		投后占比	15.00%
B 轮融资（万元）	9 000.00		新增股数（股）	3 000 000
B 轮投后估值（万元）	60 000.00		B 轮投资股价（元/股）	30.00
投资者	B 轮投资金额（万元）	持股数量（股）	该轮投资价格（元/股）	股比（%）
创始人 1		9 180 000		45.90
创始人 2		2 720 000		13.60
A – 1		2 125 000		10.63
A – 2		1 275 000		6.38
期权池		1 700 000		8.50
B – 1	6 000.00	2 000 000	30.00	10.00
A – 1 跟投	3 000.00	1 000 000	30.00	5.00
总计	**9 000.00**	**20 000 000**		**100.00**

5. 考虑潜在稀释的可能性

实际的 Cap Table 可能会更加复杂，有很多计算中需要约定的问题，比如：小数点后保留多少位数，对于期权的处理方法，对于反稀释条款，跟投的处理，对于老股出售的处理，以及期权等稀释性证券的影响。

涉及到稀释性证券，通常需要计算完全稀释后的股权结构（Fully Diluted）。完全稀释股权结构表（Fully Diluted Cap Table）指在当前公司的股权结构下，假设公司已发行的潜在稀释性的证券（比如期权、可转债、认股权证等）全部转股后的情况。

【例】假设在 A 轮融资后，某公司又进行了一次可转债融资。在完全稀释股权结构表中，需要考虑可转债转股带来的影响。

计算流程：先计算可能增加的股份数量，然后计算各股东完全稀释后的持股比例。

表 9 - 12 考虑可转债转股的 Cap Table

投资者	A 轮投资金额（万元）	持股数量（股）	该轮投资价格（元/股）	股比（%）	完全稀释持股（股）	完全稀释股比（%）
创始人 1		16 000 000		59.3	16 000 000	50.8
创始人 2		4 000 000		14.8	4 000 000	12.7
A - 1	10 000.00	5 000 000	20.00	18.5	5 000 000	15.9
A - 2	4 000.00	2 000 000	20.00	7.4	2 000 000	6.3
可转债转股	9 000.00				4 500 000	14.3
总计	14 000.00	27 000 000		100.0	31 500 000	100.0

如表 9 - 12 所示，假设在 A 轮融资后，引入可转债，金额 9 000 万元，假设可转债未来可以转为普通股，转股价为 20 元/股。若考虑可转债转股，完全稀释总股数为 3 150 万股，按此股数重新计算各投资者的持股比例（完全稀释股比）。

实际业务中，企业的融资形式及工具种类多样，对应的 Cap Table 的信息会更详尽、更复杂，投资公司还可以借助专业机构提供的专业软件对被投企业的 Cap Table 进行有效管理。

本文作者为诚迅金融培训杨松涛先生、梁刚强先生、江涛先生及花旗集团李亦萌先生。CPE 源峰倪霏博士、杨升先生及洪泰基金王欣女士参与修改及反馈，特此鸣谢致敬！

9.2 项目评估

前面章节提到的各种绝对估值法和相对估值法，都是评估公司价值的方法。公司估值有个极为重要的前提就是永续经营。在这个前提下，估值模型一般只会构建 5 ~ 10 年预测期，而且在预测期末企业也因为仍然拥有持续经营能力而对应有一个终值（Terminal Value）作为彼时的预估公允价值。

当我们讨论较大规模的基础设施建设项目时，虽然这类项目的生命周期远长于特许经营权规定的运营期，但项目评估通常只对特许经营权期限内的收益、支出和对应的现金流进行评估，运营期结束后全部移交政府。因此在对项目进行估值建模时，通常主要涵盖建设期与运营期，且多数此类项目在预测期末的终值非常小甚至是零（比如典型的 BOT 项目）。由于此类项目一般会依据建设协议等契约制的方式对建设与经营的责权利作出约定，这些约定又直接影响项目财务预测模型的核心数据以及基本三表（资产负债表、利润表和现金流量表），这就带来了不同于公司估值的一些特点，因此本小节以此类大型基建项目为例，专门介绍项目财务预测模型及其相关评价体系。

9.2.1 大型项目财务预测模型的特点概述

公司财务预测模型的预测逻辑和方法是基于公司已有的经营历史和财务数据，根据对公司未来的发展看法，预测公司未来的财务表现——三张核心报表：利润表、资产负债表和现金流量表。公司财务模型更依赖于行业特性、公司在行业里的相对位置和优势资源、对公司未来可能采取的经营及融资策略的想象和判断，需要较多主观性的假设。

项目财务模型的详略程度和驱动因素选择因项目而异。就其基本的用途来讲，既可以用于资本预算，对于项目投资运营过程中可能产生的财务后果进行评估和分析；也可以用于项目评估，包括估值和技术经济方案比较，为投资决策提供依据。

项目财务预测模型的预测逻辑和方法与**公司**财务预测模型有类似之处，也是需要预测出项目未来的利润表、资产负债表和现金流量表，但项目财务预测模型与公司财务预测模型还是存在许多具体的差异。

1. 预测期通常需涵盖所有经营年限

公司财务预测模型时常假设公司永续经营，常采用 5～10 年预测期叠加终值期的结构，并且在永续经营的假设下，公司模型中终值价值往往占总企业价值的 50% 以上。

但具体项目的运营年限通常有限，往往与特许经营权协议或者相关土地租赁或出让协议有关。比如高速公路项目运营年限通常为 20～25 年，风电项目运营年限通常为 20～30 年。因此，在项目财务预测模型中，预测期往往涵盖整个运营期，运营期结束后通常会无偿移交给业主或政府。这意味着项目财务预测模型的终值（运营期满时的价值）一般不大，可以忽略不计。因此预测期间计算的准确性对项目分析和设计具有重要的意义。

2. 预测期常分成不同阶段

公司财务预测模型，常根据企业未来发展速度把预测期分成一个阶段或多个阶段。在不同阶段可能采用详略不同的预测框架。

但项目模型更多是按照项目进程中本身的特点，把项目模型分成多个阶段，针对各个阶段的特点设计结构。

- 对于常见的棕地项目（Brownfield Project），如果收购后直接运营或者简单改良后运营，可以采用单阶段运营期叠加终值期的结构，在运营期中主要考虑后续运营中的财务状况；
- 对于绿地项目（Greenfield Project），由于涉及前期的建设开发，通常至少包含三个阶段：建设期、运营期和终值期；
- 对于涉及全程开发的矿产类项目，运营期通常由授予矿权的机构，根据最终回采率要求，确定开采年限和年度采矿量。有时为了更精细考虑勘探计划及配合后续建设和运营方案，也可能会在模型中加入前期的勘探期。

这些具体阶段的划分，均以商业实质为基础特征，参照项目的具体协议所规范的商业责权利而设定。

以绿地项目为例。绿地项目的财务预测模型一般包含建设期、运营期和终值期三期的建模。建设期投入资金进行建设，形成产能和资产；建设完工后开始运营，转入运营期。建设期建模的重点在于描述建设期资金的来源和使用，对于资金来源的提取顺序及相关费用的计算需要重点考虑。运营期建模的重点在于项目运营的利润及现金流预测，需要综合考虑财务、会计、税务在其中的合理体现。终值期主要考虑项目结束、退出时的安排。

基于 Excel 的项目模型通常会借助 Excel 中的函数或功能来提升模型的灵活度，使结果随着项目参数（建设期期数、运营期期数等）或关键运营假设（销量、价格、费用、应收和应付周转率等）变化而自动更新。建议掌握的一些常见技巧或工具包括：

- 动态时间轴实现建设期期限和运营期期限的自动调整；
- 根据单元格所处的阶段，使用与阶段对应的计算逻辑；
- 考虑不同场景下项目的运营状况；
- 自动根据项目资金缺口调整项目融资安排。

3. 预测的颗粒度更细

由于项目财务预测模型通常是按照协议约定的各方责权利来构建，具有明显的经营边界，而且项目模型通常对回报率的影响因素非常关注。因此需要在项目的投入金额、投入时点、收入、成本、期间费用和税费等方面结合项目协议内容进行详细拆分。

- 比如在建设期可能需要采用季度或月度频率来进行建模，或至少是较为仔细地反映资金的具体投入时点。哪怕是延迟半年的资金投入，在回报率测算上的影响都是对投资决策存在参考意义的。

- 比如在预测人工成本时，可以考虑项目所需员工数量，每个员工的用工成本及考虑通胀变化带来的影响。
- 比如在预测所得税时，按税法要求和项目实际情况计算缴税金额，同时考虑前期亏损对现金税的影响。
- 比如区分利息支出资本化还是费用化，通常建设期利息支出资本化，而运营期利息支出费用化。

4. 资本性支出侧重点不同

对于绿地项目，建设期会考虑项目对应产能的投入，而在项目完工进入运营期后，大部分项目不会再考虑新增产能的增加。因此，在项目财务预测模型中，运营期通常不考虑大额的扩张性资本性支出，而主要考虑已有产能的维护性支出和必要的周期性大修。相对而言，公司预测模型更多考虑未来的成长性，所以扩张性资本性支出是公司模型的关键假设之一。

5. 从不同出资人的角度考虑

在涵盖建设与运营的大型基建项目中，通常会有多个主体参与项目建设及运营，并且各利益相关方在不同阶段的具体责权利也有所不同。所以项目预测模型中需以决策主体的角度为出发点，考虑其他参与主体的投入和回报所对应的己方责任义务。比如对于矿产类项目模型，在联合投资的方式下，需考虑出资及分成方式对不同主体现金流及回报的影响。

9.2.2 项目财务评价指标

基于公司的财务预测，通常进行的是公司价值的评估，最后看公司股权的合理价值是多少。而在对项目进行评估是否可以投资时，通常关注的财务评价指标包括：**净现值**（Net Present Value，NPV）、**内部收益率**（Internal Rate of Return，IRR）、**投资回收期**（Payback Period）和**盈利指数**（Profitability Index，PI）等，其中 IRR 常分成整体（项目）内部收益率（Pooled Internal Rate of Return，PIRR）和资本金内部收益率（Equity Internal Rate of Return，EIRR）。

1. 净现值（NPV）

净现值是指项目所有未来现金流的现值之和减去初始投资后的差额。计算公式为

$$NPV = \sum_{t=0}^{N} \frac{CF_t}{(1 + r)^t}$$

其中，N 为项目的期限，CF_t 为第 t 年末的现金流，r 为折现率。

根据投资主体不同，可以分为项目净现值（或项目全投资净现值）和资本金净现值。

项目净现值是从项目自身山发评价项目的价值，使用的现金流为项目自由现金流（即**无杠杆自由现金流** UFCF），折现率为项目的要求回报率（即加权平均资本成本 WACC）。

而**资本金净现值**是考虑了项目的融资结构后，从资本金或权益角度出发评价项目的价值，使用的现金流为资本金自由现金流（即**股权自由现金流** FCFE），折现率为资本金的要求回报率（即股权成本）。

- 项目层面：若项目 NPV > 0，可以投资，否则不能投资；
- 资本金层面：若资本金 NPV > 0，可以投资，否则不能投资。

在实际工作中，计算净现值时可以借助 Excel 提供的 NPV 函数来实现。

【例】图 9 – 8 为计算项目净现值和资本金净现值的举例。该项目运营期限为 10 年，项目初始投资为 1 000 万元，未来 10 年运营期每年的项目自由现金流均为 160 万元，若项目折现率为 8%，可计算出该项目的净现值为 73.6 万元，大于 0，项目层面可以投资。

若该项目中，资本金投资为 600 万元，未来 10 年运营期的资本金自由现金流如图 9 – 8 所示，资本金折现率为 10%，该项目的资本金净现值为 91.1 万元，大于 0，站在资本金角度也可以投资。

	A	B	C	D	E	F	G	H	I	J	K	L
1												
2	年份	0	1	2	3	4	5	6	7	8	9	10
3	项目自由现金流（万元）	-1,000.0	160.0	160.0	160.0	160.0	160.0	160.0	160.0	160.0	160.0	160.0
4	项目折现率	8.0%										
5	**项目净现值（万元）**	**73.6**	=NPV(B4,C3:L3)+B3									
6												
7	年份	0	1	2	3	4	5	6	7	8	9	10
8	资本金自由现金流（万元）	-600.0	108.0	109.2	110.4	111.6	112.8	114.0	115.2	116.4	117.6	118.8
9	资本金折现率	10.0%										
10	**资本金净现值（万元）**	**91.1**	=NPV(B9,C8:L8)+B8									
11												

图 9 – 8　项目及资本金净现值测算

2. 内部收益率（IRR）

内部收益率是指使项目所有未来现金流的现值和等于初始投资时的折现率，即能够使净现值等于 0 时的折现率。内部收益率是项目评价中非常重要的指标。

$$0 = \sum_{t=0}^{N} \frac{CF_t}{(1 + IRR)^t}$$

其中，N 为项目的期限，CF_t 为第 t 年末的现金流，IRR 为内部收益率。

根据投资主体不同，内部收益率可以分为项目内部收益率（或项目全投资内部收益率）和资本金内部收益率。**项目内部收益率**是项目净现值为 0 时的折现率，**资本金内部收益率**是资本金净现值为 0 时的折现率。

- 项目层面，若项目 IRR（PIRR）>项目折现率，则项目 NPV >0，可以投资，否则不能投资；
- 资本金层面，若资本金 IRR（EIRR）>资本金折现率，则资本金 NPV >0，可以投资，否则不能投资。

在实际工作中，计算内部收益率时通常可以借助 Excel 提供的 IRR 函数来实现。

【例】图 9 - 9 为计算项目 IRR 和资本金 IRR 的举例。还是上面举例中的项目，运营期限为 10 年，项目初始投资为 1 000 万元，未来 10 年运营期的项目自由现金流均为 160 万元，可以计算出该项目 IRR 为 9.6%。若项目折现率为 8%，则项目 IRR 大于项目折现率，项目层面可以投资。

该项目中，资本金投资为 600 万元，未来 10 年运营期的资本金自由现金流如图 9 - 9 所示，可以计算出该项目的资本金 IRR 为 13.4%。若资本金折现率为 10%，则该项目的资本金 IRR 大于资本金折现率，站在资本金角度可以投资。

	A	B	C	D	E	F	G	H	I	J	K	L
1												
2	年份	0	1	2	3	4	5	6	7	8	9	10
3	项目自由现金流（万元）	-1,000.0	160.0	160.0	160.0	160.0	160.0	160.0	160.0	160.0	160.0	160.0
4	项目折现率	8.0%										
5	**项目IRR**	9.6%	=IRR(B3:L3)									
6												
7	年份	0	1	2	3	4	5	6	7	8	9	10
8	资本金自由现金流（万元）	-600.0	108.0	109.2	110.4	111.6	112.8	114.0	115.2	116.4	117.6	118.8
9	资本金折现率	10.0%										
10	**资本金IRR**	13.4%	=IRR(B8:L8)									
11												

图 9 - 9 项目及资本金 IRR 测算

使用 IRR 时，需要注意以下几点：

- 在 Excel 中，需要构造等年间隔的现金流数据，才能使用 IRR 函数直接计算出年化 IRR。如果想计算非等间隔现金流的 IRR，可以使用 XIRR 函数。
- 需分清资本金 IRR（EIRR）和项目 IRR（PIRR）。
- 普通 IRR 函数，不适合计算出现超过一次正负交替的现金流的 IRR，此时往往需要将所有负现金流折现到期初后再计算。
- 项目模型 IRR 特别高时（比如超过50%），需要分析是否考虑到所有风险因素；并注意，IRR 计算结果中隐含一个关键假设：期间所有现金流均可实现与 IRR 计算结果相同的再投资回报率（这个假设通常不容易实现）。

3. 投资回收期（Payback Period）

投资回收期是指收回项目初始投资所需要的年数。回收期越短，项目回本越快。

按现金流是否折现，分为未折现的投资回收期和折现的投资回收期。未折现的投资回收期，也称为静态投资回收期，使用未贴现的现金流进行计算；而折现的投资回收期也称为动态投资回收期，使用折现后的现金流进行计算。

静态投资回收期的优点是计算简便，容易理解，缺点是忽略了货币时间价值；而动态投资回收期则避免了静态回收期的缺点，考虑了时间价值，但相对于静态投资期计算较为复杂。投资回收期通常不单独作为项目判断指标，常和其他指标一起使用。

【例】图9 – 10为计算项目静态投资回收期和动态投资回收期的举例。还是上面举例中的项目，运营期限为10年，项目初始投资为1 000万元，未来10年运营期的项目自由现金流均为160万元，项目折现率为8%。

在计算项目的静态投资回收期时，需要先计算累计项目自由现金流（第7行）。累计现金流在第7年由负转正，因此静态投资回收期为：= I2 – I7/I3 = 7 – 120/160 = 6.25（年）。

在计算项目的动态投资回收期时，需要先计算项目自由现金流现值（第5行），然后计算累计项目自由现金流现值（第10行）。累计现金流现值在第10年由负转正，因此动态投资回收期为：= L2 – L10/L5 = 10 – 73.6/74.1 = 9.01（年）。

	A	B	C	D	E	F	G	H	I	J	K	L
1												
2	年份	0	1	2	3	4	5	6	7	8	9	10
3	项目自由现金流（万元）	-1,000.0	160.0	160.0	160.0	160.0	160.0	160.0	160.0	160.0	160.0	160.0
4	项目折现率	8.0%	=C3/(1+$B$4)^C2									
5	项目自由现金流现值（万元）	-1,000.0	148.1	137.2	127.0	117.6	108.9	100.8	93.4	86.4	80.0	74.1
6		=C3+B7										
7	累计项目自由现金流（万元）	-1,000.0	-840.0	-680.0	-520.0	-360.0	-200.0	-40.0	120.0	280.0	440.0	600.0
8	**静态投资回收期（年）**	**6.25**	=I2-I7/I3									
9		=C5+B10										
10	累计项目自由现金流现值（万元）	-1,000.0	-851.9	-714.7	-587.7	-470.1	-361.2	-260.3	-167.0	-80.5	-0.5	73.6
11	**动态投资回收期（年）**	**9.01**	=L2-L10/L5									
12												

图9 – 10　静态及动态投资回收期测算

4. 盈利指数（PI）

盈利指数又称为现值指数，是指将项目所有未来现金流的现值和（不含初始投资）除以初始投资的比率。计算公式为

盈利指数（PI）＝未来现金流的现值和/初始投资

＝（初始投资＋净现值）/初始投资

＝1＋净现值/初始投资

因此，盈利指数等于项目的净现值与初始投资的比值再加 1。盈利指数是评价项目单位投资盈利能力的指标，常作为净现值的辅助评价指标。

若项目的 PI > 1，则 NPV > 0，可以投资，否则不能投资。

盈利指数本身也存在一定局限性，它无法反映出投资项目的实际回报率。

【例】图 9 – 11 为计算盈利指数的举例。还是上面举例中的项目，运营期限为 10 年，项目初始投资为 1 000 万元，未来 10 年运营期的项目自由现金流均为 160 万元，项目折现率为 8%。可以计算出该项目净现值为 73.6 万元。

因此，项目的盈利指数为：PI = 1 + 73.6/1 000 = 1.074，大于 1，项目层面可以投资。

	A	B	C	D	E	F	G	H	I	J	K	L
1												
2	年份	0	1	2	3	4	5	6	7	8	9	10
3	项目自由现金流（万元）	-1,000.0	160.0	160.0	160.0	160.0	160.0	160.0	160.0	160.0	160.0	160.0
4	项目折现率	8.0%										
5	项目净现值（万元）	73.6	=NPV(B4,C3:L3)+B3									
6	盈利指数	1.07	=1-B5/B3									
7												

图 9 – 11　盈利指数测算

项目财务评价的应用之一是项目方案比选。在给定的边界条件内，如投资规模、产品方案等，内部收益率通常只要高于对应的贴现率，项目即是财务上可行的。内部收益率的高低不是项目优劣的主要评价标准，在既定的技术经济条件下，多个方案比较时以 NPV 高者为优。

9.2.3　假设分析

在完成项目财务预测和计算净现值、内部收益率等财务评价指标后，通常还需要对收入、成本、初始投资额、借款占比、产能利用率、建设期长和运营期限等重要因素进行假设分析，以确定这些因素的变化对财务评价指标的影响程度。进而采取相应的有效措施，以减少不利因素的影响，改善和提高项目的投资效果。

常见的假设分析包括敏感性分析和情景分析。具体的 Excel 工具前面章节已经作过介绍，这里不再重复。需要提醒的是，项目财务预测模型如果是涵盖建设期与运营期两个不同阶段的话，有如下假设条件建议作出较为详细的敏感测试：

- 建设期的资金投入时点：大型项目的建设期投入通常包括资本金投入与借贷资金的投入，这两类资金在时间上存在先后关系，所代表的责权利内涵、所要求的回报都是存在明显差异的，可设置不同场景开关或对资金投入设置专门的分析子表来研究各种状况下的投资回报情况。

- 境外大型基建项目所涉融资的成本（利率）经常是浮动的，比如"参考利率 + 350bp"这样的条款。考虑到融资成本对投资回报的影响相当直接，可考虑对此进行适当的敏感性分析或结合不同融资类型的成本状况作出预估。
- 与公司预测模型不同，由于融资的还本付息经常带来较明显的压力，甚至融资关闭与否对项目的投资回报会产生关键性的作用，项目预测模型构建就需要非常重视现金流的收支，并且普遍采用略微保守的态度来作出预估。下文 9.2.4 "复杂项目模型框架及技巧概述"提及的现金流瀑布即为较好的现金流分析预估的工具图表之一。需要提醒的是，这可能与项目投标测算的逻辑存在一定差异，比如运营成本不能按照"压至最低"来作预估、以便用低价保证中标，而是要尽量周全地考虑现金支付方面的真实压力，因此在参数设置上可以将不同预测目的对应不同参数组合作为场景开关来满足工作要求。

9.2.4 复杂项目模型框架及技巧概述

前面讨论了项目模型搭建与公司模型搭建的区别。为了让读者更深入了解复杂项目模型的特点，我们把项目模型的主体架构拆解成 9 个模块来单独介绍。

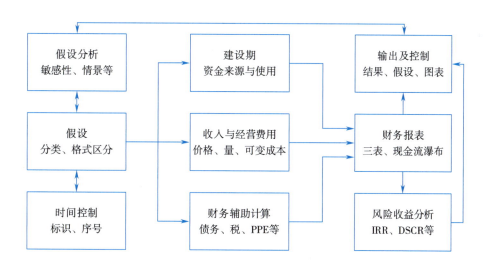

图 9 – 12 项目模型模块拆解

1. 假设（Assumption）

项目模型假设模块中包含了整个项目模型的关键输入，有以下一些特点：

- 对于绿地项目，常分成建设期假设和运营期假设，建设期假设关注项目的资金来源和使用，运营期假设关注业务运营和资金分配。
- 假设类型多样：既有与项目整体相关的单独假设（如装机容量、项目投资金额等），也有涉及到每一期的时序假设（如建设期的施工进度、运营期的毛利率等）。

图 9-13　建设期模块示例

2. 时间轴（Timeline）

时间控制模块（也称时间轴），是项目模型的灵魂。清晰好用的时间轴，是搭建模型公式的最佳伙伴。

由于项目模型通常是在设定边界内进行分析，并且对整体评价指标计算的精度要求较高，因此项目模型通常会设置更高的时间频率（比如季度模型，甚至月度模型）来更精准地描述真实业务操作。

所以项目模型的时间轴除了需要区分不同期间（建设期与运营期），还需要考虑高频或建设期与运营期不同频率的情况，甚至出于灵活性的考虑，项目模型有时还需要引入动态变频自动分期时间轴。

在 Excel 中搭建时间轴的常用函数包括：IF/SUMIF/SUMIFS/SUMPRODUCT/AND/OR 等。

3. 建设期（Construction Period）

项目建设期模块主要解决项目资金的来源和使用（Source and Use），是项目模型区别于公司模型的核心部分。需要计算项目所需花费的总金额及这些资金的融资来源，同时要把总金额适时地分配到每一期当中，保证项目各期的花费都可以有及时充足的资金来源。

项目资金的来源主要包括资本金与债务。在大型项目中有时会存在联合体投资完成某

标记	2019年	2020年	2021年	2022年	2023年	2024年	2025年
标记：建设期	1	1	1	0	0	0	0
标记：运营期	0	0	0	1	1	1	1
标记：建设期最后一期	0	0	1	0	0	0	0
标记：运营期第一期	0	0	0	1	0	0	0
标记：运营期最后一期	0	0	0	0	0	0	0
标记：还款期	0	0	0	1	1	1	1
标记：运营期序号	0	0	0	1	2	3	4
标记：还款期序号	0	0	0	1	2	3	4

标记	2019/01/01 2019/06/30	2019/07/01 2019/12/31	2020/01/01 2020/06/30	2020/07/01 2020/12/31	2021/01/01 2021/06/30	2021/07/01 2021/12/31	2022/01/01 2022/06/30	2022/07/01 2022/12/31	2023/01/01 2023/06/30
标记：建设期	0	1	1	1	1	0	0	0	0
标记：运营期	0	0	0	0	0	1	1	1	1
标记：建设期最后一期	0	0	0	0	1	0	0	0	0
标记：运营期第一期	0	0	0	0	0	1	0	0	0
标记：运营期最后一期	0	0	0	0	0	0	0	0	0
标记：还款期	0	0	0	0	0	1	1	1	1
标记：运营期序号	0	0	0	0	0	1	2	3	4
标记：还款期序号	0	0	0	0	0	1	2	3	4

图 9-14 时间轴模块示例

一项目的情况，此时需要对不同权益方及其资金的投入时点、金额或比例在模型中分别展示。债务性的融资也存在多种类型，不同的资金提供方对债务放款时点和条件、偿还的要求等都有可能存在区别。就建模结构而言，建设期只需谨守"来源"和"使用"作为基础进行各种假设条件的展开。

建设期模块模型搭建重点：

- 工程项目建设期的主要风险是完工风险，时间轴控制模块可以驱动模型反映工程延期的财务影响，适当的动态模型，可根据关键参数的改变自动计算对应的资金来源与使用，来辅助项目设计/测算/投资阶段的分析。

- 根据实际业务的融资方案，合理设计模型结构。例如在资金来源方面，股权资金与债务资金相关现金流需要分别作出测算，以便清晰地看到在细分的项目建设阶段里的具体现金流动情况。在资金使用方面，除应对各项主要的支出项进行分别估计，也有可能需要针对不同场景下的施工计划进度对资金支出作出相应调整。

- 需要提醒的是债务融资中涉及的费用类别有多种，需根据具体条款进行精细的测算，如承诺费（Commitment Fee）、前置融资费（Up-front Fee）、建设期利息（Interest During Construction）等。

- 解决可能存在的循环引用（相比于公司模型的循环引用，更容易出现，更复杂，计算量更大），具体方法可参照下面假设分析模块。

- 由于利息支付的刚性和高频，时间轴的设置经常参照利息支付的周期（比如季度）

来构建。在业务实践中也有可能实际的施工计划足以支持更高频率（如月度）的资金支出，为了增加项目预测的精确度，建议至少在建设期采用可预期的更高频率为宜。

4. 运营期经营业务模块（Operating Period—Business Module）

项目运营期模型主要考虑当前项目运营期的情况，较少考虑其他额外的扩张性影响，且通常运营期有限。

运营期经营业务部分主要指利润表相关部分，包括收入、成本、费用拆分及关键驱动要素（如高速公路的日均流量，或风电项目的装机数量和容量等）。项目模型会更注重对税（尤其是当期用现金支出的税）的计算，尤其是境外项目在税项的计算方面与国内可能存在较大差别。考虑到纳税义务的刚性，读者应对此予以充分的谨慎，如有必要，可参照税务机构的尽调建议来区分不同税种作出估计。

需要注意的是，建模时要设计好有关公式在建设期和运营期实现不同的计算逻辑，而且还需要考虑在建设期和运营期转换时的特殊计算逻辑。通常可以借助时间轴及条件函数来实现。

5. 运营期财务辅助模块（Operating Period—Financial Assistant Module）

项目运营期辅助模块指资产负债表相关项目的辅助运算，主要包括：与业务运营相关的经营性营运资金（应收、存货等）和长期资产（固定资产、在建工程、无形资产等），与资本相关的债务和权益。

与公司模型相比，项目模型的资产负债表通常较为清爽，科目较少，但在债务还款和股东分配部分，可能需要用较复杂的模型结构来描述。复杂的模型可能涉及：

- 现金流瀑布（不同层级现金流分配，也称现金归集）的搭建；
- 不同债务条款下的还款计算；
- 偿债准备金账户（Debt Service Reserve Account，DSRA）、维修准备金账户（Maintenance Reserve Account，MRA）等相关现金归集项的计算；
- 资金不足时的处理，如循环贷款。

上述部分会涉及条件判断，常用函数包括：IF/IFS/MAX/MIN。

6. 财务报表模块（Financial Statement Module）

财务报表模块汇总前三个模块（建设期模块、运营期经营模块及运营期财务辅助模块），形成常见的三张主要财务报表（利润表、资产负债表和现金流量表）。

对于使用季度或月度频率的模型，在汇总财务报表模块时，还需要将季度或月度数据调整成年化数据。这时候常用到 SUMIF/SUMIFS 函数。

7. 风险与分析模块（Risk & Analysis Module）

风险与分析模块是基于前面的业务及财务预测来计算相关指标，包括：

- 大型项目的盈利空间与债务性融资的成本存在此消彼长的直接关系，因此评估项目经济风险方面的指标最为核心的是偿债能力指标，并需要进行较为频密的监测，如：
  - ✓ 债务本息现金流覆盖倍数（Debt Service Coverage Ratio，DSCR）；
  - ✓ 贷款期债务本息覆盖倍数（Loan Life Coverage Ratio，LLCR）；
  - ✓ 项目整体债务本息覆盖倍数（Project Life Coverage Ratio，PLCR）。
- 在偿债能力指标之外，项目的投资回报分析指标一般包括 NPV、IRR、静态与动态投资回收期等。

要计算上述指标，需要基于财务报表调整出合适口径的现金流。常见的现金流口径包括：

- 可用于偿还债务本息的现金流；
- 项目自由现金流（全投资自由现金流）；
- 资本金自由现金流（股权自由现金流）；
- 股权投资到手现金流。

本模块常用函数包括：NPV/IRR/XNPV/XIRR/MIRR/OFFSET/SUMIF/SUMPRODUCT 等。

8. 输出及控制（Output & Control）

输出及控制模块主要涉及模型的展现和使用角度。在模型中合理利用 Excel 技巧和设计理念，清晰、直观、有效、优雅地展现与之相关的关键假设和重要结果（图/表）。对于动态要求高的模型，在公式搭建时需考虑到调整假设是否可以自动计算出结果。

常用的技巧包括控制按钮和图表制作等。

9. 假设分析（Assumption Analysis）

与公司模型类似，项目模型也需要作假设分析，包括敏感性分析和情景分析等。

由于项目模型通常采用高频时间轴，导致计算量较大。如果项目模型中同时存在较多、较复杂的循环引用，用公司模型解决循环引用的方法（Excel 自带的循环迭代计算）会使得嵌入敏感性分析（模拟运算表）的模型计算变得缓慢。但随着技术进步及计算机的性能快速提升，大部分项目模型中的循环引用仍然可以借助 Excel 自带的循环迭代功能顺利解决。

对于特别复杂的项目模型，如果使用 Excel 自带的循环迭代功能时，模型运行速度缓慢，可以参考以下不同的循环引用的处理方法，根据具体情况选择。

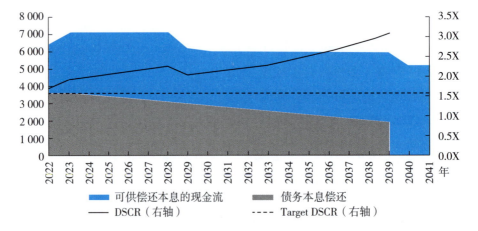

	A	B	C	D	E	F	G	H	I	J
1	输出及控制（Output）			(返回)						
2	(除特殊说明外，单位为万元)									
3	运营期时长	年		20		项目债务/项目投资		70.0%		
4	借款期时长	年		21		债务利率		6.0%		
5	运营期起始年份			2022		超额投资/项目投资		10%		
6	宽限期时长	年		3		项目债务/总投资		52.7%		
7	还款期开始			2022						
8	风机数量	台		33		年等效满负荷小 小时		2,700		
9	单台风机装机容量	千瓦/台	1,500			上网率		90%		
10	单位千瓦固定资产投	元/千瓦	9,500			上网电价（含税） 元/千瓦时		0.550		
11	项目投资（不含增值税）			47,025		材料费/发电量 万元/千兆瓦时		0.60		
12	1. 平均施工 ▼			1		等额本金偿还 ▼		1		
13		金额	占比							
14	项目投资	47,025	75.3%			项目税前IRR	8.7%	项目回收期（未贴现）	12.4	年
15	项目投资进项税	7,524	12.0%			项目税后IRR	7.0%	项目NPV（税后）	4,790.0	
16	超额投资	4,703	7.5%			资本金税前IRR	10.4%	资本金回收期（未贴现）	11.7	年
17	建设期利息	2,716	4.3%			资本金税后IRR	8.6%	资本金NPV（税后）	3,891.0	

图 9 – 15　输出及控制模块示例

表 9 – 13　　　　　　　　　　　不同循环引用处理方法的特点

方法名称	循环引用*	精确度	运行速度	实现难度	敏感性分析
循环迭代（Excel 自带）	有	高	复杂模型慢	容易	易实现、但慢
简化去除模型循环	无	低	快	容易	易实现
复制粘贴＋宏 VBA	无	高	快、半自动	较易	不易实现
单变量求解/规划求解	无	高	快、手动	较易	不易实现
宏函数/LAMBDA 函数	无	高	快、自动	难，需会编程**	易实现
代数公式	无	高	快、自动	难，可用机会少	不易实现

注：*这里"有"循环引用指，存在 Excel 中的循环引用形式，类似于公司模型中的循环引用，"无"循环引用的各种方法，

　　　除了简化版本会导致计算精度较低以外，均不影响本身的计算精确度。

　　**写 VBA 构建自定义函数，或使用新版 Excel 提供的 LAMBDA 自定义函数（相比于 VBA，较容易实现且直观）。

总体来说，项目模型由于需要更精细地考虑融资方案、项目施工、项目运营，现金流分配等事项，需要在模型结构、公式实现、动态分析等方面使用更多建模技巧。

本文作者李凌慧女士现任中咨海外管理咨询公司、华夏思享智库特聘专家，骅疆信略首席顾问，中国注册会计师，硕士毕业于清华大学经管学院，曾担任多家央企高管，领导跨境并购及海外投融资项目，此前曾在安永咨询及安达信从事跨境投资与战略咨询顾问工作，是中国"四大"第一批从事企业跨境投资服务的专家。李女士拥有丰富的海外股权交易及大型基建项目投融资经验，已完成的跨境投融资及并购项目约 252 亿美元，也完成了数十亿元人民币的境内重组、股权投资及基金融资等项目。

高华证券熊云先生、中信证券林小驰博士、金融投资专业人士马卫锋先生、有关央企投资机构专业人士、诚迅金融培训杨松涛先生、梁刚强先生、江涛先生参与修改及反馈，特此鸣谢致敬！

9.3　ESG 因素对财务预测与估值模型的影响

9.3.1　简介

近年来，国内外许多企业因为环境污染、员工纠纷、公司治理等 ESG（Environmental, Social and Governance，环境、社会和公司治理）问题出现订单丢失、巨额罚款、投资者退出等现象，进而引起收入减少、成本费用上升及投资者要求更高的风险补偿，从而导致企业的估值随之大幅下降。这意味着在作投融资决策时，ESG 因素对项目的影响程度在不断提高。

常见的 ESG 投资策略包括负面筛选、正面筛选、ESG 整合等，在投资中会采用评级打分的方式将 ESG 纳入考虑。虽然 ESG 整合策略会在财务预测和估值中加入 ESG 因素，但通过模型具象体现出来以及其中参数的影响，在当前市场上分析师报告及投融资分析的财务预测与估值模型框架中较为少见。

在传统 DCF 模型中，企业价值等于未来自由现金流的现值之和，由未来自由现金流以及与现金流风险匹配的折现率决定。传统的财务预测与估值模型主要侧重对公司传统财务数据的分析、报表项目的预测，缺乏对 ESG 相关因素的量化考虑。本文对如何将 ESG 因素量化纳入 DCF 的框架中进行了一些探讨，会通过模型方式来展示如何在财务预测与估值模型中加入 ESG 因素，不妥之处欢迎大家批评指正。

本文 9.3.6 开始的内容是对 ESG 的概述，对 ESG 不熟悉的读者，可以先从后面开始阅读。

9.3.2 ESG 纳入价值评估框架的逻辑思路

过去相当长的一段时间内，ESG 因素没有纳入价值评估框架可能的原因在于，投融资者认为 ESG 相关信息难以量化处理、ESG 理念在投融资者中接受度不高，以及改善 ESG 会带来企业成本费用的上升。确实，对企业来说，ESG 是有代价的，要同时做到保护环境、协调社会发展和各利益相关者，需要增加成本费用，很难做到既便宜又可持续。比如，企业需要进行前期投资米达到环境保护要求，这在投资环境不利时比较困难。此外，对于企业估值来讲，就好比在高考中增加体育考试作为必考科目一样，需要对所有同学同样要求才有横向比较的可行性。否则就好像是有特别才能才艺的才可以加分，在有些领域的 ESG 现象就和这种体育考试的例子相似。因此，是否以及如何将 ESG 因素纳入价值评估框架是很多人关注的焦点。

从过去多年来一些产业的发展状况可以看出，大量投资者的价值观中已经建立了基于 ESG 的风险回报评价基础，比如他们会有意识地在保护环境、增强正面社会影响、保护中小投资者利益的项目中增加投资。这在很大程度上促进了相关行业内有着优质 ESG 表现的企业的发展。其实，ESG 表现好的公司不一定会有更高的成本费用。企业通过技术进步不断提高效率、降低成本，使得前期投资没有大幅增加的同时能够获得很好的财务回报，比如中国的新能源行业，在过去几年的成长中就体现了技术进步带来的成本降低、价值提升，从而给投资者带来了较好的财务回报。

因此，越来越多投融资者认为，ESG 因素是长期企业价值的关键驱动之一，投融资者不仅要从财务角度，还应该从 ESG 角度评估企业的价值驱动因素。

将 ESG 因素纳入估值流程的简单方法是，通过调整风险溢价的方式将与 ESG 相关的风险考虑到折现率中。对于有较低的 ESG 评级的投融资项目，调增折现率；对于有较高的 ESG 评级的投融资项目，调减折现率。

这种方法简易可行，具有一定的实践操作性。但要更全面理解 ESG 对企业价值的影响，我们尝试采用更具体、更细致的方式对估值框架进行调整，不仅调整折现率，也要考虑 ESG 因素对现金流的影响，但须注意，不要就同一事项对折现率和现金流重复调整。纳入 ESG 因素后的 DCF 估值框架结构如图 9 - 16 所示。

将 ESG 纳入考虑后的估值模型可以概括为

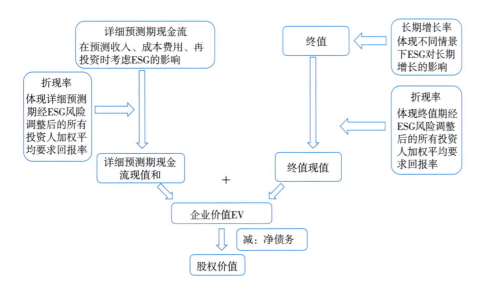

图9-16 纳入 ESG 因素后的 DCF 估值框架

$$V = \sum_{t=1}^{n} \frac{CF'_t}{(1+r')^t} + \frac{TV'}{(1+r')^n}$$

其中，V 代表公司价值，CF'_t 代表 t 时期经 ESG 调整后的现金流；t 代表时间；r' 代表经 ESG 调整后的折现率（终值的折现率也可以与第 1～n 期的折现率不同）；TV' 代表经 ESG 调整后的终值，n 代表详细预测期期数。

DCF 估值模型框架可以不用预测完整的三张核心报表：IS、BS 和 CFS。在估计公司未来自由现金流时，常用的现金流测算框架是：

无杠杆自由现金流 = 收入 – 成本费用 – 调整的所得税 – 再投资

计算无杠杆自由现金流的一般公式为

无杠杆自由现金流 = EBIT – 调整的所得税 – OWC 增加 + 折旧及摊销 – 资本性支出

在 DCF 估值模型框架示例中，有：

收入 – 成本费用 = EBIT

OWC 增加 + 资本性支出 – 折旧及摊销

= OWC 增加 + 固定资产、无形资产等长期经营性资产的增加

= 投入资本增加

= 再投资

因此，在量化考虑 ESG 对无杠杆自由现金流的影响时，可分别考虑 ESG 因素对公司的收入、成本费用、调整的所得税和再投资产生的影响。

9.3.3 ESG 对现金流的影响

为了便于量化分析 ESG 因素对公司财务预测及估值的定量影响，我们对一家公司未来的发展设置两种不同情景：

- 一种情景是公司未来不重视 ESG 因素且没有相关投入（不考虑 ESG 因素）；
- 另一种情景是公司未来非常重视 ESG 因素并持续投入和改善（考虑 ESG 因素）。

在两种不同情景下，公司未来的现金流、折现率和终值会存在显著差异，进而对整体估值带来影响。

下面，我们会通过一个 DCF 估值模型框架示例，来比较和分析该公司在考虑 ESG 因素以及不考虑 ESG 因素的两种情景下，现金流、折现率和估值的差异，从而量化分析 ESG 因素对公司财务预测及估值的影响。感兴趣的读者可以从诚迅金融培训官网（www. chainshine. com）"实用投融资分析师考试"栏目，或"实用投融资分析师考试"官网（www. aifaedu. com）"备考"栏目下载有关 Excel 模型，模型中的假设仅为示意性，或过于保守或过于激进。有需要的读者可以根据不同行业及不同公司的具体情况，自行调整相关假设，测试 ESG 因素对财务预测与估值的影响。

在考虑如何将 ESG 投入对现金流的影响融入到财务模型时，可以使用情景分析的方式。将有 ESG 投入的情景融入财务模型进行预测时，通过加入此 ESG 投入情景对估值模型关键科目的具体影响金额，并与没有 ESG 投入的财务数据进行比较，可以在预测年份中看出每一年收入、成本、EBIT、调整的所得税、再投资、无杠杆自由现金流等数据的对比。

1. ESG 投入对长期收入增长的影响

如图 9 – 17 所示，若公司不进行 ESG 投入（Non-ESG 公司：各 ESG 情景开关均改为 0），假设公司未来 1 ~ 5 年的收入增长率均为 10%，之后逐渐下降到第 10 年的 2%。

	DCF估值模型框架（不考虑ESG因素）										
2	单位：百万元人民币										
54											
55	现金流										
56		Year0	Year1	Year2	Year3	Year4	Year5	Year6	Year7	Year8	Year9	Year10
57	不考虑ESG的收入增长率		10.00%	10.00%	10.00%	10.00%	10.00%	8.00%	6.00%	6.00%	4.00%	2.00%
58	不考虑ESG的收入	1,000	1,100	1,210	1,331	1,464	1,611	1,739	1,844	1,954	2,033	2,073
59												
60	投资环保设备额外增加的收入		0	0	0	0	0	0	0	0	0	0
61	对员工投入额外增加的收入		0	0	0	0	0	0	0	0	0	0
62	其他ESG额外增加的收入		0	0	0	0	0	0	0	0	0	0
63	ESG额外增加的收入合计		0	0	0	0	0	0	0	0	0	0
64												
65	总收入		1,100	1,210	1,331	1,464	1,611	1,739	1,844	1,954	2,033	2,073

图 9 – 17　不考虑 ESG 因素的收入预测

若公司重视 ESG 因素并不断投入（ESG 公司：考虑 ESG 因素），则可能会给公司带来额外的收入增长机会，对收入增长产生额外影响。本例中，ESG 对收入的影响可能来自三类方面：

（1）长期资产投入

从长期来看，企业良好的环境保护措施，有望为企业吸引和增加对环保要求更高的优质客户（如食品消费客户）的长期合作订单或采购，更容易获得政府的政策支持，以及下游客户更多的订单和溢价，从而使有环保投入企业的收入、利润增加。

【例】苹果公司对其供应商有供应商责任标准，要求其供应商在员工安全生产与健康方面达到一定标准，否则就会选择其他供应商。符合准入标准的企业，可以得到更多订单和更大的市场份额，提升未来收入增长率。

对 ESG 长期无法达到行业、监管标准的公司，可能被下游客户抛弃，导致收入下降，或被罚款，后期面临关闭的风险。

【例】2015 年 9 月，美国环保署指控大众汽车旗下部分柴油车在尾气检测中作弊。大众汽车不仅在 2016 年 6 月需要支付近 150 亿美元的罚款金用于回购涉案车辆、赔偿消费者和投资清洁能源技术研发，还需要承担不可估量的品牌形象损失。2017 年上半年，大众汽车在美国的销量锐减，比去年同期减少 15%。

为了体现 ESG 因素对财务状况的影响，我们加入了情景开关。如图 9 - 18 所示，我们设置了第一个情景开关，并设置情景开关为"1"，表示企业为 ESG 进行了长期资产投入（相应地，开关改为"0"表示企业没有考虑该 ESG 因素，下面的其他情景开关与此相同）。长期资产投入对财务报表影响包括：

- 增加额外的收入；
- 增加额外的运营成本和费用；
- 增加额外的折旧摊销。

我们可以针对长期资产投入进行相应的假设，包括长期资产投资金额、折旧摊销年限、额外增加的收入，以及额外增加的运营成本和费用。并将相应数据链接到收入、成本费用的计算中。如图 9 - 18 所示，以环保净化设备投入为例，假设初始投入 2 亿元，折旧年限10 年。该设备从第 2 年开始为公司额外带来的收入每年占不考虑 ESG 下收入的 6%。设备同时也会产生折旧费用，以及每年的运营维护费用从而增加成本费用支出。本例中假设运营维护费用从第 6 年开始每年需要投入初始投资的 15%。

仅考虑环保设备的额外投入，早期公司 EBIT 可能因投入还没有产生足够收入而导致EBIT 下降，但长期利润会增加。按照本例假设，第 10 年 EBIT 会增加 9.0%，见表 9 - 14。

1	DCF估值模型框架（考虑ESG因素）									0			
2	单位：百万元人民币												
3	ESG投入情景分析												
5	1 废水、有害气体、生产物废料等环保净化设备投入												
6	情景开关		1	<<开关改为1，模型考虑该ESG因素；开关改为0，模型不考虑该ESG因素。									
7-11	有ESG投入的制造业企业，在某年追加一笔金额较大的资本支出，如购置环保净化设备，并在未来几年需要每年追加投入金额小一些的费用，来维护和更新环保净化设备的部分配件，以保障设备的长期使用。这些投入和折旧费用相较于没有ESG/环保投入的企业，会在初期使利润减少。但从长期来看，企业良好的环境保护措施，有望为企业吸引和增加对环保要求更高的优质客户（如食品消费客户）的长期合作订单或采购，更容易获得政府的政策支持从而获得更多订单。客户愿意为有优质环保质量的生产企业的产品，支付相较于同行没有环保投入的企业产品更高的价格，从而使有环保投入企业的收入增加，利润数额增加。而没有ESG如环保投入的企业，短期内由于成本较低，可以低价销售获得较大收入及利润，但长期来看，如果遇到污染等事件，或者遇到更严格的监管，可能一笔罚款要大于过去多年的利润，甚至有被关闭的风险。												
12		Year0	Year1	Year2	Year3	Year4	Year5	Year6	Year7	Year8	Year9	Year10
13	情景假设：												
14													
15	环保设备折旧年限	10 Years											
16	投资环保设备的资本支出		200										
17	投资环保设备额外增加的收入/不考虑ESG的收入		0.00%	6.00%	6.00%	6.00%	6.00%	6.00%	6.00%	6.00%	6.00%	6.00%
18	环保设备每年运营费用/环保设备资本支出		0.00%	0.00%	0.00%	0.00%	0.00%	15.00%	15.00%	15.00%	15.00%	15.00%
19													
20	本情景对财务报表的影响：												
21	投资环保设备额外增加的收入		0	73	80	88	97	104	111	117	122	124
22	额外成本费用（运营维护）		0	0	0	0	0	30	30	30	30	30
23	额外成本费用（折旧）		20	20	20	20	20	20	20	20	20	20
24	增加的投入资本		200	0	0	0	0	0	0	0	0	0

图 9-18　环保设备投入的影响

表 9-14　　　　　　　　　　　仅考虑环保设备的额外投入对 EBIT 的影响　　　　　　　单位：百万元人民币

	Year1	Year2	Year3	Year4	Year5	Year6	Year7	Year8	Year9	Year10
EBIT（仅考虑环保设备额外投入影响）	530	658	725	800	882	889	909	927	926	904
EBIT（不考虑环保设备额外投入影响）	550	605	666	732	805	835	848	860	854	829
提升率	-3.6%	8.7%	9.0%	9.3%	9.5%	6.5%	7.1%	7.8%	8.4%	9.0%

（2）对员工的投入

基层员工的人才招聘、培训与薪酬福利是企业优化创新、增加收入的关键投入。愿意在员工发展投入的公司更有可能提供较竞争者更优质的服务，从而为公司吸引来更多的优质客户与更高的收入。例如当前先进制造业面临着国际数字化技术越来越成熟、国内用人成本越来越贵的困境。为员工投入在数字化软硬件应用领域的培训，成为这些先进制造业公司未来发展战略的关键计划。这样做有助于提升公司的产品竞争力，提升公司的人均创收能力，是在科技替代人工与用人成本上升背景下的可持续的高质量发展战略。比如航空乘客喜欢善待空乘员工的航空公司，从而获得飞行安全感和更好的用户体验。

如图 9-19 所示，设置了第二个开关，来体现员工投入带来的收入和成本费用的影响。假设每年为培训员工投入的费用占不考虑 ESG 的收入比例为 4%，由此培训额外带来的收入假设为当年培训投入费用的比例，该比例在第一年为 0，后面逐渐上升到 200% 并保持稳定。

按照本例假设，仅考虑对员工的额外投入，第 10 年 EBIT 会增加 10.0%，见表 9-15。

DCF估值模型框架（考虑ESG因素）											
单位：百万元人民币											

2 员工职业培训、薪酬福利和文化培训投入

情景开关   1   <<开关改为1，模型考虑该ESG因素；开关改为0，模型不考虑该ESG因素。

近年来，随着管理科技不断成熟，数字化、先进科学技术正在不断冲击着现有行业。专业职业培训投入不再只是企业高管所需要的服务，基层员工的人才招聘、培训与薪酬福利也成为了企业优化创新、增加收入的关键投入。愿意在员工发展投入的公司更有可能提供较高竞争者更优质的服务，从而为公司吸引来更多的优质客户与更高的收入。例如当前先进制造业面临着国际数字化技术越来越成熟，国内用人成本越来越贵的困境。为员工投入在数字化软硬件应用领域的培训，成为这些先进制造业公司未来发展战略的关键计划。这样做有助于提升公司的产品竞争力，提升公司的人均创收能力，是在科技替代人工与用人成本上升背景下的可持续高质量战略。

情景假设：	Year0	Year1	Year2	Year3	Year4	Year5	Year6	Year7	Year8	Year9	Year10
对员工投入额外增加的收入/对员工投入额外增加的成本费用	0.00	50.00%	100.00%	150.00%	200.00%	200.00%	200.00%	200.00%	200.00%	200.00%	
对员工投入额外增加的成本费用/不考虑ESG的收入	4.00%	4.00%	4.00%	4.00%	4.00%	4.00%	4.00%	4.00%	4.00%		
本情景对财务报表的影响：											
对员工投入额外增加的收入		0	24	53	88	129	139	147	156	163	166
对员工投入额外增加的成本费用		44	48	53	59	64	70	74	78	81	83

图 9 - 19 员工培训与薪酬福利的影响

表 9 - 15   仅考虑对员工的额外投入对 EBIT 的影响   单位：百万元人民币

	Year1	Year2	Year3	Year4	Year5	Year6	Year7	Year8	Year9	Year10
EBIT（仅考虑对员工的额外投入）	506	581	666	761	870	904	922	938	935	912
EBIT（不考虑对员工的额外投入）	550	605	666	732	805	835	848	860	854	829
提升率	− 8.0%	− 4.0%	0.0%	4.0%	8.0%	8.3%	8.7%	9.1%	9.5%	10.0%

（3）其他 ESG 措施带来的收入增长

考虑到不同行业或公司的独特性，可能还有其他 ESG 措施带来的收入增长。比如，二氧化碳的排放权可以当作有价值的资产（碳积分），作为"商品"在市场上进行买卖交易。重视环境保护、碳排放减排领先的公司可出售多余的碳排放权给碳排放较大的公司，从而获得收益，某个国家或地区从整体上通过市场行为达到控制碳排放总量的目标。比如，如果某公司每年的碳排放额度为 3 万吨，但该公司通过技术改造，碳排放量减少为 1 万吨，那么其余的 2 万吨碳排放权就可以在碳市场上出售，为公司带来收入。

【例】特斯拉（TSLA. O）2021 年通过出售碳积分获取了 16 亿美元的收入。我国在北京、上海、广州等地成立了碳排放交易试点，到 2021 年 6 月，试点省市碳市场累计配额成交量 4.8 亿吨二氧化碳当量，成交额约 114 亿元人民币。

如图 9 - 20 所示，设置了第三个开关，来考虑其他 ESG 因素额外的影响。用户可根据实际情况自行调整，以增加模型针对不同行业或公司的灵活性。这里假设考虑其他 ESG 因素会额外增加收入、成本费用和投入资本。本例中假设其他 ESG 额外增加的收入占不考虑 ESG 的收入比例为 5%。

DCF估值模型框架（考虑ESG因素）										
单位：百万元人民币										
3 其他ESG因素										
情景开关	1	<<开关改为1，模型考虑该ESG因素；开关改为0，模型不考虑该ESG因素。								
为保持针对不同行业或公司的灵活性，考虑其他ESG因素额外的影响，用户可根据实际情况自行调整。这里假设考虑其他ESG因素会额外增加收入、成本费用及投入资本。										
其他ESG额外增加的收入/不考虑ESG的收入	5.00%	5.00%	5.00%	5.00%	5.00%	5.00%	5.00%	5.00%	5.00%	5.00%
其他ESG额外增加的成本费用/其他ESG额外增加的收入	45.00%	45.00%	45.00%	45.00%	45.00%	45.00%	45.00%	45.00%	45.00%	45.00%
其他ESG额外增加的投入资本/不考虑ESG的收入	0.60%	0.60%	0.60%	0.60%	0.60%	0.60%	0.60%	0.60%	0.60%	0.60%
本情景对财务报表的影响：										
其他ESG额外增加的收入	55	61	67	73	81	87	92	98	102	104
其他ESG额外增加的成本费用	25	27	30	33	36	39	41	44	46	47
其他ESG额外增加的投入资本	7	7	8	9	10	10	11	12	12	12

图 9 - 20　其他 ESG 因素额外的影响

按照本例假设，若同时考虑上述三个方面 ESG 对收入影响（三个情景开关均为 1），则考虑 ESG 因素后的收入如图 9 - 21 所示。

DCF估值模型框架（考虑ESG因素）											
单位：百万元人民币											
现金流											
	Year0	Year1	Year2	Year3	Year4	Year5	Year6	Year7	Year8	Year9	Year10
不考虑ESG的收入增长率		10.00%	10.00%	10.00%	10.00%	10.00%	8.00%	6.00%	6.00%	4.00%	2.00%
不考虑ESG的收入	1,000	1,100	1,210	1,331	1,464	1,611	1,739	1,844	1,954	2,033	2,073
投资环保设备额外增加的收入		0	73	80	88	97	104	111	117	122	124
对员工投入额外增加的收入		0	24	53	88	129	139	147	156	163	166
其他ESG额外增加的收入		55	61	67	73	81	87	92	98	102	104
ESG额外增加的收入合计		55	157	200	249	306	330	350	371	386	394
总收入		1,155	1,367	1,531	1,713	1,917	2,070	2,194	2,326	2,419	2,467

图 9 - 21　考虑 ESG 因素的收入预测

总体而言，ESG 对收入的影响，主要在于因 ESG 措施使公司获得客户的认可，从而提高自身的收入和市场份额。在采用"自上而下"方式预测收入时可以假设 ESG 带来的市场份额的提升，而在采用"自下而上"方式预测收入时，可以考虑额外产品价格的提升或销售量的增长。当然，若公司因 ESG 方面进展较慢或不符合要求，则可能失去部分客户订单而导致收入减少。

2. ESG 投入对成本费用、EBIT 的影响

如图 9 - 22 所示，若不考虑 ESG 因素（Non-ESG 公司），假设公司第 1～5 年成本费用占收入的比例均为 50.0%，之后逐渐上升到第 10 年的 60.0%。从而可以预测出未来 10 年的成本费用以及经营利润 EBIT（收入 - 总成本费用）。

若考虑 ESG 因素（ESG 公司），由于公司在采购、生产及销售环节须符合可持续发展的要求（比如采购环保的原材料、使用清洁能源、提高员工的薪酬福利待遇、投资和维护污水处理设备等），可能带来公司成本费用的提升。本案例中主要设置了以下几个方面：

DCF估值模型框架（不考虑ESG因素）
单位：百万元人民币

现金流

	Year0	Year1	Year2	Year3	Year4	Year5	Year6	Year7	Year8	Year9	Year10
总收入		1,100	1,210	1,331	1,464	1,611	1,739	1,844	1,954	2,033	2,073
不考虑ESG的成本费用/不考虑ESG的收入		50.00%	50.00%	50.00%	50.00%	50.00%	52.00%	54.00%	56.00%	58.00%	60.00%
不考虑ESG的成本费用		550	605	666	732	805	904	996	1,094	1,179	1,244
投资环保设备额外增加的成本费用		0	0	0	0	0	0	0	0	0	0
对员工投入额外增加的成本费用		0	0	0	0	0	0	0	0	0	0
其他ESG额外增加的成本费用		0	0	0	0	0	0	0	0	0	0
ESG额外增加的成本费用合计		0	0	0	0	0	0	0	0	0	0
总成本费用		550	605	666	732	805	904	996	1,094	1,179	1,244
EBIT（Non-ESG）		550	605	666	732	805	835	848	860	854	829

图9-22　不考虑ESG因素的成本费用与EBIT预测

（1）环保设备投入带来的折旧摊销和运营维护费用

在某年投入一笔金额较大的资本支出，如购置环保净化设备，并在未来几年需要每年追加投入小笔金额的费用，来维护和更新环保净化设备的部分配件，以保障设备的长期使用。这些投入和折旧费用相比于没有ESG/环保投入的企业，会在初期使利润减少。本例中环保设备投入带来的折旧与运营维护费用对EBIT的影响如图9-18所示。

（2）对员工的投入

好的ESG措施，尤其是注重员工安全、幸福度及成长培训的措施可以帮助公司吸引和留住高素质员工，增强员工的积极性，并提高员工的工作效率。有研究表明，员工满意度与股东收益正相关。而较弱的ESG措施可能会降低员工的工作效率，最明显的例子是工人怠工，优秀员工流失，甚至是工人罢工。

因此，在预测公司的人力成本时，需体现ESG因素的影响。ESG表现优秀的公司可能因为员工培训、薪酬福利等增加一定的成本费用，但长期来看，通过ESG价值观的共鸣吸引并留住员工，长期的收入增长将抵销短期的成本投入，从长期来看其成本的增加可能带来更高收入增长。

【例】在美国疫情管控放松后，美国的乘客飞行需求大幅增加，但是美国航空业的飞行员和工程师数量却在两年的时间里降低了4%，不足以满足新增的大量飞行需求。一些航空公司在这种情况下仍然给飞行员较低的工资及安排更多的航班飞行要求，这导致了大量飞行员因为疲劳和低收入而选择离职甚至罢工，从而加剧了航空公司的人员紧缺情况。这使得一些美国的航空公司失去了大量的潜在收入。例如西南航空的1 300名飞行员于2022年6月21日在德克萨斯州达拉斯举行罢工活动。在此之后，美国的一些航空公司改善了飞行员待遇，并使工作量安排合理化，此后越来越多的飞行员不仅选择高薪，而且更愿意去拥有较好ESG措施的航空公司工作，使得ESG措施较差的航空公司被迫取消一部分航线来应对飞行员的流失，使未来预期收入降低。

本例中员工培训与薪酬福利带来的成本费用对 EBIT 的影响如图 9 – 19 所示。

（3）其他 ESG 额外增加的成本费用

与收入类似，为保持针对不同行业或公司的灵活性，设置了用户可根据实际情况额外调整的成本费用的增加。比如选择向符合 ESG 标准的上游企业采购原材料。有时，ESG 的有效执行也可以帮助公司大幅降低能源及水资源等的消耗，从而降低相关的资源成本。长期来看，有效执行 ESG 的公司，其单位产品的资源消耗低于同行业公司中未有效执行 ESG 的公司。本例中，假设其他 ESG 额外增加成本费用占其他 ESG 额外增加的收入的比例为 45%。

本例中其他 ESG 额外增加成本费用对 EBIT 的影响如图 9 – 20 所示。

据此，可以预测出未来 10 年考虑 ESG 因素后公司的经营利润 EBIT（不考虑 ESG 的收入 + ESG 额外增加的收入 – 不考虑 ESG 的成本费用 – ESG 额外增加的成本费用）。

		Year0	Year1	Year2	Year3	Year4	Year5	Year6	Year7	Year8	Year9	Year10
1	**DCF估值模型框架（考虑ESG因素）**											
2	单位：百万元人民币											
54												
55	现金流											
56												
65	总收入		1,155	1,367	1,531	1,713	1,917	2,070	2,194	2,326	2,419	2,467
66												
67	不考虑ESG的成本费用/不考虑ESG的收入		50.00%	50.00%	50.00%	50.00%	50.00%	52.00%	54.00%	56.00%	58.00%	60.00%
68	不考虑ESG的成本费用		550	605	666	732	805	904	996	1,094	1,179	1,244
69												
70	投资环保设备额外增加的成本费用		20	20	20	20	20	50	50	50	50	50
71	对员工投入额外增加的成本费用		44	48	53	59	64	70	74	78	81	83
72	其他ESG额外增加的成本费用		25	27	30	33	36	39	41	44	46	47
73	ESG额外增加的成本费用合计		89	96	103	112	121	159	165	172	177	180
74												
75	总成本费用		639	701	769	844	926	1,063	1,161	1,267	1,356	1,423
76												
77	EBIT（ESG）		516	667	762	869	991	1,007	1,033	1,059	1,063	1,044

图 9 – 23　考虑 ESG 因素的成本费用与 EBIT 预测

如图 9 – 23 所示，由于预测期大部分年份考虑 ESG 因素带来公司收入的增加超过额外增加的成本费用，因此考虑 ESG 因素后的 EBIT 在大部分年份（尤其是后期）会高于未考虑 ESG 因素的 EBIT，如表 9 – 16 所示第 10 年 EBIT 高出 25.8%。

表 9 – 16　　　　　　　　考虑 ESG 与不考虑 ESG 因素的 EBIT 对比　　　　单位：百万元人民币

	Year1	Year2	Year3	Year4	Year5	Year6	Year7	Year8	Year9	Year10
EBIT（考虑 ESG）	516	667	762	869	991	1 007	1 033	1 059	1 063	1 044
EBIT（不考虑 ESG）	550	605	666	732	805	835	848	860	854	829
提升率	– 6.1%	10.2%	14.5%	18.8%	23.0%	20.6%	21.8%	23.2%	24.5%	25.8%

企业合规、风险控制和管理制度改善短期可能只带来成本费用增加而无明显收入增长，但长期来讲，ESG 合规的公司容易可持续发展，否则会有遭到监管部门处罚的风险，这种无 ESG 措施的状况实际上增加了企业的运营成本。

3. 调整的所得税

对经营利润 EBIT 征税，扣除对应的所得税，得到调整所得税后的经营利润（EBIAT 或 NOPLAT）。

如图 9 - 24 所示，若公司不考虑 ESG 因素（Non-ESG 公司），假设公司未来 10 年的所得税税率均为 25%。用 EBIT 乘以（1 - 所得税税率）得到 EBIAT。

DCF估值模型框架（不考虑ESG因素）											
单位：百万元人民币											
现金流											
	Year0	Year1	Year2	Year3	Year4	Year5	Year6	Year7	Year8	Year9	Year10
EBIT（Non-ESG）		550	605	666	732	805	835	848	860	854	829
税率		25.00%	25.00%	25.00%	25.00%	25.00%	25.00%	25.00%	25.00%	25.00%	25.00%
EBIAT（Non-ESG）		413	454	499	549	604	626	636	645	640	622

图 9 - 24 不考虑 ESG 因素的 EBIAT 预测

若 ESG 方面表现较好，则需要考虑企业是否可能因 ESG（尤其是环境保护方面）做得较好从而享受优惠税率的激励政策。比如我国对环境保护、节能节水项目可以按照优惠税率征收所得税。针对不同公司的环保减排情况，不同地区及行业可能会有不同的税收减免政策。虽然有 ESG 措施的公司有望享受较低的税率，但本案例为简化处理起见，假设未来 10 年所得税税率相同，均为 25%。读者可在下载的模型中自行加进去适用的税率。

DCF估值模型框架（考虑ESG因素）											
单位：百万元人民币											
现金流											
	Year0	Year1	Year2	Year3	Year4	Year5	Year6	Year7	Year8	Year9	Year10
EBIT（ESG）		516	667	762	869	991	1,007	1,033	1,059	1,063	1,044
税率		25.00%	25.00%	25.00%	25.00%	25.00%	25.00%	25.00%	25.00%	25.00%	25.00%
EBIAT（ESG）		387	500	571	652	743	755	775	794	797	783

图 9 - 25 考虑 ESG 因素的 EBIAT 预测

4. 扣除再投资

再投资其实就是公司经营性资产的增加，包括应收、存货、应付等经营性营运资金（OWC）的增加以及固定资产、无形资产等长期经营性资产的增加。公司在正常生产经营过程中，随着收入规模的增加，需要不断增加投入，需要采购更多原材料、投资购买更多机器设备等。

有 ESG 投入的制造业企业，在某年投入一笔金额较大的资本性支出，如购置环保净化设备，并在未来几年需要每年追加投入小笔金额费用，来维护和更新环保净化设备的部分配件，以保障设备的长期使用。这些资本性支出产生的折旧费用和维护费用相较于没有 ESG 环保投入的企业，会使企业在投入初期的利润减少。但从长期来看，企业良好的环境保护措施，有望为企业吸引和增加对环保要求更高的优质客户（如食品消费客户）的长期合作订单或采购，更容易获得政府的政策支持从而获得更多订单。客户也可能愿意为有着优质环保质量的生产企业的产品，支付相较于同行没有环保投入的企业产品更高的价格，从而使有环保投入企业的收入增加。而没有 ESG（如环保）投入的企业，短期内由于成本较低，可以低价销售获得较大收入及利润，但长期来看，如果遇到污染等事件，或者遇到更严格的监管，可能一笔罚款要大于过去多年赚取的累计利润，甚至公司有被关闭的风险。

如图 9 - 26 所示，若不考虑 ESG 因素（Non-ESG 公司），假设公司未来第 1 ~ 10 年的投入资本周转率（收入/投入资本）与第 0 年相比保持不变，均为 0.5。可以计算出公司未来 10 年的投入资本，从而得到公司的投入资本回报率（ROIC）第 1 ~ 5 年在 19.64%，之后逐渐下降到第 10 年的 15.15%。用 EBIAT 减掉再投资（投入资本的变化）可以得到公司未来 10 年的无杠杆自由现金流（UFCF）。

DCF估值模型框架（不考虑ESG因素）
单位：百万元人民币

	Year0	Year1	Year2	Year3	Year4	Year5	Year6	Year7	Year8	Year9	Year10
EBIAT（Non-ESG）		413	454	499	549	604	626	636	645	640	622
不考虑ESG的收入/投入资本（不考虑ESG）	0.50	0.50	0.50	0.50	0.50	0.50	0.50	0.50	0.50	0.50	0.50
投入资本（不考虑ESG）	2,000	2,200	2,420	2,662	2,928	3,221	3,479	3,687	3,909	4,065	4,146
投资环保设备额外增加的投入资本		0	0	0	0	0	0	0	0	0	0
其他ESG额外增加的投入资本		0	0	0	0	0	0	0	0	0	0
ESG额外增加的投入资本合计		0	0	0	0	0	0	0	0	0	0
ESG额外增加的投入资本的累计值		0	0	0	0	0	0	0	0	0	0
总投入资本	2,000	2,200	2,420	2,662	2,928	3,221	3,479	3,687	3,909	4,065	4,146
再投资		200	220	242	266	293	258	209	221	156	81
投入资本回报率（ROIC）		19.64%	19.64%	19.64%	19.64%	19.64%	18.69%	17.75%	16.98%	16.06%	15.15%
UFCF（Non-ESG）		213	234	257	283	311	368	427	424	484	541

图 9 - 26　不考虑 ESG 因素的 UFCF 预测

若考虑 ESG 因素，则可能会导致公司增加资本支出。例如，为了满足新的排污监管要求，企业可能需要投资污染处理设备或对厂房进行升级，或者为了保证员工在生产经营中的安全与健康，企业可能需要增加安全设备等。这些额外增加的再投资在当期会产生一定的现金流出，但从长期来看，这些投入可能会增加公司未来获取新订单的机会，降低未来由于环保等因素受到处罚的风险，从而增加企业长期自由现金流。

如图 9 - 27 所示，假设考虑 ESG 因素（ESG 公司）额外增加的投入资本。可以得到考虑 ESG 因素后公司未来 10 年的投入资本以及投入回报率（ROIC）。用考虑 ESG 因素的 EBIAT 减掉考虑 ESG 因素后的再投资，可以得到公司未来 10 年的无杠杆自由现金流（UF-CF）。

		Year0	Year1	Year2	Year3	Year4	Year5	Year6	Year7	Year8	Year9	Year10
	DCF估值模型框架（考虑ESG因素）											
	单位：百万元人民币											
56												
80	EBIAT（ESG）		387	500	571	652	743	755	775	794	797	783
81												
82	不考虑ESG的收入/投入资本（不考虑ESG）	0.50	0.50	0.50	0.50	0.50	0.50	0.50	0.50	0.50	0.50	0.50
83	投入资本（不考虑ESG）	2,000	2,200	2,420	2,662	2,928	3,221	3,479	3,687	3,909	4,065	4,146
84												
85	投资环保设备额外增加的投入资本		200	0	0	0	0	0	0	0	0	0
86	其他ESG额外增加的投入资本		7	7	8	9	10	10	11	12	12	12
87	ESG额外增加的投入资本合计		207	7	8	9	10	10	11	12	12	12
88												
89	ESG额外增加的投入资本的累计值		207	214	222	231	240	251	262	274	286	298
90												
91	总投入资本	2,000	2,407	2,634	2,884	3,159	3,461	3,729	3,949	4,182	4,351	4,444
92												
93	再投资		407	227	250	275	302	268	220	233	169	94
94												
95	投入资本回报率（ROIC）		17.57%	19.84%	20.71%	21.58%	22.45%	21.00%	20.18%	19.54%	18.68%	17.80%
96												
97	UFCF（ESG）		-19	273	321	377	440	487	555	561	629	689

图 9 - 27　考虑 ESG 因素的 UFCF 预测

9.3.4　ESG 对 DCF 估值中参数的影响及调整

在绝对估值法 DCF 中，影响估值的主要参数包括折现率和终值期的永续增长率。下面比较一下考虑 ESG 和不考虑 ESG 对这两个估值参数的影响。

1. 折现率

对无杠杆自由现金流（UFCF）折现时，与之匹配的折现率是加权平均资本成本（WACC）。它是所有投资人（包括债权和股权）要求的回报率的加权平均值，反映了未来现金流的平均风险。

在估算 WACC 时，首先用 CAPM 模型计算股权成本：

股权成本 ＝ 无风险收益率 ＋ 贝塔值 × 市场风险溢价

然后，对债务和股权成本按照资本结构的权重进行加权：

WACC ＝ 债务比例 × 税后债务成本 ＋ 股权比例 × 股权成本

如图 9 - 28 所示，若不考虑 ESG 因素（Non-ESG 公司），根据图中给出的相关参数计算得到的 WACC 值为 9.39% 。

若考虑 ESG 因素，可以有两种考虑方法：简单法和详细法。

DCF估值模型框架（不考虑ESG因素）			
单位：百万元人民币			

WACC	调整前	ESG调整	调整后
税前债务成本	5.00%	0.00% 可能享受低利率借贷	5.00%
税率	25.00%	0.00%	25.00%
税后债务成本	3.75%		3.75%
股权成本	10.80%		10.80%
目标D/(D+E)	20.00%	0.00% 若债务成本变化，资本结构也可能变化	20.00%
WACC	9.39%		9.39%
无风险收益率	3.00%		3.00%
Beta	1.300	0.00% 若公司声誉好，可调低beta	1.300
市场风险溢价	6.00%	0.00%	6.00%

图 9 - 28　不考虑 ESG 因素调整的 WACC 计算

简单的考虑方法是直接在不考虑 ESG 因素得到的折现率基础上，根据 ESG 因素调整折现率。比如假设在不考虑 ESG 因素时投资者要求的回报率是 9.5%，考虑到公司未来增加 ESG 投入后，会降低公司因不符合 ESG 标准丢失订单减少收入的风险，投资者要求的回报率可能会在原来 9.5% 的基础上降低一些，比如降低 1 个百分点到 8.5%。

详细的考虑方法是在折现率 WACC 的计算过程中，考虑 ESG 因素对不同参数的影响，对相应参数进行调整。

通常情况下，ESG 因素影响的参数包括税前债务成本、资本结构、贝塔值等。

● 债务成本

对于 ESG 执行良好的公司，可能会获取发行绿色债券的资格或享受绿色信贷的政策，可以降低债务成本。因此，可以在模型中对债务融资成本进行调整，相对于未考虑 ESG 因素的利率，下调一些基点，比如降低 100 个基点（即 1%）等。

● 资本结构

如果公司能够筹集到更低成本的债务，公司的目标资本结构可能也会发生变化。公司可能采用更多的债务融资，从而提高目标资本结构中债务融资的比例。

● 贝塔值

贝塔值（β）可能会因公司的经营状况、资本结构和声誉风险等因素而发生变化。ESG 执行良好的公司可能更容易获得市场的认可，其风险可能较小，因此可以适当调低贝塔值。

如图 9 - 29 所示，主要考虑 ESG 因素对税前债务成本的调整，得到考虑 ESG 调整后的折现率 WACC 为 9.09%，相对于不考虑 ESG 影响的 WACC 降低了 0.3 个百分点。

WACC	调整前	ESG调整		调整后
税前债务成本	5.00%	-2.00%	可能享受低利率借贷	3.00%
税率	25.00%	0.00%		25.00%
税后债务成本	3.75%			2.25%
股权成本	10.80%			10.80%
目标D/(D+E)	20.00%	0.00%	若债务成本变化，资本结构也可能变化	20.00%
WACC	**9.39%**			**9.09%**
无风险收益率	3.00%			3.00%
Beta	1.300	0.00%	若公司声誉好，可调低beta	1.300
市场风险溢价	6.00%	0.00%		6.00%

DCF估值模型框架（考虑ESG因素）
单位：百万元人民币

图 9-29 考虑 ESG 因素调整的 WACC 计算

2. 终值

终值的计算有 Gordon 增长模型（绝对估值法思路）和隐含退出倍数法（相对估值法思路）两种方法。

在 Gordon 增长模型下，假设公司在终值期的现金流按照固定的比率永续增长。在这种方法下，永续增长率是一个关键假设。同时，终值期也可以采用与 10 年详细预测期不同的折现率（通常较详细预测期更低，因为终值期更稳定，增长放缓，投资者要求的回报率可能会下降）。因此，需要考虑 ESG 因素是否会对永续增长率和终值期折现率产生影响。将 ESG 纳入长期战略的公司会有较好的长期增长前景，而不考虑 ESG 的公司未来收入可能逐渐下降。公司在 ESG 方面的考虑程度不同，长期增长率也会有所差异。

另一种计算终值的方法是采用隐含退出倍数法，用一个估值倍数乘以对应指标来计算终值。这一方法是相对估值法的思路，用简化的倍数来计算终值，隐含退出倍数法本质上也隐含了未来现金流的不同预期。因此，ESG 因素也会影响隐含退出倍数的大小，ESG 执行好的公司，未来有望有较好的成长前景，隐含退出倍数会更高一些。

如图 9-30 所示，不考虑 ESG 因素时，假设公司的永续增长率为 0%，终值期 WACC 和永续 ROIC 均为 9.0%。进而可以计算出终值为 69.11 亿元，对应预测期第 10 年 EBIT 的隐含退出倍数为 8.3 倍。

如图 9-31 所示，考虑 ESG 因素时，假设公司的永续增长率为 2.0%，终值期 WACC 为 8.5%，永续 ROIC 为 9.5%。进而可以计算出终值为 96.97 亿元，相对于不考虑 ESG 因素的终值高 40.32%。公司终值对应的预测期第 10 年 EBIT 的隐含退出倍数为 9.3 倍，也比不考虑 ESG 因素时的 EBIT 隐含退出倍数高一些。

DCF估值模型框架（不考虑ESG因素）												
单位：百万元人民币		Year0	Year1	Year2	Year3	Year4	Year5	Year6	Year7	Year8	Year9	Year10
UFCF（Non-ESG）			213	234	257	283	311	368	427	424	484	541
DCF估值												
WACC			9.39%	9.39%	9.39%	9.39%	9.39%	9.39%	9.39%	9.39%	9.39%	9.39%
折现因子			91.42%	83.57%	76.40%	69.84%	63.84%	58.36%	53.35%	48.77%	44.59%	40.76%
预测期现金流现值			194	195	196	198	199	215	228	207	216	220

WACC	调整前	ESG调整		调整后	终值	
税前债务成本	5.00%	0.00%	可能享受低利率借贷	5.00%	终值期WACC	9.00%
税率	25.00%	0.00%		25.00%	永续增长率	0.00%
税后债务成本	3.75%			3.75%	永续ROIC	9.00%
股权成本	10.80%			10.80%	再投资率	0.00%
目标D/(D+E)	20.00%	0.00%	若债务成本变化，资本结构也可能变化	20.00%		
WACC	9.39%			9.39%	终值期第一年UFCF	622
					终值	6,911
无风险收益率	3.00%			3.00%	终值现值	2,817
Beta	1.300	0.00%	若公司声誉好，可调低beta	1.300	终值EBIT隐含倍数	8.3 x
市场风险溢价	6.00%	0.00%		6.00%		

图 9 - 30　不考虑 ESG 因素的终值计算

DCF估值模型框架（考虑ESG因素）												
单位：百万元人民币		Year0	Year1	Year2	Year3	Year4	Year5	Year6	Year7	Year8	Year9	Year10
UFCF（ESG）			-19	273	321	377	440	487	555	561	629	689
DCF估值												
WACC			9.09%	9.09%	9.09%	9.09%	9.09%	9.09%	9.09%	9.09%	9.09%	9.09%
折现因子			91.67%	84.03%	77.03%	70.61%	64.73%	59.33%	54.39%	49.86%	45.70%	41.89%
预测期现金流现值			-18	229	248	266	285	289	302	280	287	289

WACC	调整前	ESG调整		调整后	终值	
税前债务成本	5.00%	-2.00%	可能享受低利率借贷	3.00%	终值期WACC	8.50%
税率	25.00%	0.00%		25.00%	永续增长率	2.00%
税后债务成本	3.75%			2.25%	永续ROIC	9.50%
股权成本	10.80%			10.80%	再投资率	21.05%
目标D/(D+E)	20.00%	0.00%	若债务成本变化，资本结构也可能变化	20.00%		
WACC	9.39%			9.09%	终值期第一年UFCF	630
					终值	9,697
无风险收益率	3.00%			3.00%	终值现值	4,062
Beta	1.300	0.00%	若公司声誉好，可调低beta	1.300	终值EBIT隐含倍数	9.3 x
市场风险溢价	6.00%	0.00%		6.00%		

图 9 - 31　考虑 ESG 因素的终值计算

之后，通过价值等式由企业价值调整得到股权价值。这一步一般无须进行 ESG 调整。但需要注意，在考虑 ESG 因素时，如果某些调整项目受到 ESG 影响（比如非核心资产中的长期股权投资、少数股东权益），也应当采用经过 ESG 调整后的市场价值。

如图 9 – 32 所示，假设是否考虑 ESG 因素不影响由企业价值到股权价值的调整。可以得到，考虑 ESG 因素的企业价值（EV）为 65. 19 亿元，相对于不考虑 ESG 因素的企业价值（EV）48. 85 亿元高 33. 46% ；考虑 ESG 因素的股权价值为 62. 05 亿元，相对于不考虑 ESG 因素的股权价值 45. 71 亿元高 35. 76% 。

DCF估值模型框架（不考虑ESG因素）		DCF估值模型框架（考虑ESG因素）	
1		1	
2 单位：百万元人民币		2 单位：百万元人民币	
118 **股权价值**		118 **股权价值**	
119 预测期现金流现值和	2,068	119 预测期现金流现值和	2,457
120 终值现值	2,817	120 终值现值	4,062
121 **企业价值 EV**	**4,885**	121 **企业价值 EV**	**6,519**
122		122	
123 多余现金	320	123 多余现金	320
124 非核心资产	386	124 非核心资产	386
125 债务	1,020	125 债务	1,020
126		126	
127 **股权价值**	**4,571**	127 **股权价值**	**6,205**
128		128	
129 **EV/EBIT**	**8.9 x**	129 **EV/EBIT**	**12.6 x**

图 9–32　企业价值与股权价值（不考虑 ESG 因素 vs 考虑 ESG 因素）

到这里，就完成了使用 DCF 估值模型框架，就 ESG 因素对现金流、折现率及估值影响的分析。简单做个小结，汇总对比一下本例中考虑 ESG 因素后对收入、成本费用、再投资、无杠杆自由现金流的影响，以及 ESG 因素对折现率 WACC、永续增长率、终值、企业价值及股权价值的影响。

综上所述，考虑 ESG 因素和不考虑 ESG 因素财务预测关键结果的对比如表 9–17 所示。

表 9–17　　　　　　　考虑 ESG 因素和不考虑 ESG 因素财务预测关键结果　　　　单位：百万元人民币

	Year1	Year2	Year3	Year4	Year5	Year6	Year7	Year8	Year9	Year10
收入（ESG）	1 155	1 367	1 531	1 713	1 917	2 070	2 194	2 326	2 419	2 467
收入（Non-ESG）	1 100	1 210	1 331	1 464	1 611	1 739	1 844	1 954	2 033	2 073
成本费用（ESG）	639	701	769	844	926	1 063	1 161	1 267	1 356	1 423
成本费用（Non-ESG）	550	605	666	732	805	904	996	1 094	1 179	1 244
UFCF（ESG）	−19	273	321	377	440	487	555	561	629	689
UFCF（Non-ESG）	213	234	257	283	311	368	427	424	484	541

本例中，ESG 因素对折现率 WACC、永续增长率、终值、企业价值及股权价值的影响如表 9–18 所示。

表 9–18　　　　　　　ESG 因素对折现率及估值的影响　　　　　　单位：百万元人民币

	不考虑 ESG 因素	考虑 ESG 因素	差异
税前债务成本	5.00%	3.00%	−2.00%（变化量）
股权成本	10.80%	10.80%	0.00%（变化量）
WACC	9.39%	9.09%	−0.30%（变化量）

续表

	不考虑 ESG 因素	考虑 ESG 因素	差异
永续增长率	0.00%	2.00%	2.00% （变化量）
终值	6 911	9 697	40.32% （增长率）
企业价值（EV）	4 885	6 519	33.46% （增长率）
股权价值	4 571	6 205	35.76% （增长率）

从表 9-18 可以看到，对 ESG 认真投入的公司虽然在短期利润、现金流上有一定下降，但长期利润和现金流显著超过不考虑 ESG 的公司。同时长期风险的降低带来更低折现率，从而提高公司价值。

9.3.5 ESG 在相对估值法中的考虑与调整

现金流折现（DCF）方法能够从本质上帮助理解 ESG 对公司价值的影响。然而，市场上也常采用相对估值法对公司价值进行评估。在使用相对估值法对公司进行估值时，也应当根据 ESG 对公司的影响因素，可以在估值倍数上进行相应调整，以反映 ESG 对公司价值的影响。

一种常用的思路是对于可比公司和标的公司，对其 ESG 因素的各个方面进行打分，赋予权重并给出一个综合的 ESG 得分。然后根据标的公司的 ESG 得分情况，对基准估值倍数（比如可比公司的估值倍数的平均值或中位数）进行调整。

若标的公司的 ESG 得分明显低于可比公司的平均水平，则下调基准估值倍数，比如给予 20%～50% 的调减；若标的公司的 ESG 得分显著高于可比公司的平均水平，则上调基准估值倍数，比如给予 20%～50% 的调增。然后，使用调整后的估值倍数估算标的公司的价值。

【例】国内一家大型资产管理公司建立了 ESG 评估框架，并在投资决策实践中采用。其在对中国 A 股的两家业务模式与基本面情况相近的上市公司（化工行业的 Y 公司和 H 公司）进行分析时，根据环境因素框架，分析员考虑了以下情况：

（1）两家公司都面临较高的环境风险，因此环境风险评分都较低。

（2）根据实地探访，Y 公司的环境管理水平稍好于 H 公司。Y 公司有自己的污水处理系统，且高于政府要求的标准，因此 Y 公司的风险响应评分要高于 H 公司。

（3）Y 公司自 2007 年起，已经持续投资于多种污水处理项目，并在年报中披露了大量相关投资。H 公司虽然披露了近年来的累计资本性支出，但没有提供具体信息。因此，Y 公司的资本性支出评分高于 H 公司。

（4）Y 公司在过去三年有三条负面新闻公告；H 公司在过去三年因环境违规行为受到地方政府四次罚款处罚，并有两条负面新闻公告。Y 公司的历史记录评分高于 H 公司。

最终，Y 公司的总分为 9，H 公司的总分为 5，Y 公司的整体环境风险要低于 H 公司。

由于没有对环保成本进行预测的可靠的方法，投资经理决定用调整目标市盈率的方法来体现对 H 公司调低的回报预期。与化工行业 23.7 倍的 12 个月平均静态市盈率相比，H 公司的目标市盈率折价为 20 倍，对其他基本面估值维持不变，然后据此进行投资决策。

注：本案例摘自 CFA Institute《中国的 ESG 整合：实践指导和案例研究》中易方达基金分享的案例。

9.3.6　ESG 投资概述

ESG（Environmental，Social and Governance）是指环境、社会和公司治理因素。

环境标准包括一个公司使用的能源、资源，排放的废物，以及对地球生物的影响，重要指标包括碳排放和气候变化等。

社会标准关注的是一家公司在其经营中产生的与人和机构之间的关系，以及它所培养的声誉，重要标准包括劳动关系、多样性和包容性。

治理标准是指公司为了进行自我治理，作出有效决策，遵守法律并满足外部利益相关者的需要而采用的内部实践、控制和程序体系。

ESG 包含的内容如表 9-19 所示。

表 9-19　　　　　　　　　　　　　ESG 分类与主要议题

一级分类	二级分类	主要议题
E 环境	E1 环境管理	环境管理体系、环境管理目标、员工环境意识、节能和节水政策、绿色采购政策等
	E2 环境披露	能源消耗、节能、耗水、温室气体排放等
	E3 环境负面事件	水污染、大气污染、固废污染等
S 社会	S1 员工管理	劳动政策、反强迫劳动、反歧视、女性员工、员工培训等
	S2 供应链管理	供应链责任管理、监督体系等
	S3 客户管理	客户信息保密等
	S4 社区管理	社区沟通等
	S5 产品管理	公平贸易产品等
	S6 公益与捐赠	企业基金会、公益与捐赠活动等
	S7 社会负面事件	员工、供应链管理、客户、社会及产品负面事件
G 公司治理	G1 商业道德	反腐败和贿赂、举报制度、纳税透明等
	G2 公司治理	信息披露、董事会独立性、高管薪酬、董事会多样性等
	G3 公司治理负面事件	商业道德、公司治理负面事件

　　ESG 投资是一种将 ESG 因素纳入投资决策的投资策略，不局限于考虑财务因素，因而有别于传统投资。但 ESG 投资并不意味着为了追求可持续性而牺牲财务绩效。事实上，ESG 表现优异的企业，往往具有更好的企业管理质量、可持续盈利能力和现金流。因此，简单来说，ESG 投资就是要选出一些真正高质量、可持续性发展的公司。根据晨星（Morningstar）的一项研究，在 2019 年之前的过去 10 年里，59% 的各类可持续发展基金跑赢了传统基金。

　　就理念而言，ESG 投资无论是对公司还是投资人，都能带来诸多好处。对公司而言，践行 ESG 理念可规范企业的经营行为，让公司获得更好的中长期发展。对投融资者来说，将 ESG 指标与财务数据结合起来进行分析，能够有效地衡量企业的盈利能力和可持续发展能力。对风险管理者而言，ESG 策略有助于预防或减少风险事件，降低投资风险。

9.3.7　ESG 投资策略

　　目前，国际上认可度很高的 ESG 投资策略分为七类，是全球可持续投资联盟（Global Sustainable Investment Alliance，GSIA）给出的分类，包括：负面剔除策略、正面筛选策略、规范筛选策略、ESG 整合策略、可持续发展主题投资策略、影响力/社区投资策略和股东参与策略。

- 负面剔除策略（Negative/exclusionary Screening）：构建组合时剔除不符合 ESG 理念的行业、公司或业务。
- 正面筛选策略（Positive/best-in-class Screening）：投资 ESG 表现优于同类的行业、公司或业务。
- 规范筛选策略（Norms-based Screening）：按照基于国际规范所制定的最低标准商业惯例来筛选投资。
- ESG 整合策略（ESG Integration）：投资管理人明确、系统地将 ESG 因素纳入传统的财务分析。
- 可持续发展主题投资策略（Sustainability Themed Investing）：投资与可持续发展相关的主题或资产，例如洁净能源、绿色技术或可持续农业。
- 影响力/社区投资策略（Impact/community Investing）：对特定项目进行投资，旨在解决社会或环境问题，也包括社区投资（资金专门用于传统上服务不足的个人或社区），以及向有明确社会或环境目标的企业提供融资。
- 股东参与策略（Corporate Engagement and Shareholder Action）：借助股东权力影响公司行为，包括通过直接约见公司人员（如与公司高管或董事会对话）、提交或共同提交股东建议，以及按全面的 ESG 指引委派代表投票表决。

ESG 策略会应用到各种投资品种上，如权益、债券和另类投资等。从投资实践来看，纳入 ESG 策略的投资组合展示了较好的风险收益比。根据全球可持续投资联盟（GSIA）2020 年的统计，当前 ESG 整合策略是全球资产规模最大的 ESG 投资策略，而负面剔除策略的全球资产规模紧跟其后。

9.3.8 构建 ESG 评估的框架

构建一个有针对性的 ESG 评估框架是应用 ESG 策略的基础和前提。其中的关键在于，识别不同行业的 ESG 关键议题、衡量各议题在行业内的风险暴露程度，以及公司在行业具体 ESG 议题方面的表现。

需要特别注意的是，不同行业涉及的议题以及风险暴露的程度会有一定差异，例如客户信息保密与数据安全是互联网软件与服务行业的核心 ESG 议题。而对于采矿、有色金属、化工等重污染行业而言，环保绩效尤为重要。以重污染行业为例，相应的 ESG 评估框架可以包括：

（1）行业层面的环境风险及其对公司的影响；

（2）公司应对环境风险的策略；

（3）公司环境保护设备的资本支出；

（4）公司资源利用的有效性；

（5）公司在环境问题上的历史记录，包括当地监管部门登记的负面新闻和违规记录等。

同时，时间跨度也是 ESG 议题选择的重要参考指标，ESG 评估框架应随投融资者关注的时间跨度变化而变化。有些因素（如环境、社会和公司治理负面事件）会影响企业的短期折现现金流，有些较长时间跨度因素（如节能减排措施、捐赠及公益活动、商业道德等）则会影响企业的长期折现现金流。一般来说，ESG 因素重要性随着时间的推移而增加，投资期限越长，ESG 评估框架需要关注的 ESG 因素就越多。

本文作者为诚迅金融培训江涛先生、梁刚强先生、杨松涛先生、许国庆先生，以及纽约大学毕业的高材生李鸿铭先生。花旗集团李亦萌先生、粤港澳大湾区产业投资母基金毛曙光博士参与修改反馈，特此鸣谢致敬！

10

估值案例
与实践

本章是这次第3版新增的内容，分别由三个有特色的专业机构撰写，讨论了各自业务实践中估值应用的案例分析。

在"案例分析：滴灌通创新融资方式的估值方法"中，有丰富的中外金融投资市场经验的滴灌通资深人士，介绍了中外市场前所未有的滴灌通的创新融资方式，以及这一创新融资方式的估值方法。在"从并购尽职调查角度探讨 ESG 对企业估值的影响作用"中，贝克麦坚时律师事务所的合伙人律师，介绍了在国际并购案例的尽职调查中，ESG 对估值的影响作用。在"资产评估中估值定价方法运用实践探讨"中，天健兴业评估公司和雄安智评云的专业人士，介绍了资产评估时常用的估值方法和关注要点。

> 为拓宽读者视野，了解更多为实体经济高质量发展提供高水平、高效率服务的实操技能，欢迎更多专业机构分享、撰写有特色的估值案例与实践的文章。

10.1　　案例分析：滴灌通创新融资方式的估值方法

为实体经济的发展提供融资服务，意义重大深远，实体经济中的小微经济根植于中国经济的基础层面，小微门店更是国民经济的基础细胞，在繁荣经济、稳定就业和便利群众生活等方面发挥着重要作用。

小微企业是中国经济最基层但也是最活跃的业态，是中国经济的"晴雨表"。但小微企业因为规模小、抗风险能力低和信息不透明等，很难获得金融服务。如何解决小微企业投融资难，搬走"难透明、太分散、难标准化"这三座大山，是政府及社会亟待解决的民生问题。滴灌通在解决小微企业融资难的过程中，颇有创新，已经为数千家小微门店提供了融资。

10.1.1 开创"非股非债"的收入分成模式，与小店共同成长

如果你想开一个便利店，正好缺50万元，除了融资难的问题，还有融资贵，担心股权被占。

如果能够得到非股非债的融资，也就是说给你融资时不但不要你的股权，在没有收入的情况下，还不用还钱，有收入时按照能够接受的比例（比如5%～10%），在约定期限内（比如3～5年），将收入分成，这个模式已经不是假设，而是遍布全国31个省市自治区上百个城市的数千家便利店、火锅、快餐、休闲饮品、食品零售、用品零售、美容美发、交通服务、体育健身等五十多个子行业小微门店，已经受益的成熟模式。滴灌通于2022年底在澳门获得设立金融资产交易所许可。

感恩中国无现金支付的普及性，成熟的连锁品牌都有完善的门店收入管控系统，已经与工行、中行、招行、民生、汇丰等商业银行，银联商务、通联、支付宝、微信等支付机构，还有大量的SaaS公司和连锁品牌商合作建立的收入结算系统，使得提供这种"非股非债"融资的滴灌通，可以日日收钱，而小微门店的收入分成在若干年完成后，也完成了从站起来到富起来的良性发展，走向了不断扩展的道路。

10.1.2 对筛选小微门店能力、效率和风险控制的担忧

如果你是滴灌通的投资者，首先会很担忧小微门店的筛选能力和效率。但如果借鉴已经与滴灌通合作的红杉资本这样的专业PE机构的尽调分析，加上对成熟的连锁店品牌商的顶层集中评估，既有准数，又有效率。成熟的品牌商都有自己的选店逻辑，有自己的门店收入预测模型。顺着连锁品牌这根藤，就可以摸到很多个瓜，通过与品牌商合作，就可以投到很多个连锁门店。简言之：跟着赢家走。这就解决了投得多、投得快、投得准的问题。

这里举一个与滴灌通合作的连锁品牌百福集团的案例。百福集团投资及运营管理了多个知名餐饮品牌。全国近1 000家线下门店，覆盖京津冀、长三角、珠三角、中西部等区域。与这样的品牌连锁集团平台合作，已经不是一石二鸟，而是一石千鸟。

在跟着赢家走的过程中，滴灌通快速积累了对不同行业、不同地区、不同门店每天实时的收入数据。基于这些实时数据，开发了一套基于交叉数据的滴灌通商圈机器学习系统。通过交叉学习，不断提高门店收入预测的精准度，建立了"精准导航"系统。

滴灌通投资者其次的担忧，是风控系统。下面我们通过DRC及其组合的分析，论证风险控制的基本原理，并由此导出其估值方法。

10.1.3 "日度收益分红权"及其组合的定价

滴灌通的宗旨是要创造适合小微企业的投资产品，而传统的股权和债权（或者介于两者之间的某种产品）并不适合小微企业投资。从小微企业角度来说，债权限制性很强，在经营不佳情况下是沉重的负担；而股权掠夺性偏强，在经营良好情况下是很大的付出。从投资者角度来说，债权的风险与收益往往是不对称的，而股权的操作与监督成本又太高。因此，滴灌通创造了"日度收益分红权"合约（Daily Revenue Contract，DRC）这个产品，它所灵活体现的风险收益与小微企业是匹配的。把很多张 DRC 进行包装组合，就形成了一个"日度收益分红权"组合（Daily Revenue Contract Portfolio，DRCP）。

DRC 的估值主要取决于以下三个因素：

- 回本期，即整笔投资能够回本所需要的时间，回本期愈短，DRC 内涵价值愈高。
- 剩余分成期，即 DRC 回本后还能继续获得现金流分成的时间，剩余分成期愈长，DRC 内涵价值愈高。
- 回款总额的不确定程度。波动空间与 DRC 内涵价值负相关，波动越大，估值越小；反之越高。导致这不确定性的原因包括滴灌通的基础设施合规性（包括税务）、"自动还款机制"（Automated Repayment Mechanism，ARM），滴灌通跨境资金流动、滴灌通的基础设施与品牌风险等。

1. 日度收益分红权（DRC）的估值

每一张 DRC 代表了被投经营单元（Micro-Growth-Unit，MGU）未来一段时间内的收入分成，是未来现金收益权。由于这些 MGU 都是微小型企业，每张 DRC 的总价值通常不会很大。DRC 的估值主要是基于未来现金收益权经过合理风险调整后的折现价值。

因为 DRC 对应的是未来的收益权，在定价时要加入未来折现的因素。同样的收益权，距离现在越遥远，其当下的价值也就越小。DRC 的估值是基于传统的贴现现金流的方法计算，公式如下：

$$V(t) = \sum_{i=t}^{SP} \frac{PCF_i \times \gamma_i}{(1 + r_{radr})^{i-t}}$$

其中，SP 是 DRC 的分成期。PCF_i 和 γ_i 分别为预测的每日现金流和分成比例，而 r_{radr} 则是经过风险调整的折现率。

举个例子，现有一个 DRC 的分成期为 12 个月（365 天），回本期为 6 个月（182 日）。表 10-1 例子显示首 6 个月（从 0 日到 182 日）每日回收现金流为 1 300 元，从第 7 个月到第 12 个月（从 183 日到 365 日）分成减半，每日回收现金 650 元。

表10-1 不同折扣率下 DRC 价格

日	现金流（元）	折现比例 $1/(1+r)^n$		
		r = 30%	r = 20%	r = 15%
0	0	1.000	1.000	1.000
1	1300	0.999	0.999	1.000
2	1300	0.998	0.999	0.999
3	1300	0.998	0.998	0.999
4	1300	0.997	0.998	0.998
5	1300	0.996	0.997	0.998
6	1300	0.995	0.997	0.998
7	1300	0.994	0.996	0.997
⋮	⋮	⋮	⋮	⋮
⋮	⋮	⋮	⋮	⋮
358	650	0.745	0.822	0.863
359	650	0.745	0.821	0.863
360	650	0.744	0.821	0.863
361	650	0.743	0.821	0.862
362	650	0.743	0.820	0.862
363	650	0.742	0.820	0.861
364	650	0.742	0.819	0.861
365	650	0.741	0.819	0.861

	折扣率1	折扣率2	折扣率3
折扣率	30%	20%	15%
价格	314 732.5	327 540.6	334 233.2

如果我们分别使用折扣率1（30%）、折扣率2（20%）、折扣率3（15%）作为 DRC 的折现率，使用定价公式后计算出对应的价格分别为 314 732.5 元、327 540.6 元和 334 233.2元。

上述例子显示，只要我们知道每个 DRC 的折现率，就能计算出相对应的价格，但问题是如何选取适合的 r_{radr} 从而获得一个合理的估值，这就要加入风险调整的考虑。具体方法步骤如下：

（1）确定（不同价格水平下的）风险水平

找到未来收回现金流总数（Sum of Remaining，SR）的分布；这个分布可以帮助我们计算未来收回现金流总数大于任意值的概率；也就是不同价格水平下该 DRC 亏损的概率（类似违约风险）。

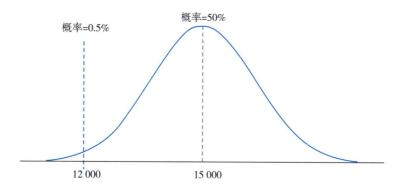

图10-1 风险分布（假定 SR 的平均值为 15 000，方差为 1 000）

（2）寻找风险水平对应的市场折现率，加上"合理溢价"（此例中假设为零）

在相应时长的条件下，每个水平的风险，市场都有相对应的债券风险折现率。表 10 – 2 展示的是 1981—2017 年标普每一个评级在不同时间段内累计违约率的历史数据。我们根据标普不同评级历史的累计违约率找出每个违约率对应的 SR 值；例如对于评级为 A 的债券，3 年的历史违约率为 0.24%，0.24% 的概率在 SR 的分布图中对应的值为 12 000。如果投资者以 12 000 元买入该剩余分成期为 3 年的 DRC，根据上述的分布，投资者到期拿不回初始投资的概率为 0.24%，单纯从风险的角度，这个 DRC 的 12 000 元部分对该投资者的评级为 A。

表 10 – 2　　　　　　　　　1981—2017 年标普全球公司平均累计违约率

Global corporate average cumulative default rates by rating modifier (1981-2017)

(%)	Time horizon									
Credit rating	1	2	3	4	5	6	7	8	9	10
AAA	0.00	0.03	0.13	0.24	0.35	0.46	0.51	0.60	0.65	0.71
AA+	0.00	0.05	0.05	0.10	0.16	0.21	0.27	0.33	0.39	0.45
AA	0.02	0.03	0.08	0.22	0.36	0.48	0.61	0.72	0.81	0.91
AA-	0.03	0.09	0.18	0.25	0.33	0.45	0.52	0.57	0.63	0.69
A+	0.05	0.09	0.20	0.34	0.45	0.55	0.66	0.79	0.93	1.08
A	0.06	0.15	0.24	0.36	0.49	0.68	0.86	1.03	1.23	1.47
A-	0.07	0.17	0.28	0.40	0.57	0.74	0.98	1.16	1.30	1.42
BBB+	0.11	0.31	0.53	0.77	1.03	1.32	1.54	1.78	2.04	2.30
BBB	0.17	0.43	0.68	1.05	1.42	1.80	2.15	2.49	2.85	3.23
BBB-	0.25	0.77	1.39	2.11	2.84	3.50	4.09	4.65	5.11	5.53
BB+	0.34	1.11	2.02	2.94	3.86	4.74	5.50	6.05	6.70	7.33
BB	0.56	1.71	3.38	4.94	6.52	7.77	8.89	9.85	10.75	11.53
BB-	1.00	3.13	5.37	7.66	9.66	11.62	13.24	14.80	16.04	17.12
B+	2.08	5.71	9.23	12.21	14.53	16.33	17.98	19.43	20.77	21.97
B	3.60	8.29	12.29	15.46	17.89	20.15	21.66	22.76	23.77	24.81
B-	7.15	14.28	19.62	23.37	26.18	28.31	29.99	31.13	31.84	32.40
CCC/C	26.82	36.03	41.03	43.97	46.22	47.13	48.33	49.23	50.08	50.71
Investment grade	0.10	0.26	0.45	0.68	0.92	1.17	1.40	1.61	1.82	2.03
Speculative grade	3.75	7.31	10.39	12.90	14.95	16.64	18.05	19.23	20.27	21.21
All rated	1.50	2.95	4.22	5.29	6.18	6.94	7.57	8.12	8.60	9.05

Source: S&P Global Fixed Income Research.
The table shows the probability of default for AAA rated to CCC/C including average default rates of investment grade, speculative grade and all rated. Data from S&P's 2017 annual global corporate default study and rating transitions report.

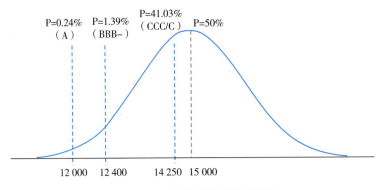

图 10 – 2　不同信用等级违约概率

（3）不同价格水平所隐含的交易折现率

用不同价格水平（投入），以 SR 预期值（产出），两者对等，就得到隐含的交易折现率。

（4）求出估值

求得步骤 2 与步骤 3 相等的一个折现率，作为 r_{radr}，进而计算出估值。

表 10 - 3 不同 DRC 价格对应参数

DRC 价格	（1）违约概率 （违约风险）	（2）标普评级 （风险等级）	（3）可比风险债券 的市场折现率	（4）DRC 价格的 隐含交易折现率
10 000	0.05% *	AAA	4%	20%
11 000	0.08%	AA	6%	18%
12 000	0.24%	A	8%	15%
12 400	1.39%	BBB -	9%	12%
13 000（内涵价值）	3.38%	BB	10%	10%
14 250	41.03%	CCC/C	12%	9%

表 10 - 3 展示了内涵价值 V 的计算过程。在不同 DRC 价格对应不同的违约风险（步骤 1），每档违约风险又有相对应的市场折现率（步骤 3，DRC 价格越高，市场折现率越高），每个不同价格有不同的隐含交易折现率（步骤 4，DRC 价格越高，隐含交易折现率越低），这样当步骤 3 与步骤 4 相当（合理溢价为零）的时候，对应的价格就是 DRC 的合理估值。从表 10 - 3 例子可以看出，DRC 交易价格为 13 000 元时，它对应的违约亏损率与市场 BB 级债券发生违约率（步骤 2）相同。而 BB 级债券对应的市场折现率 10%，加上合理溢价（此例为零），等于以 13 000 元价格买入预期 15 000 元的 SR 的内涵回报。这时市场没有套利动力，就是该 DRC 的合理价格。

2. 分散的组合如何降低折现率

折现率换句话说是等于风险，概括来说，分散的组合可透过配置到相关性较低的 DRC 上，降低整个组合的风险。具体怎样去体现相关性对组合风险的影响？假设现在有一个 DRC，它的波动性是 35%，现在组合加入一张波动性高达 40% 的 DRC，组合的风险与两张 DRC 的相关性表现如下。

图 10 - 3 指出，虽然组合加入更高风险的 DRC，但整体组合风险得以降低，而相关性愈低甚至负相关性更能有效降低整个组合的风险。现在的问题是什么类型的 DRC 会呈现低相关性？不同行业、品类、品牌、地域等通常呈现较低的相关性，选择不同象限的 DRC 有效避免组合象限高度集中，减低同方向事件带来的风险。打个比方，假设我们现有一张餐饮行业的 DRC，我们可加入零售行业的 DRC，配置可让组合在行业层面上的风险得到分散。以此概念为基础，这个过程可以一直持续到我们找到一个满意的组合，它综合起来的收益和风险最接近我们想要的组合效果。

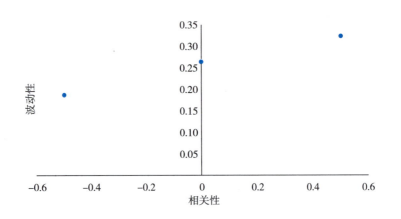

图 10 - 3　组合风险与相关性的关系

3. 组合的定价

组合的定价与 DRC 定价的方法是一致的。举个例子，现在有 4 个 DRC，假设每个 DRC 的分成期达 18 个月，回本期为 12 个月，回本后分成减半。表 10 - 4 显示 DRC1 首 12 个月（从 0 日到 365 日）每日收回现金流 1 000 元，从第 13 个月到 18 个月（从 366 日到 548 日）每日现金分成减半，只有 500 元。假设 DRC 的折扣率回报是 25%，根据表 10 - 4 的分成计划，可以计算出 DRC1 的价格为 389 813 元。以同样方法计算，DRC2、DRC3 和 DRC4 的价格分别为 409 304 元、428 794 元和 448 285 元。

表 10 - 4　　　　　　　　　　　　　　组合定价

DRC 1 日	现金流（元）	折现比例 1/(1+r)^n 折扣率=25%	DRC 2 日	现金流（元）	折现比例 1/(1+r)^n 折扣率=25%	DRC 3 日	现金流（元）	折现比例 1/(1+r)^n 折扣率=25%	DRC 4 日	现金流（元）	折现比例 1/(1+r)^n 折扣率=25%
0	0	1.000	0	0	1.000	0	0	1.000	0	0	1.000
1	1 000	0.999	1	1 050	0.999	1	1 100	0.999	1	1 150	0.999
2	1 000	0.999	2	1 050	0.999	2	1 100	0.999	2	1 150	0.999
3	1 000	0.998	3	1 050	0.998	3	1 100	0.998	3	1 150	0.998
4	1 000	0.997	4	1 050	0.997	4	1 100	0.997	4	1 150	0.997
5	1 000	0.997	5	1 050	0.997	5	1 100	0.997	5	1 150	0.997
6	1 000	0.996	6	1 050	0.996	6	1 100	0.996	6	1 150	0.996
7	1 000	0.995	7	1 050	0.995	7	1 100	0.995	7	1 150	0.995
8	1 000	0.995	8	1 050	0.995	8	1 100	0.995	8	1 150	0.995
9	1 000	0.994	9	1 050	0.994	9	1 100	0.994	9	1 150	0.994
⋮	⋮	⋮	⋮	⋮	⋮	⋮	⋮	⋮	⋮	⋮	⋮
540	500	0.691	540	525	0.691	540	550	0.691	540	575	0.691
541	500	0.690	541	525	0.690	541	550	0.690	541	575	0.690
542	500	0.690	542	525	0.690	542	550	0.690	542	575	0.690
543	500	0.689	543	525	0.689	543	550	0.689	543	575	0.689
544	500	0.689	544	525	0.689	544	550	0.689	544	575	0.689
545	500	0.689	545	525	0.689	545	550	0.689	545	575	0.689
546	500	0.688	546	525	0.688	546	550	0.688	546	575	0.688
547	500	0.688	547	525	0.688	547	550	0.688	547	575	0.688
548	500	0.687	548	525	0.687	548	550	0.687	548	575	0.687

折扣率	25%	折扣率	25%	折扣率	25%	折扣率	25%
价格	389 812.95	价格	409 303.60	价格	428 794.24	价格	448 284.89

如现在计划购买上述 4 个 DRC，一共所需 1 676 196 元。

相比之下，如果上述 4 个 DRC 以组合形式出售，首 12 个月组合每日可收回现金流为 4 300 元，从第 13 个月到 18 个月每日现金流减半至 2 150 元。因组合得以分散，所以组合风险得以降低，组合折扣率得以下降，具体理论可参考"分散的组合如何降低折现率"的部分。假设组合分散的效果良好，把折扣率分别降低至 6% 和 8%，表 10 – 5 可计算出组合的价格。

表 10 – 5   **不同折现率组合价格**

组合		折现比例 $1/(1+r)^n$	
日	现金流（元）	r = 8%	r = 6%
0	0	1.000	1.000
1	4300	1.000	1.000
2	4300	1.000	1.000
3	4300	1.000	0.999
4	4300	0.999	0.999
5	4300	0.999	0.999
6	4300	0.999	0.999
7	4300	0.999	0.998
8	4300	0.999	0.998
9	4300	0.999	0.998
⋮	⋮	⋮	⋮
⋮	⋮	⋮	⋮
540	2150	0.915	0.888
541	2150	0.915	0.888
542	2150	0.915	0.888
543	2150	0.915	0.888
544	2150	0.914	0.888
545	2150	0.914	0.887
546	2150	0.914	0.887
547	2150	0.914	0.887
548	2150	0.914	0.887

	折扣率1	折扣率2
折扣率	6%	8%
价格	1888213	1864180

以 6% 和 8% 的折扣率计算出的组合价格分别为 1 888 213 元和 1 864 180 元。从以上例子可看出，组合可以降低折扣率，而折扣率愈低，组合的售价愈高。

综上所述，这种新型的融资方式可以与中小企业共同成长，基于业务的实时数据和对相关行业的深入理解，使得融资产生的 DRC 合约和 DRCP 组合可以通过一些方法进行定价，并且合理组合可以降低相关风险。

> 本文作者为滴灌通组合管理部。公司创始人为李小加先生及张高波先生。李小加曾是港交所任期最长的行政总裁，此前曾在摩根大通、美林证券担任高管，为中国企业提

供上市及并购等融资与顾问服务；美国哥大法学院毕业后曾在律师事务所工作。张高波是东英金融集团创始人，帮助众多中国企业成功赴港上市；北大经济学院硕士毕业后曾在政府部门及人民银行工作多年。

10.2 从并购尽职调查角度探讨 ESG 对企业估值的影响作用

说到 ESG，大家常常想到的话题就是气候变化和环境保护。其实，在商业和法律实践中，ESG 涵盖的内容非常广泛。ESG 的三个字母，对应英文中三个单词，分别是 Environmental（环境）、Social（社会）和 Governance（治理）。环境一词涉及的话题包括：碳排放数据、气候变化环境战略、可持续发展措施和能源供应；社会方面则包括：工作环境、人权、多样性和包容性、社区参与和问责等；而治理通常与反腐败和贿赂、数据保护、董事责任、公司报告义务等联系在一起。

由此可以看出，ESG 概念本身是希望企业可以进行良好且负责任的经营。尽管这个概念乍一看似乎与企业估值并无关联，但随着全球经济形势的变化，情况已经不同以往。今天，ESG 概念对企业估值的重要性日渐凸显，企业的 ESG 形象和公司估值的关联性越来越大。

我们将在本文中探索 ESG 表现和企业估值的关联，并为企业如何利用这一关联、进行尽职调查和提高企业估值给出一些建议。

10.2.1 全球范围内对 ESG 的要求不断提高

过去 20 多年以来，在全球范围内，越来越多的机构在并购尽职调查和企业估值中考虑 ESG 相关问题，比如在并购尽职调查中特别关注被收购企业有害材料处理是否违反环境法规规定，或是否有违反劳动法的行为等。同样，公司在治理方面的承诺，也促使很多企业在交易之前主动自查和整理，这样可以在交易中加快披露速度并改善披露质量。像国际财务报告准则（IFRS）也逐渐把 ESG 披露的要求列入准则中。

直到近四五年，ESG 作为一个整体，才真正成为一个专门的尽职调查项目。这是因为在地缘政治局势和气候变化之下，利益相关方对 ESG 问题有了更高的要求和期望，对气候和自然资源价格上涨有着普遍担忧。在全球范围讨论并实施 ESG，不断建立和完善监管框架，ESG 倡议和立法计划迅速随之增加。调查显示，过去四年中全球政府机构发布的 ESG 报告规定数量增长了 74%，调查统计的 80 个国家和地区目前共计有近 400 项报告规定[①]。以英国为例，2018 年 7 月，英国修订了公司治理准则（Corporate Governance Code），要求上市公司报告其治理如何实现长期可持续发展。英国金融行为监管局（FCA）引入了气候相关财务披露工作组（TCFD）的披露规定，要求超过 1 300 家在英国注册的大型公司和金融机构从 2022 年 4 月 6 日起，必须披露与气候相关的财务信息。英国议会人权联合委员会还敦促英国政府推进立法，对所有公司（包括母公司）强制规定负有防止侵犯人权的义务。在法国，公司警戒义务法（Corporate Duty of Vigilance Law）的实行不仅规定了公司在人权和环境法律方面的报告义务，而且使个人能够申请法院命令，迫使公司停止不遵守规定的行为。欧盟委员会（European Commission）也正在准备强制性的人权和环境尽职调查立法。欧洲议会（European Parliament）2021 年 3 月投票，以压倒性的票数优势赞成紧急通过此类立法。

除了社会大环境对 ESG 关注度的增加，从估值的角度来说，ESG 将对公司经营最重要的三个因素纳入考量，也可以帮助买方对目标企业经营的可持续性有更好的了解，也为企业进行 ESG 尽调提供了更多动力，提高了可操作性。

从买卖双方的角度，具体来说：在审视目标公司时，买方的 ESG 问题取决于多个因素，包括：买方自己的可持续发展战略和承诺、买方遵守的 ESG 标准、买方的投资者关系、买方及目标公司经营的行业和司法辖区、目标公司已经作出（或可能被要求作出）的任何 ESG 披露，以及买方在收购目标公司后，将必须在未来作出的任何 ESG 披露。除了在交易结束前就在交易文件中处理任何已识别的 ESG 风险之外，从尽职调查中识别出 ESG 问题，还能帮助买方从以下几方面思考收购结束后有关的整合和管理问题：

- 管理声誉受损和股东/投资者社会运动带来的近期乃至长期风险。
- 识别影响员工和劳动力满意度的因素、成本和获得资本的机会，以及未来的融资需求。
- 确保遵守法规、软法规（如政策和建议），以及任何之前就存在的 ESG/可持续性承诺或买方和/或目标公司的声明。

已经作出具体 ESG 承诺（如净零排放承诺）的卖方可能希望确保潜在买方的承诺与目标公司的业务相一致，以避免出售被视为是"标准降低"或"卖方背弃其承诺"。对于卖方来说，可以考虑如何介绍之前就存在的 ESG/可持续发展承诺，以及为潜在的买方确定与 ESG 相关的价值创造机会。

---

① Reporting instruments-Carrots & Sticks（carrotsandsticks. net）.

10.2.2　违反 ESG 法规对估值的不利影响

第一，违反有关 ESG 法规将有可能面临巨额罚款。以违反环境法规的罚款为例，2015年，英国石油公司同意支付 187 亿美元的环境罚款，以解决美国和几个州就 2010 年墨西哥湾石油泄漏提起的法律诉讼。英国政府 2022 年 5 月以违反气候变化举措为由，宣布对 33家公司共计处以超过 2 700 万英镑的罚款。一般来说，如果在美国违反环境法规，每项罚款最高标准可以达到每天 100 万美元[1]。此外，数据隐私和保护也是非常热门的 ESG 话题，罚款金额也屡创新高。自欧盟 GDPR（General Data Protection Regulation）于 2018 年 5 月生效以来，整个欧洲经济区（EEA）开出了 900 多张罚单，GDPR 的罚款金额每年也在大幅增加，包括 Meta、谷歌和亚马逊等在内的科技巨头们在欧盟范围内遭到的罚款已超过 14 亿欧元。

第二，违反 ESG 法规的行为也会给公司带来声誉风险。严重的 ESG 违规可能会导致投资者、消费者及其他利益相关者对公司和管理层失去信心，造成公司股价下跌。美国银行（Bank of America）2019 年的研究显示，自 2014 年以来，遭受 ESG 相关争议的 S&P 500 公司的股票市值总共下降了约 5 340 亿美元[2]。此外，利益相关者对公司的信心在短时间内也难以恢复，可能造成长期的股价低迷。调查研究发现，如果发生有高度争议的 ESG 事件，即当公司的活动对利益相关者产生了意料之外且负面的环境和社会影响，并带来相应的声誉风险时，在三分之二的情况下，公司股价会在事件发生后两年中平均落后大盘 12%[3]。2019 年，波音公司由于在短短半年时间内有两架 737 MAX 系列客机坠毁，以及管理层事后处理不当，公司的 ESG 形象受到了严重损害。曾有投资者表示因对波音管理层的"正直性"（Integrity）持有怀疑，不愿购买波音的股票。波音股价在 2019 年 3 月监管机构要求波音开始停飞 737 Max 机型时暴跌 18%，从 440 美元的高点跌至 362 美元，之后又经历了新冠肺炎疫情的冲击，截至 2022 年 10 月也还未完全从丑闻的影响中恢复。

参考英国石油公司（BP）在 2010 年发生墨西哥湾漏油事故之后的股价变动情况，可以比较具象地看出 ESG 事故对公司股价造成的不利影响。

2010 年 4 月 20 日，BP 位于墨西哥湾的"深水地平线"钻井平台发生爆炸，造成大量原油泄漏，直到 87 天之后，漏油点才被彻底封堵。事故导致 BP 股价连续两个月下跌，最大跌幅达到 55%，一度跌破股票账面价值，市值也缩水一半。此间市场对相关新闻非常敏感，且整体呈现悲观情绪。6 月 9 日，市场还曾出现 BP 破产传闻，导致 BP 股价单日下跌

---

[1]　https：//www.rmagreen.com/rma-blog/average-cost-of-environmental-fines-violations-and-settlements.

[2]　https：//cms.law/en/int/publication/cms-next/the-true-cost-of-esg.

[3]　https：//www.cnbc.com/2020/02/07/esg-high-controversy-events-can-cost-stocks.html.

约16%[1]。虽然BP很快发表声明否认破产传言，暂时安抚了市场情绪，但是效果非常有限。短时的股价回升并不能阻止BP股价整体下跌的趋势。此外，事故期间股票交易量远超正常时期交易量，这也加剧了股价和市值的波动。2010年6月11日，BP纽约股市成交量达到7.3576亿股的峰值，而平时日均成交量仅约3000万股[2]。

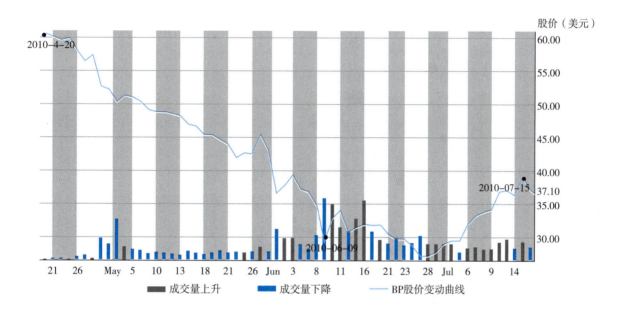

图10-4 2010年4月至7月墨西哥湾漏油事故期间BP美股价格趋势

（资料来源：Yahoo Finance）

同时，美国政府早在漏油事故期间就展开了针对BP的刑事调查，许多利益相关方也纷纷对BP提起刑事诉讼。美国政府于2011年3月将BP公司及其他事故关联公司告上法院，指控其违反1972年《清洁水法》和《石油污染法》[3]。2015年，BP最终同意支付187亿美元，与美国政府达成和解。为此，BP为漏油事件支出的相关费用总额达到538亿美元，超过了其2012年以来的利润总和[4]。

由此可以看出，严重的ESG事件会直接导致股价下跌、市场信心的丧失。而后续衍生的一系列违规问题又会招致罚款、赔偿等财务损失。在短期内，企业因而从各个方面遭到严重的打击。

---

① https：//money.cnn.com/2010/06/16/news/companies/matthew_simmons_bp.fortune/index.htm.

② https：//investingnews.com/daily/resource-investing/energy-investing/oil-and-gas-investing/bp-oil-stock-price-before-spill/.

③ https：//cs.com.cn/ssgs/gsxw/201409/t20140913_4511148.html.

④ https：//www.wsj.com/articles/bp-agrees-to-pay-18-7-billion-to-settle-deepwater-horizon-oil-spill-claims-1435842739.

除了 ESG 事件本身造成的财务和声誉上的损害之外，随着 ESG 监管框架的不断完善和处罚力度的增大，企业的合规风险也会随之增加，近几年，企业面临的 ESG 相关诉讼案件数量正在不断攀升。越来越多的利益相关方，如股东、员工、非政府组织和消费者，以及监管机构，都可以对企业提起诉讼，要求其承担多项责任。ESG 议题有关的诉讼理由有很多，最常见的包括公司未能及时披露气候相关信息或进行了不实陈述。2022 年 4 月 28 日，美国证券交易委员会指控巴西矿业上市公司 Vale S. A（Vale）在 2019 年 1 月布鲁马迪诺大坝倒塌之前对其 ESG 信息披露作出了错误陈述，该公司曾表示其大坝遵守了"最严格的国际惯例"。该事件导致 270 人死亡，造成了重大的环境和社会危害。此外，若公司管理层在 ESG 战略上出现失职，导致公司遭受股价下跌及其他损失，投资人或股东可能发起代表诉讼。2022 年 3 月，英国环保组织 ClientEarth 作为壳牌小股东，以壳牌董事未能采取和实行符合《巴黎协定》净零目标的气候策略，违反董事职责和法定义务为由提起诉讼，控诉其决策与环境保护目标不符，损害公司长远利益，增加投资者的风险。

在 ESG 议题有关的诉讼中，与环境问题有关的战略性诉讼数量上涨趋势尤为明显。《联合国全球气候诉讼报告：2020 年现状回顾》指出，截至 2020 年 7 月 1 日，在全球 38 个国家中，至少有 1 550 起与气候变化有关的诉讼被提起。很多非政府组织和激进股东（activist shareholder）会通过诉讼手段要求公司改善 ESG 执行，甚至有很多环境慈善机构存在的唯一目的是在环境问题上挑战公司行为和决策。比如上文提到的 ClientEarth，目前正在进行 168 项诉讼，这些诉讼都有关于"最紧迫的环境问题"[1]。ESG 诉讼有时会要求对违规企业施以巨额罚款，但更多时候诉讼结果会要求企业采取实际措施改革战略和运营。无论是哪种诉求，从诉讼到诉后整改，对企业来说都意味着更加昂贵的违规成本，给企业估值造成不利影响。

10.2.3　ESG 合规对估值的积极影响

优秀的 ESG 合规，不仅可以降低企业的经营成本，为企业创造经济效益，还可以改善公司形象和声誉，提升公司经营稳定性，有利于公司估值的提升。

有效执行 ESG 最明显的一个好处在于，可以帮助企业降低与生产有关的资源和能源消耗。咨询公司麦肯锡指出，ESG 战略可以对运营利润产生高达 60% 的积极影响[2]。以百事可乐为例，通过处理和回收薯片及零食制作过程中的排放水，公司每年在公用事业和其他

---

[1] https：//www.rpc.co.uk/perspectives/commercial-disputes/esg-claims-in-the-banking-and-financial-markets-sector/.

[2] https：//www.mckinsey.com/~/media/McKinsey/Business%20Functions/Strategy%20and%20Corporate%20Finance/Our%20Insights/Five%20ways%20that%20ESG%20creates%20value/Five-ways-that-ESG-creates-value.ashx.

开支上节省了 2 000 多万美元①。在一些国家，政府为了鼓励发展新能源，可能会给有关企业提供补贴，额外增加公司的经济来源。

除了金钱上的价值，ESG 也会影响目标的软价值，这些价值虽然在短期内可能不会对企业的经营产生太大影响，但是它会预示着企业发展的持续性，或许从某种程度上来说是更大的估值影响因素。ESG 方面表现优异的公司通常更能适应政策发展、消费趋势、监管转变和其他可能影响其业务的挑战。此外，ESG 表现也关系着利益相关者对企业的态度与看法，间接影响公司运营。普华永道的一项调查显示，76% 的消费者将停止从那些不善于对待环境、员工或其经营所在的社区的公司购买产品。另一项调查中，88% 的消费者表示会更忠诚于支持社会或环境问题的公司。企业优异的 ESG 表现意味着企业会注意打造具有包容多样性的工作环境、良好的公司治理和合理高效的决策，从而提升员工满意度和运营效率。调查发现，员工满意度最高的企业的 ESG 得分比全球平均水平高 14%。另外，ESG 的有效执行还意味着有效的公司治理，建立强大的风险应对机制和团队，有效增强抵御风险的能力。因此从上述角度上来说，良好的 ESG 合规对企业估值来说是一项很重要的有利因素。

另外，随着所谓"道义投资"的兴起，ESG 表现优异的目标企业正在迅速成为拥有社会责任感的投资者争抢的收购对象。越来越多的金融机构都公开承诺到 2050 年使其贷款和投资组合达到净零排放，以支持《巴黎协定》的目标。银行及金融投资机构因其提供投融资的公司和项目的人权表现而受到越来越多的审查，因此也会非常关注 ESG 相关的投融资机会，不断推出 ESG 投融资产品。根据全球可持续投资联盟（Global Sustainable Investment Alliance）的数据，2018 年，ESG 投资策略的规模超过 30 万亿美元，而且随着消费者品位的转变和投资者要求更高的透明度，这一数字还将继续上升②。这些趋势都意味着 ESG 表现优异的企业会获得更多的投融资和更高的估值。

10.2.4　ESG 尽职调查需要考虑的具体问题

由于 ESG 违规可能给企业带来风险，以及 ESG 可以为企业创造潜在的价值，因此在进行并购调查时，显然很有必要针对 ESG 也进行尽职调查。

考虑到 ESG 风险往往也难以量化，每项交易都应采取定制的 ESG 尽职调查方法。不过，任何 ESG 尽职调查都可以考虑以下几个基本问题：

（1）目标公司对 ESG 事务的立场和方法是什么？目标公司的利益相关者治理和相关决策有什么优点？

---

① https：//www. perillon. com/blog/how-esg-affects-financial-performance.

② https：//www. cnbc. com/2020/02/07/esg-high-controversy-events-can-cost-stocks. html.

（2）近期是否进行了 ESG 物质性评估？为解决 ESG 问题进行了哪些资本分配？这些问题是如何解决的？

（3）目标公司是否有成文的董事会和管理层决策、成文的行为准则和公司政策，以及健全的风险管理框架？

（4）卖方和/或目标公司做了哪些类型的 ESG 披露/承诺？是强制的还是自愿的？

（5）卖方和/或目标公司是否要求其第三方供应商或合同制造商遵守 ESG 相关的绩效标准或基准？如何监测或审计遵守情况？

（6）是否已评估气候变化对目标公司业务的潜在影响？包括其主要供应商的影响、任何重要性、脆弱性或情景评估？

（7）目标公司的 ESG 表现是否会对买方的 ESG 表现产生负面影响，或导致买方不尊重其 ESG 承诺？

（8）卖方和/或目标公司是否采取了任何步骤，以识别其业务和供应链中是否存在强迫或强制劳动、奴役或劳役的整体风险？

（9）如果需要第三方融资，目标公司的行业是否会引起贷款人的关注，或者给买方遵守贷款人的共同 ESG 政策或标准带来问题？

10.2.5 着手发展绿色战略

前义说到，随着气候变化挑战的形势愈发严峻，各国开始加大投入，力求实现各自的气候承诺。因此，无论是从政府层面还是公司层面，绿色战略都将是未来 5～10 年的规划重点。比如，美国政府致力于发展美国的绿色产业，制定 2 万亿美元的绿色发展战略[①]，其中明确提议美国在 2035 年实现 100% 的清洁能源发电。英国政府承诺，到 2030 年之前，商业和工业能源消耗减少 20%，到 2050 年实现净零排放目标，并将目标定在了绿色金融最前沿。欧盟在 2018 年通过了《欧盟分类条例》和《可持续金融信息披露条例》，在可持续金融领域建立了新的规则。

从公司的角度来说，制定 ESG 战略是大势所趋。截至 2020 年，全球有 88% 的上市公司、79% 的风险投资和私募股权支持的公司以及 67% 的私营公司实施了 ESG 举措[②]。相关战略薄弱或根本没有相关战略的公司将面临潜在投资者越来越少的局面。对债务融资提供者来说也是如此。没有相关 ESG 的战略规划的企业，很容易因未能"面向未来"，长期价值受到损失，并随着形势的发展，逐渐陷入被动。总体而言，公司层面的绿色战略主要在

---

① https：//www. sohu. com/a/455401427_352307.

② Global Survey Finds Businesses Increasing ESG Commitments, Spending ｜ Risk & Compliance Matters by NAVEX.

于：建立绿色营销观念、树立绿色品牌、争取绿色标志、引导绿色消费。ESG 标准的引入将为企业的绿色战略发展和评估提供一个参照。2019 年，美国 ESG 基金规模已经达到了214 亿美元[①]，而美国政府依然在积极鼓励养老金基金投资 ESG 资产。以上这些事例足以说明引入 ESG 标准的重要性。

然而，就像我们常说的，"取得真经的道路上，要经历磨难"。并购中的 ESG 战略没有"放之四海而皆准"的方法。因此，为了选择一个可靠的风险评估框架并进行必要的分析，第一步务必要谨慎。需要专业知识来区分哪些是潜在的风险，哪些是干扰性的信息；区分哪些做法会造成短期问题，哪些做法会产生长期影响；以及哪些因素是企业独有的，哪些因素是与特定行业整体交织在一起的。

比如在英国房地产行业的投资，在制定 ESG 战略时，可以参照气候变化暂停措施（Climate Change Suspension Measures）的框架。在环境方面，结合英国政府制定的净零排放目标，对建筑进行脱碳改造，并重新设计未来的建筑，不仅要符合当前的法规，而且要确保从设计到建造，再到解体和处理的每一步，都能考虑到可持续性和低能耗。此外，还应确保住户的装修工程和日常使用的空间符合监管标准和市场领先的可持续性要求。从筹资到规划、开发、租赁文件、装修和入住，设计、建造和使用建筑的方式需要考虑自然资源的使用、清洁能源和技术，以及污染和废物的可持续处理。在社会方面，要意识到对社区项目的投资可以被量化，但使用者关心的要素更需要纳入考虑。例如，员工可能希望"工作场所"配置运动和健康设施、现场医疗服务、餐厅、自行车停车场等。此外，居家办公或混合办公成为新趋势，建筑要在不断变化的世界中保持相关性，就必须与当地社区、雇员和员工的需求相结合。在治理方面，要求企业管理和治理进行定期、广泛的报告。例如关于碳足迹、多样性和包容性，以及完全非财务的事项。利益相关者还会根据企业给环境、员工和所服务社区带来的影响来衡量其业绩。总而言之，以往强调的股东利润，现在只是业绩的一部分。

从估值角度，需要将这些信息进行财务量化，纳入传统的估值框架。虽然在数据的整理、衡量和报告方面仍然缺乏一致性，但市场主导下的 ESG 披露框架正在逐渐趋同，有助于不断改进这一问题。此外，国际可持续发展标准委员会（International Sustainability Standards Board）的成立，预计会发布全球披露标准。然而，随着公司的交易中出现越来越多的数据和信息披露，需要更准确地评估、分析和综合考量。例如 ESG 评分和传统的财务指标，正在形成更高质量的估值。这也将导致那些有长远目标的公司与那些固守过去目标的公司之间的差距越来越大。

一个具体的案例：在 2005 年，GE 公司宣布推出一项名为"绿色创想"的新商业战略，

---

① https：//www.sohu.com/a/455401427_352307.

以更环保的产品推动公司业绩和环境效益共同增长。为此，GE 提出了四项目标：

- 到 2010 年，用于研究清洁技术的经费增加到 15 亿美元；
- 到 2010 年至少岁入"绿金"200 亿美元；
- 减少公司运营中的温室气体排放；
- 增加企业公民行为的透明度。

仅仅三年时间，公司的增长速度就达到了之前平均增长速度的 3 倍。到 2007 年，GE 来自节能、环保的产品和服务收入已经突破了 120 亿美元，提前达到了 2005 年制定的目标。其得到"绿色创想"认证的产品达到 30 种之多，包括可再生能源、运输、水处理等关键领域。GE 公司曾是石化燃料时代最重要的发明者，而向绿色转型则是该公司面向未来、承担社会责任并抓住商机的重要战略决策。

几十年来，ESG 可能一直都是董事会议程中的边缘问题，但今天它的内容和对并购等商业活动的意义已与以往完全不同。ESG 不仅已经成为一个强大的风险评估工具，其本身也已经演变成一个创造价值的渠道。因此，对于各企业来说，首先要看到 ESG 因素对估值影响的重要性，寻求专业意见，为防范风险做好周全的准备，避免高额的诉讼费用和违规罚款。其次，也要看到 ESG 对降低企业经营成本、创造经济效益的长远作用，打造更好的企业声誉和形象。再次，就是做好绿色战略相关的发展规划，将 ESG 上升到企业发展战略的层面，在企业内部逐渐建立绿色经营理念，打造具有自身特色的绿色品牌，更好地与当地社会的发展相结合。最后，关注国际上相关 ESG 的最新发展变化，熟悉最新的 ESG 法律框架和规则，在竞争中占得先机。

> 本文作者吕晓飞律师（Mr. Peter Lu，peter. lu@ bakermckenzie. com）是贝克·麦坚时律师事务所伦敦分所合伙人、中国业务团队负责人，多次代表世界 500 强企业成功进行跨境并购、上市、合资、重组、争议解决等业务，妥善解决多起外国政府监管调查问题，并就公司治理和危机管理提供法律建议。吕晓飞律师多年担任北京大学经济学院专业硕士校外导师，在清华大学法学院开设国际并购及争议解决学分系列课程。

10.3 资产评估中估值定价方法运用实践探讨

本文介绍了资产评估行业在企业估值定价中的操作特点，值得借鉴，比如对于溢余项目的划分可有效增强估值结论的合理性；也有一些操作习惯有待完善，比如补充预测期资产负债表、现金流量表以及相应财务指标，形成完整的合理性分析。资产评估行业对我国国有资产保值增值及保护各类投资者的合法权益发挥着重要作用，也越来越多参与到市场化的股权交易定价中。希望本文能对资产评估从业人员及其他估值人员起到一定的启发作用，大家取长补短，共同优化估值环境，打造良好估值生态。

10.3.1　资产评估概述

我国资产评估行业产生于对外开放和经济体制改革的政策背景之下，其初衷是保护国有资产，防止国有资产流失，规范国有资产交易行为。在我国国有企业股份制改革、兼并重组、破产清算和中外合资等一系列进程中，资产评估行业在国有资产保值增值方面发挥了重要作用。随着市场经济发展，资产评估行业广泛参与到了国资交易之外的经济活动中。

资产评估对企业进行估值定价，常用估值方法包括收益法、市场法和资产基础法。收益法对应现金流折现法，市场法对应可比公司法和交易案例比较法，资产基础法则是逐一评价各项资产、负债的价值，是资产评估行业较为特殊的评估方法，在资产评估之外的领域并不常见。目前为止，收益法和资产基础法是资产评估行业最为通用的方法，市场法的运用也在迅速增加。

资产评估执业要求极高，在评估中并不存在"抓大放小"的原则，对于企业经营、财务信息的尽调和分析会非常详尽。不过，由于评估项目通常时间紧任务重，评估人员又花费了极多的精力用于信息采集、资料核实等过程，对于准则要求之外的方面相对不够重视，比如估值建模规范性、合理性验证等。在后面的章节中，我们针对资产评估比较突出的几个特点展开探讨。

10.3.2　三张财务报表在资产评估收益法中的运用思考

1. 资产评估收益法概述

收益法中，折现现金流是基于三张财务报表的预测结果计算得到的，本书之前章节详细讨论了三张报表的编制方法。在资产评估中，大部分评估人员并不编制预测期完整的资产负债表和现金流量表（资产评估行业之外，该现象也偶有存在），通常仅完成预测期利润表，以及营运资金、资本性支出等核心科目预测。对于该估值习惯，实际上也有依据可循。首先，根据《国有资产评估报告指南》第三十二条，采用收益法中的现金流量折现法进行企业价值评估，评估明细表通常包括以下内容：（1）资产负债、利润调整表（如果有调整时）；（2）现金流量测算表；（3）营业收入预测表；（4）营业成本预测表；（5）税金及附加预测表；（6）销售费用预测表；（7）管理费用预测表；（8）财务费用预测表；（9）营运资金预测表；（10）折旧摊销预测表；（11）资本性支出预测表；（12）折现率计算表；（13）溢余资产和非经营性资产分析表。

可以看到，上述指南并未要求提供预测期资产负债表及预测期现金流量表，不编制这两张表格也可以满足准则要求，看起来无可厚非。那么，不编制预测期资产负债表和现金流量表可以完成自由现金流测算吗？从完成评估流程来看是可以的，但是从准确性和合理性的角度，就会有所欠缺。常见收益法细分方法包括企业自由现金流折现、股权自由现金流折现和红利折现，本文将基于最常用的企业自由现金流折现法展开讨论。常见企业自由现金流计算公式如下：

企业自由现金流 FCFF ＝净利润＋折旧摊销＋税后利息支出
－营运资金追加－资本性支出

根据以上企业自由现金流计算公式，完成净利润、折旧摊销、利息支出、营运资金及资本性支出预测，即可完成企业自由现金流测算。

不难看到，资产评估准则并没有编制预测期资产负债表和现金流量表的硬性需求，而且即使不编制这两张表格，也可顺利完成自由现金流测算，因此，资产评估人员习惯上并不重视这两张表格，只有极少评估人员会编制完整的三张财务报表。然而三张报表是相辅相成的，表格的缺失无疑为测算过程埋下了隐患，可能导致预测结果不合理，甚至可能导致重大的估值定价偏差。本文中，笔者将对资产负债表和现金流量表在收益法中的作用展开探讨。

2. 探讨预测期资产负债表在资产评估中的作用

（1）预测期资产负债表有助于分析企业资金状况

资产负债表中的货币资金，对企业而言是一个极其重要的科目，关乎到企业的生存发展。现实生活中存在大量企业，经营前景可期，但是对现金的依赖性较高，一旦赶上经济环境恶化、或借贷环境恶化，一时资金无法周转，就可能需要贱卖资产，甚至走向破产。忽略货币资金，就等同于忽略企业的资金链风险，忽略可能存在的重大隐患。尤其是资金密集型行业，经常通过大量举债以维持生产经营，测算货币资金就更是必不可少的环节。那么，货币资金如何计算得到呢？常见财务科目是通过给定的假设，如增长率、占比等进行预测。货币资金则不同，每个科目的变动均可能导致货币资金变动，所以，货币资金并非直接预测得到，而是通过其他科目倒推。如果基于资产负债表进行倒推，我们可以通过轧差的方式得到货币资金，即货币资金＝负债＋所有者权益－非现金资产。

由于很多评估人员并不作资产负债表预测，也就无法直接计算出货币资金的金额。鉴于货币资金对于企业发展存在重大影响，可以根据评估人员所做的财务预测模型，模拟还原模型隐含的资产负债表，并估算货币资金，还原思路如下：

- 经营性资产负债：依据评估人员预测；
- 溢余资产和负债：假设不变；
- 付息负债：依据评估人员预测，若没有预测，则假设不变；
- 股东权益：如果评估人员没有预测新增股权投资和分红，则

期末股东权益＝期初股东权益＋净利润；

- 货币资金：负债合计＋股东权益－非现金资产。

通过上述过程，我们不止一次还原得到货币资金为负数的资产负债表。货币资金为负数，说明企业缺钱，当前的现金状况根本不足以支持其经营发展。造成企业资金不足的原因可能有多种，比如企业快速扩张，而尚未实现相应收入，这种情况下，评估人员应该重点分析企业是否可以获得外部融资、由此产生的资金成本，以及该外部融资可能给企业带来的风险变化；再如企业投入产出效率较低，收入增长速度不及支出速度，这种情况下，应合理分析企业是否还应该进行相应的资本支出。我们通过一个简单的案例演示预测期资产负债表还原过程。

案例1：资产负债表还原过程

表 10－6 案例1：某企业截至 2X21 年底财务状况 单位：万元

资产		负债和股东权益	
现金	300.0	短期借款	500.0
应收账款	1 500.0	应付账款	2 300.0
固定资产	5 500.0	股本及资本公积	1 500.0
		留存收益	3 000.0
资产合计	7 300.0	负债和股东权益合计	7 300.0

某评估人员结合历史状况和企业未来投资规划（2X23 年有较大资本性支出，2X24 年投产开始产生收入），作出财务预测如下：

表 10－7 案例1：某企业未来财务预测 单位：万元

	2X21	2X22	2X23	2X24	2X25
营运资金					
应收账款	1 500.0	1 650.0	1 815.0	1 996.5	2 196.2
应付账款	2 300.0	2 530.0	2 783.0	3 061.3	3 367.4
营运资金	－800.0	－880.0	－968.0	－1 064.8	－1 171.3
付息负债					

续表

	2X21	2X22	2X23	2X24	2X25
短期借款	500.0	500.0	500.0	500.0	500.0
固定资产					
期初值		5 500.0	5 550.0	7 495.0	7 495.5
新增		600.0	**2 500.0**	750.0	750.0
折旧		550.0	555.0	749.5	749.6
期末值	5 500.0	5 550.0	7 495.0	7 495.5	7 496.0
股东权益					
股本及资本公积	1 500.0	1 500.0	1 500.0	1 500.0	1 500.0
留存收益	3 000.0	3 330.0	3 693.0	4 164.9	4 684.0
利润及分配					
净利润	300.0	330.0	363.0	**471.9**	519.1
分红		0.0	0.0	0.0	0.0

我们按照此前的还原步骤，根据上述预测还原预测期资产负债表如表10-8所示。

表10-8　　　　　　　　　案例1：还原预测期资产负债表　　　　　单位：万元

	2X21	2X22	2X23	2X24	2X25
资产					
现金	300.0	660.0	−834.0	−265.8	359.3
应收账款	1 500.0	1 650.0	1 815.0	1 996.5	2 196.2
固定资产	5 500.0	5 550.0	7 495.0	7 495.5	7 496.0
负债					
短期借款	500.0	500.0	500.0	500.0	500.0
应付账款	2 300.0	2 530.0	2 783.0	3 061.3	3 367.4
股东权益					
股本及资本公积	1 500.0	1 500.0	1 500.0	1 500.0	1 500.0
留存收益	3 000.0	3 330.0	3 693.0	4 164.9	4 684.0

备注：现金＝负债＋股东权益−非现金资产。

可以看到，在2X23和2X24年，企业出现了现金为负值的情况，说明企业在此阶段现金流不足以支持企业继续发展，原预测不合理。应注意降低投资支出，或者增加债权或股权资金流入，以保证企业能够有充足资金保障运营。企业如果增加外部融资，评估人员需要考虑哪些问题呢？

①企业能否获得足额的外部融资？

这往往是企业管理层或者评估人员容易忽略的风险，认为只要企业正常经营，偶尔出现的资金不足通过债务缓解即可。但是银行信贷存在诸多不可控因素，需要结合企业所处行业、整体经济情况等多方面因素进行综合判断。

②获得外部融资，对估值结果会产生什么影响？

以债务融资为例，如果企业债务变动较大，一般建议采用资本结构计算各期折现率。债务增加，会导致企业财务风险增加，根据 β 计算公式：含杠杆 $\beta =$ 无杠杆 $\beta \times (1 + D/E \times (1 - t))$，由于债务 D 增加，D/E 增加，含杠杆 β 增加。再根据 CAPM 计算公式：$Re = Rf + \beta \times (Rm - Rf)$，Re 增加。在计算 WACC 时，由于债务权重 D/(D + E) 增加，且债务成本一般低于股权成本，所以对 WACC 有向下的影响。叠加 Re 的影响，WACC 最终变动方向不确定。债务增加对折现率相关参数影响如下：

表 10 - 9　　　　　　　　　　债务增加对折现率相关参数影响

含杠杆 β	Rd	Re	债务权重	WACC
上升	视银行信贷政策	增加	增加	不确定

（2）基于预测期资产负债表测算财务指标，可验证财务预测的合理性

利用收益法对企业进行估值定价，决定估值结果最重要的因素便是折现现金流和折现率，二者的计算方法均有既定的规则，然而，不同人员得到的结果却可能千差万别。这是什么原因呢？实际操作中，不同人员对于企业历史数据的分析、未来经营趋势的判断、未来经营风险的判断都可能是不同的。那么，谁的判断更为合理，就需要借助一些方法进行验证，财务指标分析就是验证财务预测合理性的重要手段，也就是通过财务指标的数值及其变动趋势，反向推导财务预测的合理性。

表 10 - 10　　　　　　　　　　常见基于资产负债表计算的财务指标

财务指标	计算公式	作用
净资产收益率 ROE	净利润/股东权益	判断企业投资回报能力
总资产收益率 ROA	净利润/总资产	判断企业投资回报能力
投入资本回报率 ROIC	息前税后利润 EBIAT/（债务 + 股东权益）	判断企业投资回报能力
固定资产周转率	营业收入/平均固定资产	判断企业运营能力
总资产周转率	营业收入/平均总资产	判断企业运营能力
速动比率	速动资产/流动负债	判断企业短期偿债能力
流动比率	流动资产/流动负债	判断企业短期偿债能力
资产负债率	负债/总资产	判断企业长期偿债能力
债务权益比	债务/股东权益	判断企业长期偿债能力

回报能力指标，是测算企业给投资人创造回报的重要指标，其中投入资本回报率 ROIC 更是衡量企业是否值得继续进行资本投入的关键指标，一般认为，ROIC 应大于加权平均资本成本 WACC，即企业所创造的回报超出相应成本，企业才值得继续投入。

营运能力指标，用于衡量企业对于资产的使用效率。以固定资产周转率为例，该指标衡量企业固定资产运营后产生收入的能力。稳定运营的企业，固定资产使用效率波动不会过大，如果预测期固定资产周转率变动极大，则需要查证原因。以下因素均可能导致固定资产周转率出现重大波动：投入固定资产后收入没有相应增长；或收入快速增长，但没有进行相应固定资产投入；或固定资产投入的幅度和收入变动的幅度不一致。

偿债能力指标，是测算企业债务风险的重要指标。如果企业负债率提升，投资者所要求的回报也应相应提升，体现为折现率的增加。如果负债率过高，则应谨慎考虑企业是否存在资金链断裂风险，及时作出决策调整。

此外，将企业预测期财务指标与企业历史表现、市场同类公司进行横向对比，可以有效判断财务预测合理性。比如 ROE 明显高于市场同类公司，则需要判断其缘由，比如有明显更好的定价能力、或是更严格的成本控制能力等。如果企业并不具备明显优于同业的经营水平，则需要反思财务预测的合理性。

上述财务指标，大多需要基于完整的资产负债表进行测算，缺少资产负债表，就缺乏了检验企业财务状况的重要工具。

案例 2：财务指标用于合理性验证

某评估人员对企业进行财务预测，其中比较重要的预测思路如下：

- 营业收入按照自上而下方式预测；
- 可变成本费用按照营业收入占比预测；
- 资本性支出按照营业收入一定比例预测。

具体预测过程及结果如表 10 - 11 至表 10 - 14 所示。

表 10 - 11		案例 2：历史利润表及预测期利润表			单位：万元	
	2X21 A	**2X22 E**	**2X23 E**	**2X24 E**	**2X25 E**	**2X26 E**
营业收入	3 605.0	5 407.5	11 696.4	25 299.4	33 550.1	35 593.3
可变成本费用	1 081.5	1 622.3	3 508.9	7 589.8	10 065.0	10 678.0
可变成本费用/营业收入	30.0%	30.0%	30.0%	30.0%	30.0%	30.0%
折旧	1 500.0	1 920.0	1 860.5	2 190.1	3 270.1	4 629.1

	2X21 A	2X22 E	2X23 E	2X24 E	2X25 E	2X26 E
税前利润	**1 023.5**	**1 865.3**	**6 327.0**	**15 519.4**	**20 215.0**	**20 286.3**
所得税	255.9	466.3	1 581.8	3 879.9	5 053.8	5 071.6
所得税税率	25.0%	25.0%	25.0%	25.0%	25.0%	25.0%
净利润	**767.6**	**1 398.9**	**4 745.3**	**11 639.6**	**15 161.3**	**15 214.7**

表 10 – 12 　　　　　案例 2：历史资产负债表及预测期资产负债表　　　　　单位：万元

	2X21 A	2X22 E	2X23 E	2X24 E	2X25 E	2X26 E
固定资产	9 600.0	9 302.3	10 950.7	16 350.4	23 145.3	29 194.3
其他资产	1 035.6	3 300.1	8 377.9	18 902.7	29 868.0	39 677.3
资产总计	**10 635.6**	**12 602.3**	**19 328.6**	**35 253.1**	**53 013.3**	**68 871.6**
负债	1 135.6	1 703.4	3 684.4	7 969.3	10 568.3	11 211.9
股东权益	9 500.0	10 898.9	15 644.2	27 283.8	42 445.0	57 659.7
负债和股东权益总计	**10 635.6**	**12 602.3**	**19 328.6**	**35 253.1**	**53 013.3**	**68 871.6**

表 10 – 13 　　　　　　　　　　　案例 2：辅助运算过程

	2X21 A	2X22 E	2X23 E	2X24 E	2X25 E	2X26 E
行业销量（万件）	1 000.0	1 050.0	1 102.5	1 157.6	1 192.4	1 228.1
行业销量增长率		5.0%	5.0%	5.0%	3.0%	3.0%
目标企业销量（万件）	20.0	52.5	110.3	231.5	298.1	307.0
目标企业市占率	2.0%	5.0%	10.0%	20.0%	25.0%	25.0%
产品单价（元/件）	100.0	103.0	106.1	109.3	112.6	115.9
产品单价增长率		3.0%	3.0%	3.0%	3.0%	3.0%
营业收入（万元）		5 407.5	11 696.4	25 299.4	33 550.1	35 593.3
期初固定资产（万元）		9 600.0	9 302.3	10 950.7	16 350.4	23 145.3
新增固定资产（万元）		1 622.3	3 508.9	7 589.8	10 065.0	10 678.0
新增固定资产/营业收入		30.0%	30.0%	30.0%	30.0%	30.0%
固定资产折旧（万元）		1 920.0	1 860.5	2 190.1	3 270.1	4 629.1
折旧/期初固定资产		20.0%	20.0%	20.0%	20.0%	20.0%
期末固定资产（万元）	9 600.0	9 302.3	10 950.7	16 350.4	23 145.3	29 194.3

基于上述财务预测结果，我们来计算几个比较重要的财务指标。

表 10 – 14　　　　　　　　　　案例2：财务指标分析

	2X21 A	2X22 E	2X23 E	2X24 E	2X25 E	2X26 E
固定资产周转率	0.38	0.58	1.07	1.55	1.45	1.22
ROE	8.1%	12.8%	30.3%	42.7%	35.7%	26.4%
ROA	7.2%	11.1%	24.6%	33.0%	28.6%	22.1%

可以看到，企业的固定资产周转率、ROE 和 ROA 均经历了快速上升的阶段。从企业历史数据及发展趋势来看，该企业处于初创阶段，一家初创企业，是否能马上实现如此高的周转效率和盈利水平？基于自上而下方式进行财务预测时，评估人员非常容易出现的一个问题，就是资本性支出与收入的不匹配。尽管以收入一定比例作为资本性支出看似合理，但是还需要考虑以下几个问题：

- 固定资产按收入的多大比例投入比较合适？
- 在快速成长阶段，按照收入的比例来决定固定资产投入是否合适？
- 固定资产投入后，产生收入是否有延迟效应？

当我们通过比率分析，发现企业经营状况已经偏离其所处经营阶段，或者偏离行业正常水平时，就是需要回过头重新审视自己的财务预测逻辑之时。

3. 探讨预测期现金流量表在资产评估中的作用

（1）现金流量表概述

现金流量表，即是记录企业现金流入、流出的报表。在介绍资产负债表时我们提到过，观察资产负债表中的货币资金，对于分析企业财务风险有非常重要的作用，实际上，现金流量表对于分析企业资金状况更为直观、有效。前述章节提到过，收益法中使用的现金流量表是间接法现金流量表，其编制逻辑为△现金 = △负债 + △股东权益 − △非现金资产，可以看到，在现金流量表中并不作财务预测，而是基于资产负债表进一步推算现金流，不妨将该表看作一张专门针对现金流的分析表。相对于直接观察利润表和资产负债表，现金流量表可以更为直观地呈现每个项目对现金流的影响。进一步地，再根据科目性质将现金流划分为经营活动现金流、投资活动现金流和融资活动现金流，则能进一步分析企业现金流的结构，判断现金构成是否合理。

（2）预测期现金流量表便于直观分析现金变动情况

在介绍资产负债表作用时我们曾经分析到，在资产负债表中，通过观察货币资金的金额，可以判断企业资金的充裕程度。编制现金流量表可以起到类似的效果，而且现金流量表会更为直观，便于直接看到每个项目导致现金流入流出的金额。

案例3：现金流量表用于分析企业现金流合理性

某评估人员编制预测期现金流量表如下。

表 10 – 15　　　　　　　　　　案例 3：预测期现金流量表　　　　　　　　单位：万元

	2X21	2X22	2X23	2X24	2X25
净利润	5 325.0	5 857.5	7 614.8	8 376.2	9 213.8
折旧 & 摊销	1 065.0	1 171.5	1 523.0	1 675.2	1 842.8
（营运资金追加）	– 105.0	– 115.5	– 127.1	– 139.8	– 153.7
经营活动现金流小计	**6 285.0**	**6 913.5**	**9 010.7**	**9 911.7**	**10 902.9**
（资本性支出）	– 4 322.0	– 17 671.5	– 5 105.7	– 5 616.2	– 6 177.8
投资活动现金流小计	**– 4 322.0**	**– 17 671.5**	**– 5 105.7**	**– 5 616.2**	**– 6 177.8**
付息负债的变化	0.0	0.0	0.0	0.0	0.0
（红利）	0.0	0.0	0.0	0.0	0.0
融资活动现金流小计	**0.0**	**0.0**	**0.0**	**0.0**	**0.0**
净现金流	**1 963.0**	**– 10 758.0**	**3 905.0**	**4 295.5**	**4 725.1**
期初现金	20.0	1 983.0	– 8 775.0	– 4 870.0	– 574.5
期末现金	**1 983.0**	**– 8 775.0**	**– 4 870.0**	**– 574.5**	**4 150.6**

从表 10 – 15 可以看到，2X23—2X24 年企业期末现金为负数，进一步分析得到，2X23 年期末现金为负数，主要是当年资本性支出大幅增加，现金流入不足以支撑现金流出。同时由于 2X23 年期末现金为较大的负数，抵消了 2X24 年当期现金流，进而导致 2X24 年期末现金也呈现为负数。所以相对于案例 1 观察资产负债表，现金流量表的观察效果更为直观。

（3）预测现金流量表有助于判断现金流结构的合理性

经营活动现金流代表企业持续经营业务创造现金流的水平，投资活动现金流主要代表企业为了维持主业所需的现金投入，融资活动现金流代表企业获得外部融资的能力以及为此支付的成本。处于不同阶段的企业，其现金流结构也会有所不同。举例来说，处于初创期的企业，经营活动现金流较差，投资活动现金流一般为较大的负数，融资活动现金流一般为正数，主要依靠股权资金注入。处于稳定成长阶段的企业，经营活动现金流一般为比较稳定的正数，投资活动现金流相对平缓，融资活动现金流可能为负数，表现为企业有足够的资金偿还债务，以及发放股利等。对企业进行估值定价，现金流结构同样值得重点关注。

案例4：现金流量表用于分析企业现金流结构

某评估人员编制预测期现金流量表如下：

表 10–16 案例4：预测期现金流量表 单位：万元

	2X21	2X22	2X23	2X24	2X25
净利润	500.0	525.0	551.3	578.8	607.8
利息费用	10.0	20.0	25.0	30.0	30.0
折旧 & 摊销	100.0	110.0	121.0	133.1	146.4
（营运资金追加）	75.0	78.8	82.7	86.8	91.2
经营活动现金流小计	**685.0**	**733.8**	**779.9**	**828.7**	**875.3**
（资本性支出）	−800.0	−800.0	−800.0	−800.0	−800.0
投资活动现金流小计	**−800.0**	**−800.0**	**−800.0**	**−800.0**	**−800.0**
付息负债的变化	200.0	200.0	100.0	100.0	0.0
（利息费用）	−10.0	−20.0	−25.0	−30.0	−30.0
（红利）	0.0	0.0	0.0	0.0	0.0
融资活动现金流小计	**190.0**	**180.0**	**75.0**	**70.0**	**−30.0**
净现金流	**75.0**	**113.8**	**54.9**	**98.7**	**45.3**
期初现金	20.0	95.0	208.8	263.7	362.4
期末现金	**95.0**	**208.8**	**263.7**	**362.4**	**407.7**

可以看到，尽管上述企业每年净现金流为正数，但经营活动所产生的现金流是不足以或仅能勉强支撑资本性支出所需金额，在某些年份需要增加债务才能支撑企业继续发展。对于这类企业，我们需要着重关注其经营活动现金流的成长空间，以及其债务风险。

现金流对于企业来说至关重要，但现金流是不是越多越好呢？我们通过以下案例加以分析。

案例5："现金牛"企业的现金流量表分析

某评估人员编制预测期现金流量表，相关计算结果如表 10–17 所示。

表 10 – 17　　　　　　　　　　　　案例 5：预测期现金流量表　　　　　　　　　单位：万元

	2X21	2X22	2X23	2X24	2X25
经营活动现金流	1 350. 0	1 485. 0	1 633. 5	1 796. 9	1 976. 5
投资活动现金流	−200. 0	−200. 0	−200. 0	−200. 0	−200. 0
融资活动现金流	0. 0	0. 0	0. 0	0. 0	0. 0
净现金流	1 150. 0	1 285. 0	1 433. 5	1 596. 9	1 776. 5
期初现金	20. 0	1 170. 0	2 455. 0	3 888. 5	5 485. 4
期末现金	1 170. 0	2 455. 0	3 888. 5	5 485. 4	7 261. 9

以上企业看起来是一家经营业绩非常不错的企业，经营活动现金流稳步上升，需要投入的资本性支出较少，不需要额外的融资支持。虽然该企业大概率不会出现资金风险，但在一定程度上，也说明该企业在主营业务上进一步拓展的空间不大，资金留在企业账面上，很难继续创造更多的价值。对于这类企业，如果企业管理层没有较好的资金运用规划，一般较难保持历史上的高成长性，资产评估人员应注意对其成长空间的判断。如果以 DDM 模型对企业进行估值定价，可以考虑增加分红比例。

4. 预测期资产负债表和现金流量表作用小结

结合以上分析，预测期资产负债表和现金流量表可以帮助资产评估人员更完整及直观地观察企业整体财务状况，充分评价企业盈利水平和经营风险。两张表格的缺失，有时会导致出现极为不合理的财务预测结论，或让评估人员忽略潜在重大隐患，导致评估结果严重失真。所以笔者强烈建议，以收益法对企业进行估值定价时应完整编制预测期三大财务报表，并基于财务预测结果进行指标分析，充分验证财务预测合理性。

10. 3. 3　基于资产评估实践的管理用表思考

1. 资产评估中的科目性质划分

资产评估人员对企业进行估值定价，需要按照经营属性对科目进行划分，对企业持续盈利能力产生直接影响的科目，为经营性科目；与企业持续盈利能力无关的科目，则为非经营性科目。除此之外，在经营性项目中，如果某项目闲置，无法继续提供生产能力，将其定义为溢余项目。比如长期积压的存货，无法判断其未来销售前景，或长期未回收的应收款，无法判断其回收可能性，或企业投入的研发费用，无法确定未来研发成果。非经营项目和溢余项目在评估时按照类似方式处理，我们后面介绍提及的非经营项，或者溢余项，均是指二者的统称。

在资产评估收益法中，评估人员会单独罗列一张"溢余项目表"，对基准日资产负债表科目进行性质划分，所有划分到溢余项目表的科目，会单独采用其他方式评估其价值。常见溢余项目表结构如图 10－5 所示。

	账面价值	评估价值
溢余资产		
货币资金	××	××
应收账款	××	××
……	××	××
溢余资产小计	××	××
溢余负债		
应付账款	××	××
……	××	××
溢余负债小计	××	××

图 10－5　常见溢余项目表结构

采用上述溢余项目表，可以有效将企业的经营性项目和非经营性项目区分开，让评估人员对经营性企业价值作出更准确的判断。不过，通过分析大量评估案例，我们发现即便编制了溢余项目表，部分评估人员在科目性质划分时还是出现了一些问题。在接下来的内容中，我们会针对溢余项目表使用过程中常见问题，以及现有解决方案——管理用表展开讨论。

2. 资产评估中科目性质划分常见问题分析

（1）缺乏历史期多年分析

评估行业溢余项目表通常仅针对评估基准日（即估值时点）的资产负债进行性质区分，而对此前的历史期间并没有相应操作，可能导致历史趋势不符合实际情况，进一步导致预测数据偏离。示例如下：

案例 6：历史数据调整应统一口径

某企业历史期营业收入和应收账款金额如表 10－18 所示。

表 10－18　　　　　　　　案例 6：某企业历史期营业收入和应收账款金额　　　　　　　　单位：万元

	2X19 A	2X20 A	2X21 A
营业收入	100.0	110.0	120.0
应收账款	92.0	95.0	100.0

评估人员经过企业调研，获得以下信息：

- 评估基准日 2X21 年 12 月 31 日应收账款中，40 万元为应收关联方欠款，判定为溢余项目，剩余 60 万元为正常经营应收款项，判定为经营项目；
- 2X22 年预测营业收入为 135 万元；
- 企业历史三年销售策略没有重大变化，赊销比例较为稳定，可采用历史三年应收款项周转率平均值作为未来参考。

根据上述信息，评估人员预测得到企业历史三年应收账款周转率分别为 1.1、1.2 和 2.0，取其均值 1.4 作为预测期数值，计算得到 2X22 年经营性应收账款为 95.4 万元。具体测算过程如下：

表 10−19	案例6：应收账款预测（历史期未统一口径）			单位：万元
	2X19 A	2X20 A	2X21 A	2X22 E
营业收入	100.0	110.0	120.0	135.0
应收账款（经营）	92.0	95.0	60.0	95.4
应收账款周转率	1.1	1.2	2.0	1.4

上述预测过程存在的问题在于，评估人员用历史三年应收账款周转率作为参考，但是只对 2X21 年的应收账款进行了性质拆分，三年应收账款的口径可能并不一致。根据补充调研得知，2X19 和 2X20 年应收账款中，该笔 40 万元应收关联方欠款一直存在。如果对三年应收账款均作调整，重新计算得到三年应收账款周转率分别为 1.9、2.0 和 2.0，取其均值 2.0 作为预测期数据，计算得到 2X22 年经营性应收账款为 68.4 万元。具体测算过程如下：

表 10−20	案例6：应收账款预测（历史期统一口径）			单位：万元
	2X19 A	2X20 A	2X21 A	2X22 E
营业收入	100.0	110.0	120.0	135.0
应收账款合计	92.0	95.0	100.0	108.4
应收账款（溢余）	40.0	40.0	40.0	40.0
应收账款（经营）	52.0	55.0	60.0	68.4
应收账款周转率	1.9	2.0	2.0	2.0

上述案例说明，溢余项目表不应仅针对基准日财报科目进行性质区分，还需要对历史期所有财报科目进行划分，否则历史比率会失真，从而导致预测期数值出现偏差。

（2）常见重项漏项问题

企业总共能创造的价值，包括经营性资产创造的价值，即我们通常所说的企业价值，或经营性企业价值；也包括溢余资产能创造的价值。我们认为，一个资产项，要么对企业价值产生贡献，要么对溢余资产价值产生贡献，不能漏掉，也不能重复考虑。

但是在实际操作中，重项、漏项时有发生。重项，指某金额既在溢余项体现，又在经营项体现，常见于某科目部分金额被划分为溢余项后，经营项忘记扣减对应金额。漏项，指某科目既未体现在溢余项，又未体现在经营项，常见于某些不常见科目，比如应收款项融资等，或是名称中带有"其他"字样的科目，如其他应收款、其他流动资产、其他应付款和其他流动负债等。同样以一个简化案例展开介绍。

案例 7： 溢余项目调整中常见重项漏项问题

某企业会计报表数据如左侧表格所示，评估人员经过企业调研，认定货币资金中 10 万元属于溢余资产，应收账款中 20 万元属于溢余资产，并在溢余项目表和营运资金表完成对应科目测算，如右侧表格所示。

表 10 – 21　　　　　案例 7： 溢余项目调整中常见重项漏项问题　　　　单位：万元

溢余资产	
货币资金	10.0
应收账款	20.0
溢余资产小计	30.0

流动资产	
货币资金	30.0
应收账款	100.0
其他流动资产	25.0
流动资产小计	155.0

营运资金	
货币资金	20.0
应收账款	100.0
经营性流动资产小计	120.0

上述案例存在两个问题：第一，应收账款已经有 20 万元被认定为溢余资产，但是在计算营运资金时，没有扣除 20 万元金额，导致后期计算应收账款的金额变为了 120 万元，这是典型的重项；第二，其他流动资产科目，既未体现在溢余资产中，又未体现在营运资金中，这是典型的漏项。或许有的读者会认为，这么明显的错误，犯的概率应该极低。但是在我们审阅过大量项目模型后发现，由于资产负债表科目较多，加上沿用老项目模板等问题，重项漏项的问题极为常见。

（3） 缺乏对利润表科目的性质区分

除了资产负债表科目，利润表科目也需要进行性质划分。在会计利润表中，我们实际找不到一个可以代表企业经营性利润的利润科目。最接近经营利润的指标是营业利润，但是在营业利润之上，投资收益等科目，通常与企业持续经营业务无关。但是每家企业会计科目构成不同，我们又不能以偏概全，仅仅按照科目名称就认定是否与企业持续经营业务相关。以资产减值损失为例，持续性的存货减值，应该被认作经营性损益，而偶发的固定资产减值，通常为非经营损益。此外，在资产评估中，营业收入、营业成本、销售费用、管理费用、研发费用等常见经营性项目中，也不排除将部分金额列示为溢余项。比如销售费用中，发生的与持续经营业务无关的费用；研发费用中，前景不可预测的支出等。

在常见的资产评估作业流程中，我们通常能看到用于区分资产负债表科目性质的"溢余项目表"，但是缺乏对利润表的调整表格，不免存在漏调整、重复考虑等问题。

3. 管理用表在资产评估中的运用分析

管理用财务报表，是用于区分企业科目性质的一种报表，相对于资产评估中常用溢余项目表而言，管理用表更为完整，具体优势如下：

- 涉及历史期所有年份，确保历史期口径一致；
- 包含所有报表科目，有效避免漏项问题；
- 通过设置公式"经营项 = 总金额 − 溢余项"，或者"溢余项 = 总金额 − 经营项"，有效避免重项问题。

通过编制管理用利润表和管理用资产负债表，我们可以对企业历史项目进行系统的区分，并可将同一性质科目进行归类汇总，非常方便对企业不同性质科目进行分析和调用。实际上，我们常用的营运资金科目，就是对于经营性流动资产和经营性流动负债的归纳汇总。

（1）资产评估中的管理用资产负债表

会计报表将资产分为流动资产、非流动资产、流动负债、非流动负债和股东权益。管理用资产负债表在会计报表的基础上，对资产、负债科目按照性质进一步划分，分为经营性流动资产、经营性流动负债、长期经营性资产、长期经营性负债、溢余资产、溢余负债和付息负债。

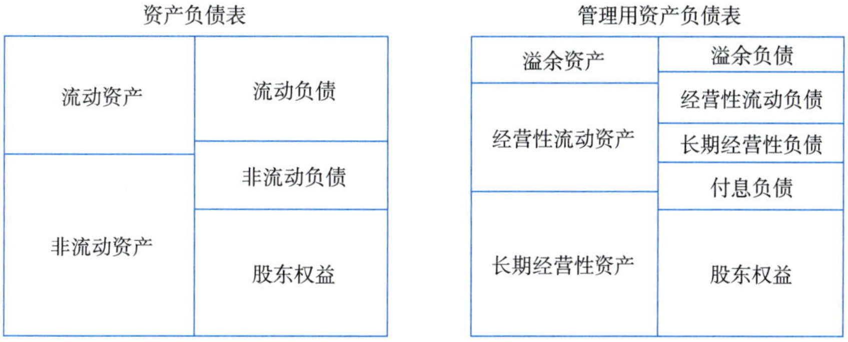

图 10 − 6　管理用资产负债表

具体操作中，由于资产负债表科目较多，在完成管理用资产负债表之前可增加过渡表。在过渡表中对每个科目按照性质拆分，并在管理用表中，将同性质科目进行汇总。由于资产负债表科目较多，我们仅以两个科目一期数据作为演示，介绍管理用资产负债表的编制过程。具体示例如下：

资产负债表	
应收款项 ①	150
其他应收款 ②	60
流动资产小计	210

过渡表	
应收款项 ①	150
−经营 ③	120
−溢余 ④	30
其他应收款 ②	60
−经营 ⑤	10
−溢余 ⑥	50
流动资产小计	210

管理用资产负债表	
应收款项（经营） ③	120
其他应收款（经营） ⑤	10
经营性流动资产小计	130
应收款项（溢余） ④	30
其他应收款（溢余） ⑥	50
溢余资产小计	80

图 10 −7 不同类型资产负债表（单位：万元）

评估人员应制作管理用表模板，将资产负债表中每个科目按照上述方式进行拆分，并按性质汇总。模板中可内置公式"经营项 = 总金额 − 溢余项"，或者"溢余项 = 总金额 − 经营项"等，以确保不出现重项漏项问题。可进一步增加测试公式等，确保拆分环节的准确性。

（2）资产评估中的管理用利润表

类似管理用资产负债表，评估人员可以设置管理用利润表，对每个损益科目进行性质拆分。管理用利润表常见结构如表 10 −22 所示。

表 10 −22　　　　　　　　　管理用利润表常见结构

		2X19 A	2X20 A	2X21 A	2X22 E	2X23 E	2X24 E
	经营性收入						
减：	经营性成本费用						
	经营性息税前利润 EBIT						
加：	非经营性损益						
	税前利润						
减：	所得税						
	净利润						

此处我们在会计利润表的概念上引入了一个新的会计科目：经营性息税前利润 EBIT，这是企业真实经营性利润的代表。所有经营性损益放在 EBIT 之前，所有非经营性损益放在 EBIT 之后。同样，我们也建议评估人员制作管理用利润表模板，并对每个利润表科目设置拆分公式，以免在具体执行项目时有所疏漏。以营业收入和营业成本为例，简化示例如表 10 −23 所示。

表 10 – 23 管理用利润表（带拆分公式）

		2X19 A	2X20 A	2X21 A	2X22 E	2X23 E	2X24 E
	营业收入（经营）						
减：	营业成本（经营）						
	经营性息税前利润 EBIT						
加：	营业收入（非经营）						
减：	营业成本（非经营）						
	税前利润						
减：	所得税						
	净利润						

（3）管理用表作用总结

管理用财务报表是一种基于实际工作需求演化出的报表，并没有统一的表现形式，本文介绍的形式仅供大家参考。系统编制管理用表，可以替代资产评估中溢余项目表对于科目性质进行划分的目的，而且能解决溢余项目表本身存在的一些不足，虽然看起来表格更复杂，但是只要一次性设置好表格公式，后续操作量并不大。希望本文内容可以为读者给予一定的指导，帮助大家在估值建模中更为得心应手。

本文作者崔劲博士现任天健兴业评估公司首席评估师、珠海清华智能估值中心顾问委员会委员，高级会计师、注册会计师、资产评估师。中国科技大学数学学士，南开大学硕士、博士。连任三届中国证监会并购重组审核委员会委员、第一届并购重组专家咨询委员会委员。中国资产评估协会理事、首批资深会员。中国人民大学、中央财大等十余所院校兼职教授、研究生导师。著有《上市公司资产评估》等著作。

本文作者樊晶菁女士现任雄安智评云数字科技有限公司副总经理，珠海清华智能估值研究中心首席估值专家。此前曾在诚迅金融培训担任估值建模培训师，并参与《估值建模》首版编写，近年来致力于用大数据和信息化手段服务传统估值行业，打造一站式估值平台。樊女士本科毕业于清华大学经管学院金融系。

附　　录

附录 1　　　　　　　　　　　　估值建模公式及财务分析常用比率

为方便读者使用，下面按章列出本书出现过的重要公式，以及财务分析中的常用比率。第 4 章和第 7 章无公式。

一、《估值建模》8 个章节中的公式

第 1 章　价值的基本概念

（1）简单价值等式：

企业价值（EV）＝净债务＋股权价值

（2）价值等式的一般形式：

企业价值（EV）＋非核心资产价值＋现金＝债务＋其他资本工具价值＋少数股权价值＋归属于母公司股东的股权价值

（3）融资后（Post-money）价值＝融资前（Pre-money）价值＋新融资额

第 2 章　绝对估值法

（1）绝对估值法原理：

$$V = \sum_{t=1}^{\infty} \frac{CF_t}{(1 + r)^t}$$

其中，V 为总价值；t 为时期；CF_t 为第 t 期的现金流；r 为未来所有时期的平均折现率。

（2）两阶段现金流折现模型中，价值的计算公式：

$$V = \sum_{t=1}^{n} \frac{CF_t}{(1 + r)^t} + \frac{TV}{(1 + r)^n}$$

其中，V 为总价值；CF_t 为第 t 期的现金流；r 为未来所有现金流的平均折现率；n 为预测期

数；TV 为终值。

（3）Gordon 永续增长模型，终值计算公式（终值时间点与预测期最后一年现金流相同）：

$$TV = \frac{CF_{n+1}}{r - g}$$

其中，TV 为终值；CF_{n+1} 为终值期第一期的现金流；r 为未来所有现金流的平均折现率；g 为永续增长率。

（4）退出倍数法下，终值计算公式：TV = 详细预测期最后一期的某一指标 × 该指标倍数

（5）两阶段红利折现模型（Discounted Dividend Model，DDM）的一般形式：

$$P_0 = \sum_{t=1}^{n} \frac{DPS_t}{(1 + r)^t} + \frac{P_n}{(1 + r)^n}$$

其中，P_0 为股票当前的价值；DPS_t 为第 t 期的每股现金红利；n 为详细预测期期数；r 为与红利相匹配的折现率，即股权要求回报率；P_n 为持有期期末卖出股票时的预期价格。

（6）两阶段 DDM 模型，Gordon 永续增长法计算终值：

$$P_n = \frac{DPS_{n+1}}{r - g}$$

$$P_0 = \sum_{t=1}^{n} \frac{DPS_t}{(1 + r)^t} + \frac{DPS_{n+1}}{(r - g) \times (1 + r)^n}$$

其中，DPS_{n+1} 为终值期第一期的每股现金红利；n 为详细预测期期数。

（7）两阶段 DDM 模型，退出倍数法计算终值：

$$P_n = EPS_n \times PE_n$$

$$P_0 = \sum_{t=1}^{n} \frac{DPS_t}{(1 + r)^t} + \frac{EPS_n \times PE_n}{(1 + r)^n}$$

其中，EPS_n 为预测期最后一年的每股收益；PE_n 为详细预测期最后一年该股票的市盈率。

（8）固定红利支付率的红利计算：

第 t 期的每股红利 $DPS_t = EPS_t \times PR$

其中，PR 指红利支付率。

（9）最大支付红利：

红利 = 净利润 − 用于充实资本或新投资的支出

（10）Gordon 增长模型下，永续增长率（g）：

$$g = (1 - PR) \times ROE$$

其中，PR 指红利支付率；ROE 指权益投资回报率。

（11）资本资产定价模型（Capital Asset Pricing Model，CAPM）：

股票的预期收益率 = 无风险利率 + 市场风险溢价

×能够反映公司系统风险状况的调整系数

$$r = r_f + \beta \times (r_m - r_f)$$

其中，r 为股票的预期收益率；r_f 为无风险利率；r_m 为市场中资产组合的预期收益率；（r_m − r_f）为市场风险溢价；β 为该股票的贝塔系数，表示与市场相比该股票的风险程度。

（12）β 值的去杠杆化（Deleverage）和再杠杆化（Releverage）：

$$\beta_U = \frac{\beta_L}{1 + \dfrac{D}{E} \times (1 - MTR)} \quad （去杠杆化，Deleverage）$$

$$\beta_L = \beta_U \times \left[1 + \frac{D}{E} \times (1 - MTR)\right] \quad （再杠杆化，Releverage）$$

其中，β_L 表示含杠杆的 β 值，β_U 表示不含杠杆的 β 值，D 表示债务市值，E 表示股权市值，MTR 表示边际税率。

（13）股权自由现金流（Free Cash Flow of Equity，FCFE）的一般计算公式：

FCFE = 净利润 + 折旧 + 摊销 − 经营性营运资金的增加 − 资本性支出

+ 长期经营性负债的增加 − 其他长期经营性资产的增加 + 新增付息债务

− 债务本金的偿还

（14）两阶段 FCFE 模型的一般形式：

$$股权价值 = \sum_{t=1}^{n} \frac{FCFE_t}{(1 + r)^t} + \frac{TV}{(1 + r)^n}$$

其中，$FCFE_t$ 为第 t 年的股权自由现金流；n 为详细预测期的期数；r 为权益的要求回报率；TV 为股权自由现金流的终值。

（15）两阶段 FCFE 模型，Gordon 永续增长法计算终值：

$$TV = \frac{FCFE_{n+1}}{r - g}$$

$$股权价值 = \sum_{t=1}^{n} \frac{FCFE_t}{(1 + r)^t} + \frac{FCFE_{n+1}}{(r - g) \times (1 + r)^n}$$

其中，$FCFE_{n+1}$ 为终值期第一年股权自由现金流；n 为详细预测期的期数；g 为永续增长率。

（16）两阶段 FCFE 模型，退出倍数法计算终值：

$$TV = NI_n \times PE_n$$

$$股权价值 = \sum_{t=1}^{n} \frac{FCFE_t}{(1 + r)^t} + \frac{NI_n \times PE_n}{(1 + r)^n}$$

其中，NI_n 为预测期最后一年（第 n 年）的净利润；PE_n 为详细预测期最后一年该公司的市盈率。

（17）无杠杆自由现金流（Unlevered Free Cash Flow，UFCF）的一般计算公式：

$$UFCF = 息税前利润（EBIT） - 调整的所得税 + 折旧 + 摊销$$
$$- 经营性营运资金的增加 - 资本性支出$$
$$+ 长期经营性负债的增加 - 其他长期经营性资产的增加$$

（18）两阶段 UFCF 模型的一般形式：

$$企业价值（EV） = \sum_{t=1}^{n} \frac{UFCF_t}{(1 + WACC)^t} + \frac{TV}{(1 + WACC)^n}$$

其中，$UFCF_t$ 为第 t 年的无杠杆自由现金流；n 为详细预测期期数；WACC 为加权平均资本成本，即无杠杆自由现金流对应的折现率；TV 为无杠杆自由现金流的终值。

（19）两阶段 UFCF 模型，Gordon 永续增长法计算终值：

$$TV = \frac{UFCF_{n+1}}{WACC - g}$$

$$EV = \sum_{t=1}^{n} \frac{UFCF_t}{(1 + WACC)^t} + \frac{UFCF_{n+1}}{(WACC - g) \times (1 + WACC)^n}$$

其中，$UFCF_{n+1}$ 为终值期第一年的无杠杆自由现金流；n 为详细预测期期数；g 为永续增长率。

（20）两阶段 UFCF 模型，退出倍数法计算终值：

$$TV = EBITDA_n \times M$$

$$EV = \sum_{t=1}^{n} \frac{UFCF_t}{(1 + WACC)^t} + \frac{EBITDA_n \times M}{(1 + WACC)^n}$$

其中，M 为详细预测期最后一年该公司 EV/EBITDA 的退出倍数；$EBITDA_n$ 为预测期最后一年公司的息税折旧摊销前利润。

（21）加权平均资本成本（WACC）的计算公式：

$$WACC = \sum_{i=1}^{n} k_i w_i$$

其中，k_i 为第 i 种投资资本的（税后）成本；w_i 为第 i 种投资资本占全部资本的权重。

若只有股权和债务两种筹资方式：

$$WACC = \frac{D}{D + E} \times k_d \times (1 - t) + \frac{E}{D + E} \times k_e$$

其中，D 为付息债务的市场价值；E 为股权的市场价值；k_d 为税前债务成本；t 为所得税税率；k_e 为股权资本成本。

（22）债券定价的公式：

$$P = \sum_{t=1}^{n} \frac{I}{(1 + r)^t} + \frac{B}{(1 + r)^n}$$

其中，P 为债券的市场价格；I 为债券每年的利息收入；B 为债券的面值；r 为债券的到期收益率，即债券的资本成本 k_d（税前）。

（23）净资产价值法（Net Asset Value，NAV）：

$$NAV = \sum_{m=1}^{M} \sum_{n=1}^{\infty} \frac{CF_{n,m}}{(1+r)^n} - 净债务$$

其中，m 代表项目或资源编号，M 代表所有现有项目数或资源量，n 代表年份，$CF_{n,m}$ 代表第 m 个项目或第 m 块资源于第 n 年产生的现金流，r 代表现金流对应的折现率。

$$每股 NAV = NAV/已发行普通股股数$$

（24）经济增加值（Economic Value Added，EVA）：

$$EVA = IC \times (ROIC - WACC)$$

$$ROIC = NOPLAT/IC$$

$$EVA = NOPLAT - IC \times WACC$$

$$NOPLAT = EBIT \times (1 - Tax\ Rate) = EBIAT$$

（25）两阶段 EVA 折现法的一般形式：

$$EV = IC_0 + \sum_{t=1}^{n} \frac{EVA_t}{(1+WACC)^t} + \frac{TV}{(1+WACC)^n}$$

$$EVA_t = NOPLAT_t - IC_{t-1} \times WACC$$

其中，EV 表示企业价值；IC_0 表示估值时点投入资本的账面值；EVA_t 表示预测期第 t 期的经济增加值；n 表示详细预测期期数；WACC 表示加权平均资本成本；TV 表示经济增加值的终值。

（26）两阶段 EVA 折现法，Gordon 永续增长法计算终值：

$$TV = \frac{EVA_{n+1}}{WACC - g} = \frac{NOPLAT_{n+1} \times (ROIC - WACC)}{(WACC - g) \times ROIC}$$

$$EV = IC_0 + \sum_{t=1}^{n} \frac{EVA_t}{(1+WACC)^t} + \frac{NOPLAT_{n+1} \times (ROIC - WACC)}{(WACC - g) \times ROIC \times (1+WACC)^n}$$

其中，$NOPLAT_{n+1}$ 表示终值期第一年的调整税后净经营利润；ROIC 表示终值期稳定的投入资本回报率。

（27）两阶段 EVA 折现法，退出倍数法计算终值：

$$TV = EV_n - IC_n$$

$$EV_n = EBITDA_n \times M$$

$$EV = IC_0 + \sum_{t=1}^{n} \frac{EVA_t}{(1+WACC)^t} + \frac{EBITDA_n \times M - IC_n}{(1+WACC)^n}$$

其中，IC_n 为详细预测期最后一年年末的投入资本；EV_n 为详细预测期最后一年年末的企业价值；M 为预测期最后一年该公司 EV/EBITDA 退出倍数；$EBITDA_n$ 为预测期最后一年的息税折旧摊销前利润。

（28）调整现值法（Adjusted Present Value，APV）的原理：

企业价值 = 假设公司全股权经营时的企业价值 + 利息费用的税盾价值

（29）使用 APV 方法计算企业价值（EV）的一般形式：

$$EV = \sum_{t=1}^{\infty} \left[\frac{UFCF_t}{(1+k_u)^t} + \frac{ITS_t}{(1+k_{txa})^t} \right]$$

其中，$UFCF_t$ 是公司第 t 年的无杠杆自由现金流；ITS_t 是公司第 t 年的利息税盾；k_u 是无债务的权益成本；k_{txa} 是利息税盾对应的成本。

（30）使用 APV 计算企业价值（EV）时，当 $k_u = k_{txa}$ 时的常用公式：

$$EV = \sum_{t=1}^{n} \frac{UFCF_t + ITS_t}{(1+k_u)^t} + \frac{TV}{(1+k_u)^n}$$

其中，$UFCF_t$ 是公司第 t 年的无杠杆自由现金流；ITS_t 是公司第 t 年的利息税盾；k_u 是无债务的权益成本。

（31）三阶段估值模型的一般形式：

$$V = \sum_{t=1}^{m} \frac{CF_t}{(1+r_1)^t} + \sum_{t=m+1}^{n} \frac{CF_t}{(1+r_1)^m \times (1+r_2)^{t-m}} + \frac{TV}{(1+r_1)^m \times (1+r_2)^{n-m}}$$

其中，V 表示总价值；CF_t 表示第 t 期的现金流；r_1 为详细预测期的折现率，r_2 为第二阶段的折现率，二者可以相同也可以不同；m 为详细预测期期数；n 为详细预测期和第二阶段的期数之和；TV 为终值。

第 3 章　相对估值法

（1）市盈率（P/E）倍数的计算公式：

市盈率倍数 = 每股市价 ÷ 每股收益　或　市盈率倍数 = 股权市值 ÷ 净利润

（2）发行在外普通股加权平均数的计算公式：

发行在外普通股加权平均数 = 期初发行在外普通股股数 + 当期新发行普通股股数

× 已发行时间 ÷ 报告期时间 - 当期回购普通股股数

× 已回购时间 ÷ 报告期时间

（3）若无限期持有股票，股票的价值：

$$P = EPS/R_e$$

即：$R_e = EPS/P = 1/$ 市盈率倍数

其中，EPS 为每年的每股收益，R_e 为投资者投资股票的要求回报率。

（4）市盈率倍数法估值：

股权价值 = 净利润 × 市盈率倍数　或　每股价值 = 每股收益 × 市盈率倍数

（5）市净率（P/B）倍数的计算公式：

市净率倍数 = 每股市价 ÷ 每股净资产　　或　　市净率倍数 = 股权市值 ÷ 净资产

（6）市净率倍数法估值：

股权价值 = 净资产 × 市净率倍数　　或　　每股价值 = 每股净资产 × 市净率倍数

（7）市销率（P/S）倍数的计算公式：

市销率倍数 = 每股市价 ÷ 每股营业收入　　或　　市销率倍数 = 股权市值 ÷ 营业收入

（8）市销率倍数法估值：

股权价值 = 营业收入 × 市销率倍数　　或　　每股价值 = 每股营业收入 × 市销率倍数

（9）市销率倍数与市盈率倍数的关系：

$$市销率倍数 = 市盈率倍数 × 净利润率$$

（10）企业价值倍数估值法：

$$EV = 某种指标 × 估值倍数（EV/某种指标）$$

（11）EV/EBIT 倍数估值法：

$$EV = EBIT ×（EV/EBIT 倍数）$$

（12）EV/EBITDA 倍数估值法：

$$EV = EBITDA ×（EV/EBITDA 倍数）$$

（13）A/H 指标：

$$A 股价值 = H 股的价格 × A/H 指标$$

（14）PEG 倍数法：

$$PEG = 股权价值 ÷ 净利润 ÷ 盈利增长率$$
$$= 每股市价 ÷ 每股收益 ÷ 盈利增长率$$
$$= 市盈率 ÷ 盈利增长率$$
$$股权价值 = 净利润 × PEG × 盈利增长率$$
$$每股价值 = 每股收益 × PEG × 盈利增长率$$

其中，盈利增长率需使用去除百分号的数值。

第 5 章　财务预测模型

（1）"自上而下"（Top-down）法预测收入：

$$销售收入 = 市场总量 × 市场份额 × 单位价格$$

（2）"自下而上"（Bottom-up）法预测收入：

$$销售收入 = 产能 × 产能利用率 × 产销率 × 单位价格$$

（3）基于用户的收入分拆：

收入 = 用户数 × 单用户年均消费金额（ARPU）= 用户数 × 单用户月均消费金额 × 12

（4）EBITDA 和 EBIT 一般的计算公式：

$$EBITDA = 营业收入 - 营业成本（不含折旧、摊销） - 税金及附加$$
$$- 销售费用（不含折旧、摊销） - 管理费用（不含折旧、摊销）$$
$$- 研发费用（不含折旧、摊销）$$
$$EBIT = EBITDA - 折旧（D） - 摊销（A）$$

（5）所得税费用 = 当期所得税费用 + 递延所得税费用

（6）有效所得税税率 = 所得税费用/利润总额

（7）经营性营运资金（OWC，或净营运资金） = 经营性流动资产 - 经营性流动负债

（8）存量科目预测的 BASE 法则：期末值 = 期初值 + 增加项 - 减少项

（9）Δ 负债 + Δ 权益 - Δ 非现金资产 = Δ 现金

（10）循环贷款（融资缺口）与多余现金：

$$多余现金 = Max（循环贷款前期末现金 - 所需现金，0）$$
$$循环贷款（融资缺口） = Max（所需现金 - 循环贷款前期末现金，0）$$

第 6 章　估值模型（本章公式在前 3 章都出现过）

（1）价值等式的一般形式：

$$企业价值(EV) + 非核心资产价值 + 现金 = 债务 + 其他资本工具价值 + 少数股权价值$$
$$+ 归属于母公司股东的股权价值$$

（2）无杠杆自由现金流（Unlevered Free Cash Flow，UFCF）一般的计算公式：

$$UFCF = 息税前利润（EBIT） - 调整的所得税 + 折旧 + 摊销$$
$$- 经营性营运资金的增加 - 资本性支出$$
$$+ 长期经营性负债的增加 - 其他长期经营性资产的增加$$

（3）加权平均资本成本（WACC）的估算：

$$WACC = \frac{D}{D + E} \times k_d \times (1 - t) + \frac{E}{D + E} \times k_e$$

$$k_e = r_e = r_f + \beta \times (r_m - r_f)$$

$$WACC = \frac{D}{D + E} \times k_d \times (1 - t) + \frac{E}{D + E} \times [r_f + \beta \times (r_m - r_f)]$$

（4）β 值的去杠杆化（Deleverage）和再杠杆化（Releverage）：

$$\beta_U = \frac{\beta_L}{1 + \frac{D}{E} \times (1 - MTR)} \quad（去杠杆化，Deleverage）$$

$$\beta_L = \beta_U \times \left[1 + \frac{D}{E} \times (1 - MTR)\right] \quad（再杠杆化，Releverage）$$

（5）两阶段 UFCF 模型，Gordon 增长法计算终值：

$$TV = \frac{UFCF_{n+1}}{WACC - g}$$

$$EV = \sum_{t=1}^{n} \frac{UFCF_t}{(1 + WACC)^t} + \frac{UFCF_{n+1}}{(WACC - g) \times (1 + WACC)^n}$$

（6）两阶段 UFCF 模型，退出倍数法计算终值：

$$TV = EBITDA_n \times M$$

$$EV = \sum_{t=1}^{n} \frac{UFCF_t}{(1 + WACC)^t} + \frac{EBITDA_n \times M}{(1 + WACC)^n}$$

（7）市盈率倍数法估值法：

股权价值＝净利润×市盈率倍数　或　每股价值＝每股收益×市盈率倍数

（8）市净率倍数法估值法：

股权价值＝净资产×市净率倍数　或　每股价值＝每股净资产×市净率倍数

（9）EV／EBITDA 倍数估值法：

$$EV = EBITDA \times （EV／EBITDA 倍数）$$

第 8 章　行业估值

（1）寿险精算价值：

精算价值＝内含价值（Embedded Value，EV）＋新业务价值

内含价值＝经调整的净资产价值＋扣除了要求资本成本之后的有效业务价值

（2）药物研发企业 r-NPV 估值法（Risk Adjusted Net Present Value）：

$$r\text{-}NPV = \sum_{t} P_{CF_t} \times CF_t／(1 + r)^t$$

其中，P_{CF_t} 为该笔自由现金流的发生概率；r 为折现率；CF_t 为第 t 期现金流。

（3）持有物业资本化估值法：

物业价值＝净营运收入（Net Operating Income，NOI）／资本化率

＝（租金收入－运营费用）／资本化率

第 9 章　相关领域估值方法

（1）Cap Table 中的相关计算公式：

投后估值 ＝ 投前估值 ＋ 本轮投资金额

投后总股数 ＝ 投前总股数 ＋ 新增股数

新投资者的持股比例 ＝ 新增股数／投后总股数 ＝ 本轮投资额／投后估值

投资股价 ＝ 本轮融资额／新增股数 ＝ 投后估值／投后总股数 ＝ 投前估值／投前总股数

（2）净现值（NPV）：

$$NPV = \sum_{t=0}^{N} \frac{CF_t}{(1 + r)^t}$$

其中，N 为项目的期限；CF_t 为第 t 年末的现金流；r 为折现率。

（3）内部收益率（IRR）：

$$0 = \sum_{t=0}^{N} \frac{CF_t}{(1 + IRR)^t}$$

其中，N 为项目的期限，CF_t 为第 t 年末的现金流，IRR 为内部收益率。

（4）盈利指数（PI）：

$$盈利指数（PI）＝未来现金流的现值和／初始投资$$
$$＝（初始投资＋净现值）／初始投资$$
$$＝1＋净现值／初始投资$$

（5）将 ESG 纳入考虑后的估值模型：

$$V = \sum_{t=1}^{n} \frac{CF_t'}{(1 + r')^t} + \frac{TV'}{(1 + r')^n}$$

其中，V 代表公司价值；CF_t' 代表 t 时期经 ESG 调整后的现金流；t 代表时间；r' 代表经 ESG 调整后的折现率（终值的折现率也可以与第 1～n 期的折现率不同）；TV' 代表经 ESG 调整后的终值，n 代表详细预测期期数。

（6）无杠杆自由现金流的测算：

$$无杠杆自由现金流＝收入－成本费用－调整的所得税－再投资$$

（7）股权成本与加权平均资本成本（WACC）：

$$股权成本＝无风险收益率＋贝塔值×市场风险溢价$$
$$WACC＝债务比例×税后债务成本＋股权比例×股权成本$$

第 10 章　估值案例与实践

（1）DRC 估值：

$$V(t) = \sum_{i=t}^{SP} \frac{PCF_i \times \gamma_i}{(1 + r_{radr})^{i-t}}$$

其中，SP 是 DRC 的分成期，PCF_i 和 γ_i 分别为预测的每日现金流和分成比例，而 r_{radr} 则是经过风险调整的折现率。

二、财务分析常用比率

1. 盈利能力比率

（1）毛利率＝毛利／营业收入

（2）营业利润率 = 营业利润/营业收入

（3）EBITDA 利润率 = EBITDA/营业收入

（4）EBIT 利润率 = EBIT/营业收入

（5）净利润率 = 净利润/营业收入

（6）ROE = 净利润/平均所有者权益

（7）ROA = 净利润/平均总资产

（8）ROIC = EBIAT/平均投入资本

2. 营运能力比率

（1）应收款项周转率 = 营业收入/平均应收款项

（2）应付款项周转率 = 营业成本/平均应付款项

（3）存货周转率 = 营业成本/平均存货

（4）预收款项周转率 = 营业收入/平均预收款项

（5）合同负债周转率 = 营业收入/平均合同负债

（6）预付款项周转率 = 营业成本/平均预付款项

（7）固定资产周转率 = 营业收入/平均固定资产

（8）总资产周转率 = 营业收入/平均总资产

（9）周转天数 = 365（或 360）/周转率

3. 偿债能力比率

（1）流动比率 = 流动资产/流动负债

（2）速动比率 = 速动资产/流动负债

（3）现金比率 = 现金及现金等价物/流动负债

（4）资产负债率 = 负债合计/总资产

（5）权益乘数 = 总资产/所有者权益合计

（6）EBIT 利息覆盖倍数 = EBIT/利息支出

（7）EBITDA 利息覆盖倍数 = EBITDA/利息支出

（8）CFO 利息覆盖倍数 = CFO/利息支出

（9）债务/总资本 = 债务合计/总资本

（10）债务/EBITDA = 债务合计/EBITDA

（11）CFO/债务 = CFO/债务合计

4. 杜邦分析

（1）ROE = 净利润/所有者权益

$$= （净利润/总资产） \times （总资产/所有者权益）$$

$$= （净利润/营业收入） \times （营业收入/总资产） \times （总资产/所有者权益）$$

$$= 净利润率 \times 总资产周转率 \times 权益乘数$$

（2）ROIC = EBIAT/IC

$$= （EBIAT/IC） \times （IC/所有者权益）$$

$$= （EBIAT/营业收入） \times （营业收入/IC） \times （IC/所有者权益）$$

附录2	Excel 快捷键使用指南：Windows & Mac

功能	Windows 系统	Mac 系统
按键进行文件操作		
1. 新建工作簿	CTRL + N	CONTROL + N
2. 打开工作簿	CTRL + O	CONTROL + O
3. 保存工作簿	CTRL + S	CONTROL + S
4. 另存为	F12	COMMAND + SHIFT + S
5. 打印	CTRL + P	CONTROL + P
6. 关闭窗口	CTRL + F4 或 CTRL + W	COMMAND + W
7. 关闭程序	ALT + F4	COMMAND + Q
选择单元格		
8. 全选	CTRL + A	COMMAND + A
9. 连续选择单元格	SHIFT + 方向键	SHIFT + 方向键
10. 选择下一最远非空单元格	CTRL + 方向键	COMMAND + 方向键
11. 光标移至最左上角单元格	CTRL + HOME	COMMAND + Fn + ←
12. 光标移至使用过最右下角单元格	CTRL + END	COMMAND + Fn + →
13. 将选择区域扩展至连续非空单元格	CTRL + SHIFT + 方向键	COMMAND + SHIFT + 方向键
14. 将选择区域扩展至左上角	CTRL + SHIFT + HOME	COMMAND + SHIFT + Fn + ←
15. 将选择区域扩展至使用过最后一个单元格	CTRL + SHIFT + END	COMMAND + SHIFT + Fn + →
16. 将选择区域向下扩展一屏	SHIFT + PAGEDOWN	SHIFT + Fn + ↓
17. 将选择区域向上扩展一屏	SHIFT + PAGEUP	SHIFT + Fn + ↑
18. 选择下一张工作表	CTRL + PAGEDOWN	CONTROL + Fn + ↓
19. 选择上一张工作表	CTRL + PAGEUP	CONTROL + Fn + ↑

续表

功能	Windows 系统	Mac 系统
输入数据和函数		
20. 进入单元格，编辑/输入切换	F2	CONTROL + U
21. 重复最后一个操作	F4 或 CTRL + Y	COMMAND + Y
22. 撤销上一操作	CTRL + Z	COMMAND + Z
23. 在同一单元格内开始新的一行	ALT + ENTER	CONTROL + OPTION + RETURN
24. 编辑单元格批注	SHIFT + F2	SHIFT + Fn + F2
25. 插入/编辑函数	SHIFT + F3	SHIFT + Fn + F3
26. 自动求和	ALT + = （等号）	COMMAND + SHIFT + T
27. 键入当前日期	CTRL + ; （分号）	CONTROL + ; （分号）
28. 键入当前时间	CTRL + SHIFT + : （冒号）	CONTROL + SHIFT + : （冒号）
29. 绝对引用	F4	COMMAND + T
30. 定义名称	CTRL + F3	CONTROL + L
31. 追踪引用单元格	CTRL + ［ （左方括号）	CONTROL + ［ （左方括号）
32. 键入数组公式	CTRL + SHIFT + ENTER	CONTROL + SHIFT + ENTER
33. 显示公式或数值	CTRL + '	CONTROL + '
按键进行编辑操作		
34. 复制	CTRL + C	COMMAND + C 或 F3
35. 剪切	CTRL + X	COMMAND + X 或 F2
36. 粘贴	CTRL + V	COMMAND + V 或 F4
37. 向下复制	CTRL + D	CONTROL + D
38. 向右复制	CTRL + R	CONTROL + R
39. 从上面单元格复制数值	CTRL + SHIFT + " （双引号）	CONTROL + SHIFT + " （双引号）
40. 从上面单元格复制公式	CTRL + ' （单引号）	CONTROL + ' （单引号）
41. 插入单元格/行/列	CTRL + SHIFT + + （加号）	CONTROL + I
42. 删除单元格/行/列	CTRL + − （减号）	CONTROL + − （减号）
43. 查找	CTRL + F	CONTROL + F
44. 定位	CTRL + G 或 F5	CONTROL + G 或 F5
45. 替换	CTRL + H 或 SHIFT + F5	CONTROL + H
格式快捷键		
46. 单元格格式	CTRL + 1	COMMAND + 1
47. 加粗/去掉加粗	CTRL + B 或 2	COMMAND + B
48. 斜体/去掉斜体	CTRL + I 或 3	COMMAND + I

续表

功能	Windows 系统	Mac 系统
49. 添加/去掉下划线	CTRL + U 或 4	COMMAND + U
50. 添加/去掉删除线	CTRL + 5	COMMAND + SHIFT + X
51. 常规格式	CTRL + SHIFT + ~	CONTROL + SHIFT + ~
52. 0:00 AM 格式	CTRL + SHIFT + @（2）	CONTROL + SHIFT + @（2）
53. 1 – JAN – 00（日期）格式	CTRL + SHIFT + #（3）	CONTROL + SHIFT + #（3）
54. 百分比格式	CTRL + SHIFT + %（5）	CONTROL + SHIFT + %（5）
55. 科学记数格式	CTRL + SHIFT + ^（6）	CONTROL + SHIFT + ^（6）
56. 加外框	CTRL + SHIFT + &（7）	COMMAND + OPTION + 0（零）
57. 清除外框	CTRL + SHIFT + _	COMMAND + OPTION + _
58. 插入超链接	CTRL + K	COMMAND + K
59. 隐藏行	CTRL + 9	CONTROL + 9
60. 显示行	CTRL + SHIFT + 9	CONTROL + SHIFT + 9
61. 隐藏列	CTRL + 0（零）	CONTROL + 0（零）
62. 显示列	CTRL + SHIFT + 0（零）	CONTROL + SHIFT + 0（零）
63. 显示样式	ALT + '（单引号）	COMMAND + SHIFT + L

按键进行菜单/工具栏/窗口和对话框操作

功能	Windows 系统	Mac 系统
64. 显示快捷菜单（鼠标右键）	SHIFT + F10	
65. 选择下一个工具栏	CTRL + TAB	CONTROL + TAB
66. 选择前一个工具栏	CTRL + SHIFT + TAB	CONTROL + SHIFT + TAB
67. 选择下一个/前一个按钮	TAB 或方向键	TAB 或方向键
68. 切换到下一程序	ALT + TAB	COMMAND + TAB
69. 切换到前一程序	ALT + SHIFT + TAB	COMMAND + SHIFT + TAB
70. 切换到下一选项	TAB	TAB
71. 切换到前一选项	SHIFT + TAB	SHIFT + TAB

其他功能快捷键

功能	Windows 系统	Mac 系统
72. 帮助菜单	F1	COMMAND + /
73. 计算	F9	F9
74. VISUAL BASIC 编辑器	ALT + F11	OPTION + Fn + F11
75. 打开 Excel 选项	ALT →T →O；ALT →F →T	COMMAND + ,（逗号）
76. 模拟运算表	ALT →D →T	

注：软件版本差异可能会导致部分快捷键效果不同，苹果系统下有时 CONTROL 键和 COMMAND 键可互换。

附录 3　　　　　　　　　Excel & WPS 快捷键使用对照表

功能	Excel（Windows）	WPS 表格
按键进行文件操作		
1. 新建工作簿	CTRL + N	CTRL + N
2. 打开工作簿	CTRL + O	CTRL + O
3. 保存工作簿	CTRL + S	CTRL + S
4. 另存为	F12	F12
5. 打印	CTRL + P	CTRL + P
6. 关闭窗口	CTRL + F4 或 CTRL + W	CTRL + F4 或 CTRL + W
7. 关闭程序	ALT + F4	ALT + F4
选择单元格		
8. 全选	CTRL + A	CTRL + A
9. 连续选择单元格	SHIFT + 方向键	SHIFT + 方向键
10. 选择下一最远非空单元格	CTRL + 方向键	CTRL + 方向键
11. 光标移至最左上角单元格	CTRL + HOME	CTRL + HOME
12. 光标移至使用过最右下角单元格	CTRL + END	CTRL + END
13. 将选择区域扩展至连续非空单元格	CTRL + SHIFT + 方向键	CTRL + SHIFT + 方向键
14. 将选择区域扩展至左上角	CTRL + SHIFT + HOME	CTRL + SHIFT + HOME
15. 将选择区域扩展至使用过最后一个单元格	CTRL + SHIFT + END	CTRL + SHIFT + END
16. 将选择区域向下扩展一屏	SHIFT + PAGEDOWN	SHIFT + PAGEDOWN
17. 将选择区域向上扩展一屏	SHIFT + PAGEUP	SHIFT + PAGEUP
18. 选择下一张工作表	CTRL + PAGEDOWN	CTRL + PAGEDOWN
19. 选择上一张工作表	CTRL + PAGEUP	CTRL + PAGEUP
输入数据和函数		
20. 进入单元格，编辑/输入切换	F2	F2
21. 重复最后一个操作	F4 或 CTRL + Y	F4（仅能重复部分操作）
22. 撤销上一操作	CTRL + Z	CTRL + Z
23. 在同一单元格内开始新的一行	ALT + ENTER	ALT + ENTER

续表

功能	Excel（Windows）	WPS 表格
24. 编辑单元格批注	SHIFT + F2	SHIFT + F2
25. 插入/编辑函数	SHIFT + F3	SHIFT + F3
26. 自动求和	ALT + =（等号）	ALT + =（等号）
27. 键入当前日期	CTRL + ;（分号）	CTRL + ;（分号）
28. 键入当前时间	CTRL + SHIFT + :（冒号）	CTRL + SHIFT + :（冒号）
29. 绝对引用	F4	F4
30. 定义名称	CTRL + F3	CTRL + F3
31. 追踪引用单元格	CTRL + [（左方括号）	CTRL + [（左方括号）
32. 键入数组公式	CTRL + SHIFT + ENTER	CTRL + SHIFT + ENTER
33. 显示公式或数值	CTRL + '	CTRL + '
按键进行编辑操作		
34. 复制	CTRL + C	CTRL + C
35. 剪切	CTRL + X	CTRL + X
36. 粘贴	CTRL + V	CTRL + V
37. 向下复制	CTRL + D	CTRL + D
38. 向右复制	CTRL + R	CTRL + R
39. 从上面单元格复制数值	CTRL + SHIFT + "（双引号）	
40. 从上面单元格复制公式	CTRL + '（单引号）	
41. 插入单元格/行/列	CTRL + SHIFT + +（加号）	CTRL + SHIFT + +（加号）
42. 删除单元格/行/列	CTRL + −（减号）	CTRL + −（减号）
43. 查找	CTRL + F	CTRL + F
44. 定位	CTRL + G 或 F5	CTRL + G 或 F5（功能有删减）
45. 替换	CTRL + H 或 SHIFT + F5	CTRL + H 或 SHIFT + F5
格式快捷键		
46. 单元格格式	CTRL + 1	CTRL + 1
47. 加粗/去掉加粗	CTRL + B 或 2	CTRL + B 或 2
48. 斜体/去掉斜体	CTRL + I 或 3	CTRL + I 或 3
49. 添加/去掉下划线	CTRL + U 或 4	CTRL + U 或 4
50. 添加/去掉删除线	CTRL + 5	CTRL + 5

功能	Excel（Windows）	WPS 表格
51. 常规格式	CTRL + SHIFT + ~	CTRL + SHIFT + ~
52. 0:00 AM 格式	CTRL + SHIFT + @（2）	CTRL + SHIFT + @（2）
53. 1 – JAN – 00（日期）格式	CTRL + SHIFT + #（3）	CTRL + SHIFT + #（3）
54. 百分比格式	CTRL + SHIFT + %（5）	CTRL + SHIFT + %（5）
55. 科学记数格式	CTRL + SHIFT + ^（6）	CTRL + SHIFT + ^（6）
56. 加外框	CTRL + SHIFT + &（7）	CTRL + SHIFT + &（7）
57. 清除外框	CTRL + SHIFT + _	CTRL + SHIFT + _
58. 插入超链接	CTRL + K	CTRL + K
59. 隐藏行	CTRL + 9	
60. 显示行	CTRL + SHIFT + 9	
61. 隐藏列	CTRL + 0（零）	
62. 显示列	CTRL + SHIFT + 0（零）	
63. 显示样式	ALT + '（单引号）	ALT + '（单引号）
按键进行菜单/工具栏/窗口和对话框操作		
64. 显示快捷菜单（鼠标右键）	SHIFT + F10	SHIFT + F10
65. 选择下一个工具栏	CTRL + TAB	CTRL + TAB
66. 选择前一个工具栏	CTRL + SHIFT + TAB	CTRL + SHIFT + TAB
67. 选择下一个/前一个按钮	TAB 或方向键	TAB 或方向键
68. 切换到下一程序	ALT + TAB	ALT + TAB
69. 切换到前一程序	ALT + SHIFT + TAB	ALT + SHIFT + TAB
70. 切换到下一选项	TAB	TAB
71. 切换到前一选项	SHIFT + TAB	SHIFT + TAB
其他功能快捷键		
72. 帮助菜单	F1	F1
73. 计算	F9	F9
74. VISUAL BASIC 编辑器	ALT + F11	ALT + F11
75. 打开 Excel 选项	ALT →T →O；ALT →F →T	ALT →T →O
76. 模拟运算表	ALT →D →T	无此功能

注：软件版本差异可能会导致部分快捷键效果不同。

附录4　　　　　　　　　　　中英文财经词汇对照表

中文	英文
调整现值法	Adjusted Present Value（APV）
资产负债表	Balance Sheet
基本情景	Base Case
悲观情景	Bear Case
布莱克—斯科尔斯期权定价模型	Black Scholes Option Pricing Model
账面价值	Book Value
自下而上	Bottom-up
乐观情景	Bull Case
资本资产定价模型	Capital Asset Pricing Model（CAPM）
资本现金流	Capital Cash Flow（CCF）
现金流量表	Cash Flow Statement
可比公司法	Comparable Company Method
比较分析	Comparative Analysis
去杠杆化	Deleverage
折现现金流	Discounted Cash Flow（DCF）
红利折现模型	Dividend Discount Model（DDM）
息前税后利润	Earnings Before Interest After Taxes（EBIAT）
息税前利润	Earnings Before Interest and Taxes（EBIT）
息税折旧摊销前利润	Earnings Before Interest，Taxes，Depreciation and Amortization（EBITDA）
每股收益	Earnings Per Share（EPS）
经济增加值	Economic Value Added（EVA）
内含价值	Embedded Value（EV）
企业价值	Enterprise Value（EV）/Firm Value/Aggregate Value
股权价值	Equity Value

股权自由现金流	Free Cash Flow of Equity（FCFE）
持续经营价值	Going-concern Value
水平分析	Horizontal Analysis
利润表	Income Statement
无形资产	Intangible Assets
投入资本	Invested Capital（IC）
最近 12 个月	Latest Twelve Months（LTM）/ Trailing Twelve Months（TTM）
含杠杆的 β	Levered β / Equity β
清算价值	Liquidation Value
市场价值	Market Value
模型书	Model Book
净资产价值	Net Asset Value（NAV）
净营运收入	Net Operating Income（NOI）
扣除调整税后的净经营利润	Net Operating Profits Less Adjusted Taxes（NOPLAT）
经营性营运资金	Operating Working Capital（OWC）
分配比率	Payout Ratio
永续增长率	Perpetual Growth Rate
融资后	Post-money
融资前	Pre-money
拨备前利润	Pre-Provision Operating Profit（PPOP）
价格	Price
市盈率	Price/Earnings，Price Per Share/Earnings Per Share（P/E）
市净率	Price/Book Value，Price Per Share/Book Value Per Share（P/B）
市盈率相对盈利增长比率	Price/Earnings to Growth（PEG）Ratio
可能储量	Probable Reserve
不动产、厂房以及设备	Property，Plant and Equipment（PP&E）
探明储量	Proved Reserve
比率分析	Ratio Analysis

再杠杆化	Releverage
剩余储量	Remainder
净资产收益率	Return on Equity（ROE）
投入资本回报率	Return on Invested Capital（ROIC）
销售及一般管理费用	Selling, General & Administrative Expenses（SG&A）
情景分析	Scenario Analysis
分类加总法	Sum of the Parts（SOTP）
税率	Tax Rate
终值	Terminal Value
自上而下	Top-down
无杠杆自由现金流/公司自由现金流	Unlevered Free Cash Flow（UFCF）/ Free Cash Flow of Firm（FCFF）
不含杠杆的β	Unlevered β / Asset β
价值	Value
垂直分析	Vertical Analysis
加权平均资本成本	Weighted Average Cost of Capital（WACC）

附录 5　　　　　　　　　　　　　　　　　　　　华尔街的笨方法

华尔街估值建模培训中国版的来历

回想起 2000 年许国庆老师以伯乐之慧眼把我从上海交通大学招聘进中银国际从事投行业务，并有幸作为中国第一批投行工作者在纽约高盛总部参加了华尔街经典的估值建模培训，之后在许老师鼓励支持下成为中国证券市场的第一代估值建模培训师（同期的其他培训师包括我曾经的中银国际同事陈兴珠先生和当年在中金公司投行部工作的罗奕先生），往事历历在目。

诚迅公司分别于 2002 年和 2003 年邀请常年为高盛和摩根士丹利进行估值建模培训的爱姆特（AMT Training）公司创始人阿拉斯戴尔先生四次来华为中国的券商、基金公司和上市央企培训估值建模，我们当时担任课堂辅导员并全程开发了中国联通和中石化课堂练习案例。

2005 年开发出第一个由我们几位年轻的中国投行人员讲授的估值建模培训，之后我们带出来了诚迅公司第二代估值建模培训师杨松涛先生和赵溱先生，诚迅公司后来又培养出第三代培训师江涛先生、梁刚强先生和樊晶菁女士，他们都是从清华大学、北京大学毕业后在诚迅公司工作成长起来的教学骨干。

诚迅从创业之初已成功走过 20 多个年头，为数百家中外金融机构和高校的数万人提供了 700 多期估值建模培训。我作为有关工作的早期参与者，利用这个机会和年轻读者们分享一些感悟。

聪明人的笨方法

这里我先讲一个当年在诚迅课堂上的小故事。

记得那次是讲估值建模的提高班"并购估值建模"，上这个课的基础是必须先上前一个课程"估值建模"，这样对建模步骤和 Excel 的运用才能自如，跟得上快节奏的课堂训练。诚迅的客服老师对报名并购估值建模的每个学员都会反复强调这一前提条件。

但那次上海和深圳各有一家很牛的券商员工没有上过估值建模培训却霸王硬上弓，结果在并购课堂上屡屡遇到 Excel 的基本操作问题，以及建模中报表科目里的勾稽关系等基本概念问题，需要现场辅导员全程辅导。

课后他们惭愧地说，我们其实在本单位还是建模的小教员呢，新员工一上岗，我们只用两个小时就能教会他们在编辑好的软件系统中录入数据，得出结论。

当时许老师语重心长地对他们说："华尔街的许多百年老店新员工培训约四周时间都是估值建模和财务报表分析这种实操技能培训，他们注重的是在从零起步构建模型的过程中掌握建模步骤、了解每个科目的难点，从而对项目整体有更深入的分析和判断。中国的投行、投资、基金和行业研究刚起步没几年，要对华尔街培养新人的方法有敬畏感，华尔街的 IT 那么先进，为什么他们不用现成的软件系统教新人录入呢？"

近年来，经常有年轻人和我交流估值建模的问题，我发现有些人套用别人的模版改成自己的模型，结果漏洞百出。这是因为这些人没有经过系统流程的建模演练，在许多关键环节及难点上自己琢磨不出来，就随便拍个数。也有的人没有学过财务报表分析，甚至没学过会计，搭建的模型自欺欺人。

您的建模水平在企业客户面前有足够的自信吗

最近几年，人工智能以及 ChatGPT 的功能被宣传得无比强大，许多人预测投研领域需要的人会越来越少，我也非常认同这一趋势。但同时我们也应该冷静地想想，需要对投融资项目进行分析的专业人士，若不通过扎实专业的基本功训练，通过类似戴上防毒面具或眼科医生检测镜那种形状的可穿戴设备，就能简单地往脑中上传财报、估值等基本概念并理解财报科目中的勾稽关系吗？

当时诚迅的课堂上还出现过几个令我至今记忆犹新的事情。一个是三峡集团的几位学员连续参加了诚迅的估值建模和并购估值建模培训后，运用学到的建模方法成功构建了并购葡萄牙电站的大型项目模型。

另一个是中海油曾有六个同事一同参加诚迅的并购估值建模培训，他们总是全班每个建模步骤完成最快、最准确的学员。作为市场化程度很高的专业央企团队，在每一个海外并购项目中，公司领导都要求他们提前背靠背地自行构建模型，之后在和华尔街投行对模型时要能在关键的假设和不同点上进行深入讨论，而不是满足于让华尔街投行做完模型后我方人员再似懂非懂地沟通一下。

不同的 Excel 财务建模训练和在这方面的不同认识水平，可以直接导致在分析评判投融资项目过程中的不同质量或成败。在今天金融严监管的大环境中，在更加强调对国有资产保值增值责任的形势下，掌握 Excel 建模基本功显得更加重要和急迫。

求其高，得其中

回想当年方风雷先生掌管中银国际时委托诚迅公司的许老师在清华大学、北京大学、复旦大学、上海交通大学等学校招来了我们这些财经类学院应届生，多年后大家相聚时经常感恩方总追求专业，把我们送到纽约高盛接受专业的培训，深得华尔街真传。在做模型、写文件以及与客户打交道时严格要求我们向高盛的标准看齐，经过那些年的严格训练，多年后大家大都成为华尔街或合资投行以及专业 PE 的高管，带出的团队也深获客户赞赏。

我和当年的同事们聚会时经常会聊起，一个值得投资或需要融资的项目，无论是在中后期还是在早期，无论是需要巨额融资还是小额筹资，无论是让 PE 来投还是找 VC 来投，都有必要做出估值模型来进行分析。如果有些人强调项目数据不全或者数据不规范无法建模进行估值的话，那我的反应首先是现有的数据是否真实可靠，参与分析者是否因为不会建模而说建模没有用，更严重的是，他们是否愿意用专业认真的态度全身心投入地分析项目。因此，是否会用和是否愿意用 Excel 建模，既是水平问题，也是态度问题。

上面的分享有些严肃，但却是我多年积累的一些感悟，希望读者朋友们能够不断从诚迅的估值建模培训及编写的教材中学到实用的知识和技能，在金融投资行业不断发展进步。

谢方

谢方先生现任鼎晖投资董事总经理，早年曾在中银国际投行部及诚迅金融培训工作。谢先生研究生毕业于上海交通大学安泰管理学院，本科毕业于上海交通大学电子工程学院。

附录6 "估值建模"考试概览

1. 实用投融资分析师（AIFA）考试简介

实用投融资分析师（Applied Investment & Finance Analyst，AIFA）考试旨在提高投融资领域从业人员的实际分析与操作能力，通过定量与定性相结合的考试方式，高效、便捷的测评流程，帮助专业的金融投资机构进行招聘测评与技能考核。AIFA "估值建模" 考试于2010年推出，AIFA "财务报表分析" 考试于2016年推出，今后还将推出其他科目考试。目前"估值建模" 考试已被CPE源峰、国开金融、国新风投、丝路基金、中金资本、中金甲子、中信建投资本、厚朴投资、华兴资本、华夏基金、嘉实基金、中信证券、华泰联合、一创投行、工银国际等多家专业金融投资机构，当作考察应聘申请人投资、投行与行研分析等业务实操技能的招聘测评工具，或新员工和实习生培训后的考核内容；北大、清华、上海交大、复旦等著名院校财经专业学生自2010年以来已参与多年，已有上万人参加了考试。

近年来，为提升投融资业务专业技能及机构竞争力，降低管理层在选人用人、招工录取及难以专业管控的违纪风险，减少人为干扰因素，靠前部署防范投融资风险的有效措施，多家金融投资机构采用"估值建模"考试作为招聘与考核的专业测评工具，有效鉴别应聘者及从业人员实际操作技能，将股东资产、国有资产保值增值落到实处。

2. 考试主办机构简介：诚迅金融培训

诚迅金融培训（Chainshine Financial Training，www.chainshine.com）1998年在北京成立，公司高管曾在华尔街投行及美国商业银行工作多年，公司致力于为中外金融机构提供以实操技能为特点的专业培训。诚迅在企业财务分析及财务模型构建方面具有丰富经验，曾参与多家企业融资、投资和财务顾问项目。诚迅的估值建模等培训强调学员动手建模操作，并根据学员人数配备现场辅导员。学员培训前参加"估值基础知识"考试（线下机考或在机构集中笔试），进行摸底水平测试，通过备考为建模实操课预习储备必备的知识和公式，培训后参加"估值建模操作"考试（线下机考），检验学习效果，借助考试促使学员认真听课，并在课上积极动手演练模型。

诚迅 2002 年将华尔街使用的估值建模培训引进中国，进行本土化再造，已为中外金融投资机构、上市公司及清华大学、北京大学、复旦大学、上海交通大学等举办数百期培训，培训人数上万人，诚迅的估值建模培训已成为许多专业的金融投资机构新员工入职培训的主要组成部分。此外，诚迅还多次举办财务报表分析、并购估值建模等培训。在此基础上，诚迅于 2010 年开发推出了实用投融资分析师（AIFA）"估值基础知识"考试（www. aifaedu. com）。

诚迅 2015 年起每年获 CFA 协会总部批准为"CFA 协会认证备考机构"（CFA Institute Prep Provider）。诚迅金融培训英文名 Chainshine Financial Training 列于 CFA 协会官网备考机构名单中。公众号"诚迅赛飞备考"。

3. "估值建模"招聘测评考试简介

考试定位	投融资领域招聘测评及技能考核的专业工具，有效提高从业人员实操技能
考试形式	估值建模考试分为估值基础知识和估值建模操作两个部分。 90 分钟"估值基础知识"为理论知识及计算类客观题，共 50 道单选及多选题，机考或在机构集中笔试 120 分钟"估值建模操作"为建模操作类模型题，机考
考试地点	估值基础知识：Pearson VUE 全球 180 个国家 5 000 家考试中心，包括中国 80 个城市 300 家考试中心 估值建模操作：北京、上海、深圳、广州、南京、纽约的指定考试中心
考试科目	估值基础知识：随报随考（一般提前 3~5 天报名），可在 Pearson VUE 网站 www. pearsonvue. com. cn/AIFA（中文）或 www. pearsonvue. com/aifa（英文）自行注册约考，在机构内的集中笔试可以提前 5~10 天约考 估值建模操作：在 www. aifaedu. com "考试"栏目进行约考
考试语言	中文或英文
备考	考试范围、复习参考资料、练习题及计算器型号（"估值基础知识"机考限用 5 种型号，但在机构集中笔试不限型号）等备考信息，请登录 AIFA 官网（www. aifaedu. com）查询

注："财务报表分析"考试详情，请登录 www. aifaedu. com 查询。

4. 考试服务公司简介：Pearson VUE

自 1994 年成立以来，Pearson VUE 一直是计算机化考试行业的全球领先者，每年为金融、IT、医疗医护、学术等各个行业发送超过 1 600 万门次认证和执照考试。这些考试的主办方包括但不限于美国管理专业研究生入学考试委员会（GMAT 考试主办方）、特许公认会计师公会（ACCA）、英国特许管理会计师公会（CIMA）、美国医学院学会（MCAT 考试主办方）、微软、思科、甲骨文、IBM 等，以及中国的诚迅金融培训（AIFA "估值基础知识" 考试主办方）、华为、百度、腾讯、阿里云（国际）等。

Pearson VUE 在全球 180 多个国家拥有超过 5 000 家考试中心，考试中心网络覆盖广泛并同时提供在线及线下考试服务，是开发和发送计算机化考试的全球先行者。通过与顶尖技术公司、政府和监管机构等客户的广泛合作，Pearson VUE 在测评行业一直保持市场领先地位。如需了解更多信息，敬请访问 PearsonVUE. com. cn。

Pearson VUE 通过在中国 80 多个城市的近 300 家考试中心，以及在全球的 5 000 家考试中心，为考生提供实用投融资分析师（AIFA）"估值基础知识" 等考试科目的中文、英文随报随考服务（一般提前 3 ~ 5 天报名），为中外金融投资机构在全球及国内各城市的招聘及员工考核，提供有效的考试平台，为有志于进入金融投资市场或在市场中不断提升的人才，提供应聘竞岗的便捷测评渠道。

附录 7　　　　　　　　　　　　　估值建模考试及培训的 ABC 方案

为了掌握估值建模知识与实操技能，少数人可以仅靠阅读自学达到目的，但大多数人需要更多外部资源的鞭策才能掌握，比如参加估值建模培训，以及在培训前后参加相应的考试，进而督促参与者真正掌握并达到一定的熟练程度，否则很容易出现一知半解或者很快就忘的状况。

练熟估值建模实操技能，有助于在全面注册制改革进程中，提升市场定价能力，对上市公司长期投资价值进行专业分析，规避粗放式估值可能带来的陷阱，以满足投行、投资、行研、路演、信息披露等需求。

1. ABC 三种方案

许多机构负责人及人力资源负责人很希望了解在 "估值建模" 领域的不同投入方式及产出效果，为此，我们将多年来业界参加 "估值建模" 考试与培训的不同投入产出情况，归纳总结出 ABC 三种方案：A 是高质量发展，B 是得过且过，C 是 "是否明显走过场?"。下面详述一下：

A. 入职前通过 "估值基础知识" 及 "估值建模操作" 考试

入职前通过参加"估值建模"考试的两个部分对应聘者进行筛选，即"估值基础知识"及"估值建模操作"，录取线一般分别在 80 分左右。

相关岗位员工入职后一般不需要参加"估值建模"培训，而是参加其提高班"并购估值建模"（两整天，课上主要是用电脑动手实操演练建模，理论部分只有简述）。培训后只考并购建模实操，不考理论。

越来越多的专业金融投资机构在追求这一高质量发展路径。

B. 入职前参加"估值基础知识"考试，入职后在估值建模培训结束后考"估值建模操作"

通过参加"估值建模"考试的第一部分"估值基础知识"（90 分钟，单选及多选题共 50 道）对应聘者进行筛选。录取线一般在 70 分左右，个别应聘者在某一特需岗位有公认专长经验和技能者，分数线可考虑在 60 分左右。

通过考试的相关岗位员工入职后参加"估值建模"培训，两整天，课上主要是用电脑动手实操演练建模，基本不讲基础理论知识，因为入职前的"估值基础知识"考试已经涉及。

如果希望严格要求，可让参训者在培训后一个月内零散自行约考"估值建模操作"（120 分钟，Excel 建模操作题）。分数线一般为 70 分。不过线者自费重考，否则影响岗位等方面的调整。

C. 入职后参加"估值建模"考试及培训

员工入职前没有经过"估值建模"考试，入职后参加"估值建模"培训的前几天，或培训的第一天早上先考完"估值基础知识"再参加估值建模培训。如果不希望要求太严格，培训后可以不安排"估值建模操作"考试。

参加"估值基础知识"考试的目的一是为培训预习相关的基础知识（因为课上基本不讲基础理论知识）；二是考察员工的学习能力和学习态度；三是在新形势下为规避选人用人和招工录取的责任风险，减少人为干扰因素，量化地了解员工的相关基础知识掌握程度和实操能力，精准定位，量化选聘条件，根据需要进行调岗，员工对市场上这一被公认多年的考试成绩作为调岗或上岗依据，容易心服口服，考试合格才能上岗。

如果提前告诉员工考试分数将记入档案，或将影响岗位/薪酬调整的话，员工会非常认真地预习备考，也会通过考出更高的分数（相对于不提前告知分数高低的后果），达到温故知新、拾遗补缺的目的，更牢固地掌握有关实用知识和理论。否则对有些员工（或者部门）来说，考试甚至培训，都有走过场之嫌。

2. 市场上需要什么样的实操培训和授课方式

为更好地服务实体经济高质量发展，在金融市场发展到比较专业的阶段，金融投资机构需要提供更加专业的服务，具备更高水平的服务技能。

在市场更加规范的环境中，企业及为之提供服务的金融投资机构，迫切需要基于定量（而非貌似定量）的分析方法，将投融资风险管理、股东资产/国有资产保值增值落到实处，用国内外资本市场的共同语言和分析评估方法，为投资和融资提供决策依据。一概而论地套用"PE"倍数等简单的评估指标，已不能满足市场要求和客户的需求。

相比国内外专业同行在估值建模、财报分析、现金流测算等方面几天甚至几周的实操技能培训，有些机构只有几个小时的"科普"知识讲座，对于企业财务报表"只会录入，不会分析"，"定性分析有余，定量分析不足"，在起跑线上已与专业同行拉开距离，专业化、市场化停留在空谈阶段，潜在的投融资风险怎么能够得到预测和控制呢？

自 2002 年诚迅将华尔街的培训内容及培训方式引进到中国，尤其是进行了本土化再造以来，很多追求专业的证券公司、PE、公募基金、大中型银行，央企国企、上市公司、互联网等新经济以及新能源公司，非常认同需要补上实操技能训练的短板，特别喜欢这种花几个整天集中精力，课堂上每个学员用电脑动手实操演练财务预测建模的培训方式（并有多位辅导员现场巡回答疑、纠正模型、陪练式督促辅导避免掉队），可以学到远超"几小时走过场的知识讲座"的实用技能，已经组织内训或派人参加了约 700 多期培训。中信证券、中金公司、华泰联合等多家券商、基金和 PE 公司，多年来采用国际国内专业同行在新员工阶段，加入这一动手实操的常规经典培训方式，从源头上提高服务技能发力，赢在起跑线上，在最有学习时间、学习愿望，以及勇于接受压力和挑战的入职培训黄金阶段，掌握为客户提供高质量服务的核心实操技能。

附：

金融街与华尔街差几条街？
图解：金融培训中的实干 vs 空谈

表1　　　　　　　　　　　　　**华尔街投行经典的4周新员工培训课表**

4周共20天培训中，实操技能模块占15天（财务会计4天，财务建模4天，估值4天，并购3天），占75%；部门介绍等5天，占25%。5次分科目考试，总成绩影响部门二次分配。

	星期一	星期二	星期三	星期四	星期五
第一周	公司介绍 职业规范 破冰活动	会计基础 财务报表基础	Excel基础技能 建模规范 财务报表勾稽关系	财务报表分析	会计知识扩展： 正常化利润 Excel模块考试
第二周	拓展活动	财务建模介绍 财务会计模块考试	财务建模： 经营模型	财务建模： 现金流测算	财务建模： 债务结构
第三周	中后台部门介绍 Pitchbook PPT制作	估值介绍 折现率分析	DCF 影响估值的主要因素	可比公司估值 挑选可比公司 不同的数据来源	可比交易估值 不同估值方法比较 估值模块考试
第四周	ECM和DCM介绍 回顾近期IPO案例 财务建模模块考试	LBO估值 LBO模型搭建 回报率测算	并购模型： EPS增厚/摊薄分析 全面合并模型	并购案例分析 并购及LBO模块考试	分组展示： 案例分析演示

表2　　　　　　　　　　　　　**国内金融机构典型的2周新员工培训课表**

2周中只有业务讲座，无实操技能的纯业务培训，多年来对实操技能既无培训又无考核，输在起跑线上。

		星期一	星期二	星期三	星期四	星期五
第一周	上午	公司领导 开班致辞	投行部业务介绍 IPO案例分享	经纪业务部 业务介绍	资产管理部 业务介绍	风险管理与 合规部门介绍
	下午	人力资源部 介绍公司文化	研究部业务介绍 估值方法分享	自营业务介绍	固收部 业务介绍	创新业务发展
第二周	上午	拓展	职业生涯规划	营销技巧	演讲技巧	新员工才艺展示 结业典礼
	下午	拓展	商务礼仪	营销技巧	PPT展示技巧	中午聚餐后 大巴返回

参考文献

［1］财政部．企业会计准则（2021 年版）．上海：立信会计出版社，2021.

［2］财政部．企业会计准则应用指南（2021 年版）．上海：立信会计出版社，2021.

［3］财政部．企业会计准则案例讲解（2021 年版）．上海：立信会计出版社，2021.

［4］财政部．财政部关于修订印发 2019 年度一般企业财务报表格式的通知．财政部网站，2019.

［5］中国注册会计师协会．2022 年度注册会计师全国统一考试辅导教材《会计》．北京：中国财政经济出版社，2022.

［6］中国注册会计师协会．2022 年度注册会计师全国统一考试辅导教材《财务成本管理》．北京：中国财政经济出版社，2022.

［7］中国注册会计师协会．2022 年度注册会计师全国统一考试辅导教材《税法》．北京：经济科学出版社，2022.

［8］中华人民共和国环境保护税法．北京：法律出版社，2017.

［9］何小锋，谭人友．资产相对论：重组金融学．北京：企业管理出版社，2020.

［10］何小锋，黄嵩．投资银行学（第 2 版）．北京：北京大学出版社，2008.

［11］何小锋，韩广智．资本市场理论与运作．北京：中国发展出版社，2006.

［12］朱武祥，范家琛．历史上的交易智慧．北京：机械工业出版社，2021.

［13］魏炜，朱武祥．发现商业模式．北京：机械工业出版社，2009.

［14］田轩．创新的资本逻辑（第 2 版）．北京：北京大学出版社，2021.

［15］吴卫军．资本的眼睛．北京：中信出版集团，2019.

［16］戴维·凯里，约翰·莫里斯著．巴曙松，陈剑等译．资本之王．杭州：浙江人民出版社，2017.

［17］布鲁斯·格林沃尔德，贾德·卡恩著．林安霁，樊帅译．竞争优势——透视企业护城河［M］．北京：机械工业出版社，2021.

［18］姜国华．财务报表分析与证券投资．北京：北京大学出版社，2008.

［19］张新民．从报表看企业（第 4 版）．北京：中国人民大学出版社，2021.

［20］郭永清．财务报表分析与股票估值（第 2 版）．北京：机械工业出版社，2021.

［21］诚迅金融培训杨松涛、中信证券林小驰．财务报表分析共 3 册．北京：中国金融出版社，2020.

［22］夏冬林，秦玉熙．会计学：原理与方法（第 3 版）．北京：中国人民大学出版社，2019.

［23］张敏，黎来芳，于富生．财务管理学（第 9 版·立体化数字教材版）．北京：中国人民大学出版社，2021.

［24］McKinsey 著．VALUATION Measuring and Managing the Value of Companies（7th edition），2020.

［25］李录．文明、现代化、价值投资与中国．北京：中信出版社，2020.

［26］中能兴业投资咨询公司．价值评估方法与技术．北京：中国档案出版社，2006.

［27］阿斯瓦斯·达莫达兰著．刘寅龙译．估值：难点、解决方案及相关案例（第 3 版）．北京：机械工业出版社，2019.

［28］Nicolas Schmidlin 著．李必龙，李羿，郭海译．估值的艺术——110 个解读案例．北京：机械工业出版社，2015.

［29］阿斯瓦斯·达莫达兰著．林谦，安卫译．投资估价——评估任何资产价值的工具和技术（第三版）．北京：清华大学出版社，2014.

［30］霍华德·马克斯著．李莉，石继志译．投资最重要的事．北京：中信出版社，2019.

［31］Sudi Sudarsanam 著．芮萌译．并购创造价值．北京：中国人民大学出版社，2013.

［32］诚迅金融培训讲义．并购估值建模．装订本：2005 年至今．

［33］诚迅金融培训．Excel 财务建模手册．北京：中国金融出版社，2018.

［34］诚迅金融培训．CFA 一级备考手册．北京：中信出版社，2019.

［35］ESG Investing Official Training Manual（Edition 3），CFA Institution，2021.

［36］PRI 与 CFA Institution 联合发布：《中国的 ESG 整合：实践指导和案例研究》，https：//www. unpri. org/news-and-press/new-guidance-and-case-studies-demonstrate-market-leading-esg-integration-practices-in-china/5091. article，2019 年 11 月 8 日．

［37］兴业证券：《ESG 投资分析基础》，兴业证券研究所，2021 年 8 月 3 日．

［38］上海企业累计享受环保税减免 2.7 亿元　绿色税制效应积极显现，证券时报，2022 年 1 月 19 日，https：//baijiahao. baidu. com/s?id＝1722377633077283595&wfr＝spider&for＝pc.

［39］大众汽车为何在美销量大跌　排放门丑闻对其伤害最深，新浪财经，2016 年 8 月 14 日，https：//finance. sina. com. cn/chanjing/gsnews/2016－08－04/doc-ifxutfpc4440605. shtml.

［40］Boris Bogdan，Ralph Villiger：Valuation in Life Sciences：A Practical Guide 3rd ed，Springer，2010.

［41］Karl D. Keegan：Biotechnology Valuation：An Introductory Guide，Wiley 出版

社，2008.

［42］Game Over for Regional Airlines? Flyingmag Media，2022 年 11 月 4 日，https：//www. flyingmag. com/game-over-for-regional-airlines/.

［43］https：//www. theguardian. com/business/2022/jun/22/pilot-shortages-us-travel-chaos-airlines.